넌 세상을 어떻게 바라볼거니?

: 기독교세계관으로 바라보기

넌 세상을 어떻게
바라볼거니?

: 기독교세계관으로 바라보기

초판 1쇄 발행 2020년 9월 5일
초판 3쇄 발행 2025년 9월 19일

지은이 김종걸
발행인 김용성
기 획   박찬익
제 작   정준용
보 급   이대성

펴낸곳   요단출판사
등 록   1973. 8. 23. 제13-10호
주 소   07238) 서울특별시 영등포구 국회대로76길 10
기 획   (02)2643-9155
보 급   (02)2643-7290 Fax.(02)2643-1877

구입문의   요단서적 (02) 593-8715   대전서관 (042) 256-2109

ⓒ 2020. 요단출판사 all rights reserved.

값 25,000원
ISBN 978-89-350-1843-7 03230

이 책의 저작권은 저자에게 있으며, 출판권은 출판사가 소유하고 있습니다.
출판사의 사전 승인 없이 책의 내용이나 표지 등을 복제, 인용할 수 없습니다.

넌 세상을 어떻게 바라볼거니?

: 기독교세계관으로 바라보기

김종걸 지음

차례

추천의 글　　　• 6
제2쇄에 즈음하여　• 22
프롤로그　　　• 23

1부 ⋯ 창조의 원리: 가정을 세우다

1. 기독교 세계관의 이해　• 29
2. 성경이 이야기하는 성　• 59
3. 결혼과 가정의 기초　• 78

2부 ⋯ 성에 대한 혁명: 성경이 제시하는 길

4. 동성애란 무엇인가?　• 109
5. 동성혼의 도전　• 138
6. 동성애 대중문화가 사회에 미치는 영향은 어떠한가?　• 163

3부 ⋯ 교회의 본질: 시대를 꿰뚫는 혜안

7. 가난한 자들을 위한 이해　• 191
8. 나눔은 교회의 본질이다　• 212
9. 고령화 시대의 교회 역할　• 230

4부 ··· 생명은 경시될 수 없다

10. 자살에 대한 기독교적 이해 · 265
11. 사형제도에 대한 갈등 · 285
12. 환경은 생명이다 · 307

5부 ··· 사회적 이슈를 돌파하자

13. 인권과 기독교 · 331
14. 양극화에 대한 반성 · 357
15. 다문화 사회와 이주자 · 381

6부 ··· 복음주의가 답이다

16. 포스트모더니즘과 복음주의 · 407
17. 공공성과 신학적 책임 · 431
18. 한국교회의 반성 · 456
19. 자유주의와 복음주의 교회 · 471

추천의 글 _____

　　한국교회는 절체절명(絶體絶命)의 위기 가운데 있습니다. 교회가 교회답지 못하고, 성도가 성도답지 못하다고 아우성입니다. 교회가 이 사회에 어떠한 거룩한 영향력도 주지 못하는 것은 이 땅을 살아가는 그리스도인들이 하나님의 자녀답게 이 세상을 살아가지 못하기 때문입니다. 한국사회와 한국교회는 종교다원주의, 포스트모더니즘, 향락주의, 상대주의, 양극화, 4차 산업혁명 등의 심각한 도전에 직면해 있습니다. 이러한 상황 가운데서 김종걸 박사님이 세상을 바라보는 '관점'의 중요성을 강조하는 '기독교세계관' 책을 출간한 것은 시기적절하며 매우 의미 있는 작업이라고 여겨집니다.

　　김 박사님은 침례신학대학교에서 30여 년간 기독교철학, 해석학, 기독교윤리, 기독교와 문화 등을 가르쳐온 복음주의적 학자입니다. 이 책에서 다루고자 하는 주제들은 김 박사님이 평소 관심을 두고 성경적 가치관에서 접근해 그리스도인으로서 어떤 삶을 살아가야 할지에 대해 강의실과 교회에서 강조했던 삶의 단면들입니다. 김 박사님은 이 작업을 여태까지 강의한 경험과 교회에서의 사역을 바탕으로 창조, 성, 교회, 생명, 사회적 이슈 등에 대하여 살펴보고, 복음주의적 처방만이 답이라는 관점을 제시하고 있습니다.

『넌 세상을 어떻게 바라볼 거니?: 기독교세계관으로 바라보기』는 6부로 구성되어 있습니다. 저자는 1부에서 신앙의 뿌리의 중요성을 강조하며 창조의 원리를 이야기 합니다. 기독교세계관과 성과 결혼에 대한 성경적 관점입니다. 2부는 성에 대한 이야기를 다루고 있습니다. 사회적 혼란을 가중시키는 동성애, 동성혼에 대해 성경이 제시하는 분명한 길을 제시하고 있습니다. 3부는 교회의 본질에 대한 이야기입니다. 끊이지 않고 항상 있어 온 가난한 자들과 초고령 사회에 접어드는 시점에 노인들을 위해 교회가 나눔을 실천해야 하는 것이 교회의 본질임을 강조하고 있습니다. 4부는 생명경시 풍조가 만연한 이 사회에 자살, 사형제도, 환경 등에 대한 진지한 고민과 함께 성경적인 답을 제시하고 있습니다. 5부는 피해갈 수 없는 사회적 이슈인 인권, 양극화, 이주자 문제 등을 다루고 함께 풀어가야 할 방향을 보여주고 있습니다. 6부는 포스트모더니즘과 교회, 공공성과 신학적 책임, 한국교회의 반성, 자유주의와 복음주의 등에 대해 살펴보고, 복음주의적인 반성만이 한국교회의 변혁을 위한 단초가 된다는 사실을 강조하고 있습니다.

김 박사님은 30년이라는 긴 세월 동안 학교와 교회에서 하나님의 나라 확장을 위해 열정을 쏟아온 매우 겸손한 학자입니다. 더구나 사변적인 지식에만 머무는 것이 아니고 교회에서 실질적인 사역을 감당하며 교회를 진심으로 사랑하는 영적 지도자이기도 합니다. 지난 35년 가까이 함께한 동역자로서 제가 지켜 본 김 박사님은 지성과 영성을 겸비한 학자입니다. 이러한 때에 출간된 『넌 세상을 어떻게 바라볼 거니?: 기독교세계관으로 바라보기』는 다양한 삶의 문제에 대해 성경적 사고를 하고, 행동하는 기독인들을 만들어 낼 것으로 기대합니다.

김종걸 박사님의 연구와 저술의 수고에 찬사와 감사를 드립니다. 이 책은 읽는 독자들로 하여금 생각을 갖고 당면한 여러 문제들에 대해 실천하는 삶이 되도록 이끌 것을 확신하며, 기쁜 마음으로 추천합니다.

고명진 목사
(수원중앙교회 담임목사, 기독교한국침례회총회장)

'관점'(perspective)은 사람의 세계관을 형성합니다. 또한 그 사람의 삶의 방향성도 결정합니다. 종교다원주의와 다문화사회의 현장 속에서『넌 세상을 어떻게 바라볼 거니?: 기독교세계관으로 바라보기』는 새로운 이정표가 될 것입니다. 김종걸 박사님은 혼란한 이 시대에 철학적 사고와 기독교적 사유를 적절하게 조화시키면서 후진을 양성하는 교수이십니다. 탁월한 학자이면서 교단과 강단에서 열정을 표출하시는 김종걸 박사님의 수십 년의 연구와 강의를 응축시킨 이 책은 '기독교세계관'이라는 관점과 현실 적응 가능한 좌표를 제시합니다.

특별히 저자가 성서에 기초해서 톺아보는 이슈와 해법은 매우 적절한 울림으로 이 시대의 사람들에게 다가올 것입니다. 우리 삶의, 신앙의 가장 기초이면서도 지향점이 되는 '창조의 원리'를 시발점으로 삼아서 성의 문제, 교회의 본질, 생명, 인권, 양극화, 다문화 등, 우리 사회의 보편적인 이슈들이면서 동시에 기독교적 정의가 필요한 사안들을 '기독교 세계관'으로 다루고 있습니다. 이에 대한 결론도 명확합니다. 4차 산업혁명 시대가 다가오지만, 그래도 '복음주의가 답이다'라는 명쾌한 전제로 해법을 제시합니다.

신약성경 시대는 다문화 사회였고, 혼합종교와 다신교 사회였습니다. 지성적 분위기는 이러한 현상을 수용하면서 우상숭배와 동성애 등을 하나의 사회 문화로 인식하며 수용하던 사회였습니다. 이들에게 유일신 사상은 무신론이나 마찬가지였으며, 기독교 세계관으로 살아가는 사람들은 사회에서 편견을 받는 집단일 수밖에 없었습니다. 이러한 장벽을 뚫고 복음이 전파되면서 기독교 문화가 형성되었고, 기독교적 세계관이 발전할 수 있었습니다. 복음의 승리는 종교의 자유를 낳았고, 종교의 자유는 복음의 확장에 크게 기여했습니다.

그러나 다른 한편으로는 성서의 영감성을 배제하면서 성경을 하나의 문학 자품으로 연구하는 경향이 '신학'이란 이름으로 포장되어 유포되었습니다. 게다가 성경 해석에서 통일성 있는 계시의 말씀이라는 관점 대신에 다양한 해석을 지지하며 독자가 의미를 결정한다는 독자반응비평과 같은 사조를 낳기도 했습니다. 그 결과로, 그 진리(the truth)보다는 여럿 가운데 하나의 진리(a truth)라는 개념을 가진 종교다원주의를 뒷받침하는 사조가 유행하게 되었습니다. 이 영향으로 기독교 세계관은 절대적인 세계관이 하니라 취사선택할 수 있는 관점으로까지 취급된 것입니다.

이러한 풍토에서 김종걸 박사님의 『넌 세상을 어떻게 바라볼 거니?: 기독교세계관으로 바라보기』는 이 시대의 사상을 교정하면서 그리스도인이 어떻게 이 세상을 바라봐야 하는지를 보여주는 중요한 관점을 제시합니다. 모쪼록 이 책이 독자들에게 복음적 가치관을 가지고 혼탁한 세상에서 빛과 소금의 삶을 살 수 있도록 동력과 추력을 제공하는 길라잡이 되기를 기대합니다.

김선배 총장

(한국침례신학대학교 총장)

"우리 삶의 영역에 대한 그리스도인의 해석과
실천을 제시한 복음주의적 삶의 해설서"

김종걸 교수의 기독교 세계관 저서가 출판된 것을 환영한다. 저자는 침례신학대학교에서 30여 년간 기독교철학을 가르쳐온 복음주의적 학자로서 우리 삶의 중요한 6가지 분야 창조, 성, 교회, 생명, 사회적 이슈, 한국사회 등 중요한 주제들에 대해 깊이 생각하고 복음주의적 처방을 제시하고자 한다.

저자는 기독교 세계관 저서에서 세상을 살아가는 그리스도인들이 어떤 생각을 갖고 삶을 살아가야 될지를 이야기하는 '관점'(perspective)에서 이 저서를 집필했다. 저자는 이 세상을 바라보는 기독교 세계관을 제시하고자 한다. 기독교 세계관이란 우리 삶의 총체적 영역에 접근해 그리스도인으로서 어떤 삶을 살아가야 할지에 제시하는 성경적 가치관을 삶에 적용하는 해설이다. 저자는 이 작업을 여태까지 30년간의 기독교철학을 강의한 경험을 바탕으로 창조, 성, 교회, 생명, 사회적 이슈 등 필수 불결한 삶의 영역에 대하여 복음주의적 처방으로 그리스도인들이 살아가야할 관점을 제시하고 있다.

저자는 이신론, 자연주의, 허무주의, 실존주의 등의 모든 현대 세속주의적 세계관들의 대안으로 기독교 세계관의 특성을 제시하고 있다. 기독교 세계관의 기본 모델은 창조-타락-구속으로보는 도이벨트의 모델이다. 저자는 이 기본 모델을 따르되 인간과 피조 세계의 회복 의미를 강조하기 위해 완성(Consummation)-새 창조의 의미를 첨가하는 창조-타락-구속-완성: 새 창조의 모델을 제시하고 있다.

본 저서는 6부로 구성되어 있다. 1부에서 창조에 대한 원리로서 창조신앙은 신앙의 뿌리이다. 창조신앙이 흔들리면 모든 것이 흔들리게 되어있다. 기독교세계관이라는 세상을 바라보는 성경적 관점이다. 2부는 성에 대한 이야기를 다루고 있다. 저자는 세상의 문화로 우리사회와 교회에 밀려오는 동성애, 동성혼은 양성 평등을 성 평등으로 환원 시키며, "성경의 가르침과 인류의 보편적인 성윤리에 배치되는 비도덕적인 성적 관행"이라고 규정한다. 그리고 동성애를 더 이상 죄라고 말할 수조차 없게 만드는 법안인 차별금지법 제정을 반대하고 있다. 3부는 교회의 본질에 대한 이야기, 역사 가운데 끊임없이 존재했던 가난한 자들, 오늘날에는 초고령 사회에 접어드는 시점에 노인들을 위한 교회의 역할을 제시하고 있다. 4부는 생명에 대한 고민들, 생명의 종교인데도 생명경시 풍조가 만연한 이 사회에 어떤 목소리, 자살, 사형제도, 환경 등에 대해 깊이 고민하고 성경적인 답을 제시하고 있다. 5부에서는 민감한 사회적 이슈인 인권, 양극화, 다문화사회와 이주자 문제 등을 다루고 이에 대한 방향을 제안하고 있다. 6부는 이런 다양한 주제들에 대해 한국교회와 사회를 이끌기 위해서는 복음주의적 접근이 해답이 됨을 제시하고 있다. 포스트모더니즘과 교회, 공공성과 신학적 책임, 한국교회의 반성, 자유주의와 복음주의 등에 대한 다양한 해석학적인 대답들이 있는 상황 가운데 진지한 복음주의적 반성이 결국 한국사회와 한국교회의 변혁을 위한 단초가 된다는 사실을 강조하고자 한다.

저자는 기독교 세계관 실천이라는 에토스를 중요시한다. 그것은 우리가 직면하는 일상적인 일에 대한 애정과 충성이다. 우리는 이 땅에서 소명을 받았다. 이는 세상 속에서 빛과 소금으로 살아가는 명령이다. 신앙과 삶의 분리라는 이분법적인 사고와 파편화되어 있는 현실은 한국교회의 가장 큰 문제이고 위기다. "이와 같이 행함이 없는 믿음은 그 자체가 죽은 것이라"(약 2:17). 저자는 기독교 세계관의 실천으로서 (1) 기독교적 인간관 (2) 기독교 학문관 (3) 기독교과학기술관 (4) 기독교적 노동관을 제시한다. 생산성 향상이 지배하는 4차 산업혁명시대에서 타인과의 소통을 통하여 공감과 협동을 이루어 타인과의 협력 관계 추구 등 공공의 가치를 추구하는 사회성이 더욱 더 요청되는데 기독교 세계관이 필요하다는 것을 역설한다.

저자는 기독교 세계관이 이 시대의 소망이라는 것을 다음같이 확실히 제시하고 있다: "기독교 세계관을 갖는다는 것은 단지 지적 세계관을 갖는 것이 아니라, 무한하고 인격이 있으시고 창조주 되시고, 구속주 되시고, 심판주 되시는 하나님에게 인격적으로 의탁하는 것이다. 하나님 중심의 기독교 세계관은 방황하는 현대인 그리고 어정쩡한 그리스도인들에게 새로운 소망이요 대답이 된다." 본 저서는 이 시대의 많은 이슈들과 지식들을 복음주의적 세계관에서 해석하면서 참된 세계관적 지식을 제공하고 있다. 본 저서는 오늘날 젊은이들, 특히 젊은 기독교 대학생들이 4차 산업 혁명시대에서 진정한 기독교적 안목으로 살기 위하여 반드시 읽어야 할 훌륭한 기독교 세계관의 길잡이다.

김영한 교수
(기독교학술원장/한국개혁신학회 설립원장/ 숭실대 명예교수)

우리 믿는 자들은 세상으로부터 불러냄을 받은 동시에 세상을 향해 나아가야 할 사명을 받은 자이다. 그 동안 한국 교회는 세상으로부터 불러냄을 받은 신분은 강조했지만, 막상 세상을 향해 나아감에 대해서는 매우 소극적이었다. 이런 때에 출판된 김종걸 박사님의 『넌 세상을 어떻게 바라볼 거니?: 기독교세계관으로 바라보기』는 그리스도인들이 세상을 향해 나아가야 할 방향에 대해 좀 더 깊이 있게 생각하고 실천하게 하는 삶의 지침서이다. 저자는 이 땅에서 어떻게 삶을 살아가야 할지에 대한 '관점'에서 기독교세계관을 이야기하고 있다.

　사랑하는 김종걸 박사님은 30년 동안 침례신학대학교 교수로서 강의와 연구를 해 온 성실하고 겸손한 복음주의 학자이다. 저자는 오랫동안 강의한 경험과 교회에서의 영성 있는 사역을 바탕으로 이 책을 전개해 가고 있다. 신앙의 뿌리가 되는 창조신앙을 시작으로, 혼돈으로 무너진 성에 대한 고찰, 복음이 변질되어 버린 시대에서 교회 본질 회복을 위한 변혁, 간과되어질 수 없는 생명 문제 그리고 사회적 이슈 등에 대하여 문제를 제기하고, 복음주의적 관점에서 그에 대한 해답을 제시하며 강조하고 있다. 그런 면에서 저자의 『넌 세상을 어떻게 바라볼 거니?: 기독교세계관으로 바라보기』는 한국 교회에 중요한 메시지를 담고 있다고 본다. 특히 이 책은 그리스도인들이 세상으로 나아가는 영역과 방법들을 구체적으로 제시하는 탁월한 저서이다. 교회 안에서의 단순한 종교적 신앙이 아니라 세상에 영향을 미치는 살아 있는 신앙생활을 꿈꾸는 모든 자들에게 적극적으로 일독을 권하고 싶다.

박정근 목사
(영안교회 담임목사)

그리스도인으로 성경적 가치관을 가지고 살아간다는 것은 그리 쉬운 일이 아닙니다. 이 땅에 수많은 교회와 기독인들이 있다고는 하지만 여전히 살아가는 모습은 세상 사람들과 별반 다르지 않습니다. 기독교윤리실천운동에서 조사한 '2020년 한국교회의 사회적 신뢰도'에 따르면 한국교회에 대한 불신률은 64%로 나타났습니다. 교회뿐 아니라 목회자와 교인에 대한 신뢰도 조사도 마찬가지로 매우 불신하고 있다는 지적입니다. 문제는 교회가, 교인들이 아픈데 아픈 것을 모르고 있다고 봅니다. 한국 사회의 산업화와 민주화를 이끈 교회가 이제는 사회로부터 지탄을 받고 함께 살아가는 세상에서 걸림돌이 되어버린 형국이 되었습니다. 여러 가지 이유가 있겠지만 그 중 간과할 수 없는 사실은 교회가 세속화되었다는 겁니다. 영적 지도력으로 사회가 앞으로 나아가야 할 방향을 제시해야 함에도 불구하고 이제는 자정능력뿐 아니라 교회조차 교회의 본질을 상실해 버렸습니다. 교회와 교인이 이 땅에서 어떻게 살아가야 할지에 대한 진지한 고민과 투쟁이 없었다고 봅니다. 사회는 각종 인본주의 세계관으로 점철되어 가정과 성이 훼파되었고, 생명 경시 풍조가 만연되었으며, 각종 사회적 이슈인 양극화, 인권과 다문화 등에 대해 서로의 다툼만 있어 한국사회는 누란지위(累卵之危)에 있다고 봅니다. 이러한 위기의 시기에 성경적인 가치관으로 세상을 바라보는 관점의 이야기는 시기적절하며 매우 시사하는 바가 크다고 봅니다.

사랑하고 신뢰하는 김종걸 박사님은 침례신학대학교에서 30여 년간 기독교철학을 가르쳐온 지성과 영성을 겸비한 복음주의적 학자입니다. 소명 받은 그리스도인들이 세상 속에서 빛과 소금으로 살아가는 명령을 수행하기 위해서는 지성과 영성의 조화 가운데 실천하는 믿음이 필요하다고 생각됩니다. 이번에 출판된 김종걸 박사님의 『넌 세상을 어떻게 바라볼 거니?: 기독교세계관으로 바라보기』는 신앙과 삶이 이분화 되어 있는 그동안의 한국교회에 대한 경고이며 길라잡이가 될 아주 탁월한 저술이라고 여겨집니다.

저자는 창조 신앙을 시작으로 사회적 갈등 요소인 동성애, 동성혼 문제, 문제의 근원인 교회회복을 위한 교회의 본질, 경시되어서는 결코 안 되는 생명 문제, 사회적 이슈로서 간과할 수 없는 인권, 양극화 그리고 다문화사회 등에 대해 명확하고도 구체적으로 이야기를 전개하고 실천적인 부분을 제시하고 있습니다. 그리고 마지막에서 한국교회가 세상의 희망이 되는 길은 복음주의가 답이라는 것을 강하게 강조하고 있습니다.

김종걸 박사님은 5대째 내려오는 신앙의 계승과 오랫동안 선지동산에서 강의한 경험을 기반으로 단지 지식만 이야기하는 것이 아니라 교회와 그리스도인들이 구체적으로 생각하고 실천해야 하는 것을 매우 깊이 있게 다루고 있습니다. 『넌 세상을 어떻게 바라볼 거니?: 기독교세계관으로 바라보기』는 신앙인라면 반드시 읽어보아야 하는 중요한 책이라고 봅니다. 한국교회의 기독인들 모두에게만 아니라 목회자, 기독지성인들 그리고 이 땅을 좀 더 성경적으로 살아가려는 독자들에게 혼탁한 이 세상에서 교회와 그리스도인들이 앞으로 나아가야 할 방향을 제시하는 기독교세계관의 길잡이가 될 것이라 확신하며 적극적으로 추천합니다.

안희묵 목사
(꿈의교회 대표목사, 기독교한국침례회 증경총회장)

우리는 포스트모더니즘 시대를 살고 있습니다. 포스트모더니즘은 통일성과 총체성과 질서를 부여하려고 노력했던 모더니즘과는 달리, 현실의 파편성과 비결정성과 불확실성을 그대로 받아들이고, 탈 중심과 다양성을 추구합니다. 절대 진리가 없어지고 상대진리만을 수용합니다. 그러기에 사람들은 '누가 뭐라고 해도 내 말이 맞다'라는 정신으로 살아갑니다. 남자가 남자와 결혼하고, 여자와 여자가 결혼하는 것도 내가 그렇게 생각하니 아무 문제가 없다고 주장합니다. 절대 진리가 사라지고 상대진리만을 주장합니다. 질서가 무너지는 물결에 우리는 휘둘리고 있습니다. 세상은 점점 더 어지러워지고 있습니다.

그러기에 기다리던 책이 나온 것 같습니다. 올바른 세계관으로, 하나님의 창조의 질서로 세상을 보게 만드는 귀한 책입니다. 김종걸 교수님의 지적 예리함, 연구에 대한 열정, 깊은 영성에서 길어 오른 보석과 같은 연구 결정체입니다. 많은 사람들이 이 책을 통해 하나님의 창조질서로, 기독교 세계관으로, 복음적인 관점으로 세상을 바라볼 수 있기를 기대하며 마음을 다해 추천합니다.

유관재 목사
(성광교회 담임목사, 기독교한국침례회 증경총회장)

1960년대 프랑스와 미국을 중심으로 시작된 포스트모던 사조는 이후 철학, 예술, 비판 이론, 문학, 건축, 디자인, 마케팅/비즈니스, 역사해석, 문화 등 다방면에 걸쳐 영향을 끼쳤다. 한마디로 우리 삶의 전 영역에 크고 작은 영향을 끼치며 족적을 남기고 있는 상황이다. 왜 그런가? 아마도 포스트모던 사조가 삶을 이해하는 방식, 세계를 바라보는 방식의 하나이기에, 그 사상을 받아들이면, 사상에 기초한 관점, 즉 삶을 이해하는 방식, 세계와 사물을 이해하는 방식이 결정되고 그로 인한 결과물들이 나오기 때문일 것이다.

포스트모던 사조의 큰 특징은 팩트와 해석이 분리되어 있다는 점이다. 팩트보다는 팩트에 대한 해석이 더 우선시되면, 창작자의 의도보다는 관객/수용자의 해석이 더 중요한 것이 된다. 마치 사사시대에 "각자 소견에 옳은 대로" 행했다는 말과 같은 일이 벌어지는 것이다. 이는 우리 인생과 세계의 주인이 하나님이 아니라 인간 개인들이라는 전제를 가진다. 하나님이 정하신 질서, 디자인하신 의도가 중요한 것이 아니라, 그것을 받아들이고 이해하는 인간의 기준, 생각을 중요하게 여긴다는 점에서 포스트모던 사조의 원형이라고 볼 수 있다.

김종걸 교수님은 하나님의 백성인 성도가 직면하는 삶의 여러 국면들에서 "하나님의 백성으로 보기와 살기"를 지속적으로 연구하시고, 강의해 오셨다. 본 서는 그 결과물로서 우리 시대에 화두가 되는 주제들을 심도있게 다루어 그리스도인들이 각 주제에 대해 어떤 기준을 가지고 바라보며 살아야 하는지에 대한 건강한 '관점'(perspective)을 제시한다. 저자의 깊이 있고 명쾌한 통찰력의 샘에서 흘러넘치는 혜안이 강의실을 넘어 많은 독자를 만나게 된 것을 기쁘게 생각하며 축하한다. 이 책을 통해 저자가 바라는 대로 "각자 소견에 옳은 대로"가 아니라, "인간을 포함한 우주 만물을 지으신 원작자이신 하나님의 소견대로" 팩트와 해석이 일치하는 관점으로 살아가는 법을 배울 수 있기를 기대하게 된다.

이요섭 목사
(교회진흥원 10대 원장)

할렐루야! 먼저 이렇게 김종걸 박사님의 옥고가 책으로 출판됨을 축하드리며, 반평생 신학 강단의 지킴이로서 그리스도인의 삶을 점검하는 심정으로 한 줄 한 줄 이어간 글을 통해 '복음적 가치관을 상실한 이 시대의 어려움을 어떻게 이겨 낼 수 있을까?'하는 중요한 문제의 해답을 제시케 하신 하나님께 감사와 영광을 돌립니다. 김 박사님은 30년이라는 긴 세월 동안 오직 강의와 연구에 집중하면서, 누구나 경험한 일이겠지만 많은 어려움과 고난도 묵묵히 견디며 하나님의 계획을 충실히 이행해 오셨습니다. 그리고 다른 사람들보다 앞서 나가기보다는 온유함과 겸손함 그리고 실력과 영력 및 다양한 재능을 두루 겸비한 보기 드문 학자입니다. 그동안 평소 관심을 둔 사항들에 대해, 성경적 가치관에서 접근해 그리스도인으로서 어떤 삶을 살아가야 할지에 대해 강의실과 교회에서 강조했던 삶의 단면들을 정리하여 책으로 펴낸 것은 김 교수님의 남다른 사랑과 열정을 고스란히 담은 철학적 단상이라 할 것입니다.

오늘날 세계는 존 듀이의 교육 사상을 계승하고 심화시킴으로써 경험으로 얻어지는 지식만이 참된 지식이라는 사상으로 팽배해진 상태입니다. 교회에서조차 하나님의 말씀을 믿은 후 실천하며 이해하려고 하는 것이 아니라, 이해하고 경험한 후 믿으려는 풍조가 만연한 실정입니다. 이것을 달리 표현하자면 하나님의 말씀도 이해가 되지 않으면 믿지 않으려는 생각이 점차 확산되고 있다는 반증일 것입니다. 교회의 지도자들이 세속적 복을 빌어주는 발람이 되기보다, 목숨을 걸고 죄에 대해서 책망하는 나단이 되어야 합니다. 화려한 겉모양에 숨겨져 드러나지 않고서도 엄청난 파괴력을 지닌 어두움의 세력을 이기려면 하나님의 말씀으로 돌아가야 하고, 그 말씀으로 무장한 나단과 같은 대장부가 필요합니다. 왜냐하면 오늘의 현실은 포스트모더니즘이나 다원주의 등과 같은 복음과 정면 배치되는 사상이 우리에게 도전장을 내밀면서 입체적으로 압박해 오고 있기 때문입니다.

그런데 무엇보다도 우리의 신앙에 불안을 가중시키는 것은 영성의 퇴락이라 할 수 있습니다. 피조물로서의 한계상황에 부딪힌 사람들은 하나님을 신뢰하기 보다는, 실체도 없는 상상의 산물 앞에 엎드리거나 사이비 종교에 빠져 영적 부랑아들처럼 혼미상태에 빠진 채 방향감각을 상실한 모습입니다. 따라서 우리는 다시 성경으로 돌아가야 하고, 하나님의 말씀인 성경으로 무장해야 할 시점에 다다랐습니다.

저자는 폭넓은 지성을 지닌 학자로서, 깊은 영성을 지닌 목사로서 시대의 사상을 깊이 있게 바라보고 질문을 던지는 가운데, 성경을 근거로 명확하고 설득력 있게 해법을 제시하고 있습니다. 이러한 때에 출판된 『넌 세상을 어떻게 바라볼 거니?: 기독교세계관으로 바라보기』는 성경으로 돌아가서 성경으로 무장시키기에 적합하고, 흐트러진 신앙관을 바로 정립하기에 너무나 좋은 책이라 여겨집니다.

김 박사님을 아끼며 사랑하는 모든 분들이 신학 강단 30년의 결실로써 다듬어진 귀한 책을 가까이 접할 수 있게 된 것을 기뻐하며, 이 책을 통해 많은 독자들에게 하나님의 생기를 불어넣어 줌으로써 개인의 삶과 생활이 살아나기를 소망하면서 일독의 권유와 함께 기꺼운 마음으로 추천하는 바입니다.

이에스더 원장

(요나3일 영성원)

제2쇄에 즈음하여

세상을 살아가는 그리스도인들이 어떤 생각을 갖고 삶을 살아가야 할지를 이야기하는 '관점'(perspective)의 중요성을 강조한 책 『넌 세상을 어떻게 바라볼 거니?: 기독교 세계관으로 바라보기』 2쇄를 찍게 되었습니다. 이 책은 다양한 주제에 대해 기독교적 세계관으로 방향성을 제시하는 491쪽이나 되는 나름 방대한 분량의 책입니다. 처음 출간할 때 안 팔리면 어쩌나, 출판사에 누를 끼칠 만큼 안 팔리면 안 될 텐데 하는 생각을 했습니다. 다행스럽게도 독자분들께서 관심을 갖고 읽어주시고, 어떤 교회는 성도들이 읽어야 할 매우 좋은 책이라고 많은 수량을 구매하셨습니다. 이 책을 읽은 분 중에는 책의 내용을 곱씹어보며 본인 것으로 만들고자 여러 번 읽었다는 분도 계셨습니다. 아울러 주변 지인들한테 꼭 읽도록 권유하겠다는 홍보대사도 계셨습니다.

저자의 입장에서는 지금처럼 꾸준히 계속 읽어주시고 가치 있는 책이라고 긍정적인 피드백을 해 주신다면, 다음 개정 작업 때는 수정하고, 보완하고, 다듬어서 출판하고 싶은 열망이 있습니다. 이번 2쇄에서는 오탈자 교정과 일부만 수정했습니다. 2쇄를 찍을 수 있게 된 점, 독자분들께 다시 한번 진심으로 감사드립니다. 앞으로 출판사에서 개정판을 낼 수 있게 해 주는 것도, 독자분들의 관심이 절대적으로 필요하다고 생각합니다.

바라기는 이 책이 사분오열되고, 사회에 대한 거룩한 영향력을 행사하지 못하는 한국교회가 기독교 세계관으로 세상에 대해 분명한 방향을 제시해 주고 한국사회의 희망이 되는 나침반 역할을 할 것을 기대해 봅니다.

이 책이 2쇄를 할 수 있도록 수고해주신 요단출판사 대표 김용성 원장님, 출판사역팀의 박찬익 목사님과 출판사 가족께 감사드립니다. 끝으로 지금 이 자리에 있기까지 부족한 종을 이끌고 말할 수 없는 은혜로 응답하신 하나님께 영광을 올려드립니다.

2022년 2월, 하기동 연구실에서 김종걸

프롤로그 _____

기독교세계관이
세상을 변화시키는 힘이다

『넌 세상을 어떻게 바라볼 거니?: 기독교세계관으로 바라보기』는 세상을 살아가는 그리스도인들이 어떤 생각을 갖고 삶을 살아가야 될지를 이야기하는 '관점'(perspective)의 중요성을 강조한 책이다. 예수 그리스도를 통해 새로운 피조물이 된 하나님의 자녀들이 하나님의 자녀답게 이 세상을 살아가는 것은 결코 쉬운 일이 아니다. 성경의 시대에서나 그 이후에 수많은 역사 속에 처절한 고통과 비극을 맛보면서 하나님의 자녀의 위치를 지키려고 노력했지만 항상 우리를 유혹하는 사상과 문화, 가치관들로 인해 여지없이 무너져 온 것이 사실이다. 그럼에도 불구하고 하나님의 나라가 확장되는 데에는, 복음적 가치관을 가지고 세상과 타협하지 않고 꿋꿋이 이겨내었던 신앙의 선배들이 있었기에 가능했다고 본다. 과거와 마찬가지로, 오늘날에도 오늘날의 어려움이 있다. 역시 중요한 것은 이 어려움을 어떻게 이겨 내느냐에 있다. 필자는 그동안 침례신학대학교에서 30여 년 가르쳐온 교수로서, 이 책에서 다양한 이슈(issue)들에 대해 깊이 생각하고 관점을 변화시키는 이야기를 하고자 한다. 여기서 다루고자 하는 주제들은 평소 관심을 두고 성경적 가치관에서 접근해 그리스도인으로서 어떤 삶을 살아가야 할지에 대해 강의실과 교회에서 강조했던 삶의 단면들이며, 대부분의 글은 침례신학대학교의 연구비를 지원받아 연구된 논문을 수정, 보완한 것임을 밝힌다.

이 책은 6부로 구성되어 있다. 1부에서는 창조에 대한 원리를 이야기하고자 한다. 창조신앙은 신앙의 뿌리이다. 창조신앙이 흔들리면 모든 것이 흔들리게 되어 있다. 기독교세계관이라는 세상을 바라보는 성경적 관점을 이야기하고, 결혼과 가정 그리고 성에 대한 입장을 분명히 하고자 한다. 2부는 성의 혁명에 대한 이야기이다. 성에 관한 혁명적 변화를 맞고 있는 이 시대에 상상할 수 없는 무서운 변화를 가져오는 동성애, 동성혼에 대해 성경이 제시하는 길을 제시하고자 한다. 더구나 세상의 문화로 우리사회와 교회에 밀려오는 동성애, 동성혼의 파고는 보다 더 예리하고 명확하게 대처할 필요가 있다. 3부는 교회의 본질에 대한 이야기이다. 역사 이래 끊임없이 존재했던 가난한 자들에 대해 성경은 뭐라고 이야기하는가? 교회가 이들을 위해 어떻게 해야 하는가? 이제 초고령 사회에 접어드는 시점에 노인들을 위한 교회의 역할은 무엇일까? 이러한 근본적인 문제들에 전혀 고민도 하지 않고, 그리고 정책을 내놓지도 않으면 교회는 퇴보할 수밖에 없다는 사실을 기억해야 한다. 이 시대를 꿰뚫는 혜안이 필요한 때이다. 4부는 생명에 대한 고민들이다. 기독교는 생명의 종교인데도 생명경시 풍조가 만연한 이 사회에 어떤 목소리도 내지 못하고, 올바른 방향도 제시하지 못하며 영향력도 미비하다. 가장 민감하고 중요한 주제들인 자살, 사형제도, 환경 등에 대해 깊이 생각하고 성경적인 답을 제시할 필요가 있다. 5부는 민감한 사회적 이슈들에 대해 살펴보고자 한다. 인권, 양극화, 다문화사회와 이주자 문제 등이다. 이러한 민감한 주요 이슈들에 대해 그동안 침묵하고 지나온 한국교회를 반성하면서 적극적으로 기독교의 방향과 책임을 제시하는 노력이 있을 때, 교회는 한국사회에 희망이 되고 거룩한 영향력을 줄 것으로 기대한다. 6부는 복음주의가 한국교회와 사회를 이끄는 진정한 해답이 됨을 제시하려고 한다. 포스트모더니즘과 교회, 공공성과 신학적 책임, 한국교회의 반성, 자유주의와 복음주의 등에 대한 다양한 해석학적인 대답들이 있는 상황 가운데 진지한 복음주의적인 반성이 결국 한국사회와 한국교회의 변혁을 위한 단초가 된다는 사실을 강조하고자 한다.

구약성경 사무엘하 23장에 보면 다윗 왕국이 설립되기 까지 왕을 도왔던 용사들 중 뛰어난 세 용사에 대한 이야기가 나오고 있다. 다윗 왕께서 지금 베들레헴 성문 곁에 우물물을 마시고 싶다고 하는데 어떻게 해야 되겠습니까? 거기는 지금 이방인의 군대가 진을 치고 있는 위험한 곳이 아닙니까? 여기에 등장하는 하나님의 백성들은 블레셋을 피해 도망하는 부정적인 이미지로 그리고 있다. 하나님을 신뢰하지 못하고 피신하는 비겁한 모습이다. 그러나 세 명의 용사들은 의기를 투합하고, 그들은 왕을 위하여 목숨을 건다. 적군의 진영을 뚫고 들어가 물을 떠오자고 결심한다. 그래서 세 용사는 목숨을 아끼지 않고 블레셋 군대에 '돌파'해 들어갔고, 베들레헴 성문 곁 우물물을 길어 오게 된다. "세 용사가 블레셋 사람의 진영을 돌파하고 지나가서 베들레헴 성문 곁 우물물을 길어"(삼하 23:16). 그들이 이렇게 행한 것은 다윗을 향한 지극한 애정과 충성이었다.

우리는 이 땅에서 소명을 받았다. 이는 세상 속에서 빛과 소금으로 살아가는 명령이기도 하다. 그동안 신앙과 삶의 분리라는 이분법적인 사고와 파편화되어 있는 현실은 한국교회의 가장 큰 문제이고 위기이다. 지금은 교회가 백척간두(百尺竿頭)에 선 절박한 시기라는 것을 잊지 말아야 한다. 그리스도인들은 어떻게 살아가야 하는가? 삶 가운데 닥쳐진 문제들을 어떻게 바라보고 해결해야 하는가? 질문도, 고민도 하지 않고 살아가는 대부분의 그리스도인들이 있기에 한국교회는 절체절명의 위기 속에 있다고 본다. 그리스도인으로서 어떻게 살아가야 할지 '생각도 안하는 사람'이 있고, '생각만 하는 사람'이 있고, '생각하고 실천하는 사람'이 있다. 이들의 차이는 클 수밖에 없다. 그러므로 어떠한 상황에서도 기독교적 가치관으로 무장하여 흔들리거나 굽히지 않는 불요불굴(不撓不屈)의 정신을 가지고 살아가야 한다.

필자는 삶에 직면한 어려운 모든 것들에 대해 성경적 사고를 하고, 행동하며 살아가는 것이 중요하다고 주장한다. 의도하는 바는 성경을 토대로 삼아 이 땅에서의 삶을 그리스도인답게 살아가기 위해 먼저 성경적인 생각을 하고, 실천하는 고민을 하자는 것이다. 이론만으로는 세상을 바꿀 수가 없다. 이론과 더불어 행동하는 믿음이 필요하다. 우리는 이 땅에 소명 받은 하나님의 백성들이다. 세상에 대해 융화되거나, 겁이 나서 피하고 도망해서는 안 된다. 다윗 왕의 세 용사처럼 돌파하는 용기와 애정 그리고 충성이 필요하다. 성경은 행함이 없는 믿음은 죽은 믿음이라고 강조하고 있다. "이와 같이 행함이 없는 믿음은 그 자체가 죽은 것이라"(약 2:17). 바라기는 독자들이 이 책을 꼼꼼히 읽어 나가는 가운데 삶의 양태들에 대해 기독교적 세계관으로 바라보는 훈련이 되고, 이어 행동하는 믿음으로 굳건하게 서서 세상을 돌파하길 바라는 마음이다. 이 책이 한국사회와 교회에 당면한 문제들에 대해 기독교적 세계관으로 바라보고 실천하는 새로운 길라잡이가 되길 기대한다.

이 책이 나오기 까지 수고해주신 요단출판사 대표 이요섭 원장님과 출판사 가족께 감사드린다. 또한 이 책을 추천해 주신 침례신학대학교 김선배 총장님, 수원중앙교회 고명진 목사님, 기독교학술원 원장 김영한 박사님, 영안교회 박정근 목사님, 꿈의교회 안희묵 목사님, 성광교회 유관재 목사님, 교회진흥원 이요섭 원장님, 요나3일영성원 이에스더 원장님께 진심으로 감사드린다. 그리고 사역 가운데 신뢰하면서 격려와 사랑을 마다하지 않은 한사랑교회 문은수 목사님과 성도님들께 감사를 표한다. 아울러 연구안식년 기간 동안 기도와 사랑으로 지원해 주신 버지니아 우리교회 양승원 목사님과 성도님들께 감사를 전한다. 본인이 선지동산에서 가르치는 사역과 교회에서의 협력사역을 잘 감당하는 데는 사랑하는 아내의 헌신적인 희생과 사랑이 있었다. 곁에서 신뢰를 갖고 기도와 격려를 아끼지 않은 아내 최미애와 딸 예지와 아들 예신에게 감사한 마음을 전한다. 끝으로 지금 이 자리에 있기까지 부족한 종을 이끌고 말할 수 없는 은혜로 응답하신 하나님께 영광을 올려드린다.

2020년 8월
Virginia에서
김종걸

1부 창조의 원리: 가정을 세우다

1. 기독교 세계관의 이해

1. 들어가는 글

오늘날 우리는 역사상 그 어느 때보다도 다양한 사상들 속에 둘러싸여 있다. 과학만능주의가 있는가 하면 무속적 현상에 대한 많은 관심들이 존재하고 있고, 철저한 반공주의가 있는가 하면 공산주의가 역사의 뒤안길에서 퇴조하고는 있으나 또한 일부 열렬한 공산주의자들도 있다. 또 세계 평화주의가 있는가 하면 국수적 민족주의가 있고, 전체주의가 있는가 하면 개인주의가 있으며, 절대주의를 부르짖는 사상들이 있는가 하면 상대주의를 주장하는 사상들도 있다. 다시 말해서 한 세대가 갖는 의식구조나 공감대가 그 어느 때보다도 급속도로 변하고 있다. 이러한 여러 조류의 사상들은 단순히 사상으로만 머물러 있지 않고 그것을 신봉하는 사람들을 통해 여러 상황에서 여러 가지 형태로 일상생활 속 에서 표출되어진다. 그런데 이런 다양한 현상들 중의 많은 부분들이 기독교 신앙과 상충되고 있다는 사실이 우리 기독교인들에게 문제가 된다.[1] 특히 사회의 급진, 좌경 이데올로기와 보수, 우익 이데올로기의 극한 대립은 교회 내에서까지 좌, 우의 갈등을 불러일으키므로 한국기독교는 끊임없는 정체성 위기 속에 있다. 이처럼 상충되는 세계관들이 원색적으로 표출되는 한국의 현실 속에서 그리고 비뚤어진 세계관으로 말미암아 노사 문제, 학원 문제, 정치의 양극화 현상, 인신매매와 향락산업, 사회적 공분을 일으키고 있는 N번방 등 퇴폐 문화의 번창으로 몸살을 앓는 현실 속에서 기독교 세계관에 대한 올바른 이해와 정립은 개인은 물론 교회, 민족, 국가를 변화시킬 것이라고 본다.[2]

오늘날의 우리는 어떠한 관점(perspective)을 가지고 삶을 선택할 것인가? 기독교적이라고 생각되는 기존의 고정 관념에서 출발하여 그 전체를 정당화하기 위해 성서를 해석하기보다는 성경 본문(text)에서 출발하여 성경의 총체적인 맥락과 논리를 추적하므로 성경 자체의 의미를 도출함과 동시에 삶의 정황(context)과 관계된 문제를 생각하여야 한다. 다시 말하면 기존의 사회 분석 틀에서 탈피하여 성경의 세계관을 전제로 가치관의 정립이 이루어져야 한다. 그러므로 이글에서는 먼저 기독교 세계관(Christian Worldview)에 대한 전이해를 이야기하고, 세계관이 무엇이지, 그리고 그 요청과 필요성을 살펴보고자 한다. 이어서 많은 세계관 중에서 다른 세계관-이신론, 자연주의, 허무주의, 실존주의-에 대해 살펴보고자 한다. 아울러 왜 기독교 세계관을 선택해야 하고 그것이 진리라는 것을 분명히 하기 위해 기독교세계관의 구조를 이야기하고, 기독교세계관의 구체적인 실천 단계를 살펴보기로 하겠다.

2. 기독교 세계관에 대한 전이해

인간은 누구나 자기 자신과 주변 세계에 대한 나름대로의 견해를 갖고 있다. 우리가 생각하고, 말하고 행동하는 모든 것 근저에는 우리가 '세계관'(Weltanschauung)이라고 부르는 것을 형성하는 기본적인 가정들이 있다. 어떤 사람의 세계관은 그의 총체적인 인생관을 표현하는 실재에 관한 그의 전제들의 총합이다.[3] 인간이 어떤 세계관을 갖고 있는가에 따라서 정치, 사회, 교육, 경제, 문화, 학문, 예술 심지어 종교관까지 결정된다. 확실히 어떤 세계관을 갖는가에 따라서 개인이나 민족의 장래까지 변화되기도 하고 신앙의 방향까지도 결정된다.[4] 이원설 박사는 세계관의 중요성에 대해 이렇게 표현한다. "역사를 움직이는 수많은 동력들—자연조건, 사회, 경제 제도, 정치적 리더쉽 등등—가운데 가장 중요한 요인을 나는 세계관이라고 본다. 왜냐하면 인간이 동물과 다른 가장 큰 차이는 그가 정신적 존재(a psyche-spiritual being)인 데 있다고 나는 믿으며, 개개인의 정신 구조와 한 사회의 정신 풍토의 근간을 이루는 것이 세계관이기 때문이다."[5] 오늘 날은 확실히 세계관의 혼란의 시대라고 할 수 있다. 세계관은 가치관을 결정짓기도 하고 오늘의 당면한 현실 문제를 해결하는 잣대가 되기도 한다. 오늘의 문제는 결국 세계관의 문제이며, 어떤 세계관을 갖는가에 따라서 삶의 질이 달라진다. 예를 들면 유물주의적인 세계관을 가진 사람은 세상을 볼 때 물질을 모든 것의 출발과 과정 그리고 결과로 본다. 그래서 유물주의 세계관을 가진 사람이 스스로 유물주의 세계관을 가지고 있다고 선언하고 다니지 않더라도 그의 마음의 깊은 곳에서 물질이 그의 인격을 지배하게 된다. 사실 오늘날 많은 사람들이 이러한 유물주의 세계관에 지배당하고 있기 때문에 종교는 세속화되고 윤리나 도덕의 규범은 휴지화되어 모든 권위는 땅에 떨어지게 되었다. 인간은 누구나 의식적이든지 또는 무의식적이든지 세계의 구성에 대한 기본적인 가설을 가지고 있다. 논리 정연한 철학이나 신학을 소유한 사람은 별로 없으나 세계관을 갖지 않은 사람은 하나도 없다. 언제나 우리는 자신의 세계관에 따라 생각하기 마련이고, 세계관이 전제되지 않고는 전혀 사고 활동을 할 수 없다.[6] 세상에서는 무슨 학문을 하든지 전제(Presupposition)가 없을 수 없다. 신학도 신앙도 예외는 아닐 것이다. 그렇기 때문에 그리스도인들이 내세를 소망하며 현실을 살아가는 이 시점에서 기독교 세계관을 말하지 아니할 수 없다. 그러면 먼저 세계관이 무엇인지를 살펴보도록 하자.

3. 세계관이란 무엇인가

인간은 시각을 가진 피조물이다. 이 말의 의미는 인간이 단순히 눈을 가지고 있다는 것이 아니라, 우리의 관점 곧 우리의 삶의 시각을 좇아 사는 피조물이라는 의미이다. 동물은 본능에 따라 살기 때문에 그런 관점을 필요로 하지 않는다. 하지만 인간은 자신의 삶을 선택하게 되는데, 이러한 선택은 그들이 삶을 보는 방식에 따라서 달라진다. 우리는 우리의 시각을 한 방향으로 고정시켜야 한다. 다른 곳으로 고정시켜서는 안 된다. 바로 여기에 세계관이 무엇인가의 핵심이 있다.[7]

세계관이란 무엇인가? 많은 정의들이 있지만 한마디로 말해서 "어떤 사람이 인생을 살아가는데 있어서 기본적인 전제"라고 볼 수 있다. 그런데 바로 이러한 기본적인 입장인 세계관이 개인 생활과 문화와 사회와 정치와 학문의 방향을 결정하게 된다는 사실이다.[8] 세계관은 결코 단순한

'삶에 대한' 시각만은 아니다. 그것은 언제나 '삶을 위한' 시각도 된다. 한 개인이나 민족으로 하여금 실제로 어떤 특정한 인생행로를 걷게 하지 못하는 삶의 시각이나 세계관은 전혀 세계관이라 할 수 없다. 그러므로 하나의 세계관은 그 세계관을 가진 사람이 세상에서 지향해 나갈 세계의 모델을 제공한다.[9]

바커(R.Bakker)에 의하면 세계관이란 때로는 '인생관'(Lebensanschauung)이란 말과 유사하게 쓰이기도 하지만 '세계'란 말은 보다 실제성의 전부를 의미한다고 할 수 있다. 본래 독일어의 세계관(Weltanschauung)은 독일 낭만주의 문화 형태에서 나온 것이다. 이 말의 뜻은 철학적, 정치적, 종교적 의미로 다양하게 쓰이기도 했다. 세계관이라는 용어는 1919년 칼 야스퍼스(K. Jaspers, 1883-1969)의 「세계관의 심리학」(Psychologie der Weltanschauung)에서 구체적으로 표현되었다.[10] 특히 아브라함 카이퍼(A. Kuyper, 1837-1920)가 1898년 프린스턴 대학에서 강의할 때 세계관이란 말을 사용하였다. "기독교가 크고 심각한 여러 위험으로 위기를 맞고 있음은 의심할 여지가 없다. 두 삶의 세계관(체계)이 사생결단하고 투쟁하고 있다"고 하였다.[11] 칸트(I. Kant, 1724-1804)는 「판단력 비판」(Kritik der Urteilskraft)에서 세계관이란 단어를 사용했으며, 키에르케고르(Søren Kierkeggard, 1813-1855)는 세계관이란 말에 대해 처음으로 '궁극적 신념의 집합'(a set of ultimate beliefs)이란 기술적 의미를 부여했다.[12] 독일의 관념론적 철학의 영향을 받은 딜타이(Wilhelm Delthey, 1833-1911)는 '생활의 불가사의나 수수께끼를 푸는 실재에 대한 개념'이라고 정의했다.[13] 1940, 50년대에 들어와서 택스(Sol Tax, 1907-1995)는 세계관을 '실재에 대한 정신적 견해'라고 했고, 레드포드(Robert Redford)는 '세계관은 사람이 자기 주변의 모든 것들과 관련하여 자기 자신을 보는 방법'이라 했다. 겔즈(Clifford Geerz, 1926-2006)는 세계관을 '한 문화의 특유한 성격, 가치, 도덕, 심미감 등의 종합 인식체로서 종교와 사회의 기반'이라고 주장했다.14) 20세기 기독교세계관의 아버지라 불리는 제임스 사이어(James W. Sire, 1933-2018)는 세계관을 정의하면서, '세계관이란 세계의 근본적 구성에 대한 우리가 견지하고 있는 일련의 전제들'이라고 했다. 모든 사람이 심지어 사고 활동을 시작하기 전부터 갖고 있는 첫 번째 가정은 무엇인가 존재한다고 가정한다.15) 사이어에 의하면 세계관으로서 제 구실을 하려면 다음의 다섯 가지 질문에 대한 근본적 해답을 갖고 있어야 한다. 즉 첫째, 진정으로 참된 최고의 실재는 무엇인가? 둘째, 인간은 무엇인가? 셋째, 인간이 죽으면 어떻게 되는가? 넷째, 도덕의 기초는 무엇인가? 다섯째, 인간 역사의 의미는 무엇인가? 등이다. 여기에 대한 대답은 각각 다를 수 있는데 그 대답에 따라 각각 다른 세계관을 갖게 된다는 것이다.16) 사실 인간은 위의 질문들에 대한 대답을 피한 채 살 수는 없다. 우리는 위의 질문에 대해 이런 입장이든지 혹은 저런 입장이든지 취하게 된다. 하나의 분명한 세계관을 취하기를 거부하는 것도 결국 그 자체가 하나의 세계관이거나 적어도 하나의 철학적 입장이 될 수 있다.

이원설 박사의 저술에는 세계관에 대한 보다 자세한 해설을 하고 있다. 그 내용을 요약하면 다음과 같다. "세계관이란 '삶의 정신적 설계,' '신앙 체계,' '사회적 가치의 총체,' '지적 풍토'라고 말할 수 있다.17) 그래서 세계관이란 단순히 이념 체계의 원리라기보다는 더 넓고 깊은 의미에서 한 인간 혹은 한 집단이 개별적 혹은 집단적으로 가지는 우주관, 자연관, 인간관, 사회관, 신관, 내세관 등을 종합한 '신념 체계'(belief system)라고 말할 수 있다. 다시 말해서 세계관은 모든 관점, 즉 인생관, 물질관, 우정관, 가치관, 교육관 등의 모체가 된다.

19세기의 빌헬름 빈델반트(W. Windelband, 1848-1915)와 하인리히 리케르트(H. Rickert, 1863-1936)도 세계관을 "인간의 정신에 절대적 영향을 주는 역사 발전의 기본 주동(prime mover)"이라고 했다.[18] 찰스 크래프트(Charles Kraft, 1932-)는 "한 사회는 서로 맞물려 연결된 일련의 신념 체계를 가지고 있다. 그것을 우리는 세계관이라 부른다. 세계관은 무수한 역사 요인들이 장구한 세월 동안 다양한 상호 작용을 한 결과로 산출되는 것이며, 그 사회의 구성원들의 경험, 사물의 해석, 또 행동을 조정하는 역할을 한다"고 기술했다.[19] 고로 세계관은 한 집단이 사물을 보고 판단하는 기본 가설(basic assumption)이다. 이 가설에 따라 모든 판단의 차이가 생긴다고 볼 수 있다. 그러므로 세계관은 개인이나 한 집단의 인식 및 신념 체계의 가장 중심부에 위치하는 정신 구조로서 사람의 가치와 행동을 일으키고 조정하는 바탕이 되는 요소라고 규정할 수 있다. 이런 의미에서 세계관은 생활에서 결코 피할 수 없는 것이다.[20] 세계관이 없다면 인간의 생활 자체부터가 유지될 수 없다. 우리는 세계관을 어떻게 판단하는가? 어떤 기준들을 사용할 수 있는가? 리차드 미들톤(R. Middleton)과 브라이언 왈쉬(B. Walsh)는 첫째, '현실성,'(reality) 즉 우리의 세계관이 현실과 부합되느냐의 여부를 말하며, 둘째, '내적인 통일성,' 즉 하나의 세계관은 피조 세계를 우리에게 열어주는 것이어야 하고, 삶에 대한 통일적인 시각이어야 한다고 말하며, 셋째, '개방성,' 즉 훌륭한 세계관은 자체의 유한성과 한계를 인식한다고 말한다.[21]

그러면 올바른 세계관은 우리의 삶 가운데서 어떤 역할을 하는가? 첫째, 올바른 세계관은 통일적인 삶을 살게 한다. 인생의 목적은 통일적인 삶이 전제되지 않으면 확립될 수 없다. 둘째, 올바른 세계관은 생동적인 삶을 가능케 하며, 그런 삶은 올바른 생의 의미가 확립될 때 가능하다. 셋째, 올바른 세계관은 사고와 행동의 방향을 설정한다. 특히 세계관은 특정한 과제를 선택하도록 지시하고 삶의 전반적인 목적을 부여하며 도덕적 판단의 근거를 제공한다.[22] 결국 세계관은 인간 삶의 인도자의 기능을 한다. 이것은 세계 속에서 우리에게 큰 방향을 제시해 주고, 우리 앞의 사건과 현상들의 혼란 속에서 어디가 위고 아래인지, 무엇이 옳고 그른지를 감지해 준다. 인간의 독특한 성격 가운데 하나는 인간은 세계관이 제공하는 방향 감각이나 인도 기능 없이는 살 수 없다. 인간은 본질적으로 순수하게 자의적인 견해를 취하거나 전적으로 무원칙적인 결정을 할 수 없는, 불가피하게 책임을 지닌 피조물이므로 무엇인가에 의해 인도를 받아야만 한다. 세계관은 우리들의 견해나 논의뿐만 아니라 우리에게 요구되는 모든 과정에 결정적으로 영향을 미친다는 사실이다.[23]

4. 세계관의 요청과 필요성

그렇다면 왜 세계관이 요청되는가? 인생의 기반이 그 힘을 상실하며 의미가 상실되고 궁극적 희망이 있는가가 의문시 될 때에는 특히 명백하고 믿을만한 세계관에 대한 요청이 고조된다. 우리가 살고 있는 시대가 바로 그런 어려운 시대이다. 오늘의 한국 사회는 그 어느 때보다 극심한 가치관의 혼돈과 도덕성이 상실되어 가고 있다. 더러는 신문이나 잡지 등에서 오늘의 상황을 염려하는 글들이 나오기는 하나 누구든 뾰족한 묘수는 없는 모양이다. 세상이 너무 빨리 변화되기 때문에 세대 간의 격차는 심화되고, 깊어진 골짜기를 메우기가 단순한 정치적 결단이나 정책으로는 불가능하다.[24] 지금은 포스트모던시대로 종교적인 색조를 잃었다. 도덕적 결단은 하나님의 창조에 근거한 윤리적 원리들이 아니라 의학과 과학기술이 가능하다고 하는 것에 의해 결정된다. 이전에 종교적 세계관을 전달하던 교육은 완전히 세속화되었고, 기업과 정치는 경제적, 정치적 정의에 대한 관심보다 '이겨야만 한다'는 모토에 근거하여 영위되고 있다.

또한 예술도 종교적 관점의 근본적 상실을 나타내고 있으며 순전히 세속적인 종교가 나타나고 있다.[25] 우리는 이제 새로운 세속주의, 새로운 합리주의, 새로운 상대주의, 새로운 자기 본위주의를 가지고 있다. 그러나 이 모든 것들은 옛부터 있어 온 여러 '주의'(-ism)가 새로운 옷을 입은 것에 불과하다. 현대인들의 마음의 근본적인 문제들은 전혀 새로운 것이 아니다. 그것은 사실 결핍의 문제요, 폭력의 문제고, 도덕의 문제며, 인생의 희망과 의미의 문제이기 때문이다. 제기되는 수없이 많은 질문과 이에 대한 여러 대안들은 인류가 공통적으로 직면하는 문제들이다. 이러한 상황에서 최고선을 찾으려 할 때 문화 초월적인 가능성으로의 방향전환은 매우 중요하다. 그러므로 문화적 차이를 초월하는 기독교적 세계관은 가치 있게 검토해 볼 만한 유력한 대안이다. 아더 홈즈(Arthor F. Holmes, 1924-2011)는 세계관을 요청하는 필요성에 대해 다음과 같이 주장한다. 첫째, 사유와 삶을 통일시키기 위한 것인데 그것은 질서 있는 통일성이 삶의 목적을 부여한다고 믿기 때문이다. 둘째, 선한 생활을 정의하고 인생의 희망과 목적을 찾도록 하기 위해서이다. 셋째, 사고의 지침으로서 필요하다. 수많은 사고거리와 해 아래 있는 모든 것에 대한 수많은 관념들과 이론들로 가득 찬 세계는 우리로 하여금 선택적이게끔 한다. 따라서 우리는 우선순위를 정할 필요가 있기 때문이다. 넷째, 세계관은 행동의 지침으로서도 필요하다. 직업 선택, 도덕적 결단, 여가 선용, 경제적 관리, 가족생활의 운영 등 이 모든 것들이 세계관의 영향을 받는다. 따라서 우리의 선택은 바른 목적과의 관계에서 이루어져야만 한다. 여기에 바로 세계관에의 요청과 필요성이 있다.

5. 현대의 세계관

사람은 비록 자기가 의식하지 못한 상태에 있다 해도 다양한 세계관들 속에서 어떤 것을 선택하여 그것을 기준으로 결정을 하게 된다. 이렇게 이루어진 결정은 그 선택된 세계관의 여하에 따라 잘못될 가능성을 항상 지니고 있다. 그러므로 세계관 선택의 자유는 개인에게 모험과 책임을 요구한다. 이러한 이유에서 우리는 많은 세계관 중에서 왜 기독교 세계관을 선택해야 하고 그것이 진리라는 것을 분명히 하기 위해 다른 세계관-이신론, 자연주의, 허무주의, 실존주의-에 대해 살펴보기로 하겠다.

(1) 이신론(Deism)

이신론은 전통적 기독교에서 제시한 섭리, 예지, 의지, 운명에 대해 장황한 논쟁을 하던 이들이 신학과 철학의 혼란한 논쟁을 벗어나 어떤 지적 통일을 이루고자 하는 시도에서 일어났다.[26] 이러한 욕구와 더불어 하나님은 이성적 신이기에 그가 만든 우주도 합리적이고 질서 정연하며 따라서 연구의 대상이라는 근거에서 우주의 형태를 탐구하기 시작했다. 그들이 연구한 하나님이 만든 세계의 상(image)은 질서정연한 거대한 기계, 기어와 지레가 기계적으로 정확히 맞물리는 거대한 시계처럼 보였다. 이는 더 많은 탐구와 발견을 자극하였고 근대 과학을 탄생시켰다. 더욱이 이에 의해 신에 대한 권위의 근거가 특별 계시에서 이성으로 옮겨졌으며, 우주의 구조는 거대한 시계로 비유되었고 하나님은 그 시계의 제조자로 간주되었다. 이들 사조가 함축하고 있는 의미 가운데 하나님의 존재와 속성에 관해서는 다음과 같이 전제한다. '제 1 원인(A First Cause)인 초월적 하나님이 우주를 창조하셨으나 스스로 운행하도록 버려두셨다. 따라서 하나님은 내재하지도 않으시고 완전한 인격도 아니시고, 인간사의 주권자도 아니시며 섭리자도 아니시다.' 즉 하나님은 인간과 소외된 존재로써 인간에게 엄청난 고독감을 안겨다 주게 되었다. 우주론에 대해서는 하나님이 창조하신 우주는 폐쇄 체계 안에서 인과율의 일치제로 존재하기 때문에 결정론적인 성격을 지니며 어떠한 기적도 일어날 수 없다고 봄으로써 인간은 그 체계 안에서 어떠한 변화도 창출할 수가 없다. 인간론에 있어서는 인간은 비록 인격체이지만, 우주라는 기계 중의 하나의 부품으로 간주함으로써 자기 결정력을 잃게 되고 인간의 의미 있는 행동을 할 수 있는 능력을 상실하게 된다. 윤리에 관해서는 우주는 정상적이기 때문에 그것은 무엇이 옳은가를 보여준다고 생각하며, 역사의 흐름에 대해서는 창조 시 정해졌기 때문에 역사는 직선적이라 생각하고 재조정이 전혀 가능하지 않다고 생각한다.

　이상에서 살펴본 이신론은 짧은 기간 동안 학문 세계에만 영향을 미쳤다. 이와 같이 이신론이 빨리 사라진 이유를 살펴보면 다음과 같다. 첫째, 윤리 면에서 타락하지 않은 정상적인 우주를 가정하면 자연히 존재하는 모든 것은 옳다는 의미로 흘러 윤리의 독특한 내용은 설 땅을 잃게 되었기 때문이다. 둘째, 인식론의 면에서 개별에서 보편을 추출하기 위해서는 '무한한 지성'(an infinite mind)이 필요하나, 이신론 안에는 이것이 존재하지 않기 때문이다. 셋째, 인간 본성 면에서 인간 재조정에 대해 닫혀진 세계에서는 그 인격과 존재의 중요성을 유지할 수 없기 때문이다.

　(2) 자연주의(Naturalism)
　이신론은 유신론과 자연주의라는 두 개의 큰 대륙을 연결하는 지적 호기심의 이행기에 불과했지만 자연주의는 지금도 많은 분야에서 영향력을 미치고 있는 중대한 사조 중의 하나이다. 이신론에서는 하나님을 창조주 또는 인격은 없지만 우주의 암시적 유지자로 보는 반면 자연주의에서는 그의 존재를 인정하지 않거나 실제적 가치가 없는 이론적 실제로만 생각한다. 자연주의 기본 내용은 다음과 같다. 첫째, '존재의 본질에 대해 물질은 영원히 존재하며 신은 존재하지 않는다'라는 명제에서 본질의 중심 요소가 하나님에서 우주로 옮겨가게 되었고, 실재는 기계적 공간적 관계 속에서 존재하는 단위들로 구성 되며 화학과 물리학을 통해 그 관계를 알아낼 수 있는 불변의 법칙율로 표현할 수 있다고 생각한다. 둘째, 우주를 보는 관점에서 이신론과 유사한 사상 체계를 가지지만, 이신론과는 달리 사건의 발생순서와 그들의 의존 관계 및 사물의 존재 양식 등이 고정 불변의 필연적 단계가 논리적으로 구현된 것이 아니고 불확정적으로 결합되어 있다고 봄으로써 이 개념에서 인간에게 선택의 자유와 그의 자신의 행동에 대한 책임을 부여했다. 셋째, 인간과 인격에 관해서는 인간은 하나의 복잡한 기계이고, 인격이란 우리가 완전히 이해하지 못한 화학적, 물리적 성질의 상호 관계라고 전제함으로써 인간의 이해력을 순수한 신비가 아니고 기계의 복잡성에서 유래한 결과로 보고 있다. 넷째, 죽음은 인격과 개체성의 완전한 소멸로 간주한다. 즉, 전인격이란 사회적, 물리적 상황 안에서 활동하는 생물학적 유기체의 작용이며, 인간의 존재란 사망 시에 소멸한다. 이 같은 전제는 인간을 덧없는 존재로서 규정짓고 말았다. 다섯째, 역사는 인과율에 의해 연결된 사건의 직선적 연속이며 전체적 목적성은 없다. 유신론에서는 하나님께서 친히 의도하신 목표를 향해 전진한다는 목적론에 근거하고 있지만, 자연주의는 그 과정이 자율적이어서 단지 역사는 인간이 계속 존재할 때까지만 지속할 뿐이다. 만일 인류가 소멸하면 인간의 역사는 소멸하고 자연의 역사만 계속될 것이다. 여섯째, 유신론에서는 하나님이 가치의 부여자로 본다. 그러나 자연주의자들은 의식과 자기 결정적인 인간과 함께 생긴 것이기 때문에 윤리도 인간과 함께 성립했다고 주장함으로써 인간 이전의 선악의 분별력에 관해서는 근거를 제시하지 못하고 있다. 또한 도덕적 가치 근원을 인간의 경험에서 찾고 있으며 인간 생존 유지를 최고의 가치 기준으로 둔다.

자연주의의 사상들이 과학적 연구방식과 교육 및 사회 모든 분야에 아직도 많은 영향을 미치고 있는 이유는, 자연주의가 정직하고도 객관적인 인상을 주고 많은 사람에게 일관성이 있는 것처럼 보이기 때문이다. 그러나 자연주의는 유신론적 비판자들에 의해 허점이 지적되기도 하지만 이보다 더 큰 비판이 자연주의 내부의 불일치에서 더욱 크게 노출되고 있다. 즉, 자연주의는 인간으로 하여금 인간 존재의 가치를 부여하지 못하고 또한 그처럼 불투명한 기원을 갖고 있는 존재가 자신의 지적 능력을 신뢰할 수 있는가라는 의문에서 결국 허무주의를 낳게 된다.

(3) 허무주의(Nihilism)

허무주의는 철학이라기보다는 하나의 감정이다. 즉, 모든 가치에 대한 부정이다. 자연주의 사고에서는 많은 사람에게 있어 이성의 결과는 확신할 만한 것이 못되는 것으로 생각되었다. 우주의 폐쇄적 성질은 하나의 제한으로 느껴졌으며, 죽음의 소멸이라는 관념은 심리적 불안을 야기시켰고, 자연의 최고의 산물로서 인간의 지위는 우주로부터의 소외나 우주와의 연합으로 간주되었다. 자연주의는 어떠한 차원에서든지 우주를 변경시키려는 힘도 우주의 일부분이고, 또한 현재의 상황이 미래를 결정한다고 봄으로써 인간에게 의미 있는 행동을 하기 위한 근거를 마련해 주지 못하고 있다. 인식론에 있어서 인간이 비인격적인 힘의 결과로 존재한다면, 즉 물질 그 자체의 성질에 따라 작용한다면 물질이 의식적 존재로 하여금 정확한 관찰과 옳은 전제에 기초한 참된 인식이나 논리적 결론에 이르도록 하는 데 관심을 갖고 있다고 생각할 이유는 전혀 없다. 도덕론에 있어서도 자연주의자들은 세계란 단지 거기(There)에 존재하는 것에 불과한 것으로 전제함으로써 사람들에게 도덕적 당위를 느끼게 하지 못하였으며, 또한 윤리의 최고 가치를 인간 생존의 유지에 둠은 윤리적 상대주의를 초래였고, 이는 가치 사실을 지적할 뿐 결코 절대적 표준을 제시하고 있지는 않다. 이러한 이유에서 자연주의는 자연히 윤리적 허무주의로 귀결되고 인간에게는 범죄의 사실이 아니라 죄책감만 남아 치료할 수 없는 심각한 문제를 야기시켰다.

(4) 실존주의(Existentialism)

실존주의의 중요한 목표는 허무주의를 초월하는 것이다. 제1차 세계대전은 민주주의에 대한 신뢰를 흔들어 놓았고 이러한 좌절과 문화적 불만의 토양 속에 실존주의는 문화적 뿌리를 내렸다. 실존주위는 자생적 세계관이 아니기 때문에 이전 세계관들과의 관계에서 무신론적 실존주의와 유신론적 실존주의로 크게 구분된다. 무신론적 실존주의는 알베르트 까뮈(Albert Camus, 1913-1960)나 장 폴 사르트르(Jean-Paul Sartre, 1905-1980)에 의해 제창되었다. 유신론적 실존주의는 19세기 중반에 죽은 정통 교회에 대한 반응으로 키에르케고르(Søren Kierkeggard, 1813-1855)에서 시작하여 신정통주의로 연결되었다.

무신론적 실존주의는 인간의 우주와의 관계에 대한 명제를 제외하고는 자연주의의 모든 명제를 긍정한다. 이의 주요 관심사는 인간이란 무엇이며, 인간이 어떻게 의미를 찾을 수 있는가에 관한 것이다. 무신론적 실존주의의 첫째 명제는 '우주는 단지 물질만으로 구성되었다'는 것이다. 그러나 인간에게는 실재가 주관과 객관이라는 두 가지 형태로 나타남을 전제로 하고 있다. 즉, 인간이 존재하기 전에는 세계는 단순히 존재했고 그때 새로운 의식적 존재인 인간이 탄생했다. 그래서 주관 세계와 객관 세계가 있게 되었다. 무신론적 실존주의의 관점에서의 객관 세계는 매우 정교하고 빈틈없이 조직되어 있어 인간과 대립 관계에 놓여 있으며 인간에게는 부조리하게 보인다. 그중 가장 극복하기 힘든 궁극적인 부조리는 죽음이다. 그러므로 인간은 죽음이 인간을 한 객체로 만든다는 확실성과 생에 대한 사랑 사이의 긴장을 극복하며 살아야 한다. 또한 그들은 가치 창출을 객관 세계의 부조리를 충분히 인식하고 그를 극복하며 살아가는 데서 찾고 있다. 무신론적 실존주의는 도덕적 근거를 인간에게 둠으로써 인간 본유의 권리를 가졌다는 의식을 충족시켰을 뿐이지 각 개인을 초월하는 도덕적 준거점을 제공하지 못하였으며, 죽음이 없다면 가능했을 의미들을 종식시켜 버렸다. 나아가 허무주의를 넘어 단지 유아론, 즉 80여 년 간 존재하다가 사라져 버릴 고독한 자아에 도달했을 뿐이다.[27]

유신론적 실존주의는 유신론의 명제들을 받아들이지만 가장 특이한 점은 출발점이 하나님과 우주가 아니라 인간이라는 점이다. 그들은 인간을 인격적 존재로 생각하며, 하나님은 인간이 의심 없이 확신할 만큼 자애로운 신이라는 완전한 근거를 제시하지 아니한다고 본다. 따라서 인간은 개인의 확신을 통한 선택이라는 신앙 행위를 통해 하나님의 존재 여부를 결단한다고 주장한다.[28] 또한 유신론적 실존주의자들은 인격적인 것에 최고의 가치를 두고 참된 삶은 '만남'이라는 논리 하에서 하나님과 인간과의 관계를 인격의 만남으로 해석하여 유신론 체계 자체의 풍요함에 대한 완전한 이해의 회복을 시도한다. 유신론적 실존주의가 전통적인 유신론의 관점에서 가장 비판의 대상이 되고 있는 부분은 성경의 역사성이다. 유신론적 실존주의자들은 사건의 기록으로서 역사는 불확실하고 중요하지 않다고 본다. 그러나 현재화되고 생활화된 모델, 유형, 신화 등으로서의 역사는 매우 중요하다고 주장함으로써 기적을 신화화했고 성경은 역사적으로 무가치하다고 결론을 내렸다. 이에 대한 전통적 유신론자들의 비판은 어떻게 일어나지 않은 사건이 소망이나 실로 다른 어떤 것의 상징으로 간주될 수 있는가 하는 것이다.

이상에서 살펴본 바와 같이 유신론적 실존주의는 의미 창출을 주관 세계에 둠으로써 객관적 준거점을 주지 못했다는 점에서 무신론적 실존주의와 유사하다. 그러므로 이신론, 자연주의, 허무주의, 실존주의의 모든 현대 세계관들은 많은 점에서 모순을 안고 있다. 현대 세계관들에 대한 대안으로 필자는 기독교 세계관을 제시하고자 한다.

6. 기독교 세계관

기독교 세계관이란 전적으로 성경에 근거하고 있으며, 성경은 허물과 죄로 죽은 인간을 구원하시려는 하나님의 구속 사역을 기록하고 있다. 웨스터민스터 신학교의 눈슨(Robert Knudson) 교수는 다음과 같이 설명하고 있다. 첫째, 기독교 세계관의 근본적이고 통일된 성격은 하나님의 요구에 응답하는 것이다. 둘째, 우리 시대의 문화적 세속화 경향과 종교에 대한 그릇된 개념을 바로 잡아 주는 기능이 기독교 세계관이다.[29] 눈슨 교수는 "기독교 세계관이란 하나님의 계시의 중심적인 진리들을 숙고함으로 얻은 깊은 진리들을 체계화한 것"이라고 정의한다.[30]

칼빈주의 철학자 헤르만도이벨트(Herman Dooyeweerd, 1894-1977) 이후 기독교 세계관은 대체로 창조(Creation), 타락(Fall), 구속(Redemption)을 중심으로 발전되어 왔다. 필자는 기독교 세계관을 정립하기 위해서 성경의 주제(Motif)를 창조-타락-구속으로보는 도이벨트의 견해를 따르되 인간과 피조 세계의 회복 의미를 강조하기 위해 완성(Consummation)-새 창조의 의미를 첨가하는 견해를 따르고자 한다.[31]

(1) 창조(Creation)

창조는 성경적 신앙과 윤리의 초석이다.[32] 창조는 기독교 세계관의 출발점이 되는 것으로 창세기는 우주만물의 기원을 설명한다. 기독교 세계관에서 중심이 되는 창조주 하나님은 단일론(Monism)이나 이원론(Dualism)에서의 신과 뚜렷이 구별된다. 성경에 나타나는 창조주 하나님은 우주의 필연성이나 어떤 제한에 묶여 있는 분이 아니라 우주를 초월하신 최고의 책임자이시며 다른 어떤 것과도 대등한 관계에 있지 않다.[33] 창세기에 나타난 창조기사는 과학적으로는 물론 신학자들 간에도 통일된 해석이 제시되고 있지 않다. 창조에 관한 과학자들의 의견 불일치는 자연에 나타난 창조의 증거가 다양하기 때문이며, 신학자들 간의 의견 불일치는 성경의 기록이 논리적인 철학 논문이나 과학 논문 형태로 쓰여지지 않은데다 학자들이 견지하고 있는 기존의 세계관에 따라 같은 성경적, 과학적 증거를 두고도 전혀 다른 해석을 하기 때문이다. 하나님께서 천지만물과 그 가운데 보이는 것과 보이지 않는 모든 것들을 능력의 말씀으로 창조하셨다는 창세기의 기록은 만물의 존재와 인식구조에 관한 원초적 사고체계를 제공한다는 점에서 기독교의 가장 근본이 되는 교리라 할 수 있다. 물론 창조에 관한 언급이 성경에만 있는 것은 아니다. 그러나 구약성경의 천지창조 기록은 여타 종교의 경전이나 고대 국가의 신화들과는 두 가지 점에서 본질적인 차이를 보여준다. 첫째, 전 세계의 모든 창조 신화들이 기존의 재료로부터의 변형에 의한 창조인데 반해 성경의 창조는 '무로부터의 창조'(Creatio ex nihilo)이다.[34] '무로부터의 창조'의 교리는 우리가 하나님을 이해하는 데 있어 친근하면서도 필수적이다. 무에서 유의 창조는 창 1:1 뿐 아니라 다른 성경 구절(시 33:6, 9, 암 4:13, 롬 4:17, 히 11:3)에도 잘 나타나 있다. 헨리 모리스(Henry Moris, 1918-2006)의 견해에 의하면 창조 이전에는 우주를 구성하는 삼대 요소, 즉 시간도 공간도 물질도 없었으며 '태초에 하나님이 천지를 창조 하시니라'(창 1:1)는 이들의 기원을 설명한다. 즉 태초는 시간의 시작을 천은 공간의 창조를 지는 물질의 창조를 나타낸다고 본다.35) 창조는 역사를 시작시킨 행위였다. 이 세상에서 절대 무의 상태로부터 어떤 것이 '창조된다'(히브리어의 bara)는 동사가 유독 히브리어에만 존재한다는 점은 하나님께서 창조사역을 기록하기 위해 히브리어를 선택하신 중요한 이유라 생각된다. 둘째, 고대 중동의 모든 창조 신화가 다신론 내지 범신론적인 것인데 반해 구약성경의 창조 기록은 '유일신론'적이다. 하나님은 말씀(창 1장)과 지혜(잠 8:22-36)로써 우주만물을 무에서 유로 창조하시고, 흙을 사용하여 자신의 형상대로 사람을 창조하셨다(창 1:27, 2:7). 하나님의 형상(the image of God)이라는 표현은 '하나님처럼 만들어졌음'을 의미한다.36) 말씀에 의한 창조(창 1:1, 요 1:1-3)라고 함은 창조된 모든 피조 세계는 자신의 말씀에 순종하는 의존적 존재이며, 만물의 주인은 바로 하나님 자신임을 말하는 절대주권의 선포이다. 지혜로 창조하셨다 함은 창조 이전에 지혜자의 지혜로운 계획으로 창조 모형을 설계하신 후 창조하셨기에 피조 세계의 완전성을 의미한다. 그러기에 창조 후 피조 세계가 '보시기에 심히 좋았더라'(창 1:31)고 하신 것이다. 생기를 받음으로 생령이 된, 자신의 형상대로 지음을 받은 사람에게 문화명령(창 1:28)을 주셔서 완전과 조화의 피조세계를 관리하고 보존케 하셨다. 문화명령은 '하나님의 형상대로' 지음을 받았다는 것이 무엇을 의미하는 것인지 보여 준다. 문화명령은 하나님의 창조사역의 절정과 초점의 위치에 놓여 있는 것이다. 하나님의 형상대로 창조된 사람은 범죄 함으로 죽음 앞의 존재가 되었고, 흙에서 취함을 받았기 때문에 결국 그 근본이 되는 흙으로 돌아가게 되었다(창 3:19).

아더 홈즈(Arthor F. Holmes, 1924-2011)는 창조교리에 대해 다음과 같이 주장한다. 첫째, 초월적인 하나님의 무로부터의 창조, 둘째, 살아 계신 하나님의 창조적 활동, 셋째, 유목적적인 창조, 넷째, 하나님으로부터 위임 받은 우리의 인식능력, 다섯째, 질서 있는 창조, 여섯째, 가치 있는 창조, 일곱째, 하나님의 명령을 따라 행동하는 창조적 과업이다.37)

(2) 타락(Fall)

말씀으로 창조된 아담은 하나님 앞에서 언약적 존재였다. 하나님은 선악과를 두고 아담과 언약함으로써 의존적 존재임을 확인케 하셨다. 그러나 아담은 언약을 파기함으로 자존적 존재가 되고자했는데 이것은 본질적으로 그 마음에 하나님을 두기 싫어했기 때문이다(롬 1:28). 하나님께 범죄함으로 타락하게 된 아담으로 인하여 모든 피조 세계가 왜곡되었다. 하나님이 될 수 있다는 유혹과 하나님을 두기 싫어한 인간 이성의 판단(창 3:6) 결과 먹음직도 하고 보암직도 하고 지혜롭게 할 만큼 탐스럽기도 한 선악과를 먹게 된 것이다. 하나님이 될 수도 없었고 자신들의 수치만을 보게 된 이들은 뼈 중의 뼈요, 살 중의 살이라고 고백했던 하와에게 책임을 전가시키고 그것은 바로 하나님에게 원인이 있다고 했다(창 3:12). 아담의 불순종으로 인하여 살인과 미움, 폭력이 생겨났고 타락의 범위가 모든 피조 세계에까지 미쳤다(창 3:18). 완전하고 조화를 이루던 창조세계가 인간이 타락하므로 우주적 부조화를 초래하게 된 것이다. 인간이 하나님의 형상으로 창조되었다 함은 문화명령을 수행할 수 있는 존재이며 종교적 선택으로 하나님을 섬기든지 우상을 섬기든지 할 수 있음을 나타낸다.38) 그러나 인간의 타락 결과로 피조세계는 파괴와 오염이 초래되었고 인간은 우상을 숭배하게 되었다. 마음에 하나님을 두기 싫어하는 인간은 필연적으로 거짓 신을 섬기게 되는데 어거스틴(Augustine)은 이를 '종교적 집중'(the religious concentration)으로 표현하고 있다. 타락이란 하나님께 거역하는 것이며, 피조계에 대한 하나님의 목적과 계획에 거스려 파

괴하는 시도이다.[39]

하나님이 될 수 있다는 거짓 신의 유혹은 현재에도 계속되고 있는데, 찬란한 미래를 약속하는 과학주의, 기술주의, 경제주의 등으로 나타나며, 계몽주의 이래 인간의 타락한 이성에 기초를 둔 혁명 이데올로기 등 각종 인본주의 이데올로기가 바로 그것이다.[40] 그리고 진화의 최종적인 산물이 인간이므로 인간은 완전하고 자존자이며 바로 신이라는 인본주의 허위의식의 대표적인 진화론이 그 한 예이다. 이런 거짓 신을 추종하는 자들은 그들의 노예와 종이 되며 결국 파멸의 대상이 됨은 자명한 사실이다. 성경은 창조라는 이상주의로 시작하지만 타락한 인간이라는 현실주의로 이어진다.[41]

(3) 구속(Redemption)

하나님은 자신이 지으신 만물을 포기하거나 파괴하는 것이 아니라 구속하기 위하여 택하셨다. 구속은 피조세계가 사단이 왕 노릇하는 타락한 상태에서 하나님의 은혜로 예수님이 왕 노릇하는 상태로 회복됨을 의미한다. 인간은 언약을 파기하여 타락했지만 피조물의 창조 목적은 하나님과의 교제 속에 하나님의 형상을 반영하면서 아직 더럽혀지지 않은 땅에서 살아갈 거룩한 백성을 위한 것이다. 하지만 죄가 들어와서 인간성에도 영향을 미치고 땅에도 영향을 미쳤다. 그래서 하나님은 하나의 새로운 거룩한 백성(구속 받은 그리스도의 몸)을 창조하기로 계획하셨고 그 백성은 새로워진 땅에서 새로운 언약 관계 속에서 살 백성이었다. 이를 위하여 아브람과 새로운 언약을 하시면서 새로운 언약적 존재가 될 것을 선언하신 것이다(창 12:1-9). 그리고 거듭 그 약속을 확인시키면서(창 13:14-17, 15:1-21, 17:1-21) 그 후손인 이삭(창 26:2-5)과 야곱(창 28:13-15, 35:12)에게도 그 언약을 계승시키셨다. 성경에서 반복되는 아브라함의 하나님, 이삭의 하나님, 야곱의 하나님이란 바로 언약의 하나님이란 뜻이다. 가나안 땅을 전제로 한 출애굽은 그 언약의 성취를 의미하기에 하나님의 신실성을 뜻한다. 출애굽한 이스라엘 백성의 광야 40년 생활이란 400여 년의 애굽 생활에서 채득된 노예근성과 왜곡된 인간성, 우상숭배의 타락한 마음을 고쳐서 하나님과 교제하는 창조시의 본래 모습으로 인간을 회복시키는 훈련이었다.42)

예수님은 회개와 천국을 선포하시며 이사야의 예언(사 61:1-2)을 실행하셨다. 왜곡된 인간과 피조세계의 회복으로 죽은 자를 살리시고 맹인을 보게 하시고 나병환자를 고치시며 가난한 사람에게 복음을 전파하셨다(눅 7:22). 예수님이 이 땅에 오신 이유는 하나님의 왕국을 출범시키기 위해서이다. 그는 자신의 죽음, 부활의 승리를 통하여 하나님의 나라를 출범시켰다.43) 예수 그리스도의 십자가와 부활은 역사의 종말이 아니라 역사 속에서 구속의 시작과 중심을 이룬다. 그러므로 구속은 현재의 그리스도 안에 있는 사람들에게 일어나는 것이다.44)

(4) 완성(Consummation): 새 창조

예수 그리스도의 다시 오심은 역사 속에서 하나님의 구속 사역을 나타내는 직선의 마지막이 될 뿐만 아니라 그 목적의 완전한 성취이다. 예수님이 부활하신 후 숨을 내쉬며 성령을 받으라(요 20:22)고 하심은 바로 새로운 탄생을 의미한다(고후 5:17). 여기서 우리가 성령으로 거듭나야 할 당위성이 있다. 거듭난 인간은 이방의 빛으로서 지상 명령을 수행해야 함과 동시에 문화 명령을 수행함으로써 피조세계를 관리 하고 보존해야 하며, 세계만민을 하나님의 백성이 되게 함으로써 뜻이 하늘에서 이룬 것 같이 땅에서도 이루어지게 해야 한다(마 6:10). 구약과 신약에서 발견되는 장래의 소망은 하나님의 뜻을 거스리는 모든 것들에 대한 최후의 심판과 멸망이 있을 것과 그 심판 이후에는 의와 평화가 있고 하나님이 다시 한 번 그의 백성들과 함께 거할 새 창조가 놓여 있다는 것이다. 이제 성경의 주제를 창조-타락-구속-완성으로 본 기독교 세계관의 구체적인 실천 단계를 살펴보기로 하겠다.

7. 기독교 세계관의 실천

(1) 기독교적 인간관

칸트(I. Kant)와 같이 인간 이성의 자율성이라는 관점에서 출발하는 사람은 과학의 최종적 기준에다 인간의 합리성을 올려놓는 위험에 빠질 수 있으며, 일리치(Ivan Illich), 라이머(E. Reiner), 홀트(John Holt) 등과 같이 실존주의적 인간관을 가진 교육학자들은 인간의 자율성을 과학의 최종적 기준에다 올려놓는다.[45] 인간이란 무엇인가에 대한 견해, 즉 인간관은 신관과 밀접한 관련이 있다. 인간을 존재하게 한 원인을 무엇으로 보느냐에 따라 인간이 무엇인지에 대한 이해가 달라질 것이기 때문이다. 즉 그 원인이 인격적인 창조주인가, 물질인가, 음양과 같은 우주의 기본 원리인가에 따라 당연히 다른 인간관을 갖는다. 예를 들면 궁극적 실재를 물질이라고 보는 유물론적 세계관을 가진 사람은 영혼은 존재하지 않거나 존재한다면 물질일 것이라고 생각한다. 진화론적 입장에서 보는 사람은 인간을 가장 진화된 포유동물의 한 종류로 본다. 또한 경제적 욕구를 개인과 사회의 모든 행위의 동인으로 보는 세계관에서는 인간을 경제적인 존재로 본다.[46]

이러한 모든 관점에 대해서 성경은 인간이 하나님의 형상대로 창조되었다는 진리를 보여준다. 기독교적 사고는 바로 '성육신적'(incarnational)인

사고이다. 인간의 존엄성과 독특성은 다음과 같다. 첫째, 인간은 '관계적 존재'(relational being)이다. 인간은 아주 많고 복합적인 상호관계의 체계 안에서 존재한다. 우리 모두를 포함한 모든 개인은 고립되어서는 살 수가 없다. 무엇보다도 먼저 인간은 하나님과의 언약적 관계를 맺고 있는 존재이다.[47] 인간과 동료 인간과의 관계, 자연과 문화와의 관계, 이 모든 관계들은 하나님에 대한 인간의 종교적 관계에서부터 결정되어진다. 라인홀드 니이버(R. Niebuhr, 1892-1971)는 이러한 관계에 대해 그것은 창조를 돕는 것이며, 가족관계와 더 큰 인류 공동체를 유지하는 것이라고 말한다. 둘째, 인간은 '통일적 존재'(unity being)이다. 이것은 인간의 신앙 또는 종교적 관점들이 인간의 지적행위와 지성으로부터 분리되어질 수 없음을 의미한다. 셋째, 인간은 '타락한 존재'(broken being)이다. 사탄의 세력이 인간의 두뇌작용을 부패시킨다는 것을 인정해야 한다. 이러한 인간은 반드시 예수 그리스도의 대속적인 죽음을 통해서만 구원 받는다. 넷째, 인간은 '책임 있는 존재'(responsible being)이다. 인간은 창조세계 안에서 하나님께서 확립하신 모든 가능성에 대해서 응답하는 존재이다. 인간은 사회적 존재로 자신의 소명을 다른 사람들과의 공동체 안에서, 하나님과의 교제 안에서 추구하도록 창조되었다.[48] 인간의 소명은 땅에 충만하고 정복하라는 책임을 요구하는 창조명령으로 요약된다. 성경은 이것을 '청지기직'이라는 개념으로 가르친다. 인간 책임의 범위는 전관계의 영역을 포함한다. 즉 자신에 대한 책임도 있으며, 현재와 미래에 대한 책임도 있고, 물질과 자연자원 그리고 예술과 과학, 경제와 정치, 과학기술 등의 제반 영역을 포함한다.

(2) 기독교 학문관

기독교 세계관이란 삶의 모든 영역을 포함한다. 그러므로 학문의 영역도 당연히 기독교 신앙과 무관할 수 없으며 기독교적 조망이 이루어져야 한다. 기독교 학문관이란 하나님의 피조세계를 대상으로 이들에 내재해 있는 하나님의 속성으로서의 조화와 질서를 찾아내는 행위를 말한다. 그러면 기독교적 조망이 학문에 있어서 중요한지를 네덜란드 자유대학교 교수인 밥 하웃즈바르트(Bob Goudzwaard)의 논지를 따라 생각해 보자.[49] 첫째, 인간은 하나님을 섬기든지 아니면 다른 신을 섬길 수밖에 없는 존재이다. 둘째, 인간은 자기들이 섬기는 대상의 형상에 따라 자기를 형성해 간다. 즉 인간은 자기가 경배하는 대상을 닮아간다. 셋째, 학문을 하는 사람들의 견해도 그들이 경배하는 대상을 따라 형성되어 간다. '학문은 세계관적이다'라고 한 야스퍼스(Karl Jaspers, 1883-1969)의 말은 인간의 학문 행위가 세계관에 의해 강한 영향을 받음을 말해 주는 것이라 할 수 있다. 바로 이러한 이유 때문에 학문은 기독교 세계관적으로 이루어져야 한다.

그러므로 기독교적 학문연구는 다음과 같이 설명할 수 있다. 첫째, 하나님께서 인간에게 주신 문화 명령의 일부이다. 둘째, 하나님을 섬기고 경배하는 예배의 한 형태이다. 셋째, 하나님의 형상대로 지음 받은 인간을 사랑하는 방법이다. 넷째, 하나님을 아는 한 방편이다. 만물에는 우리가 핑계할 수 없을 만큼 분명하게 하나님의 능력과 신성이 나타나 있다(롬 1:19-20). 따라서 기독교인들은 학문하는 가운데서(in learning) 뿐 아니라 학문하는 그 자체를 통해서도(through learning) 하나님께 대한 영광과 이웃에 대한 사랑이 나타나야 한다.

(3) 기독교과학기술관

과학과 기술이란 창조주 하나님이 인간에게 내리신 문화 명령의 한 부분으로 근대과학은 이를 인정하고 활용하는 가운데서 시작되었다. 마이클 포스터(Michael Foster)는 "자연법칙이란 희랍과학에서와 같이 독자적이고 논리적인 필연성이라기보다 하나님의 뜻에 의한 것이라 보는 기독교적 관점이 근대과학으로 실증적 연구를 할 수 있게 했다"고 주장한다.[50] 근대과학의 초기 정신은 계몽주의의 이성만능의 단계를 거쳐 콩트(Auguste Comte, 1798-1857)를 중심으로 한 과학적 휴머니즘에 와서는 과학만능의 단계로 변질된다. 과학적 휴머니즘에 의하면 과학만이 믿을 만한 지식을 제공하며, 과학만이 고통과 재난을 극복할 것이라 하여 결국 과학이 구주(Savior)와 주(Lord)로 된다.[51] 이러한 과학적 휴머니즘은 20세기 말에 와서는 과학주의와 기술주의라는 극단적 이데올로기로 발전하여 과학과 기술이 도리어 인간 위에 군림하고 있다. 기독교 세계관에서는 과학을 구주로 보는 과학주의나, 진보된 기술이 인간의 삶을 주관하리라는 기술주의를 우상으로 간주한다. 그러나 기독교 세계관에서는 과학의 연구와 기술적 진보 그 자체를 무조건 부정적으로 보지는 않는다. 오히려 자연을 정복하고 다스리라는 하나님의 문화명령(창 1:28)의 일부로서 생각하므로 궁극에는 하나님의 선한 목적을 위해 사용해야 한다고 보고 있다. 결국 인간의 희망은 과학과 기술에 있는 것이 아니라 천지를 지으신 창조주 하나님께 있다는 사실을 잊어서는 안 된다. 자연은 인간의 소유가 아니라 하나님의 것이며 과학과 기술도 궁극적으로는 하나님의 선하신 목적을 이루는 수단이 되어야 한다. 이런 근거에서 인간은 책임 있는 과학기술의 개발에 대한 책임이 있다.

(4) 기독교적 노동관

노동이란 피조세계에 관여하여 각 피조물의 가능성을 실현토록 하는 물리적 과정으로 자신의 필요뿐만이 아니라 타인의 필요도 채우며 삶의 질을 향상시키는 것을 목적으로 한다. 고대 희랍에서는 물리적인 것이 평가절하 되고 정치 활동 같은 것을 고귀하게 여겼다. 르네상스 휴머니스트들은 손으로 하는 노동보다 전문적이고 정치적인 생활을 높이 평가하며 노동시간을 단축하고 일찍 은퇴하므로 여가를 최대한으로 확보하려고 하였다.

노동에 대한 기독교적 세계관은 다음과 같다. 첫째, 노동을 신성한 하나님의 창조 법칙이요 명령이라고 본다. 노동은 동물처럼 먹이를 찾아 움직이는 본능적 행위가 아니라 윤리, 도덕에 따른 이성적 행위이다. 인간의 죄는 신성한 노동의 원래 모습을 왜곡시키고 노동을 생산의 도구로 전락시키고, 이윤이나 이익을 노동의 궁극적 가치로 보게 하였다. 이웃을 속이고 하나님 앞에 망령된 노동은 참된 노동이 아니다. 정당한 노동은 각자에게 주어진 달란트대로 힘써 일하는 것이다. 둘째, 기독교 세계관에서는 노동을 예배의 한 부분이라고 본다. 랍비 잘만(Zalman)이 '나는 나의 목수 연장을 가지고 기도한다'고 했듯이 노동 자체는 영적인 것과 불가분의 관계가 있다. '노동은 기도요 기도는 노동이다'라는 예수원의 표어도 비슷한 의미이다. 셋째, 기독교 세계관에서 노동은 인생의 의미요 가치가 된다. 카뮈(Albert Camus, 1913-1960)는 "일이 없으면 모든 인생은 부패하게 되고 일에 영혼이 없다면 인생은 질식하고 죽어 버린다"고 했다. 이는 노동이 인생의 의미와 가치이기 때문이다. 인간은 하나님으로부터 부여받은 달란트를 통해 하나님을 만나게 된다. 넷째, 노동은 이웃 사랑의 표현이다. 기독교인은 노동에 대한 세속적인 이윤 동기를 책임 있는 봉사의 동기로 바꾸어야 한다. 윌리엄 템플(William Temple)은 "그리스도인들은 경제 질서를 가능한 한 기독교적 원칙에 가깝게 변화시킬 책임이 있다"고 하였다.[52] 그러므로 기독인은 노동의 목적이 하나님의 영광 때문으로서, 노동이라는 경제활동을 통해 하나님의 공의와 정의 그리고 새로운 사회와 새로운 질서의 모델이 되어야 한다.

8. 나가는 글

기독교 세계관은 '기독교'라는 단어와 '세계관'이라는 단어가 합쳐진 말이다. 세계관의 사전적 의미는 세계 전체에 대한 견해, 즉 인간 행동의 규범에 대한 견해까지 포함해 자연, 사회 및 인간 전반에 대한 견해가 하나의 체계를 이루는 것을 가리킨다. 따라서 기독교 세계관은 세계 전체를 '기독교'라는 관점에서 바라보고 이해하는 사고방식을 뜻한다. 인간은 종교적이기 때문에 하나님을 섬기지 않고 떠나가면 필연적으로 다른 신을 섬길 수밖에 없어 파멸에 빠질 수밖에 없다. 기독교의 영향력이 줄어들고 사회적인 윤리가 땅에 떨어져 가고 타락한 각종 문화가 위세를 더욱 떨치는 우리의 현 시점에서 적용해 본다면 성숙한 신자의 결여, 즉 그리스도를 구속주로, 다시 오실 심판의 주님으로 신앙고백을 한 참된 신자의 부족 이라 할 수 있다. 그리스도처럼 사고하고 행동하고 말하는, 다시 말해서 기독교 세계관에 푹 빠진 자가 드물기 때문에 정치, 문화, 예술, 경제 등 모든 분야에 기독교적 영향력이 드러나지 않을 뿐 아니라 기독교 문화 형성이 이루어질 수도 없다. 특히 교회는 이원론적인 사고에 흠뻑 젖어 일상생활과 교회생활이 분리 되게 되어 정체성 위기 속에 있다. 공법과 정의에 무관심했던 교회와 정의를 외쳤으나 실체를 보지 못하고 성령의 능력을 무시했던 교회가 화해의 복음(고후 5:18-21)으로 서로 화해하고 하나님의 공의를 실현해야 한다. 이성에 대한 신앙은 필연적으로 혁명(revolution)을 요구하지만 하나님께 대한 신앙은 개혁을 요구한다. 내세에 대한 소망이 없는 자가 현재의 부조리만 숙고하면 혁명사상으로 넘어가게 됨으로 우리는 기독교 세계관에 기초한 문화 형성을 통해 근원적인 해결을 해야 한다.

앞서 살펴본 창조-타락-구속-완성의 기독교 세계관에 의거 인간의 타락으로 왜곡된 창조시의 형상이 회복되어야 한다. 기독교 세계관을 갖는다는 것은 단지 지적 세계관을 갖는 것이 아니라, 무한하고 인격이 있으시고 창조주 되시고, 구속주 되시고, 심판주 되시는 하나님에게 인격적으로 의탁하는 것이다. 하나님 중심의 기독교 세계관은 방황하는 현대인 그리고 어정쩡한 그리스도인들에게 새로운 소망이요 대답이 된다.

1) 오창희, 「현대 지성의 흐름과 기독인의 대응」 (대구: 기독교대학설립동역회 출판부, 1990), 1.
2) 정성구, "칼빈주의적 세계관," 「신학지남」, 1992 봄 (서울: 신학지남사, 1992), 80.
3) Andrew Hoffecker, 「성경적 세계관과 세속 사상」, 정충하 옮김 (서울: 기독지혜사, 1992), 12.
4) 정성구, "칼빈주의적 세계관," 81.
5) 이원설, 「기독교 세계관과 역사발전」 (서울: 혜선출판사, 1990), 3.
6) James W. Sire, 「기독교 세계관과 현대사상」 (서울: IVP, 1990), 19.
7) Richard Middleton, Brian Walsh, 「세상의 변혁을 위한 그리스도인의 비전」, 황영철 옮김 (서울: IVP, 1992), 36.
8) 정성구, "칼빈주의적 세계관," 85.
9) Richard Middleton, Brian Walsh, 「세상의 변혁을 위한 그리스도인의 비전」, 37.
10) 정성구, "칼빈주의적 세계관," 86.
11) Abraham Kuyper, 「삶의 체계로서의 기독교」, 서문강 역 (서울: 새순출판사, 1992), 32.
12) 양승훈, 「기독교적 세계관의 이해와 적용」 (대구: 기독교대학설립동역회출판부, 1990), 3.
13) W. Warren Wager, World Views: A Study in Comparative History (Illinois: The Dryden Press, 1977), 5.
14) 이원설, 「기독교 세계관과 역사발전」, 46.
15) James W. Sire, 「기독교 세계관과 현대사상」, 19
16) 윗글, 21-2.
17) 이원설, 「기독교 세계관과 역사발전」, 43.
18) James H. Olthuis, "On Worldviews," a manuscript published by the Institute for Christian Studies in Toronto, 1985, 1-2.
19) 이원설, 「기독교 세계관과 역사발전」, 48.
20) Andrew Hoffecker, Gary Smith, 「기독교 세계관」, 김원주 역 (서울: 생명의 말씀사, 1992), 2.
21) Richard Middleton, Brian Walsh, 「세상의 변혁을 위한 그리스도인의 비전」, 44-6.
22) 양승훈, 「기독교적 세계관의 이해와 적용」, 23-4.
23) Albert M. Wolters, 「창조, 타락, 구속」, 양성만 옮김 (서울: IVP, 1990), 16.
24) 정성구, "칼빈주의적 세계관," 84.
25) Arthor F. Holmes, 「기독교 세계관」, 이승구 옮김 (서울: 엠마오, 1987), 16-7.
26) James W. Sire, 「기독교 세계관과 현대사상」, 53.
27) 윗글, 117-30.
28) 유신론적 실존주의자들로는 Karl Barth, Reinhold Niebuhr, Rudolf Bultmann 등을 들 수 있다.
29) Robert Knudson, 「기독교 세계관」, 박삼영 옮김 (서울: 라브리, 1988), 18-9.
30) 양승훈, 「기독교적 세계관의 이해와 적용」, 27.

31) 송인규, 「죄 많은 이 세상으로 충분한가」 (서울: IVP, 1987), 32.
32) Cristopher Wright, "사회윤리에 있어서 성경을 어떻게 사용할 것인가," 「복음과 상황」, 1991년 9, 10월 (서울: 복음과 상황, 1991), 91.
33) 양승훈, 「기독교적 세계관의 이해와 적용」, 29.
34) Albert M. Wolters, 「창조, 타락, 구속」, 33.
35) 양승훈, 「기독교적 세계관의 이해와 적용」, 32.
36) Ranald Macaulay, Jerram Barrs, 「그리스도와 사람의 성품」, 홍치모 역 (서울: 생명의 말씀사, 1982), 14.
37) Arthor F. Holmes, 「기독교 세계관」, 185.
38) Richard Middleton, Brian Walsh, 「세상의 변혁을 위한 그리스도인의 비전」, 64.
39) Robert Weber, 「기독교 문화관」, 이승구 역 (서울: 엠마오, 1989), 186.
40) Haudzwaard, 「현대, 우상, 이데올로기」, 김재영 옮김 (서울: IVP, 1987), 31-41.
41) Cristopher Wright, "사회윤리에 있어서 성경을 어떻게 사용할 것인가." 100.
42) 대천덕, 「대천덕 신부와의 대화」 (서울: 생명의 샘터, 1987), 43.
43) Richard Middleton, Brian Walsh, 「세상의 변혁을 위한 그리스도인의 비전」, 99.
44) 로날드 사이더, 르네빠디야, 「구원전도, 복음, 사회정의」, 한화룡 옮김 (서울: IVP, 1988), 16.
45) 김성수, 「학문에 대한 기독교적 조망」 (서울: 생능출판사, 1989), 14.
46) 양승훈, 「기독교적 세계관의 이해와 적용」, 48-9.
47) Arthor F. Holmes, 「기독교 세계관」, 156-7.
48) Arthor F. Holmes, 「모든 진리는 하나님의 진리다」, 서원모 옮김 (서울: 크리스찬 다이제스트, 1991), 154.
49) 양승훈, 「학문과 신앙」 (서울: 생능출판사, 1989), 18-22.
50) 양승훈, 「기독교적 세계관의 이해와 적용」, 36.
51) Arthor F. Holmes, 「기독교 세계관」, 300.
52) 윗글, 310-17.

2. 성경이 이야기하는 성

1. 들어가는 글

오늘날 우리사회의 성문화는 과거에 비해 급속한 개방화로 인하여 전통적인 가치와 규범의 성(sexuality)[1] 윤리가 무너지고 퇴폐적인 성 윤리의 공해로 인해 이 사회에 적지 않은 혼란을 일으키고 있다. 서구사회의 성 개방의 물결은 도시화와 세속화가 이루어지는 과정 가운데 성이 상품화가 되었고, 오늘날 정보화 사회 가운데 대중매체라는 매개체는 연령과 상관없이 이 시대의 모든 이들에게 성을 노출시켜 그들에게 손짓하는 현실이다.

한 예로 미국의 현실은 노골적인 성 관계를 묘사한 드라마와 영화가 TV를 통해 시청 가능할 뿐만 아니라 그 가운데 대부분의 성행위는 부부 아닌 관계에서의 성행위라는 사실이다. 더 놀라운 사실은 이러한 성행위를 미화시켜 전통적인 가치관을 흔들어 놓는다는 것이다.[2] 각종 포르노 산업에 들이는 돈은 수백억에 달하며 대부분이 범죄 행위와 다름없다고 해도 과언이 아닐 것이다. 이러한 심각한 퇴폐적인 성문화 현상은 우리나라도 예외가 될 수 없다. 이미 매춘업 및 유사한 사업에 종사하는 여성의 인구가 기하급수적으로 늘고 있으며, 청소년뿐만 아니라 가정주부들까지 즐기고 쉽게 돈 벌겠다는 가치관의 부재가 극명하게 드러나고 있는 실정이다.

성이란 보편적으로 은밀한 사적 행위로 여겨 온 것이 오랫동안의 인류 역사적 흐름이다. 따라서 성적 행위란 드러내지 않는 인간의 행위로 간주되어 왔다. 따라서 성 문제란 공개적으로 토론할 대상으로 인식하지 않았다. 오히려 죄를 향한 가장 커다란 유혹으로 간주되어 터부시되거나 금기 사항으로 여겨져 온 것이 사실이다. 그 결과 교회의 예배나 교육을 통해서는 공식적인 주제로 다루기가 힘들었다. 혹 다룬다 하더라도 성의 부정적 측면만을 강하게 부각시켜 성적 욕망을 억압하기 위한 것이었다. 이러한 흐름은 기독교 공동체 안에 성에 대한 기독교적인 바른 이해를 도모하지 못하게 했을 뿐만 아니라 오히려 전통적인 유교적 성 윤리를 보편타당한 원리로 적용하는 왜곡된 인식을 가지게끔 했다는 사실이다.

그 동안 기독교와 교회는 성에 대한 입장 표명을 유보한 채 지속적으로 성에 대한 문제를 금기시 해 왔을 뿐만 아니라, 성을 드러내지 않는 은밀한 사적 영역에 가두어 놓았다. 그러나 오늘날과 같이 개인주의 사조가 강조되고 개방된 시대에 우리 성문화 속에 감추어진 문제를 여전히 고찰하지 못하고 터부시만 한다면 이는 심히 유감스러운 일이며 사회적 책임을 회피하는 일임에 분명하다. 우리사회가 유혹적인 성문화에 노출되어 있다는 사실은 사회문제를 증진시키는 한 요소이다. 이미 인간의 존엄성과 분리된 성의 비인격화 현상은 비인간화를 초래하게 되어 불행을 자초하게 되었다. 이제 기독교는 이러한 성문화를 극복하지 못한 한국교회의 현실을 직시하고 문화의 변혁자로서 역할을 다해야 한다.[3] 따라서 전통적인 종교 윤리로 채색된 성 윤리가 아니라 성서에 근거한 기독교적인 성 윤리를 모색하는 일은 그 동안 간과되어왔던 성에 대한 기독교적인 책임을 완수함과 아울러 21세기 시대적 사명을 감당하는 바람직한 일일 것이다.

필자는 다음과 같은 구조로 글을 전개하고자 한다. 우선 2장에서 성에 대해 성경이 어떻게 표현하고 있는지 살펴볼 것이다. 3장에서는 기독교의 전통적 성 이해가 성을 부정적으로 보며, 인간의 성을 억압해 온 것을 들추어내고, 4장에서 윤리적 반성을 통해 가부장적인 문화의 성적 억압과 폭력을 제거하고 진정한 성을 회복하는 과제가 시급히 다루어져야 함을 이야기하고자 한다. 5장에서는 전통적인 성윤리에 대한 비판인식을 가지되 전통과 상황에 대한 진지한 윤리적인 검증을 통해 신자들에게 나아가야 할 방향을 일러주는 책임이 반드시 필요하다는 사실을 강조하고자 한다.

2. 성에 대한 성서적 표현

(1) 기본적 전제들

성에 대한 성서적 증언은 다음과 같다. 첫째, 하나님이 인간을 창조하실 때 성을 가진 존재로 창조하셨다(창 1:27).[4] 인간의 성은 하나님이 섭리하시고 정하신 창조원리로서, 육체로 존재하는 한 성별 정체성을 갖는다. 인간은 남자와 여자로 동등하게 지음 받았으며 기타 모든 삶의 영역에서 동등성을 나눈다(막 10:2-12; 갈 3:23-28).[5] 따라서 서로 다른 성을 통제하고 억압하려는 인간의 욕망은 하나님 앞에서 죄가 된다.[6] 둘째, 인간의 성은 선하다는 것이다. 기독교 역사 가운데 많은 기독교인들이 성 그 자체를 악하다고 간주하여 성을 외면한 채 살아보려고 노력했지만, 이러한 생각은 하나님의 창조를 완전하며 선한 것으로 보는 기독교의 기본 신앙에 위배된다.[7] 하나님께서는 인간을 창조하실 때에 '좋다'는 표현을 쓰셨다. 그러기에 성은 인간에게 주신 하나님의 축복의 선물이며, 그 자체가 선한 것이다. 셋째, 성교는 종족보존과 쾌락 둘 다를 목적으로 한다. 성은 하나님께서 계속 진행하고 계시는 창조에 인간이 참여하는 유일한 것이다. 생식이라는 말은 다른 사람을 '대신해서 창조한다'라는 의미를 갖고 있으며, 성교를 통해서 인간은 창조하는 일을 계속하시는 하나님의 대리자로서의 기능을 수행한다. 이는 '번성하고 땅에 충만하라'는 하나님의 명령에 따르는 것이다. 사실상 성경에는 성에 대한 즐거움을 이야기하고 있다. 성관계는 남편과 아내 사이에 가장 정신적인 사랑의 표시로 부부간에 즐거움을 전달하는 매개체이다. 예를 들면, 이사야는 "마치 청년이 처녀와 결혼함 같이 네 아들들이 너를 취하겠고 신랑이 신부를 기뻐함 같이 네 하나님이 너를 기뻐하시리라"(사 62:5). 솔로몬은 젊은이들에게 "네가 젊어서 취한 아내를 즐거워하라 그는 사랑스러운 암사슴 같고 암노루 같으니 너는 그 품을 항상 족하게 여기며 그 사랑을 항상 사모하라"(잠 5:18-9). 또한 아가서 내용을 통해서도 우리는 남녀 간의 아름답고 성숙한 사랑의 모습을 발견할 수 있다.[8] 넷째, 성경은 인간들이 성을 사용하는 방식에 따라 선하게 사용할 수도 있고, 악하게도 사용할 수도 있다는 것을 보여주고 있다. 성은 하나님께 영광을 돌리는 방편이 되기도 함과 아울러 죄악의 수단이 될 수도 있다. 성의 죄악된 방식은 다윗과 밧세바 이야기(삼하 11-12장)에 잘 드러나 있다. 이 이야기에는 탐욕과 간음, 시기와 살인으로 가득찬 죄악상을 극명하게 보여 주고 있다. 다섯째, 성에 대한 죄악에 관하여 성경은 언제나 용서와 화해가 가능하다는 사실을 선언하고 있다. 성의 죄는 멸망 받을 죄악이 아니라는 것이다.[9]

(2) 구약성경적 성 이해

하나님은 인간을 성적 존재로 만드셨고 더구나 하나님은 인간이 독처하는 것이 좋지 못하다고 판단하셔서 "하나님의 형상대로 사람을 창조하시되 남자와 여자를 창조하시고"(창 1:27), "생육하고 번성하라"(창 1:28)는 복을 주셨다. 그리고 이것이 '보기 좋다'라고 말씀하셨다. 이와 같이 히브리 전통에서 성은 하나님의 선물이었고, 가정을 만들고 아이들을 양육하는 것은 축복이었다. 특히 구약성경은 가부장적인 유대 문화를 통해 성을 이해하기에 하나님에 의한 축복임을 인정하면서도 남성 중심적인 성을 기조로 삼고 있다. 따라서 성이란 결혼과 연관되며, 개인적인 문제라기보다 사회전체의 복지라는 관점에서 엄격한 법적 의미를 담고 있다. 초기 히브리인들은 혼인 제도를 지나치게 존중한 나머지 혼인하지 않은 사람들을 부도덕하게 보는 성향이 있었다. 이들에게 성이란 출산과 가계보존, 하나님의 축복의 증거였기에 자녀가 없으면 일차적으로 징계되었다. 부부간의 성에 있어서도 남자는 씨요, 여자는 밭이라는 사상이 강하여 종족보존의 목적으로 성이 사용되었다. 만일 남편이 아내에게서 자식을 생산하지 못하고 죽으면 그 동생이 형수와 혼인하여 임신을 시킬 의무가 있었고, 이렇게 해서 태어난 자식은 죽은 사람의 자식으로 인정되었다.[10] 그러나 성에 관한 자유보다는 엄격한 통제와 절제가 중요한 문제로 인식되었다. 하나님은 우상숭배를 간음으로 여겼으며 그 상징적 표인 성적문제를 엄하고 중대한 법률로 다스리셨다. 일반적으로 히브리인들은 성적 행위의 즐거움이 자신을 지배할 수 없으며 또 이를 무시할 수도 없다는 사실을 인지하고 있었다.[11]

(3) 신약성경적 성 이해

신약성경에 나타난 성윤리의 규범들은 다분히 윤리적이기보다는 종교적이라고 이해하는 편이 옳다. 예수는 하나님 나라와 믿는 자들의 공동체의 관점에서 성과 가족을 이해했으며, 바울은 결혼생활보다 독신을, 지상적 삶의 지속성보다 종말론적 의식을 지닌 신자의 삶을 강조하였다.[12] 신약성경에는 성에 대해 그리 많은 언급을 하지 않는데 그 이유는 종교적 관념에서 히브리적 배경이 받아들여졌기 때문이다. 그렇다면 예수께서는 성 문제에 대해 어떤 태도를 취하셨을까? 성에 관해 예수가 언급한 것은 결혼과 간음, 이혼이다. 예수는 가나 혼인잔치에서 그들의 성적인 관계를 포함하여 결혼을 시인하셨다(요 2:1-11). 후에 바리새인들이 예수께 이혼에 대하여 물어 보았을 때, 주님은 결혼으로 인하여 부모를 떠나 남자와 여자가 한 몸을 이루게 되었으므로 하나님이 짝지어 주신 것을 갈라놓아서는 안 된다는 말씀을 강조하셨다.[13] 간음[14]은 이미 모세의 율법에 금지되어 있었고 유대교에 있어서 성교는 부부사이에서만 허락되어 있었다.[15] 그런데 예수의 시대에는 남성이 이혼하는 것이 그리 큰 문제가 아니었을 만큼 공공연히 자행되고 있었고, 반면 여성은 이혼 문제에 관한 한 그럴 가능성이 없었다. 이러한 상황에서 예수께서는 남성이 재혼하는 것은 간음하는 것이라고 규정하셨다(막 10:11). 그러나 예외도 있다. 그것은 아내가 간음했을 경우이다(마 5:32).[16] 그러나 중요한 것은 예수는 "하나님이 짝지어 주신 것을 사람이 나누지 못할찌니라"(마 19:6)라는 말로서 결혼의 신성성을 보장하셨다는 사실이다. 예수는 산상수훈의 교훈에서 결혼과 성관계가 신성하다는 것을 명료하게 말씀하셨다(마 5:27).

그런데 신약성서를 볼 때 여러 가지 불연속성의 요소를 발견할 수 있다. 결혼의 신성함과는 별개로 모든 사람이 결혼하여 자식을 낳고 살아야 한다는 의무에는 도전을 제기한다. 예수 자신은 물론이고 바울 역시 독신이었다는 사실이다. 오늘날에도 예수와 열두제자의 대부분 그리고 바울이 독신이었다는 점을 들어 성에서 분리될수록 더 기독교적이라고 말하는 사람들이 있다.[17] 그러나 예수와 바울은 결코 금욕주의자가 아니었고 도리어 혼인을 축복하였다. 특히 바울은 에베소서 5장을 통해 새로운 가족 질서를 제시한다.

> "그리스도를 경외함으로 피차 복종하라 아내들이여 자기 남편에게 복종하기를 주께 하듯 하라 이는 남편이 아내의 머리됨이 그리스도께서 교회의 머리됨과 같음이니 그가 친히 몸의 구주시니라 그러나 교회가 그리스도에게 하듯 아내들도 범사에 그 남편에게 복종할찌니라 남편들아 아내 사랑하기를 그리스도께서 교회를 사랑하시고 위하여 자신을 주심같이 하라"(엡 5:21-25).

'여자를 가까이 한다'(고전 7:1)는 바울의 표현은 성적 결합으로 여자와 하나가 되는 완곡어법이다.[18] 바울은 "남편은 그 아내에 대한 의무를 다하고 아내도 그 남편에게 그렇게 할지라"(고전 7:3)고 말하면서 상호간의 성적인 이행을 권면하였다.[19] 무엇보다 바울의 강조점은 "너희는 유대인이나 헬라인이나 종이나 자유인이나 남자나 여자나 다 그리스도 예수 안에서 하나이니라"(갈 3:28)라는 사상이었다. 이것은 그 당시 가부장적인 질서에 견주어 볼 때 상당히 혁명적인 것이었음에 틀림없다.

신약성경을 통해 볼 때 어떤 법률이나 법칙을 만들기보다는 총체적인 삶의 방식을 가르친 새로운 윤리적인 측면을 읽을 수 있다. 예수는 요한복음 8장에 나오는 간음한 여인의 사례를 통해 사랑과 용서의 윤리를 제시해 준다. 모세 율법에 따른 정죄보다 새로운 삶의 기회를 허락해 주는 것이 보다 중요하다는 것이다. 마태복음 19장에 나오는 이혼에 관한 문제에서도 예수는 '무엇이 합법적인 행위인가?'라기 보다는 '무엇이 최선인가?'를 생각하라고 말씀하신다.[20] 예수와 바울은 '진정한 성의 즐거움은 평등한 상태에 있는 두 사람의 공유된 관계에서 가능하다'고 주장한다.[21]

3. 기독교의 전통적 성 이해

전통적인 기독교의 성문화는 성을 부정적으로 보며, 여성의 몸을 부정하게 여겨 여성을 억압하였다. 심지어 자기 아내까지도 욕정에 찬 눈으로 쳐다보는 것은 죄를 짓는 것이라고 가르쳐 왔다.[22] 이러한 견해는 창세기 3장에 나타나는 성에 대한 부정적 해석에 근거한다. 창세기 3장은 인간이 선악과를 먹고 눈이 밝아진 후에 처음으로 깨달은 사실이 벌거벗어서 부끄럽다는 것이었다. 타락한 후에 가지게 되는 성은 부끄러운 것, 죄악의 출발이라고 보고 있다.[23] 이것이 기독교 성 이해의 기본이다. 이러한 성의 부정은 여성의 부정으로 연결되었다. 여성의 육체에 대한 가톨릭교회의 부정적 해석은 성모 마리아의 영원한 동정성에 대한 교리에서 극단적으로 나타난다. 여기에는 여성의 자연스러운 출산과 성교를 부정하고 죄악된 것이라고 규정하는 신학적 해석이 처녀 엄마라는 기형적 이미지를 만들어 냈다. 그래서 교회 안에 여성이 이분화 되어 성적으로 순결하고 신비하게 추앙 받는 여성과 성적 관계를 가진 불결하고 죄악된 여성으로 나뉜다.

이와는 달리 여성의 성적 능력을 불결하고 악마적인 힘으로 해석한 것이 바로 중세의 마녀 사상이다. 이 사건은 여성 때문에 남성들이 욕정과 죄로 물들지도 모른다는 두려움이 신앙 속에 스며들면서 발생하였다. 여성들은 약해서 쉽게 잘못된 교리에 빠지며, 도덕적으로 열등하고, 시기와 복수심이 많고, 신앙이 약하고 참을 수 없는 욕망을 가지고 있어서 악마의 성적 제의를 수락한다는 것이다. 마녀 사상은 15세기 들어와 고조되었고 300년 동안 무려 마녀로서 희생된 여자의 수가 무려 100만 명에 이르고 있다.[24]

사도시대 직후부터 나온 성에 대한 두 개의 중요한 가르침은 다음과 같다. 첫째, 육체적 쾌락은 악하다는 것이다. 둘째, 성관계는 종족보존을 위하여 제한되어야 할 것이라는 가르침이었다. 따라서 성적인 쾌락은 신령한 생활의 적으로 여겨지게 되었다. 성 그 자체를 악한 것으로 생각하는 이 그릇된 생각이 금욕주의와 결합되면서 나타나곤 하였다. 이러한 부정적인 생각은 기독교 역사의 초기에 금욕주의와 인간의 육체를 악한 것으로 판단하는 헬라 사상이나 동양 사상이 준 결과이기도 하다. 그래서 교부들 가운데는 결혼생활보다 독신생활을 상위에 놓기도 하였다.[25] 초대 교회의 교부들은 그리스-로마적인 이원론적 사유에 영향을 받아 예수의 윤리를 해석했고, 가난한 현실을 초래하는 결혼 생활에 대해 긍정적으로 생각하지 않았다. 그런 이유로 성에 대한 초대 교회 이후의 기독교적 이해는 금욕적이면서도 영육 이원론적 틀을 벗어나지 않고 있다.[26] 그들은 성이란 세속적인 삶의 형태이며 세속성을 대표하는 것이라 여겨왔다. 따라서 성에 대한 바른 기독교적 이해를 도모하기보다는 성애적 사랑에 대해 무관심했고 침묵을 지켜왔다.[27] 이러한 흐름에도 변화가 오게 되었는데 어거스틴(Augustine, 354-430)과 아퀴나스(Thomas Aquinas, 1225-1274)의 윤리에 반대하는 학자들이 등장하여 혼인 안에서의 성교가 반드시 출산과 관계될 필요가 있느냐는 문제를 제기하며, 성교 그 자체에 대한 정당성을 주장하게 되었다. 이러한 새로운 사유는 종교개혁 이후부터 나타나기 시작했다. 종교개혁 이후는 시민사회와 아울러 산업화의 과정 속에 세속화가 이루어지면서 자율성을 확보해 나가던 시기였다. 이러한 시대에 성에 대한 교회의 전통적인 금욕주의적 가르침은 성의 문제를 신자들의 사적인 영역에 맡기는 입장을 취하였다. 이 사적 영역이란 크게 보면 가부장적인 권력구조를 가졌던 교회였고, 적게 보면 가부장적인 가정이었다.28)

종교개혁 지도자인 마틴 루터(Luther, 1483-1546)와 존 칼빈(John Calvin, 1509-1564)은 가톨릭교회의 전통적인 성 이해에 도전했다. 그들은 금욕, 독신 및 성교, 혼인에 대한 자신들의 분명한 입장을 피력했다. 루터는 창조의 보전을 위한 보편적 제도라는 측면에서 성을 이해하였다. 이러한 이해는 가톨릭교회가 성을 타락 이후 세속적 삶의 양태로 이해한 것과 다르다. 사제의 금욕을 강조한 가톨릭교회의 전통에 반대하여 혼인을 긍정했다. 루터는 '육체는 무엇인가? 선한 것으로 만들어 졌으며 결혼은 하나님께로부터 인정받은 것이다. 성욕을 가진 인간을 만드신 이는 하나님이시다'라고 말한다.29) 루터는 성을 그리스도 안에서 이루어진 현실로 받아들였다. 칼빈은 출산의 측면이 아닌 평생을 함께하는 동반자의 측면을 들어 혼인을 사회적, 성적인 관계로 규정했다.30) 그는 결혼뿐만이 아니라 성교 자체를 하나님이 인정한 거룩한 제도로 보았다. 다만 성에 대한 지나친 탐닉을 죄로 보았다. 칼빈은 성을 자녀 생산에 초점이 맞추어진 과거 전통적 견해에 비해 남성과 여성 모두를 위한 것이라고 보았다. 이러한 그의 견해는 다소 여성의 입장을 남성과 동등하게 끌어 올렸다고 볼 수 있다. 그러나 종교개혁자들이 가지고 있었던 성에 대한 이해는 전통적인 것들에 비해 대단히 적극적인 것이었지만 여전히 가부장적이며 영육 이원론적인 틀을 벗어나지 못한 것이었다.31) 따라서 여성의 성적 주체성은 긍정될 수 없었고, 결과적으로 여성 혐오적인 성격을 지니고 있었다. 특히 남성의 성적 욕망을 정당화시키는 가부장적인 관점은 여성의 성적 욕망을 죄악으로 보았다.

이와 같이 기독교 성윤리의 전통은 극히 여성 억압적인 것뿐만 아니라 제도적으로 굳어져버린 이중적 규범을 만들어 냈다. 이러한 전통은 성에 대한 이해가 기독교적이라기보다 스토익주의자들의 이원론 영향 때문이라고 볼 수 있다.[32] 이러한 견해는 여성을 비하시켰을 뿐만 아니라 인간으로서의 존재 가치를 약화시켰다. 이러한 왜곡된 성 개념은 남성들의 삶에도 악영향을 주어 남성과 여성 모두 피해자가 될 수밖에 없었다. 전통적인 기독교의 성윤리는 많은 문제점을 안고 그간 인간의 성을 억압해 온 것이 사실이다. 전통적인 기독교의 금욕주의적인 성향과는 달리 성에 대한 새로운 이해를 전개해 가는 이 시점에 교회가 공식적으로 이러한 입장을 외면한다면 교회와 사회라는 두 영역을 오가는 신자들의 삶은 혼란을 겪을 수밖에 없을 것이다. 따라서 현대적인 관점에서 기독교 성윤리를 반성하고 재구성할 필요가 있다고 본다.

4. 윤리적 반성과 새로운 이해

우리는 앞서 이야기했던 기독교의 전통적인 성 이해를 살펴보면 반성해야 될 많은 부분을 지니고 있다. 첫째, 전통적인 기독교의 성윤리는 이교적인 영육 이원론적인 사고의 틀이 성에 대한 바른 이해에 장애가 된다는 사실이다. 이러한 영육 이원론적 사고는 반육체적인 사고를 기독교 사상 속에 뿌리를 내리게 하였고, 그 결과 정신과 영혼의 활동에 비해 육체적인 성향의 성이란 세속적이라는 사고를 가지게 하여 수도원주의적, 금욕주의적 영성을 가져왔다. 따라서 기독교는 인간의 육체성과 성을 경시하는 사유를 벗어나 성에 대한 신학적이며 영적인 이해를 제시하고, 성을 거룩한 하나님의 은총으로 받아들이는 이해가 절대적으로 필요하다. 인간의 육체는 정신과 분리되지 않으며, 영적인 차원도 육체적인 차원과 분리되지 않는다. 메를로퐁티(Maurice Merleau-Ponty, 1908-1961)는 성을 '육화된 의식'(incarnational consciousness)으로 이해했다.[33] 둘째, 기독교 성윤리에 대한 전통적인 견해는 결혼제도를 통해서만 성을 이해하고자 했다. 전통적 태도에 의하면 성행위에 대해서 5가지 제재를 요구한다. 1) 결혼까지 성적 행위를 금지한다. 2) 자녀를 갖는 행동을 방해하지 않는 범위에서 이성적 성관계를 갖는다. 3) 한사람의 배우자 이외에 어떠한 사람과도 성행위를 금지한다. 4)동성애 금지[34] 5) 성의 동반자, 즉 배우자를 사랑한다.[35] 그러나 인간의 자유와 남녀의 평등, 성 정보의 범람, 소득 증대와 과학기술의 발달로 전통적인 가치관이 무너지고 모든 것들이 사회적으로 도덕적으로 변천되어 가고 있다는 것을 인정해야 한다. 성에 대한 바른 이해와 더불어 남성과 여성간의 육체적 평등이라는 정의에 대한 이해가 절실하다. 셋째, 기독교 성윤리에 대한 전통적인 견해는 가부장적 성 이해에 기초되어 여성의 성을 죄성과 결부시켜 이해해 왔다. 이러한 이해는 결국 여성 억압적인 전통을 형성했다. 남편의 능동적인 성은 건강의 상징이 되는 반면에 아내의 적극적인 성은 색녀로 몰아붙이는 불평등의 생각이 널리 수용되어 있다. 그러므로 이러한 가부장적 이해에 기초한 성은 여성의 인간으로서의 권리를 부정하였고, 남성의 성을 위한 도구로 전락되어 성폭력의 문화를 조장하고 있다.[36] 그러므로 가부장적인 남성 중심적 문화의 성적 억압과 폭력을 제거하고 진정한 성을 회복하는 과제가 시급히 다루어져야만 한다.[37]

5. 현대의 성 이해와 새로운 책임

인간의 성적 경험이란 근본적으로 다른 인간을 향한 육화된 현존을 의미한다. 따라서 성이란 인간 삶을 형성하는 가장 기초적인 것이며 인간의 삶, 의미, 실존과 언어의 영역에 깊이 연계된 것이다. 또한 성은 단순히 생물학적이나 영적인 것이 아니라는 사실이다.[38] 성은 보는 것, 만지는 것, 껴안는 것, 손을 잡는 것 등 사랑과 친밀감이 들어있는 모든 표현을 통해 경험되고 그러한 경험을 통해 즐거움을 얻을 수 있다.[39] 이러한 현대 성 이해는 인간의 육체와 영혼을 구별하여 기독교적 인간 이해에 성을 제외시켜왔던 전통적인 사고에 깊은 반성을 불러일으킬 수 있는 것이다. 이원론적인 신학의 오류를 시정할 때, 기독교 전통이 형성한 여성 비하적인 요소를 극복할 수 있다. 하나님의 형상대로 창조된 인간은 영혼과 육체가 분리될 수 있는 존재가 아니다. 우리가 살아 실존하는 동안에 그런 일은 일어나지 않는다. 또한 감각적 존재로서의 인간은 감각을 주고받는 관계 속에 존재한다. 따라서 해리슨(Harrison)은 '상호성'을 인간됨의 근본 조건으로 규정한다.[40] 그러므로 성이란 일방적 행위가 아니며 상호성을 통해 바른 성에 도달할 수 있다. 만일 일방적 성 관계가 일어난다면 그것은 성의 정의를 상실하는 것이다. 결혼관계이든 아니든 간에 상호성이 결여된 성행위는 명백한 죄악이라고 보아야 한다. 따라서 상호성과 정의를 상실한 성행위는 관계의 위기를 불러오고 이 위기는 사회에 치명적이 될 수밖에 없다는 인식 가운데 분명한 비판이 되어야만 한다. 가부장적 사고에 기초한 기독교 성윤리의 전통은 성의 일방적인 사유화를 가져왔다. 남성중심적 가치관이 팽배했던 유교사회 역시 성의 상호성을 부정하는 사회였고, 우리사회의 문화적 특성이 유교적이며 한국교회가 보수적이라는 점을 감안하면 가부장적인 질서 개념과 결혼 제도를 통해 성을 사유화하였다. 여성에게는 순결을 그러면서도 남성들은 방종과 향락을 위한 성을 향유하였다. 이러한 성의 이중구조는 여성을 사회적으로 억압하는 구조를 만들었다.

우리는 기독교의 오랜 전통이 영혼 우위의 사고를 정당화시킴으로써 성에 대한 바른 이해를 왜곡시켜 왔다는 사실을 인정하고, 이제 교회가 우리 성문화 속에 숨겨진 갈등이 무엇이며 그 문제를 어떻게 극복해야 할지에 대해 진지하게 생각하고 책임을 져야만 한다. 성에 대한 기독교 윤리적 책임은 바로 이원론적 도식 속에 왜곡된 성윤리를 상호성이라는 인간 존재 양식의 관점에서 바로 잡는 일이며, 가부장적 문화 속에 형성된 성의 소유 개념으로부터 참 자유와 헌신에 근거한 성윤리로 보전하는 일이다.

현대 사회 속에 일어나는 성 문제들, 혼전 성관계, 동성애, 혼외정사, 이혼 등 모든 윤리문제들을 포괄적으로 통합하는 윤리적 결단의 기준이 있다면 그것은 한마디로 상호인격적인 사랑의 관계라고 할 수 있다. 그러므로 이러한 문제들에 대한 정죄 이전에 그 관계 안에 서로에게 책임을 갖고 헌신적인 사랑의 관계가 지속되는지를 살펴보아야 할 것이다. 현대와 전통의 성윤리는 커다란 갭이 있다. 전통을 추구하는 보수적인 사람들은 현대 상황을 이해하지 못하고, 현대인은 전통적인 규범을 손상시키고 있는 듯이 보인다. 바로 전통과 상황의 갈등이다. 이 갈등을 해소할 수 있는 길은 성의 정의와 상호성이 동반된 윤리적 책임성이라고 본다. 전통적인 성윤리에 대한 비판인식을 가지되 전통과 상황에 대한 진지한 윤리적인 검증을 통해 신자들에게 나아가야 할 방향을 일러주는 책임이 반드시 필요하다.

1) 성을 영어로 표현하면 다음과 같다. sex는 주로 출산뿐 아니라 쾌락과 이완감을 향한 생물학적인 의미에서 표현되며, gender는 성의 사회학적인 의미로서 성차(性差)를 나타내는 개념이다. 보다 넓은 의미에서 사용되는 sexuality는 성성(性性)을 나타낸다. 이것은 sex를 포함하지만 그것을 넘어선다. 필자는 여기서 성의 일반적인 모든 의미를 담는 개념으로 사용하고자 한다. James B. Nelson, Embodiment : An Approach to Sexuality and Christian Theology (Mineapolis: Augsburg, 1979), 17.

2) Emerson S. Colaw, Social Issues: A Bishop's Perspective (Nashville: Disciples Resources, 1991), 21.

3) 문화의 변혁자라는 표현은 이미 리차드 니이버가 자신의 저서 「그리스도와 문화」에서 기독교와 문화와의 관계를 다섯 가지 유형으로 모델화 하면서 이야기했다. 그 다섯 가지 모델은 다음과 같다. 첫째, '문화에 맞서는 그리스도'(Christ against Culture), 둘째, '문화의 그리스도'(Christ of Culture), 셋째, '문화 위의 그리스도'(Christ above Culture), 넷째, '역설적 관계 속의 그리스도'(Christ and Culture in Paradox), 다섯째, '문화의 변혁자로서의 그리스도'(Christ the Transformer of Culture)이다.

4) The Authorities of the United Methodist, Family Pressures (Nashville: UMC Publishing House, 1986), 82.

5) 이러한 관념은 노아의 홍수(창 7장 참조)에도 똑같이 나타나 있다. 특히 신약에서는 남녀의 동등성이 분명하게 강조되고 있다.(막 10:2-12, 갈 3:23-28)

6) 창세기 3장의 타락 이야기는 남녀 모두 힘에 대한 욕망에 사로잡혀 있음을 보여 주고 있다. 가부장적인 관점은 이러한 남자와 여자의 왜곡된 관계에 기인한다. 특히 구약의 삼손과 데릴라, 다윗과 밧세바 이야기는 대표적이다. 이 이야기는 성이 죄의 결과가 아니라 인간의 이기적인 욕망이 성 문제를 야기한다는 것을 드러내는 것이다(롬 8:1-17, 갈 5:16-21).

7) 성이 악을 만들어 낸다는 극단적인 견해는 결혼이라는 범주 안에서도 성적 행동은 악하고 불결하고 더럽다는 견해를 지닌다. 이러한 견해는 초대 기독교와 같은 시기에 있었던 이원론을 주장했던 영지주의 같은 이교도들에 의해 지지되었다. 영지주의자들은 육체를 포함한 모든 물질이 Demiurge라 불리우는 악한 신에 의해 창조되었고 물질 그 자체가 악이라고 믿었다. 결혼과 성도 바로 이 악한 신에 의해 만들어졌다. Demiurge는 여자를 창조했고, 그 배꼽으로부터 남자를 창조했다. Derrick Bailey, Sexual Relation in Christian Thought (New York: Harper and Row, 1959) 제 3장을 참조할 것.

8) C.G. 스코러, 「성경과 현대 성윤리」, 이종태 역 (서울: 생명의 말씀사, 1981), 20. 이외에도 아가

9) 다윗은 선지자 나단의 질책 앞에서 우리야와 밧세바에게 행했던 자신의 죄를 회개하여 하나님께 용서받았고, 요한복음 8장에 나오는 간음한 여인은 예수께 죄사함을 받았다. 이는 죄악된 방향으로 성을 그릇되이 사용할지라도 회개가 있을 때 하나님의 은혜와 사랑으로 용서받을 수 있다는 희망

의 메시지를 성서는 이야기하고 있는 것이다.
10) 창세기 38장에 나오는 다말 이야기를 보면 다말의 남편인 엘이 자식을 낳지 못하고 죽자 그의 동생 오난이 형수를 임신시켜야 했는데 이러한 법칙을 무시한 오난이 죽게 된 기록이 있다.
11) 윌리엄 엘, 「성경시대의 상황과 풍습」, 조용우 역 (서울: 서울서적, 1987), 125.
12) 고린도전서 7장24절 이하 참조. 박충구, 「21세기 문명과 기독교윤리」 (서울: 대한기독교서회, 1999), 176.
13) 예수가 이혼을 반대했던 것은 명백한 사실이다. 그러나 그는 이혼이 허락될 수 있음을 인정했다. 모세의 법은 이혼을 허락했다(신 24:3) 사람들이 예수를 함정에 빠뜨리려고 이혼이 합법적인지 아닌지를 물었을 때 예수의 대답은 탁월했다(막 10:1-9). "하나님이 짝지어 주신 것을 사람이 갈라놓아서는 안 된다" 예수의 답을 보면 이혼은 최선의 것이 아니다. 실제로 이혼은 어쩔 수 없는 경우에만 허락되어야 한다. 마태복음에 의하면 '음행한 까닭 외에 아내를 버리고 결혼하면 다른 여자와 간음을 행하는 것'이라고 예수는 말하고 있다(마 19:5-9, 5:32).
14) 고대 이스라엘의 경우 간음에 대한 규례는 매우 엄하였다. 모세의 제 7계명은 간음을 금하며 간음을 한 사람은 극형에 처했다(레 20:10)예수의 윤리도 간음에 대해 엄격한 규제를 가한 것으로 이해된다. 구약의 윤리가 행위를 강조한 데 비해 예수의 윤리는 내적 태도를 중히 여겼다. 여인을 보고 이미 음욕을 품은(προς το επιθυμησαιαυτην) 사람은 이미 간음을 한 것이다(마 5:28). 한편으로 예수는 간음에 대해 엄격하면서도 용서를 베푸는 입장을 보여 주셨다(요 7:53-8:11). 이것은 예수가 율법을 외면적 행위의 측면에서가 아니라 보다 근본적으로 내적인 태도와 인간성의 견지에서 해석했음을 말해 주는 것이다. 예수는 율법을 상호인격적 관계 안에서 이루어지는 하나님과 이웃에 대한 충성으로 이해하였다. 결국 간음도 이미 깨어진 상호 인격 관계의 결과임을 보여 준다. 참조. 박원기, 「기독교 사회윤리: 이론과 실제」 (서울: 이화여자대학교출판부, 1995), 246-7.
15) 성교(sexual intercourse)는 남성과 여성이 육체적으로 일치하는 것을 의미한다. 성은 결혼 생활에서 전 인격의 한 면으로서 상대 성에게 마땅히 응해야 할 의무라고 한다면 규칙적으로 사랑하는 마음으로 완전히 성경험을 할 수 있게 하여야 한다. 맹용길, 「현대인과 윤리」 (서울: 기독교문사, 1995), 305.
16) 김정오, 「기독교 윤리사상」(서울: 한글, 1991), 14.
17) 복음서가 가정을 우선하지 않았다고 말 할 자료들은 충분하다. 어린 예수는 자신을 애타게 찾던 친부모를 향해 "왜 나를 찾으셨나이까 내가 내 아버지 집에 거할 줄 모르셨나이까"(눅 2:49)라고 반문하기도 했다. 또 마태복음에 보면 예수가 세상에 화평을 주러 온 것이 아니라 검을 주러 왔다는 보도와 함께 "내가 온 것은 사람이 그 아비와, 딸이 어미와, 며느리가 시어미와 불화하게 하려 함"(마 10:35)이라고 소개되어 있다. 예수의 제자가 되기 전에 죽은 아비를 장사지내기 원했던 한 사람에게 예수는 매몰차게 죽은 자는 죽은 자들로 장사지내게 하고 너는 나를 따르라(마 8:22)하심으로 자식된 도리도 못하게 하셨다. 그 당시 가정은 경제적 생존에 직결된 단위였으므로 이러한 이야

기는 상당히 충격적이었을 것임은 짐작할 만하다.
18) 바울은 비합법적인 성관계를 생각하고 있지 않다. 만약 그와 같은 경우라면 '남자는 여자를 가까이 하지 않는 것이 좋다'고 말하는 것보다 더 심한 말을 했을 것이다.
19) 리챠드 포스터, 「돈, 섹스, 권력」, 김영호 역 (서울: 두란노서원, 1989), 114-5.
20) Michael K. Cosby, Sex in the Bible: An Introduction to What the Scriptures Teach us about Sexuality (Englewood: Prentice-Hall, 1984), 173.
21) Diana E. Richmond Garland, Beyond Companionship: Christians in Marriage (Philadelphia: The Westminster Press, 1986), 136.
22) 중세기 서양의 기독교 신자 부부들은 금욕하는 마음으로 성생활을 억제해 왔다. 월요일은 먼저 세상을 떠난 뭇 영혼을 위로하는 마음으로, 화요일은 '오늘이 화요일이라니 주여 감사합니다.' 되뇌이고, 목요일은 예수의 최후 만찬을 기억하는 마음으로, 금요일은 십자가의 고난을 생각하며, 토요일은 마리아를 공경하기 위해, 주일은 부활을 기념하여 성생활을 억제해 왔다는 것이다.
23) 창세기 3장이 성을 부정한 것으로 생각게 하는 빌미를 제공함과 아울러 여성을 그 요소에 밀착시켜 이해하도록 하는 실마리를 제공하였다는 해석은 필리스 트리블, "창세기 2-3장의 재조명," 「여성들을 위한 신학」 (서울: 한국신학연구소, 1990)을 참조할 것.
24) 맥허피, 「기독교 전통 속의 여성」, 손승희 역 (서울: 대한기독교서회, 1992)를 참조할 것.
25) 오리겐(ca. 183-250)은 창세기에 기록된 인간 창조 기사를 알레고리적으로 이해하여 남성은 영(Geist), 여성은 혼(Seele)이라고 해석함으로써 영과 혼의 결합을 통하여 새로운 인식에 도달하는 정신활동으로 이해했다. 요한 크리소스톰(J. Chrisostomus, 354-407)도 성을 원죄의 결과라고 여겼고, 결혼을 자녀 양육과 난봉을 막기 위한 목적을 가지는 것으로 이해하였다. 박충구, 「21세기 문명과 기독교윤리」, 200-1. 어거스틴(St. Augustine, 354-430)은 위의 가르침을 교회의 가장 중요한 가르침으로 만든 사람으로 그는 자신의 젊은 날에 있었던 성적인 탈선이 회심 후의 성생활에 부정적인 태도를 낳게 하였던 것으로 보인다. 그는 모든 성 관계를 수치심으로 여겼고 재생산의 목적을 제외한 모든 성행위를 죄로 보았다. Emerson S. Colaw, 24.
26) 토마스 아퀴나스(St. Thomas Aquinas, 1225-1274)는 영육 이원론에 근거하여 여성억압의 사상을 다음과 같이 해석했다. "남성에게 지적 요소가 많고 여성에게는 육체적이고 성적인 요소가 강하다. 그래서 이브가 먼저 유혹을 받았으며 예수의 부활 시에 막달라 마리아가 예수의 무덤에서 예수를 알아보지 못한 것은 여자의 이해력이 둔하기 때문이다" 아퀴나스는 「신학대전」에서 어거스틴과 마찬가지로 성행위가 출산을 목적으로만 행해져야 한다고 주장한다. 그래서 피임도 반대하고 혼인하지 않은 관계에서의 성교도 반대하고, 이혼도 반대하는 데, 이것이 로마 가톨릭 교회의 공식 입장으로 굳어졌다. 안상님, 「여성신학 이야기」 (서울: 대한기독교서회, 1992), 96.
27) 박충구, 「21세기 문명과 기독교윤리」, 177. 교부들이나 수도원의 수도사들 그리고 중세기를 넘어오기까지에 이르는 오랜 역사 속에서 대부분의 사제들은 성의 사용을 영적인 묵상과 훈련에 해

로운 것으로 여겼다. 결과적으로 결혼이라는 제도는 성직자의 삶에서는 배제되어야 할 것으로 여긴 것이다.
28) 박충구, 「21세기 문명과 기독교윤리」, 178.
29) 허버트 엘 마일즈, 「그리스도인 의 성교육」, 장기순 역 (서울: 기독교문서선교회, 1981), 82. 루터는 의무적인 독신이 자연스럽지 못하다고 주장하고, 간음의 사유를 제외하고는 이혼도 재혼도 허락하지 않았다.
30) James Nelson, Embodiment: An Approach to Sexuality and Christian Theology (Mineapolis: Augsburg, 1979)을 참조할 것.
31) 루터는 '침실에 잇는 동안에는 기도할 수 없다'고 함으로써 이원론의 잔재를 보여 주고 있고, 칼빈 역시 성행위를 남편의 욕구 충족이라는 측면에서 이해함으로써 여성의 종속성을 드러내고 있다.
32) 스토익주의자들은 육을 악의 원천으로 보아 인간의 육체성을 부인하였고 따라서 육의 기능인 성은 악하다고 하여 육체적인 즐거움을 추구하지 않았다.
33) 육체란 정신을 담는 그릇이 아니라 인간의 존재를 나타내는 기본적 형상이다. 따라서 성이란 단순히 생물학적인 육체적인 것만이 아니고 오히려 초육체적인 것이다. 그러므로 성적 경험이란 한 인간의 다른 인간을 향한 육화된 현존을 의미하고 인간의 사랑, 섹스, 생식에 대한 경외감은 영과 육을 나누는 이분법적 사고에서는 나올 수가 없다. 따라서 인간의 존엄성은 인간의 육체적 존엄성과 분리될 수 없다. 그러므로 아름다운 성이란 하나님이 본래 주신 성이다. George Kovacs, "The Personalistic Understanding of the Body and Sexuality in Merleau-Ponty," Review of Existential Psychology & Psychiatry, vol.XVIII, 210.
34) 동성애에 관한 용어를 살펴보면 다음과 같다. a. 동성애자(homosexual): 동성에게 성적으로 끌려 관계를 맺는 사람을 일컫는 말로써, 이성애자와 대조를 이루는 용어이다. b. 게이(gay): '남성동성애자'를 일컫는다. c. 레즈비언(lesbian): '남성보다도 여성에게 성적으로 이끌리는 여성'즉 '여성동성애자'를 일컫는다. d. 양성애자(bisexual): 성지향성이 이성과 동성 모두에게 있는 사람들을 말한다. e. 커밍아웃(coming out): 동성애자들이 자신의 성지향성을 공개적으로 드러내는 것을 뜻한다. 즉, 동성애자들이 자신의 성향을 더 이상 숨기지 않고 긍정적으로 받아들이고 그것을 다른 사람, 동에게 드러내는 것을 뜻한다. f. 동성애 공포증(homophobia): 동성애나 동성애자에 대한 비이성적인 막연한 두려움, 그리고 혐오를 가지고 대하며, 익숙하지 못한 것에 대한 사람들의 불안심리를 말한다. g. 퀴어(queer): 사전적인 의미는 '기묘한, 이상한, 괴상한'이다. 처음에는 동성애자를 비하하는 뜻으로 사용되었던 이 말은 1980년대 이후에 미국에서 동성애 운동의 방향이 이전과는 다른 방향으로 전개되면서 동성애 운동가들에 의해 적극적, 긍정적으로 수용된 단어이다. 퀴어는 동성애자들만이 지칭하는 것이 아니라 성적 소수자, 즉 동성애자, 이성애자, 양성애자, 성전환자등에 모두 포함한 말이다. h. 이반: 일반 이성애자에 반하는 말로 동성애자를 일컫는 말이다. 어원은 분명치 않으나, 원래 종로를 중심으로 한 게이들의 은어로 쓰던 말이라고 한다. 자신들이 일반 사람

들과는 다르다는 것에 빗대어 표현한 한국말이다. i. 소도미(sodomy): 구약성서의 '소돔과 고모라' 편에서 유래한 용어로 중세의 성제도 속에서 여러 가지가 이단적 성행동을 통틀어 가리켰던 용어이다. 지금은 동성애자를 부정적으로 지칭하는 용어로 쓰이고 있다. j. 트랜스섹슈얼니즘(성전환증: transsexualism): 선천적으로 물려받은 생물학적 차원의 성을 그대로 유지하지 않고 수술을 통해 바꾸어 버리는 것을 성전환증이라 한다. →트랜스섹슈얼(성전환자: transsexual) k. 트랜스배스티즘(transsexvestism): 보통 자기와 반대된 성별의 개인들이 착용하는 의복을 입는 행위. →트랜스배스티트(이성복장착용자: transsexvestist)

35) 한남대학교기독교문화연구소편, 「한국사회의 윤리적위기와 기독교」(서울: 한들, 1999), 99-100.

36) 성을 상품화하고 있는 만화나 잡지의 모델로 나오는 여성은 언제나 성적 대상으로 전제되어 그려지고 있다. 즉 여자는 남성 중심적인 성 상품화의 구도에서 눈요깃감으로 표현되고 있다. 포르노 잡지, 음란비디오나 만화에서의 주인공은 색녀형의 여자를 등장시켜 아무 남자하고나 성관계를 요구하는 속성이 여자에게 있는 것처럼 호도되고 있다. 성폭력은 상대방과의 인격적 관계나 합의를 전제하지 않는 남성의 일방적인 온갖 성적 가해 행위이다. 따라서 성폭력은 상대방의 인격을 무시하는 것이 전제되어야 가능하다. 여성의 성적 대상화는 바로 이 점을 충족시킨다.

37) 남성중심적 문화의 성적 억압과 폭력에 대한 성서본문들을 살펴보면 다음과 같다. 첫째, 여성은 남성보다 못하다(신 24:1-4, 22:13-20, 23:25-30; 레 12:1-5, 22:1-8; 민27장, 36장). 둘째, 여성은 남성의 소유물이다(출2 0:17; 신 5:21; 민 30:3-17; 창 19:1-7; 삿 19:1-30). 셋째, 여성은 성적 도구이다(신 21:10-12, 25:5-10; 민 31:13-18; 삼하 13장). 넷째, 여성은 사회적 편견의 희생물이다(전 7:26-28; 잠 7:4-5, 25:24).

38) 박충구, 「21세기 문명과 기독교윤리」, 209.

39) 성이 벌거벗음이나 성교에 의한 쾌락으로 왜곡되고 축소되어 이해할 때, 그것은 편협하게 된다. 오히려 성은 훨씬 광범위하여 인간이 자기 자신을 총체적으로 표현하는 모든 방법을 포함하고 있다. 성서적, 신학적으로 볼 때, 성은 하나님과 자기 자신, 그리고 사랑하는 대상과 가족 및 사회가 관계를 맺는 폭넓은 공동체 형성의 윤리를 포괄한다.

40) Beverly W. Harrison, "Human Sexuality and Mutuality," Christian Feminism (New York: Harper & Row, 1984), 149.

3. 결혼과 가정의 기초

1. 들어가는 글

오늘날 부모와 자녀들로 구성되는 전통적인 가정에 대한 이해와 가정의 형태는 점차 사라져가고 있으며, 독신과 혼전동거의 증가와 더불어 결혼율의 감소, 동성애와 성전환 그리고 동성결혼 등 세태의 변화에 따라 새로운 가정에 대한 이해와 형태들이 나타남으로 전통적 가정관과 가정 형태가 도전과 위기를 겪고 있다. 이러한 가정에 대한 이해와 형태의 변화 속에서 결혼에 대한 이해도 또한 바뀌어 가고 있으며, 더욱 빈번해진 이혼과 재혼으로 인한 가족의 의미의 혼란과 가족 간 갈등의 요소는 심각한 사회적 문제로 대두되고 있다.

가정은 결혼을 통해서 한 쌍의 남녀가 사랑으로 맺어져 이룩되는 인간 사회의 기본 단위이다. 또 자녀를 양육하여 부모 자식관계와 형제자매의 관계를 맺어 함께 살아감으로써 인류의 종족은 물론 신앙과 문화를 이어가는 전통 교육의 첫째 장이기도 하다. 어떤 사회와 시대를 막론하고 사회가 타락하는 필연적이고도 근본적인 원인으로 가정의 위기가 빠짐없이 등장한다. 그것은 어떠한 사회도 최소 단위로서 체제의 근본이 되는 가정이 건강하지 않고는 바로 설 수 없기 때문이다. 가정이 흔들리면 가정에서 양육 받는 자녀들에게 가장 심한 피해가 온다. 사랑과 헌신으로 돌봄을 받고 양육되어야 할 자녀들이 가정에서 두렵고 견디기 힘든 미움과 갈등을 경험하게 될 때에 삶이 제대로 방향을 잡기 힘들 것이라는 점은 짐작하기 어렵지 않다. 따라서 윤리의 첫걸음이라고 할 수 있는 결혼과 가정의 신성함을 지키는 것은 기독교인에게 있어서 매우 중요하다. 십계명이 제5계명부터 인간과 인간에 대한 관계를 다루면서 부모에 대한 공경을 명하고 곧 이어서 간음에 대해 경고한 것은 가정의 중요함에 대한 강조라고 볼 수 있다. 오늘날 우리 사회는 이혼율이 급증하는 등 서구 사회가 밟았던 전철을 뒤따라가고 있다. 이에 결혼과 가정에 대한 성경적 가치관의 정립이 매우 중요하다고 본다.

  필자는 다음과 같은 구조로 이 글을 진행하고자 한다. 2장에서는 우리 사회의 변화에 대해 살펴보고, 3장에서는 결혼과 가정에 대한 성경적 교훈을 결혼의 기초, 원리, 목적, 본질, 조건 등을 중심으로 살펴보고자 한다. 4장에서는 가정윤리에 대해 부모와 자녀 간의 윤리, 부부 간의 윤리를 중심으로 기독교인들이 지녀야 할 가정에 관련한 기독교적 가치관을 제시하고자 한다. 5장에서는 문제시 되는 영역들인 이혼과 재혼 등에 살펴보고, 이어서 결론에서 결혼과 가정에 대해 교회가 할 수 있는 역할들을 제시하고자 한다.

2. 사회의 변화

삶의 질서의 변화와 더불어 이제 절대적인 것이 설 자리는 없어져 버렸다. 먼저 우리 시대의 가정적 위기를 잘 이해하기 위해서 비교적 안정적이었다고 할 수 있는 전통적 가족 관계를 위협하는 요인들을 살펴볼 필요가 있다.

(1) 전통적 가정 윤리의 파괴

우리나라는 지난 한 세기에 걸쳐 외세의 침략과 전쟁, 정치 불안정과 급속한 산업화로 인해 예로부터 내려오던 가치관이 짧은 시간 내에 해체되는 불행한 경험을 했다. 그 중에서도 근간이던 전통적 도덕의 파괴는 가족관계에 많은 혼란을 불러일으켰다. 아울러 이를 대치할 적절한 대안적 윤리의 부재로 인해 그 어려움이 가중되었다. 또한 우리의 근래 역사가 심한 소용돌이 속에 휩싸이면서 윤리적 발전에 신경 쓸 만한 상황적이며 시간적 여유가 없었던 점도 어려움을 가중시켰다. 이처럼 사회가 튼튼한 윤리적 기초 위에 서지 못한 채 경제적인 상황이 크게 향상됨으로써 물질 만능주의와 향락 풍조가 만연해지고 가정은 더욱 심각한 위기에 처하게 되었다. 이러한 와중에서 오늘날 무엇보다도 가정을 위협하는 것은 높아져만 가는 이혼율이라고 할 수 있다. 또한 오늘날 가정들은 대부분 핵가족화 되어 결혼이 위기에 부딪혔을 경우 도움이 예전과 같지 못할 뿐 아니라, 친지들의 눈치를 보거나 체면을 따지며 주저하는 것과 같은 보이지 않는 울타리가 대부분 붕괴된 것도 이혼율을 높이는 원인이 되고 있다.

(2) 재정적 요인

사회의 전반적 경제 수준이 과거보다 현격하게 좋아진 오늘날 또 하나의 문제점은 높아진 생활수준과 비용으로 인해 맞벌이 부부가 증가했다는 점이다. 많은 신혼부부들은 결혼 후에도 맞벌이를 계속 유지하는 것을 당연시하는 분위기이다. 또 사교육비의 지출이 부담이 되면서 과외를 시키기 위해 어머니가 직업을 갖게 되는 경우도 많다. 한편 요즘은 결혼 전의 자녀들 가운데 재정적으로 여유가 있어 홀로 원룸 아파트를 얻어 독립생활을 하는 일들이 있어 오히려 가정이 위협당하는 경우도 있다. 이런 상황 속에서 부부간의 관계뿐만 아니라 부모 자식 사이에서도 이전보다 친밀도가 떨어지며 가족 간에 진정한 교제가 없는 가족이라 할 수 없다. 가정의 근본인 요소는 경제적 풍요나 가족의 간섭을 벗어난 개인의 자유분방한 생활이 아니라 가족 구성원 사이의 참된 이해와 사랑임을 생각하면 이런 현실에 대한 새로운 시각을 가질 수 있을 것이다.

(3) 여성 지위의 향상

서구화와 더불어 우리 사회에서도 여성의 지위가 날로 높아지고 있다. 이제 여성들은 과거와 같이 전적으로 남편에게 의존적인 삶의 형태를 당연시하지 않는다. 가정 밖에서의 여성의 고용확대는 이전의 어느 때보다도 훨씬 더 많은 자유가 여성들에게 부여되었으며 자신들의 경력에 대해서 만족해하는 여성들이 결혼을 늦추고, 결혼을 하지 않는 여성도 늘어나고 있다. 여자들의 늘어나는 취업률로 인한 부부간의 새로운 역할 분담과 책임의 변화는 가정 내에 혼란을 야기하고 가정 내의 구조 또한 흔들리게 되었다. 오늘날 대부분의 젊은이들은 이러한 남녀의 평등이나 역할의 변화에 적응해 가고 있으나, 여성 지위 향상은 긍정적인 면에서 뿐만 아니라 부정적인 면에서도 전통적 가정의 질서를 변화시키는 한 요인이 되고 있는 것이 사실이다.

(4) 핵가족화

우리나라의 가족은 친인척으로 얽혀 있는 대가족 제도였다. 그러나 산업화와 그에 따른 인구의 도시 집중으로 급격한 핵가족화가 이루어졌다. 특별히 아파트가 주된 주거 공간이 되면서 전통적인 가족 문화가 핵가족화 하는데 많은 기여를 했다. 핵가족화는 친척과 가족들 간의 관계를 소원하게 하는 주된 원인이 된다. 핵가족화 된 사회 속에서 하나의 심각한 가정문제는 바로 노인문제이다. 핵가족 중심의 가정 안에서 팽배해지는 개인주의와 전통적 권위의 상실은 가정 내의 노부모 봉양의 의무를 경시하는 결과를 가져왔으며 노인들은 그 속에서 정신적 육체적 소외감과 고독감을 느끼고 있다. 더욱이 산업화, 도시화의 물결 속에서 진행된 가정의 분열과 이동은 노부모와의 동거를 어렵게 함으로써 가정 안에서 노부모를 소외시키는 현상을 가속화 시켰다. 아울러 노인들의 복지 문제는 심각하다. 우리 사회도 점차 서구와 같이 버려진 노인과 치매와 같은 불치의 노인성 질환에 시달리는 이들에 대한 간호 문제가 사회문제화 되고 있다. 그러나 이러한 문제는 사회 복지의 확대로 궁극적인 해결을 바랄 수 없다.

3. 결혼과 가정에 대한 성경적 교훈

가정은 교회와 더불어 하나님께서 직접 제정하신 귀중하고 영광스러운 제도이다. 최초의 가정은 창세기 2:18-25에 등장하는데, 중요한 사실은 가정의 탄생이 두 가지 중요한 관계와 관련되어 있다는 것이다. 하나는 하나님과의 관계이고, 다른 하나는 이웃과의 관계이다. 또한 성경 전체는 가정 안에서 필요한 3가지 중요한 기본 정신을 말씀하고 있다. 첫째, 하나님과의 관계(수직적 관계): 다스림(창 1:26-30)과 돕는 베필(창 2:18-23)이다. 하나님과의 관계는 세 가지 단어로 요약할 수 있다. 1) 주되심이다. 성경은 '여호와 하나님이'라는 주어가 계속 반복 된다. 이것은 하나님께서 주도권을 가지고 가정을 만드셨음을 의미한다. 2) 청지기이다. "모든 것을 다스리게 하자"(창 1:26). 이것은 하나님의 피조세계를 관리하고 다스리는 청지기적인 역할이 인간에게 맡겨졌음을 의미한다. 3) 동역자이다. "아담이 각 생물에게 부르는 것이 곧 그 이름이 되었더라"(창 2:19). 이것은 하나님의 일에 동참하는 인간의 모습을 나타내며, 그 분의 동역자로 여겨짐을 의미한다. 둘째, 이웃과의 관계(수평적 관계)를 4가지 원리(창 2:24-25)로 설명할 수 있다. 이웃과의 관계란 사람들 사이의 수평적 관계를 말하는데, 여기선 크게 부모와의 관계와 부부가 되는 두 남녀의 관계를 다루고 있다. 1) 떠남이다. "남자가 부모를 떠나"(창 2:24): 부모에게서 정신적, 육체적, 경제적으로 떠나 독립하는 것이다. 2) 연합이다. "그의 아내와 합하여"(창 2:24): 두 사람의 영적, 인격적, 정신적인 하나 됨을 말한다. 3) 한 몸이다. "둘이 한 몸을 이룰지로다"(창 2:24): 육체적, 성적으로 몸이 하나 됨을 말하는 것이다. 4) 친밀감이다. "벌거벗었으나 부끄러워하지 아니하리라"(창 2:25): 가족 간에 관계의 투명성, 부끄러움이 없다는 것을 말하는 것이다. 셋째, 결혼에 요구되는 세 가지 정신은 다음과 같다. 1) 부부가 하나님에 대한 태도(Lordship): 하나님의 절대 주권을 인정해야 한다. 2) 아내가 남편에 대한 태도(Headship): 아내는 남편의 머리됨을 인정해야 한다. 3) 남편이 아내에 대한 태도(Shepherd-ship): 남편은 아내를 죽기까지 사랑해야 한다.

필자는 결혼과 가정에 대한 성경적 교훈을 결혼의 기초, 원리, 목적,

본질, 조건, 배우자의 수 등을 중심으로 살펴보고자 한다.

(1) 태초의 결혼

인간은 남자 또는 여자 홀로는 온전할 수 없고 서로 돕는 배필로 함께 살도록 처음부터 창조되었다. 이러한 사실은 신약 성경에서 예수님께서도 남편과 아내가 하나임을 강조하심에서 확인된다(마 19:1-9, 막 10:1-12). 결혼은 하나님이 하시는 일이다.[1] 성경에 나타난 최초의 결혼의 모습을 살펴보면, 첫째, 하나님이 최초로 결혼을 계획하셨다는 사실이다.[2] 존 비비어(John Bevere)는 결혼은 사랑의 제도로 하나님이 정하신 첫 번째 제도라고 주장하며, 텍사스 오우크힐스 교회 목사이며 작가인 맥스 루케이도 (Max Lucado) 또한 결혼은 어떤 정부나 사회 기관이 만든 것이 아니라 결혼은 하나님의 마음속에서 잉태되어 탄생한 것이라고 주장한다.[3] 하나님은 사람(아담)이 혼자 사는 것이 좋지 않다고 판단하셨고(창 2:18), 이후 그의 결혼을 직접 계획하셨다(창 2:21-5). 둘째, 아담 스스로 하와를 찾으러 다닌 것이 아니라 하나님이 직접 신랑에게 이끌어 오셨다. 하나님이 최초의 신부(하와)를 신랑에게 이끌어 오셨다는 것이다. 셋째, 하나님이 최초의 결혼의 목적을 밝히셨다(창 2:24). 넷째, 결혼의 목적인 '한 몸을 이루는 것'을 이루시는 분 또한 하나님이시다. 따라서 결혼은 하나님에게서 비롯되어 하나님을 통해 이루어지는 일이며, 또한 하나님을 위한 일인 것임을 알 수 있다. 아울러 성경은 남녀의 동등한 창조를 언급하고 있으며 일부일처주의가 창조의 원리임을 보여주고 있다(창 2:23-4). 구약에는 간혹 중혼이 언급되고 있으나 이를 용인하는 것이라고는 볼 수 없다. 역사적으로 볼 때 문화적 차이에 따라 여러 종류의 결혼 형태가 있어 왔던 것은 사실이지만, 근래에 보는 것과 같은 극단적 자유분방 형태의 남녀 관계나 무책임한 결혼과 이혼의 추세는 그 어느 문화에서도 용인될 수 없는 인간 파괴적인 것이라고 하겠다.

(2) 결혼의 원리

결혼으로 이루어지는 가정은 결혼식에서 하는 서약에서처럼 서로를 무조건적으로 돌보면서 건강과 아픔, 안전과 위험, 부와 가난을 함께 나누고 가진바 재능을 발휘하여 보람 있는 삶을 이루도록 애쓰는 한 쌍의 남녀로 말미암는다. 따라서 진심으로 결혼 서약을 하고 지킬 각오가 없거나, 그것을 뒷받침할 믿음의 공통적 기반이나 사랑과 신뢰가 없이 성적 매력이나 물질적 조건 등을 앞세우는 결혼은 결코 옳지 않다. 최초의 창조의 진술에 의한 결혼의 우선적인 목적은 동반자적인 것으로(창 2:18, 22) 하나님께서는 남편과 아내 사이에 그들 상호간의 풍성함과 완성을 위해 친밀한 인격적 관계를 허락하였다. 인간의 결혼은 남녀 간의 성을 매개로 해서 이루어지는 친밀의 언약적 관계로 생식과 종족 보존을 위한 생물적 결합을 뛰어넘는 더 큰 의미를 지닌다. 즉 정신적 결합과 사회적 관계 형성으로 더 능력 있게 하나님의 뜻을 이루어 드리는 것이다.

로마서 15장 1-7절에서 사도 바울은 결혼의 성공은 부부가 상대방을 주께서 주신 귀한 이로 믿고 서로 있는 그대로를 받아들임에 있음을 보여준다. 사실 바울은 여기에서 결혼이 아니라 교회의 일반적인 원리를 말하고 있는데 올바른 교회는 "믿음이 강한 우리는 마땅히 믿음이 약한 자의 약점을 담당하고 자기를 기쁘게 하지 아니할 것이라"(롬 15:1)고 했다. 일주일에 겨우 한 번, 또는 몇 번 만나는 교회를 이루기에도 서로를 있는 그대로 받는 것이 중요하다면, 결혼에서 서로를 있는 그대로 받는다는 것이 얼마나 더 중요하겠는가? 결혼 생활의 성패는 피차를 얼마나 용납할 수 있느냐에 달려 있다.

(3) 결혼의 기초

그리스도인의 결혼은 네 가지 근본적인 원칙에 기초를 둔다. 첫째, 한 남자와 한 여자를 결혼관계에서 제한하는 일부일처제의 원칙에 기초한다. 일부일처제는 창조론에서 기초하고 있으며 모든 어린이는 완전한 인격적 발전을 위해서 부모를 필요로 하며, 인간의 성적인 사랑은 본질적으로 일원론적이다. 둘째, 결혼은 항구적인 기초 위에서 한 남자와 한 여자를 함께 결합시키는 것으로서 인식되고 있다. 그것은 죽음만이 갈라놓을 수 있는 전 생애적인 위임인 것이다. 셋째, 그리스도인의 결혼의 또 다른 기초는 신실성이다. 스위스의 개신교 신학자로서 신정통주의와 변증신학을 주도한 에밀 브루너(Emil Brunner, 1889-1966)는 신실성이야말로 모든 진실된 결혼의 근본적인 기초라고 주장하였다. 오직 사랑에만 기초했을 때에는 결혼은 처음부터 파멸될 수가 있으나 신실성과 사랑이 모두 다 있을 때에 결혼이 성취될 수 있다고 생각했다. 넷째, 결혼의 궁극적 기초는 아가페 사랑이다. 이와 같은 종류의 사랑은 호감 또는 감정적 충동 그 이상을 의미하며 그것은 관심과 신뢰, 협동, 정의 그리고 용서의 태도로 표현되는 사랑인 것이다. 아가페 사랑은 육체적인 삶에서와 마찬가지로 영적인 삶에서도 관심을 고조시키는 동기를 가진다. "그리스도를 경외함으로 피차 복종하라 아내들이여 자기 남편에게 복종하기를 주께 하듯 하라 이는 남편이 아내의 머리됨이 그리스도께서 교회의 머리됨과 같음이니 그가 바로 몸의 구주시니라"(엡 5:21-33). 이 아가페 사랑은 자손들의 훈련과 영적 성장을 위한 원칙 그리고 부모에 대한 자녀들의 순종의 원칙이기도 하다.

(4) 결혼의 목적

결혼의 우선적 목적은 남녀 상호간의 동반자 관계이다. 하나님이 창조하신 것들이 '모두 보기 좋았더라'라고 기록되어 있지만, 유일하게 좋지 못한 것이 사람이 독처하는 것이었다. 그래서 하나님은 '돕는 배필'을 만들어 주셨다. "여호와 하나님이 이르시되 사람이 혼자 사는 것이 좋지 아니하니 내가 그를 위하여 돕는 배필을 지으리라 하시니라"(창 2:18) 남편과 아내는 함께 살면서 그 누구도 줄 수 없는 지원과 동지애와 우정을 서로에게 베푸는 반려자다. 결혼의 다른 목적은 건설적인 성의 실현이다. 하나님은 결혼을 육체적으로 '한 몸'을 이루는 연합으로 제정하셨다(창 2:24). 결혼의 또 다른 목적으로 필연적으로 뒤따르는 것이 출산과 자녀 양육이다. "생육하고 번성하여 땅에 충만하라"(창 1:28)는 명령은 결혼을 전제한 것이다. 성경은 자녀 출산을 하나님의 선물과 복으로 강조하며(시 127:3-5), 하나님의 방법과 교훈으로 자녀를 훈육할 것을 가르친다(엡 6:4). 결혼은 하나님 아버지께서 주시는 육체적, 사회적, 영적인 축복임을 분명히 한다.

(5) 결혼의 본질

이러한 결혼의 목적과 관련해 결혼은 다음과 같은 본질을 갖고 있다. 첫째, '영구성'이다. 한 남자와 한 여자가 평생 동안 함께 사는 것이 이상적이다. 둘째, '친밀성'이다. 한 몸을 이루는 결혼의 근본 의도는 서로 부끄러워하지 않는 친밀성이다. 결혼에 대한 하나님의 의도는 충실한 일부일처의 연합을 이루는 배타적인 헌신이다. 부부관계에는 제3자의 개입을 허용하지 않는 서로에 대한 온전한 헌신이 있어야 하는 것이다.

(6) 결혼의 성립조건

결혼의 목적과 본질이 잘 실현되려면 적절한 성립조건을 갖추어야 한다. 그것은 신약이 여러 차례 언급하고 있는 창조명령(창 2:24) 속에 잘 나타나 있다. 첫째, '떠나는 것'이다. 부모를 떠난 새로운 사회 단위로서 한 가정을 구성하는 것이다. 부모로부터 신체적, 정신적, 경제적, 영적으로 독립하는 것 못지않게 정서적으로 독립하는 것도 중요하다. 둘째, '연합하는 것'이다. 새로운 사람과 맺게 되는 약속과 부르심과 관계에 온전히 헌신하는 것이다. 셋째, '한 몸을 이루는 것'이다. 부부 간에 생활 전반에서 전인적 상호교통과 사귐을 갖는 것이다. 이와 같은 조건이 먼저 갖추어져야 비로소 결혼의 본질과 목적이 온전하게 실현될 수 있다.

(7) 결혼에서의 배우자의 숫자

기독교인들이 모두 합의하고 있는 또 다른 사실은, 결혼은 일부일처제에 입각해 있다는 것이다. 즉 결혼은 한 남성과 한 여성 사이에서만 이루어져야 한다. 바울은 "남자마다 자기 아내를 두고 여자마다 자기 남편을 두라"(고전 7:2)고 말했고, 또 감독은 한 아내의 남편이 될 것을 교훈했다(딤전 3:2). 그런데 신약만이 일부일처제를 가르치고 있는 것은 아니다. 하나님이 먼저 한 남성(아담)을 창조한 다음 그에게 한 명의 아내(하와)만을 주었다는 창세기 맨 앞부분에서 볼 수 있듯이, 우리는 일부일처제가 구약에서도 강조되었음을 알 수 있다.

4. 가정윤리

가정은 하나님께서 인간에게 주신 최초의 기관이며 오늘날 사회를 지탱해 주는 최소의 공동체로서 매우 중요한 위치에 있다. 하나님께서 에덴동산에서 인간에게 필요한 모든 것을 갖추어 주시고 남녀를 만들어 가장 먼저 축복해 주신 것이 가정임을 잊어서는 안 된다(창 1:28). 가정을 세우신 목적은 다음과 같다. 첫째, 하나님의 명령에 순종하여 자녀를 생산하므로 사회의 기본 골조를 놓는 것이다. 오직 남자와 여자가 이룬 가정만이 아이를 바르게 양육하고 하나님과 사회에 합당한 바른 사람으로 성장시킬 수 있다. 둘째, 사람이 혼자 있는 것이 아니라 다른 사람과 함께 함으로 힘을 얻기 위함이다. 성경은 두 사람이 함께 함으로 힘을 얻게 됨을 말씀하고 있다(전 4:7-12). 가정의 목적은 두 사람이 함께 하고 동행하기 위함이다. 셋째, 예수 그리스도의 희생적인 사랑을 보여주기 위함이다(엡 5:23-25, 28-29, 32). 그리스도인 부모가 자녀들에게 희생적인 사랑이 무엇인지 보여준다면 자녀들은 하나님의 사랑을 배울 수 있을 것이다. 넷째, 무한한 사랑이라는 것이 존재함을 알리기 위함이다. "너희 안에서 선한 일을 시작하신 분께서 예수 그리스도의 날까지 그 일을 이루실 것 바로 이것을 나는 확신하노라"(빌 1:6) 가정은 예수 그리스도의 희생적인 사랑을 보여주는 곳이다. 다섯째, 다른 사람을 어떻게 사랑하는지 가르치기 위함이다. "소망이 우리를 부끄럽게 하지 아니함은 우리에게 주신 성령으로 말미암아 하나님의 사랑이 우리 마음에 부은바 됨이니"(롬 5:5). 여섯째, 구성원들을 보호하고 교육하기 위함이다. "또 아비들아 너희 자녀를 노엽게 하지 말고 오직 주의 교훈과 훈계로 양육하라"(엡 6:4).

그러나 가정을 이루는 구성요소인 부부, 부모와 자녀 간의 윤리가 무너지고 있다. 다시 한 번 성경적으로 검토해 가정의 윤리를 세우는 것이 시급하다.[4]

(1) 부모와 자녀 간의 윤리

1) 부모는 자녀에 대하여 도덕적 행위와 공동생활의 행동양식을 보여야 한다.

자녀는 부모의 도덕적 행위를 통하여 도덕적 행위의 표준을 배운다.

만일 자녀가 부모의 비난 속에서 자란다면 비난을 배우고, 부모의 조소 속에서 자란다면 싸움을 배우고, 부모의 수치 속에서 자란다면 죄의식을 배우는 반면 부모의 격려 속에서 자란 자녀는 자신감을 갖고, 부모의 칭찬 속에서 자란다면 감사를 배우고, 부모의 공평 속에서 자란다면 정의감을 배우고, 부모의 용납 속에서 자란다면 세상에서의 사랑을 배운다고 한다. 이것은 부모의 도덕적 행위가 자녀에게 크게 영향을 미친다는 것을 알 수 있다. 그러므로 부모는 사랑과 정의와 평화 등의 도덕적 행위 모형을 보여 주어야 한다. 이것이 다른 동물과 다른 점이며 부모가 사람으로서 자녀에게 마땅히 하여야 할 일이다. 부모는 자녀를 가장 가까운 이웃으로 생각하고 도덕적인 관계를 수립해야 할 것이다.5) 동물적 사랑이란 본능적으로 사랑하는 것인데 부모가 자녀에 대해서 동물적 사랑으로 대하는 것보다는 높은 차원의 도덕적 행위로 이웃으로 사랑하는 것이 바람직하다. 사랑을 받아보고 대우를 받아본 자녀는 자기의 자녀나 이웃에게 사랑을 베풀고 인격적으로 대우할 수 있다. 이러한 삶은 단순한 의무감에서보다는 봉사의 정신으로서, 계산을 넘어서는 관용과 너그러움이 있어서 가정과 사회를 부드럽게 만든다. 부모의 이러한 관계의 도덕적 행위에서 이웃의 개념을 몸에 익히며 도덕적 행위를 할 수 있게 하여야 한다. 부모는 자녀와 함께 가정을 이루는데 이 가정은 하나의 공동체이다. 그러므로 가정생활은 곧 공동생활이다. 이 공동생활은 가정생활을 어떻게 하느냐에 따라서 형태가 굳어질 수 있다. 부모는 품위 있는 행위들을 통하여 가풍을 세워가며 동시에 질서를 세우는 행위를 보임으로써 모형이 되는 것이다. 부모가 자유와 정의와 평화와 같은 인간의 권리를 가정 안에서 민주적 공동생활에 반영함으로써 공동생활의 도덕적 행위의 모형이 될 수 있을 것이다.

2) 자녀는 부모에 대하여 도덕적 행위를 할 때 효와 공동체의 차원에서 생각해야 한다.

효(孝)는 동양사상 가운데 대단히 중요한 위치를 차지하고 있다. 효는 덕(德)의 근본이고 모든 가르침이 이 덕에서 시작된다고 이해되었다. 그러나 기독교적 입장에서는 효를 높이면서도 논의해야 할 문제로 삼는다. 하나는 이 부모가 하나님께서 허락하신 육신의 부모로서 하나님의 사랑을 깨닫게 하는 역사를 일어나게 하는 것으로 이해하는 것이고, 다른 하나는 돌아가신 부모에 대해 기억하고 생전에 수고하신 것을 감사하나 돌아가신 분을 숭배하는 일은 하지 않는다는 것이다. 이것은 효의 시작과 한계를 밝히는 말이다. 부모 공경이 하나님의 뜻이나 주 안에서 거리낌이 될 때는 극복해야 하는 것이다. 자녀의 제일 가까운 이웃은 부모와 형제자매이다. 성경에 따르면 사실 자녀는 부모의 이웃이며 부모는 그들의 도움이 필요하다. 사람의 형편에 따라 다르겠지만 자녀는 이웃으로서 부모를 대하여야 할 것이다. 부모를 이웃으로서 모시는 데 성공한 사람은 다른 이웃을 제대로 대할 수 있다. 그것은 이미 효경에서도 밝혀지고 있지만 부모를 사랑하는 자는 다른 이웃을 미워할 수 없는 것처럼 부모를 잘 공경하는 자녀는 많은 이웃을 잘 대할 수 있는 근거가 되는 것이다. 공동체란 함께 사는 것을 의미하는데 함께 산다는 것은 서로가 자유롭게 수용하고 고난을 함께 당하며 하여야 할 일을 공동으로 하는 것을 의미한다. 자녀가 자기 할 일을 하는 것은 부모를 떠나 자유롭게 설 수 있고 살 수 있으며 자기의 일을 하는 것을 의미하며 다른 한편 자녀는 사회에서 자기가 맡은 일을 열심히 하여 인류에게 공헌하는 것도 마땅히 하여야 할 일이다.[6] 공동체적 사고에서 어떤 지체라도 어려움이 없도록 하고 만일 어려움이 있으면 그 어려움이 없어지도록 보완하고 도와주어야 하는데 이러한 의미에서 자녀는 부모를 돌보아야 할 책임이 있다.[7] 결국 공동체의 차원에서 자녀는 부모의 몫을 담당하는 것이다.

(2) 부부 간에 대한 윤리

성경적 부부의 모습은 피차(서로) 복종하라는 것이다.[8] 성경은 부부에게 피차 복종하라고 말한다. "그리스도를 경외함으로 피차 복종하라"(엡 5:21). 서로 섬기라는 것이다. 그러나 그들이 전적으로 똑같은 방식으로 서로를 섬기는 것은 아니다[9]. 에베소서 5장 22절-33절을 살펴보면, 남편은 '그리스도'에 비유되며, 아내들은 '교회'에 비유된다. 남편들은 그리스도가 사랑하신 것처럼 '사랑하라'는 명령을 받고, 아내들은 교회가 그리스도께 복종해야 하는 것처럼 '복종하라'는 명령을 받는다. 서로에게 순종하는 방식으로 남편에게는 '머리됨' 곧, 남편으로서 그리스도처럼 섬기는 리더십, 보호, 공급의 주된 책임을 담당해야하는 거룩한 소명이다.[10] 아내에게는 '복종' 곧, 남편의 리더십을 존경하고 지지하며, 자기의 은사에 따라 그 리더십 수행을 도와야 하는 거룩한 소명으로 제시됨을 통해 그 방식에 차이가 있음을 알 수 있다. 머리됨이 의미하는 것이 무엇일까? 구약에서 머리라는 용어는 리더들을 지칭할 때 사용되는 말이다[11]. 또한 에베소서 1장 21-23절을 살펴볼 때, 그리스도의 통치와 주권에 대한 표현으로 '교회의 머리'라는 표현을 사용하고 있다. 남편에게 제시된 '머리됨'과 아내에게 제시된 '복종'을 함께 생각해 볼 때, 그 머리됨이라는 의미가 곧 '리더십'을 함축한다는 것을 알 수 있다. 리더십은 두 가지 형태로 나타난다. '보호자로서의 모습'[12]과, '공급자로서의 모습'[13]이다. 보호와 공급은 생명이 걸린 문제이다14. 보호와 공급이 없으면 생명 자체가 위협을 받기 때문이다. 때문에 리더십이 가지고 있는 무게는 생각보다 만만치 않음을 알 수 있다. 종합해보면, 남편에게는 아내에게 음식과 주거 등의 '물질적 공급'과 하나님 말씀과 영적인 지도, 교훈, 격려 등의 '영적 공급' 뿐만 아니라 적이나 자연재해나 질병 등으로부터의 '물리적 보호', 기도와 훈계 등의 '영적 보호'를 할 책임이 있다는 것이다.

베드로전서 3장 1-6절을 살펴보면, 아내가 해야 할 복종의 참 의미를 명확하게 알 수 있다. 먼저 1절에서 "자기남편에게 순종하라"고 말하고 있다. 다른 남자들과의 관계에서는 적합하지 않지만, 자신의 남편에게 특별히 꼭 맞는 순종이 있다는 것이다. 그렇다면 이 순종의 근원은 무엇일까? 5절에서 "하나님께 소망을 두었던 거룩한 부녀들"이 나온다. 그리스도인의 여성다움의 뿌리 깊은 근원은 '하나님께 대한 소망'이다. 이런 여성은 잠언에 이렇게 묘사되어 있다. "능력과 존귀로 옷을 삼고 후일에 웃으며"(잠 31:25). 그녀는 하나님께 소망을 두기 때문에 장래에 일어날 일들에 대해 웃을 수 있다. 여성이 남편이나 외모가 아니라 하나님께 소망을 두고 하나님의 약속으로 두려움을 극복할 때, 그녀의 마음에는 변화가 일어난다. '내면(속사람)을 단장'하게 되는 것이다. 종합해보면, 아내는 하나님께 대한 흔들리지 않는 소망으로 다가올 앞날에 대한 두려움 없는 담대함을 가지게 되어, 고요하고 평온한 심령으로 남편의 리더십에 대해 겸손한 순종을 해야 한다는 것이다.

남편은 아내에 대해 그리고 아내는 남편에 대해 어떤 모습을 지녀야 하는 지 구체적으로 살펴보자.

1) 남편은 아내에 대하여 삶의 모형을 보여야 한다.

결혼이란 한 남자와 한 여자가 약속을 하고 하나의 의식을 통하여 그 약속을 사회적으로 알리며 가정을 이루는 것을 말한다. 그동안 두 사람이 아무리 잘 알고 있다 하더라도 완전히 알 수는 없다. 그 두 사람은 죽을 때까지 같이 산다 하더라도 서로가 서로를 완전히 알 수는 없다. 그러므로 두 사람은 서로를 알려고 노력하여야 하며 서로 맞추어 살려고 애써야 한다. 이렇게 하기 위해서는 결혼을 통한 약속을 성실하게 지킨다는 뜻으로 아내에게 매인다는 생각을 하는 것이 좋다. 그러면서도 남편은 품위를 지키고 말과 행동이 일치하고 일관성이 있게 행동하여야 한다. 이것은 가정을 이루고 이끌어가는 질서로 더 큰 공동체를 이루어 살아갈 때도 필요한 기초적 삶이다. 이런 것은 억지로 해서는 안 되고 항상 즐거운 마음으로 기뻐하면서 해야 한다. 특히 남편은 한 아내의 남편이 되어야 한다. '한 아내의 남편'이라는 말은 한 아내만을 사랑하라는 말로 바꾸어 말하면 다른 여자를 생각하지 말라는 말과 같다. 이것을 확대한다면 이웃 사람의 아내나 남의 아내를 탐내지 말라는 말도 된다. 그렇지만 기독교인으로서 조심해야 할 것은 세상에서 지나치게 염려하고 아내를 기쁘게 하려는 데만 전념을 해서는 안 된다는 것이다. 다시 말하며 아내일지라도 하나님을 섬기는 데 장애가 되어서는 안 된다는 것이다. 이것을 아내에게 납득시켜야 한다. 남편은 아내를 돌보는(care for) 노력을 하여야 한다. 이것은 남편이 아내에게 진실하며 성실한 가운데서 나타난다. 이것은 사회생활을 하는 데 있어서도 기초가 되는 것으로서 가정을 원만하게 하는 첩경이 된다. 남편은 아내를 결코 어떠한 수단으로 생각해서는 안 되며 아내에게 과오가 있을 때에도 알면서도 모르는 것처럼 지나가는 것이 좋을 것이다. 그러나 남편으로서의 위엄과 질서와 권위를 지키는 것을 잊어서는 안 된다. 남편은 가정의 상징이며 가정을 어거할 책임을 느끼면서도 항상 아내의 동반자임을 잊어서는 안 되며 여기에 협력(partnership) 관계가 이루어지며 현실적으로 이웃의 관계를 정립하는 도덕적 행위가 형성되어 가는 것이다.

 남편은 아내와 결혼하여 가정을 이루어 살아가면서 그것이 어떠한 공동체보다 친밀감이 있는 기초 공동체로서 하나의 공동생활임을 경험하고 터득할 수 있도록 하여야 한다.[15] 남편과 아내는 동거하여야 하며 남편은 아내를 자기보다 연약한 그릇으로 여기면서도 동반자요 생명의 유업을 받을 자로 대하여야 한다. 또한 남편과 아내는 서로 보완의 역할을 하면서 서로 다른 존재이지만 서로 협동하고 참여함으로 문제 해결을 훨씬 더 가볍게 할 수 있다는 것을 경험해야 하며 최종적인 결정은 공동으로 한다. 이러한 결정은 논의를 통하여 시간이 걸리더라도 오해가 없도록 하여 이루어져야 한다.

2) 아내도 남편에 대하여 모형을 보여야 한다.

아내는 남편이 가장 두려워하는 자가 되고 그 남편의 심판자가 되어야 한다. 또한 남편이 아내의 행위를 보고 말을 듣고 자기 성찰을 하며 자기의 도덕적 행위를 형성하도록 하여야 한다. 아내는 사랑과 봉사로써 행위의 모형을 보여야 한다. 여자가 자녀를 낳는 넓은 마음으로 아내가 자기의 사랑을 남편에게 보이며 자녀를 희생적으로 양육하는 봉사로써 남편을 대할 때 아내는 남편에게 강요하지 않고 매를 때리지 않으면서도 행위를 가르칠 수 있게 된다. 남편과 아내는 정신적으로나 지리적으로 항상 가까이 있는 이웃이다.[16] 예수님은 선한 사마리아인의 비유에서 분명히 말씀하시기를 '자비를 베푸는 자가 이웃'이라고 하시면서 우리에게 이웃이 되어 사랑을 베풀 수 있기를 권면하셨다. 사랑은 이웃이 되는 출발점이다. 아내는 사랑으로써 남편의 건강을 돌보게 되고 생각하고 있는 것을 돕고 하루하루 생활하는 것을 조언하게 된다. 아내는 이웃으로서 남편에게 근심거리가 되어서는 안 된다. 아내가 남편이 알지 못하는 사이에 부정한 일을 하여 가정을 파탄시키는 일을 하여서는 안 된다. 아내는 남편과 함께 근검, 절약하여 보다 나은 삶을 살 수 있게 해야 한다.

아내는 남편과 함께 살면서 남편이 있기 때문에 아내가 된 것을 기억하고 규제성을 잊어서는 안 된다. 성경에서도 아내는 남편이 살아 있는 동안은 법으로 매인 바 된 것으로 인정하고 있으며 남편이 죽으면 남편의 법에서 자유롭게 될 수 있다고 말하고 있다. "남편있는 여인이 그 남편 생전에는 법으로 그에게 매인 바 되나 만일 그 남편이 죽으면 남편의 법에서 벗어나느니라"(롬 7:2). 아내는 공동생활을 하기 위하여 반드시 남편과 의논하는 것이 좋다. 아내가 일방적으로 결정하고 마음대로 매사를 처리했을 때에 그 삶은 더 이상 공동생활이 될 수 없으며 지속시킬 수 없게 된다. 아내는 결혼을 통하여 남편과 공동생활을 하도록 자유로운 수용을 하였다면, 즐거운 일이 있을 때는 함께 즐거워하고 어려움이 있을 때는 함께 고통을 나누는 것이다. 아내는 남편보다 폭이 더 넓고 강인하게 가계의 전승을 이어가야 한다. 아내들은 여자로서 강인함을 보이고 민족의 역사의식을 갖고 민족의 정체를 보존하며 공존의 원리를 가정에서부터 심고 더 나아가 세계로 확산하여야 한다.

5. 문제시 되는 영역들

과거에는 어떻게든 가정을 유지시키려는 생각에서 이혼만은 금기시하는 경향은 있었으나, 이제는 젊은 세대뿐만 아니라 노인들도 자신들의 삶을 찾기 위해서 이혼에 대한 개방적인 가치관을 갖게 되었다. 갈수록 증가하는 이혼에 대해 기독교인들은 어떻게 생각하고 가정을 유지할 수 있을까? 여기서는 이혼과 재혼에 대해 성경이 무엇이라 얘기하고 있는지 살펴보고자 한다.

(1) 이혼

결혼은 사람이 아닌 하나님이 하시는 일이며 그러므로 결혼을 끝내는 것은 사람에게 주어진 권리가 아니다.[17] 결혼의 궁극적 의미는 그리스도와 교회 간의 언약을 지키는 사랑을 표현하는 것이다. 이 언약을 깨는 것이 이혼인데 이혼이란 두 당사자 모두가 서로에게 동반자 관계를 제공하기로 약속한 언약(혹은 합의)을 부인하고 깨뜨리는 것이다.[18] 그러므로 이혼은 결코 장려될 수 없다. 이혼은 가정을 붕괴시키는 중요한 요인 중 하나이다. 그로 인해 편부모자녀 세대가 늘고 있다. 편부모 가정에서 자라난 아이들은 양친 부모 가정에서 자라난 아이들보다 2-3배나 더 많은 정서적, 행동적 문제를 갖고 있는 것으로 알려져 있다. 이처럼 이혼은 미래의 가정의 기반을 악화시키는 악순환의 씨앗이 될 가능성마저 내포하고 있는 셈이다. 성경적으로 이혼은 결혼에 대한 하나님의 뜻을 위반하는 인간의 실패와 죄에 대한 최종적 선언이며 고백이다. 예수님께서는 사람을 짓되 남녀로 지으시고 부모를 떠나 부부로 짝지어 한 몸이 되게 하신 이가 하나님이시므로 사람이 나눌 수 없다고 하셨다(마 19:4-5). 이 말씀에서 이혼을 금지함은 임의적인 명령이 아니다. 예수님께서는 하나님께서 세우신 창조의 질서를 근거로 이혼을 금하셨다. 단 결혼의 근간인 정절을 깨뜨리는 음행한 연고로 이혼이 허용된다고 하셨으나 이것 역시 명령은 아니다. 예수님께서는 오히려 음행한 연고 없이 아내를 버리는 것은 저로 하여금 간음하게 하는 것이요, 이혼 후 타인과 결혼함도 간음이라는 점을 경계하셨다(마 5:32, 마 19:9). 예수님의 말씀처럼 이혼으로 인한 가정의 파괴는 궁극적으로 음행이 증가하는 원인이 된다.

요즈음 가장 흔한 이혼의 사유는 성격 부조화이다. 그러나 결혼이 불만족 또는 부조화로 인해 깨어져야 한다면 이 세상에서 평생을 같이 살 수 있는 부부는 극히 소수일 뿐일 것이다. 이는 또 자신들을 부부로 맺어주신 하나님의 뜻을 쉽사리 져버리고 자신들의 감정이나 판단을 앞세우는 불신앙의 표현이다. 물론 가정 폭력이나 성범죄 등으로 인한 불가피한 이혼 사유들이 있을 수도 있지만, 그 이외의 이기적인 이유에서 배우자를 버리는 일은 말할 나위 없이 허용되어서는 안 된다.[19] 기독교 상담학자인 제이 아담스(Jay E. Adams)는 다음과 같이 주장한다. 첫째, 이혼이 오직 어떤 상황아래서만 허용되고 다른 경우에는 절대 허용해서는 안 된다는 것(신 22:19, 29)이다. 둘째, 이혼했을 때 질서 있는 방식으로 이루어져야 한다는 것이다. 셋째, 이혼하는 당사자들이 그로 인한 결과를 온전히 알아야 한다는 것이다(신 24:1-4). 따라서 가장 정확한 말은 하나님이 성경에서 이혼의 존재를 인정하지만 규제하신다는 것이다.[20]

이혼에 관계되는 성경기록은 구약과 예수님의 가르침이 기록된 복음서 그리고 바울에 의한 서신서에서 다양하게 언급되어 있다. 먼저 구약에서 실증적 결혼관과 함께 잠언에서 아내를 얻는 자는 복을 받고 은총을 받으며 결혼이 하나님의 선물이며 하나님의 이상은 '한 남편, 한 아내'이다. 일부다처제가 구약성경에서 관용되고 있는 곳은 한군데도 없다. "내게 배역한 이스라엘이 간음을 행하였으므로 내가 그를 내쫓고 그에게 이혼서까지 주었으되"(렘 3:8). 성적인 죄의 경우에는 이혼이 허용되었지만, 이상을 제시한 것이 아니라 이웃 이교도의 문화영향으로 쉽게 이혼하고 재혼하는 것을 방지하기 위한 목적으로 쓰여 진 것 같다. "나는 이혼하는 것과 옷으로 학대를 가리는 자를 미워하노라"(말 2:16)고 단호하게 말씀하셨다. 하나님은 이혼의 결과, 즉 자녀문제와 주변문제, 상처받는 사람들에게 오는 결과를 미워하신다.

게리 콜린스(Gary R. Collins)는 이혼하려는 자들에게 다음과 같이 권면하고 있다. 첫째, 혼인에 대한 하나님의 뜻을 분명하게 전달할 수 있어야 한다. 둘째, 이혼의 해악과 이혼이 하나님의 뜻에 어긋나는 이유를 설명해 준 다음, 이혼을 막기 위해 성경적인 방법으로 우리가 할 수 있는 최선을 다하는 것이다. 셋째, 이혼한 사람들에게는, 그들과 함께 있어 주어야 한다. 그들 자신들이 잘못한 부분을 놓고 가슴 아파하고 회개하는 동안 그들과 함께 있어 주고, 그들을 우리 삶 속에 끌어안고, 그리스도가 죽으시고 부활하심으로 이미 성취하신 용서와 새로운 차원의 순종을 행할 수 있는 능력을 그들이 찾아 누리도록 도와주어야 한다.[21]

성경을 보면 확실하게 이혼 자체를 책망하기보다 하나님이 허락하지 아니한 이혼 즉 성경에 쓰여 진 율례를 따라 행하지 아니한 이혼을 미워하신다. 이혼과정을 요약해 살펴보면(신 24:4) 다음과 같다. 첫째, 서면으로 된 이혼증서를 본인이 상대방에게 전달하며 이혼당한 사람을 반드시 집에서 내어 보내야 했다. 여기서 우리는 하나님은 사람들이 서로를 더욱 상하게 하는 것을 원치 않으시며 어리석고 성급한 이혼 행위를 제지하시기 원하신다는 것을 볼 수 있다. 예수님은 "누구든지 음행한 연고 없이"(마 5:19, 5:32, 19:9)라고 말씀하셨는데 음행은 어떠한 성적 죄이든지 간에 모두 포함되며 간통은 배우자에게 불성실한 것을 뜻하며, 음행 근친상간, 짐승과 성교 하는 것, 동성연애도 이혼서류를 전달할 수 있는 근거로 보여주셨다. 바울은 "결혼한 자들에게 내가 명하노니(명하는 자는 내가 아니요 주시라)여자는 남편에게서 갈라서지 말고(만일 갈라섰으면 그대로 지내든지 다시 그 남편과 화합하든지 하라) 남편도 아내를 버리지 말라"(고전 7:10-11)고 기록하고 있다. 이것은 믿는 아내나 믿는 남편은 이혼할 수 없다는 것이고 설사 이혼이 됐다고 할지라도 그 아내는 반드시 다른 사람과 결혼하지 말라고 충고한다. 이것은 객관적 성찰을 통해 남편과 화해할 수 있는 위치에 있도록 여자를 주는데 마침내 바울이 바라는 바는 화해이다. 둘째, 불신자와의 결혼에서 믿지 않는 자가 결혼에서 떠나기를 원하는 경우에 바울은 '갈리게 하라'고 말씀 한다. 결국 이혼을 통해 믿는 자는 모든 결혼의 의무에서 벗어나게 되며, 믿지 않는 전 배우자와 다시 재혼해야 하는 모든 의무에서 벗어나게 하는 것이다. 기독교적 윤리라는 관점에서 이혼은 하나님이 제정하신 인간 삶의 질서가 아니라 인간의 연약함에 대한 하나님의 양보이다. 특별히 이혼문제에 대해 로마교회에서는 배우자의 죽음이외에 어떤 이혼도 용납 될 수 없다는 것이고 재혼은 곧 간음이라고 까지 했으며, 종교 개혁자들은 죽음이외에 세 가지를 더 추가하였는데 상대방의 간음, 상대방에게 버림을 받는 경우, 그리고 견딜 수 없는 학대였다. 셋째, 이혼의 멍에를 지고 있는 자를 따뜻한 마음으로 용납하고 치유해야 한다는 뜻으로 기독교인과 교회는 부부간의 갈등과 이혼 문제에 대해서 좀 더 관심을 기울여 이혼이 실패와 죄악을 말하는 것이 아니라 회개와 요구된 용서로써 대면되어 져야 기독교적 윤리의 관점에서 용기 있게 선포하고 바르게 가르쳐야 하는 기독인의 윤리로 그 책임을 감당해야 한다.

(2) 재혼

재혼하는 사람들의 수가 늘어나고 있다. 재혼에 대해서 예수께서는 이를 분명하게 하지 않았다. 이혼 후의 재혼에 대한 논의는 침묵과 추측으로 논쟁을 대신했을 뿐이다. 바울은 이혼한 경우에 양쪽의 당사자들은 그냥 있든지 아니면 다시 화합할 것을 주장하였다(고전7:10-11). 신약 교회는 이런 재혼의 개념을 매우 호의적으로 따랐다.[22] 게리 콜린스(Gary R. Collins)는 재혼을 하려는 자들에게 다음과 같이 권면한다. 첫째, 혼인에 대한 하나님의 뜻을 분명하게 전달할 수 있어야 한다. 둘째, 만약 이혼을 한 후일지라도 재결합의 가능성이 조금이라도 남아있다면, 다른 이와 재혼을 하기 전에 모든 가능한 수단을 써서라도 예전의 혼인 관계를 다시 회복시킬 수 있도록 노력해야만 한다. 셋째, 이혼한 그리스도인은 자신의 혼인 관계를 깨뜨린 잘못을 인정하고 자신의 과오를 회개해야 한다.[23]

재혼이 발생할 수 있는 상황은 사별에 의해 홀로 된 경우, 배우자의 간음이나 불신 배우자의 유기로 인해 이혼한 경우, 그리고 또 다른 이유로 이혼한 경우 등이다. 사별에 의해 홀로 된 그리스도인의 재혼이 가능함에 대하여는 별다른 이의가 없다. 어떠한 경우에도 이혼과 재혼을 인정하지 않는 사람들마저도 이 경우만은 허락한다. 바울은 사별에 의해 홀로 된 경우 자기 뜻대로 재혼하되 주 안에서 하라고 권하고 있다. "아내는 그 남편이 살아있는 동안에 매여 있다가 남편이 죽으면 자유로워 자기 뜻대로 시집 갈 것이나 주 안에서만 할 것이니라"(고전 7:39). 배우자의 간음이나 불신 배우자의 유기로 인해 이혼한 경우, 무죄한 편에서는 재혼할 권리가 있다는 것이 복음주의 진영의 대체적인 주장이다. 이럴 경우 상반된 주장들이 있지만, 음행을 저질러 이혼 당한 자나 성경이 허용하지 않는 사유로 이혼한 사람은 홀로 살든지, 아니면 전 배우자와 화해하는 길밖에 선택의 여지가 없게 된다.

그러나 인간은 그 연약함 탓에 성경적 표준을 따라 온전히 살아갈 수 없다. 그래서 교회는 간음한 당사자의 재혼에 대해 그리고 간음과 유기 외의 다른 이유로 이혼한 그리스도인이 재혼을 원할 경우에 대해 고려할 수밖에 없다. 이혼이 하나님의 뜻을 위반하는 죄임은 분명하다. 하지만 결혼의 소중함을 강조한 나머지 이혼을 마치 '용서할 수 없는 죄'인 것처럼 생각해서는 안 될 것이다. 하나님은 우리가 회개할 때 우리를 새롭게 하신다. 하나님께서 죄인을 용서하셨다면, 교회 역시 저들을 받아들여야 마땅하다(고전 6:9-11). 따라서 교회는 이혼자를 구속의 원리를 따라 바라볼 수 있어야 한다. 물론 이 때 교회는 참된 회개를 판별할 수 있는 타당한 이유를 변화된 삶과 태도 속에서 찾을 수 있어야 할 것이다. 사별에 의한 독신자의 고통은 배우자를 상실한 슬픔이고, 이혼자의 고통은 관계의 실패에서 오는 슬픔이다. 이러한 경험은 저들의 내면과 미래에 지속적으로 영향을 준다. 재혼은 이런 슬픔의 심연을 통과한 사람에게 주어지는 하나님의 은혜로운 공급이 될 수 있다. 반면 재혼은 새롭게 맺어질 부부 상호간의 조정과 연합을 어렵게 하는, 상처를 가진 두 사람의 만남이 될 수도 있으므로 결코 쉽게 결단할 수 있는 문제가 아니다. 그러므로 재혼을 고려하는 자는 결혼에 대한 하나님의 뜻을 되새기면서, 하나님 나라의 사역과 개인적 행복을 위해 독신이 더 유익할지(고전 7:34), 아니면 재혼이 더 나을지를 숙고한 후 결단해야 할 것이다.[24]

6. 결혼과 가정에 대한 교회의 역할

성경적 부부의 참의미는 그리스도와 교회의 관계처럼 서로 사랑하는 언약적 사랑의 모습을 보여주는 것이다. 이는 곧 하나님의 영광을 드러내는 일이다. 형상은 영광과 직결됨을 알 수 있다. "우리가 다 수건을 벗은 얼굴로 거울을 보는 것 같이 주의 영광을 보매 그와 같은 형상으로 변화하여 영광에서 영광에 이르니 곧 주의 영으로 말미암음이니라"(고후 3:18). 형상됨은 영광으로 나타나고, 영광은 형상됨의 최종 목적이라고 할 수 있다. 그리스도와의 언약적 사랑을 형상됨을 통하여 영광으로 나타내는 것이다. 남편과 아내로서 그리스도와 교회간의 언약을 지키는 사랑을 하는 그들에게 하나님은 자녀들을 선물로 주신 것이다. 하나님의 뜻은 자녀들이 그리스도가 교회를 사랑하고, 교회는 그리스도를 기쁘게 따르는 모습을 지켜보며 자라나는 것이다. 다시 말해 자녀들이 태어나는 순간부터 이러한 언약관계의 아름다움과 힘과 지혜가 그들에게 자연스럽게 스며드는 것이 그 목적인 것이다. 자녀양육의 핵심은 바로 이것이다. 자녀들이 언약을 지키는 그리스도의 사랑이 지닌 영광을 보며 자라날 수 있는 바람직한 장을 제공해 주는 것이 진정한 가정의 모습이라 할 수 있다.[25]

성경이 말해주고 있는 바는 간단하다. 남편은 그리스도의 머리됨을 실천하기 위해 먼저 그 의미를 알아야 한다. 때문에 남편의 남편 됨의 첫 시작은 '그리스도가 누구인지, 어떤 일을 하셨는가'를 아는 것이다. 아내도 교회의 순종을 실천하기 위해 먼저 그 의미를 알아야 한다. 그러기 위해서는 교회를 위해 '그리스도가 하신일이 무엇인지'를 알아야 한다. 교회의 정체성은 그리스도를 빼고는 설명할 수 없기 때문이다. 자녀는 부부를 통해 그리스도와 교회의 관계를 목도함으로써 함께 그 영광을 누리게 된다. 자녀도 언약관계를 이해하기 위해서는 반드시 '그리스도가 누구인가'를 아는 것이 선행되어야 한다. 결국, 모든 가정 구성원이 '그리스도가 누구인지, 그리스도가 교회를 위해 어떤 일을 하셨는지'를 아는 것이 각 구성원에게 요구하신 하나님의 명령을 잘 수행해 나아가는 첫 시작이다. 이를 통해 '그리스도가 머리가 되신 가정'이라는 말의 의미를 더욱 명확히 이해할 수 있다.

교회는 가정을 봉사하고 가정생활의 여건을 개선할 수 있도록 도와줄 수 있는 기관 가운데 가장 훌륭한 기회를 지니고 있다. 예들 들면, 교회는 성과 결혼, 그리고 가족에 관한 기독교적 견해를 가르칠 수가 있다. 이는 가정과 교회가 중심이 되는 문학작품을 통해서 성취될 수도 있다. 최근 많은 기독교 출판사들이 가정과 결혼 그리고 가족에 대해 건설적인 강조점을 두는 방향으로 나아가고 있다는 것은 매우 고무적인 일이다. 교회는 결혼에 대해서 심사숙고하고 있는 젊은이들을 위해서, 임신해 있는 부모들을 위해서, 그리고 자녀들이 그들 자신의 가정을 만들기 위해 떠나고자 하는 '출발점'을 위해 강좌를 제공해 줄 수도 있다. 또한 설교자는 설교 가운데 결혼과 가족에 관한 성서적 교훈을 강조하고, 젊은이들을 위한 결혼상담 봉사 및 결혼예비학교 등의 대화나 강좌를 제공할 수가 있다.

또한 교회는 이혼자들에게 다가가 그리스도의 용서를 전하고 필요한 도움을 제공할 수 있어야 하며, 아울러 재혼자의 신앙생활에 바탕 하여 은사, 영성과 인격, 공적인 덕망 여부를 따라(딤전 3:1-13) 그가 교회를 섬길 수 있도록 도울 수 있다.

7. 나가는 글

교회마저 결혼과 가정에 대한 문제에 대해 세상에 필요한 건강하고 바람직한 해결책을 제시하지 못하고 있다. 그 이유는 교회도 창조주의 목적을 무시한 결과를 당하고 있기 때문이다. 교회가 성경 전체를 진지하게 대하고 실천하려는 노력과 헌신이 부족한 탓이라고 본다. 이에 대한 진단과 해법의 근거는 성경이 가르치는 결혼과 가정에 대한 정확한 신학적, 해석적 이해와 실천이 있어야 한다.[26]

현대의 가정은 가치관의 변화에 따라 많은 갈등을 겪고 있다. 가정의 붕괴, 부부간의 갈등, 고부간의 갈등, 부모의 자녀 유기나 그들에 대한 무관심 등으로 인한 윤리적 문제 제기 등을 볼 수 있다. 맞벌이에서 오는 윤리적인 문제도 매우 심각하다. 두 사람의 수입으로 가정은 물질적으로는 풍요해 졌다. 그러나 자신들 만의 삶을 즐기기 위해 자녀를 갖지 않고 여가를 우선시하고 즐기는 풍토, 핵가족 제도 하에 아이들만 집에 두고 일하러 가는 가운데 발생하는 문제, 남녀의 수입의 차이로 오는 갈등, 어린이 양육 책임의 분담과 갈등의 문제 등 공생(共生)을 방해하는 이기적 생존 형태가 일어나고 있는 경향이 있다. 또한 독신 가정, 편부모 가정이 증가하므로 사회 안에 적지 않은 문제들을 야기하고 있다. 이혼으로 인한 부부의 결별, 자녀들이 당하는 고통, 원하지 않는 아이의 출생,

혼자 아이를 낳는 일, 결손 가정의 증가 등 많은 문제가 일어나고 있다. 결과적으로 가정이라는 중심을 상실하면서 인간 존중이나 인간관계마저 상실하고, 자녀들이 이기적이고 자유분방하며 저항과 폭력의 사태를 유발하게 하는 문제들이 일어나고 있다. 간단히 말하면 이것들은 가치관의 문제와 직접적 관계가 있으며 가정의 붕괴와 흔들림 속에서 오는 부작용이라고 할 수 있다.

결혼과 가정은 하나님이 창조질서로 제정하신 천부적(天賦的) 제도이기에 결혼언약으로 맺어진 남편과 아내는 혼인의 순결을 지키고 사랑으로 온전히 연합해야 한다. 결혼은 영적 신비로서 우리가 하나님의 영적생명에 함께 연합함을 가르치며 이 연합(언약관계)은 영원한 것으로 깨어질 수 없다. 그러므로 그리스도인들은 창조와 구속에서 나타내신 하나님과 우리 사이의 생명의 언약관계를 가르치고 있는 성경의 가르침을 따라 결혼의 영적 신비를 기억함으로 결혼을 귀하게 여기고 부부 간에 사랑의 연합을 이루어야 한다. 한국교회는 신자들에게 결혼의 영적 의미를 바르게 가르침으로 신자들이 영적 분별력 없이 이 세대를 본받아 합당하지 않은 이혼과 재혼을 범하지 않도록 하여야 한다.

한국교회는 가정위기의 시대에 바른 가정 세우기 운동을 일으켜야 한다. 가정이 화목하면 만사가 다 잘되어 간다는 가화만사성이란 격언이 있듯이 가정이 잘되어야 사회와 국가도 잘 되어 나갈 것이다. 기독교인들은 예수 그리스도안에서 부부간에 서로 사랑하며 복종하고 부모는 본을 보이고 자녀는 부모를 공경하는 참으로 경건한 가정을 이루어 가야 한국사회에 교회가 희망이 될 수 있음을 기억해야 한다.

1) 존 파이퍼, 「결혼 신학: 영원한 것을 보여주는 일시적 결혼」, 이은이 옮김 (서울: 부흥 과개혁사, 2010), 25-9.

2) 존 스토트, 「현대사회문제와 그리스도인의 책임」, 정옥배 옮김 (서울: IVP, 2011), 405. 존 스토트는 결혼은 사회에서 인간의 제도로 인식되지만 그것은 인간이 창안해 낸 것이 아니라 하나님의 아이디어라고 주장한다.

3) 존 비비어, 리사 비비어, 「존 비비어의 결혼: 하나님이 허락하신 특별한 연합」, 유정희 옮김 (서울: 두란노, 2015), 26. 존 비비어 목사는 결혼은 사랑의 제도로 하나님이 정하신 첫번째 제도라고 주장하며, 목사이자 작가인 맥스 루케이도 또한 결혼은 어떤 정부나 사회 기관이 만든 것이 아니라 결혼은 하나님의 마음속에서 잉태되어 탄생한 것이라고 주장한다.

4) 리처드 백스터, 「기독교 생활지침 3-가정윤리」, 박흥규 옮김 (서울: 부흥과 개혁사, 2019)은 가정 윤리에 대해 실천적이고 결의론적인 신학 해설을 곁들여 신자의 삶에 대해 날카로운 통찰력을 보여 주고 있고, 신학의 실생활적 응용 측면에서 청교도 작품 가운데서도 최고의 대중적 인기도와 그 내용에 있어서 폭과 깊이를 지니고 있는 책이다. 영국의 대표적인 청교도 목회자인 리처드 백스터(Richard Baxter, 1615-1691)는 비록 경제적인 어려움 등으로 정규적인 교육을 제대로 받지 못했지만, 지속적인 독서와 연구를 통해 탁월한 지적 세계를 가진 인물이 되었다.

5) 사람의 행위는 가까운 곳에서 먼 곳으로 퍼져 가야하고 위에서 아래로 또는 높은 곳에서 낮은 곳으로 물이 흘러가는 것처럼 퍼져 가야 한다. 그러므로 부모의 도덕 행위의 성격이나 태도는 자녀에게 큰 영향을 끼친다.

6) 자기 앞도 가리지 못하며 부모에게 의존하고 심지어 다른 사람에게까지 짐이 되고 거추장스러우며 해를 끼친다고 했을 때는 자녀의 도리를 하지 못하는 것이라고 할 수 있다. 자녀는 자기의 자리를 지키며 맡은 일에 최선을 다하는 것이 곧 부모에게 효를 행하는 것이라고 생각하고 열심히 일하여야 할 것이다. 그러나 그 일은 다른 사람과 함께 살아가는 데 도움이 되는 일이어야 한다.

7) 이것은 부모가 자녀에게 기대므로 그 기대를 충족한다는 의미가 아니고 자기를 낳아주신 부모에 대한 보답이다. 이것은 하나의 의무요 마땅히 하여야 할 하나님의 명령이다.

8) 존 파이퍼, 「결혼 신학: 영원한 것을 보여주는 일시적 결혼」, 93-103.

9) 낸시 그룹, 「남자는 권위? 여자는 순종?」, 장성식 옮김 (서울: 기독교문서선교회, 2000), 73-80. 이러한 관계를 낸시 그룹은 삼위일체를 사용해서 설명한다. 하나님께서 삼위일체 안에서 독특한 역할을 담당하는 것 같이, 부부 또한 동등한 위치에서 서로 다른 독특한 관계를 가지고 있다고 말한다. 삼위일체 안의 기능적 구분을 빗대어 부부 안의 기능적 구분을 설명한다. 게리 채프먼, 「행복한 결혼생활을 위한 9가지 포인트」, 김태곤 옮김, (서울: 생명의말씀사, 2013), 17-19. 게리 채프먼 또한 삼위일체를 사용하여 부부의 관계를 표현한다. 그는 부부와 하나님이 '연합'안에서 함께 공존한다고 주장하며, 하나님께서 결혼의 머리가 되시고, 남편과 아내의 역할과 기능의 분배는 자유롭다 주장했다.

10) 존 파이퍼, 「결혼 신학: 영원한 것을 보여주는 일시적 결혼」, 100. 간혹 머리됨과 섬김이 서로 상충하는 것으로 이해하는 경우가 있다. 하지만 예수님의 모습을 살펴보면 그렇지 않다는 것을 알 수 있다. 예수님이 자신의 수건을 허리에 두르시고 바닥에 내려가 앉아 제자들의 발을 씻기셨지만(신랑이 신부를 섬김), 그 방에 있던 제자들 중 어느 누구도 그 순간에 리더가 누구인지 조금도 의심하지 않았음을 떠올리는 것이다. 다시 말해, 상호복종과 섬김이 리더십과 머리됨의 실재를 부정하지 못한다는 것이다. 즉, 섬김이 리더십을 무효화하지 못한다.

11) 삿 11:11, 10:18, 11:8-9, 삼하 22:44, 시 18:43, 사 7:8.

12) '그 교회를 위하여 자신을 주심 같이 하라'(엡 5:25)는 말씀을 통해, 희생을 통해서라도 교회를 지키고자 하시는 그리스도의 모습을 볼 수 있다.

13) "오직 양육하여 보호하기를 그리스도께서 교회에게 함과 같이 하나니"(엡 5:29)라는 말씀 속 '양육하다'라는 말의 어원을 찾아보면 필요를 공급한다는 의미가 담겨 있다.

14) 레이 오틀런드, 「결혼과 복음의 신비」, 황의무 옮김 (서울: 부흥과개혁사, 2017), 120-4. 레이 오틀런드는 보호와 공급, 즉 보호와 양육에 대해서 이 두 단어가 단지 남편의 역할이 돈을 버는 것으로 끝나지 않는 것이라 말한다. '양육'은 아내에 대한 깊은 관심과 보살핌으로 아내의 삶이 바른 방향으로 가고 있다는 확신을 가질 수 있도록 하는 것이고, '보호'는 아내를 사랑하고 존중하며, 그리스도 다음으로 아내를 귀히 여기는 것을 말한다고 주장한다.

15) 하나님은 이렇게 남편이 아내와 연합하여 사는 것을 아름답게 보시고 아내를 가리켜 "결실한 포도나무"같다고 하신 것이다.

16) 여기서 중요한 것은 이웃이라는 것을 아는 것이 아니고 이웃이 되는 것이다.

17) 존 파이퍼, 「결혼 신학: 영원한 것을 보여주는 일시적 결혼」, 208-209.

18) 제이 아담스, 「(성경이 말하는)결혼·이혼·재혼: 성경의 가르침에 대한 새로운 통찰」, 송용자 옮김, (서울: 부흥과 개혁사, 2008), 72.

19) William M. Tilman, 「기독교 윤리학 입문」, 강인한 역 (서울: 쿰란출판사, 2000), 103-4.

20) 제이 아담스, 「(성경이 말하는)결혼·이혼·재혼: 성경의 가르침에 대한 새로운 통찰」, 64-71.

21) 존 파이퍼, 「결혼 신학: 영원한 것을 보여주는 일시적 결혼」, 219-220.

22) 제이 아담스, 「(성경이 말하는)결혼·이혼·재혼: 성경의 가르침에 대한 새로운 통찰」, 142-4.

23) Lane A Scott, 「이유있는 이혼 사연있는 재혼: 이혼과 재혼에 대한 기독교 윤리 지침서」, 고신일 옮김 (서울: 기둥, 1997), 52-53.

24) William M. Tilman, 「기독교 윤리학 입문」, 35-6.

25) 존 파이퍼, 「결혼 신학: 영원한 것을 보여주는 일시적 결혼」, 191-204.

26) 안드레아스 쾨스텐버거, 데이비드 존스, 「성경의 눈으로 본 결혼과 가정」, 윤종석 역 (서울: 아바서원, 2016)을 참고할 것. 이 책은 성경적, 통합적 접근을 통해 결혼과 가정에 대한 성경의 가르침을 가장 충실히 대변하고 있다고 본다.

2부 성에 대한 혁명 :
성경이 제시하는 길

4. 동성애란 무엇인가?

1. 들어가는 글: 문화현상의 한 단면이 된 동성애

동서양을 막론하고 대중들은 성에 대해 한결같이 커다란 관심을 나타내고 있다. 다양성을 인정하는 오늘날의 포스트모던 사회 속에서 성은 더 큰 위력을 발휘하고 있으며, 어느 누구도 예외 없이 성과 관련된 죄악들이 세상 어디에서나 드러나고 있다. 우리 사회도 예외가 아니어서 성에 대한 논의와 표현이 여러 영역에서, 특히 대중문화의 영역에서 다양화되고, 구체화되고, 더욱 대담해지고 있는 형편이다. 예컨대 성에 대한 논의에서 그 동안 전면에 내세우기 부담스러웠던 '동성애'(homosexuality) 문제까지도 거침없이 다루는 상황이 되었다. 우리는 이런 현상을 대중문화 영역 가운데, 특히 영화 분야에서 쉽게 확인할 수가 있다. 동성애를 주제로 다룬 국내의 영화는 1996년 박재호 감독의 '내일로 흐르는 강'을 시작으로, 김대승 감독의 '번지 점프를 하다,' 유상욱 감독의 '인사이드,' 박철수 감독의 '봉자,' 김인식 감독의 '로드 무비,' 그리고 1200만 관객을 동원했던 이준익 감독의 '왕의 남자,' 김조광수 감독의 '소년, 소년을 만나다,' '친구사이,' '사랑은 100도씨,' 박찬욱 감독의 '아가씨,' 김헌 감독의 '어느 여름날 밤에'가 대표적인 것들이다. 그 외에 외국 영화의 경우에서도 동성애를 주제로 다룬 영화를 주변에서 손쉽게 접할 수가 있다.[1]

이렇듯 우리 사회의 중요한 문화현상의 한 단면으로 부상한 동성애 문제에 대해 기독교인들은 어떻게 바라보고 이해해야할 것인지 고민해 보아야만 한다. 동성애 문제를 접하면서, 대중들의 관심과 사회적 분위기에 편승해 단순히 문화적 현상으로만 간주할 것인지, 아니면 기독교적 관점으로 접근하여 문제점을 발견해 내고 그것에 대한 적절한 대안을 적극적으로 제시할 것인지, 이제 이것은 선택의 문제가 아니라 이 시대를 살아가는 우리 기독교인 스스로의 책무라고 여겨진다.

따라서 이 글에서는 동성애 문제를 신학적 관점에서, 보다 구체적으로 표현하면 기독교 세계관에 근거한 문화비평의 관점에서 접근하여 논의하고자 한다. 이를 위해서 먼저 2장에서는 동성애의 말뜻과 이 현상을 역사적으로 어떻게 다루어왔는지를 살펴볼 것이다. 그리고 난 다음 3장에서는 동성애를 설명하는 다섯 가지 이론 유형들(사회학습이론, 신정신분석학 이론, 통합이론, 상호작용적 발달이론, 인간 행위자 이론)을 간명하게 논의하고, 4장에서 성서에서 나타난 동성애 유형과 그 의미를 되짚어보고자 한다. 이런 논의를 토대로 5장에서 궁극적으로 기독교가 동성애 문제에 어떻게 대처할 수 있을지에 대해 몇 가지 관점들을 제시하고자 한다. 그리고 마지막으로 동성애 문제를 다룸에 있어서 나와 다른 타자의 문제로만 인식하여 그저 바라만 보던 태도에서 벗어나, 이제 나의 문제, 우리의 문제, 나아가 인간의 문제라는 인식에서 이 문제를 보듬어 보는 태도가 필요하다는 점을 강조하고자 한다.

2. 동성애, 그 말뜻과 바라봄의 역사

'동성애'(Homosexuality)에 대한 말뜻을 이해하기 위해서는 먼저 인간이 가지고 있는 성의 여러 차원을 인지할 필요가 있다. 성의 복합적 차원은 먼저 '출생 시의 성'(natal sex), 즉 태어날 때 남자인지 여자인지를 정해주는 신체적, 생물학적 특징을 들 수 있다. 두 번째는 '성 정체성'(sexual identity)으로서, 이것은 한 사람이 자신을 성적 존재로서 어떻게 보는가 하는 성적 자아 개념을 지칭한다. 세 번째는 '성 역할'(gender role)로서, 이것은 특정한 문화에서 규정하는 사회적 차원의 성적 정체성을 뜻한다. 여기에는 성에 대한 태도와 관심사, 고정관념, 행위 등은 물론이고 말하는 태도, 몸가짐, 표정, 옷차림새 등이 포함된다. 마지막으로 '성적 지향'(sexual orientation)이 있는데, 이것은 한 개인이 누구에게 성적 매력을 느끼는가 하는 방향성을 가리키는 말이다.[2]

이런 측면에서 본다면, 우리가 관심을 갖는 '동성애'라는 용어는 하나의 '성적 지향'에 해당한다. 성적 지향이란, 어떤 개인이 남성과 여성 중 누구에게 성적으로 끌리는지를 나타내는 용어다. 그래서 성적 지향은 크게 동성애, 양성애, 이성애의 형태로 나타난다. 개인의 성적 지향이 어떻게 결정되는지에 관해서는 여러 의견들이 있으나, 아주 어릴 적 스스로 인식하기 이전에 확립된다는 데에는 대체로 의견이 일치하고 있는 것으로 보인다.[3]

동성애를 지칭하는 가장 일반적인 용어는 '호모섹슈얼리티'(homosexuality)이다. 이 말은 그리스어의 호모(homo 동일)라는 단어에서 기원된 것으로서, 동일한 성에게서 육체적, 감정적 사랑을 느끼는 것을 말한다. 먼저 여성과 여성 사이에 이루어지는 동성애자를 가리키는 말로는 레즈비언

(lesbian)이 있다. 이 말은 레스보스(Lesbos)라는 그리스 섬에서 비롯되었는데, 그 곳은 기원전 6세기경 여성간의 사랑을 예찬한 그리스 여성 시인으로 유명한 사포(Sappho)라는 한 선생이 젊은 여성들을 위해 학교를 세운 곳이었다. 시간이 흐름에 따라 처음에는 단지 레스보스에 사는 사람들을 의미하던 레즈비언이란 용어가 점차 사포와 그녀의 제자들처럼 다른 여성을 사랑하는 여성을 의미하게 되었다.[4] 레즈비언의 경우 성적 행위에서 남성의 역할을 하는 여성을 '트리베이드'(Tribade) 혹은 '부치'(Butch)라 부르고, 여성 역할을 하는 여성을 '팜므'(Femme)라고 부른다.

그리고 남성 동성애자를 가리키는 말로는 게이(gay)가 있다. 이 말은 출처를 살펴보면 다음과 같다. 1947년 리사 벤(Lisa Ben)이 레즈비언을 위한 회보 『바이스 버사』(Vice Versa)를 발간했을 때, '미국에서 가장 즐거운 잡지'(America's Gayest Magazine)라는 표지 문구를 달았다. 다른 동성애자들은 그 잡지가 리사 벤의 표현대로 단순히 즐거운 것으로 가득하다는 것을 의미하지 않는다는 것을 물론 알고 있었다. 리사 벤은 자신이나 다른 레즈비언들에 대해 이야기할 때, '즐거운 여자'(gay gal)라는 표현을 사용하였다. 그리고 그녀의 친구들이 '즐거운 관중'(gay crowd: 동성애자)에게 인기를 얻었던 로스앤젤레스의 여러 곳을 잡지에 소개하기도 하였다. 이런 사건과 더불어 1960년대 후반부터 게이라는 이 말은 동성애자 사회 내에서 공공연하게 호모섹슈얼을 대신하는 용어로 사용되고 있다. 게이의 경우, 성적 행위에서 여성의 역할을 '페어리'(Fairy) 혹은 '바텀'(Bottom)이라 부르고, 남성의 역할을 '탑'(Top)이라 부른다. 게이라는 말이 미국 사회에서 호모섹슈얼이라는 말을 대신하여 동성애자들 사이에서 쓰이기 시작하여 그 긍정적인 의미를 공유한 것처럼, 한국에서는 '이반'이라는 말이 동성애자를 지칭하는 용어로 정착되어 있다. 이반이라는 말은 1960-

1970년대 서울의 낙원동의 동성애자 공동체에서, 일반(一般)이라는 말에 반하여 자신들을 이반(二般, 異般)이라 불렀던 것에서 유래한다. 그리고 이 말은 점차 1990년대 중반에 이르러 동성애자 인권 운동이 시작될 무렵, 비하적인 의미를 담고 있는 '동성연애자'를 '동성애자'로 바꾸는 언어 교정 작업과 함께 폭넓게 알려지게 되었다.5)

이와 같은 동성애와 동성 간의 성적 행위는 역사 전체에서 줄곧 있어 왔던 하나의 현상임에 틀림없다. 그렇다면 시대에 따라 동성애를 어떻게 바라보고 평가해 왔던 것일까? 시대경향의 차원에서 이 문제를 짚어보고 나면, 오늘 우리가 동성애 문제를 풀 수 있는 작은 실마리를 찾아낼 수도 있지 않을까?

우선 스칸조니(Scanzoni)와 몰렌코트(Mollenkott)의 흥미로운 연구에 따르면, 다음과 같은 저명한 인물들이 평생 동안 동성애적 지향을 갖고 있었던 것으로 보인다. 헬라어 신약 성경의 편집자이자 학자인 에라스무스(Erasmus, 1466-1536), 감동적인 그리스도의 초상화 「최후의 만찬」을 세상에 선사한 화가 레오나르도 다 빈치(Leonardo da Vinci, 1452-1519), 자기 이름을 딴 성경 번역을 지시했던 영국의 왕 제임스 1세(James I, 1566-1625), 프레스코화법6)으로 시스틴 성당의 장엄한 천장화를 비롯하여 아름다운 조각 「피에타」(The Pieta)를 남긴 미켈란젤로(Michelangelo, 1475-1564), 탁월한 수필가이자 과학이론가였던 프랜시스 베이컨 경(Francis Bacon, 1561-1626), 잉글랜드와 스코틀랜드와 아일랜드의 여왕 메리 2세(Mary II, 1662-1694), 유명한 미국의 시인 월트 휘트먼(Walter Whitman, 1819-1892), 위대한 작곡가 차이코프스키(Tchaikovsky, 1840-1893), 뛰어난 미국의 소설가 헨리 제임(Henry James, 1843-1916) 등이 그 예이다.7)

역사적으로 동성애를 바라보는 시각을 전체적으로 훑어보면 노골적으로 '정죄'와 '처벌'로부터 '관용'과 '용인' 심지어 '찬양'하는 데 이르기까지 매우 광범위하다는 사실을 발견하게 된다.[8] 알려진 것처럼, 성경에서는 소돔의 백성들이 동성애를 한 것으로 기록되어 있고[9], 헬라의 사상에서도 동성애가 나타난다.[10] 로마제국이 기독교를 국교로 받아들이면서 교회법에 따라 동성애를 죄로 간주하기 시작했고, 이런 전통은 천 년간 계속되었다. 이러한 교회법의 영향으로 영국에서는 16세기 초 동성애를 사형으로 다스리는 법률을 제정하기도 하였다. 그러나 동성애에 대한 이 같은 강압적인 정책이 18세기 말 프랑스 대혁명이래로 바뀌게 된다. 1804년 나폴레옹 법전의 영향으로 대부분의 유럽 국가들은 동성애자들에 대한 기소를 중지하기 시작했고, 영국은 16세기에 제정된 사형을 1861년에 이르러 종신형으로 감형하였고, 1932년에는 폴란드, 1942년에는 스위스가 동성애를 형사 처벌하는 법적 조항을 삭제하게 되었다.[11] 이런 법적인 변화는 어떻게 가능했던 것일까?

동성애를 범죄로 보던 과거의 시각은 20세기 초에 이르러 의학적 모델로 대체되었다. 즉 정신적인 문제 특히 동성애를 질병 혹은 정신병으로 보기 시작한 것이다. 동성애는 「정신병에 대한 진단 및 통계 자료」(Diagnostic and Statistical Manual of Mental Illness)에 일종의 '성적 일탈'로 분류되었다. 1970년대에는 동성애 그룹들이 이 견해에 반기를 들기 시작했으며, 그 논쟁은 약 10년간 계속되었다. 나중에 미국 정신의학회는 확실한 과학적 설명을 제시할 수 없게 되자 더 이상 동성애를 정신병으로 규정하지 않고, 그 목록에서도 제외시켜버렸다. 1980년대에는 건강 관련 전문가의 다수가 동성애적 지향을 문제로 보기보다는 일상적인 사실로 보기 시작했다. 1996년에는 미국 대법원이 동성애자 차별에 대한 위헌 판결을 내렸다. 동성애적 지향과 행위는 수치스런 병이 아니라 용인될 수 있는 생활방식이 된 것이다. 동성애 공동체는 이것을 중요한 정치적 승리로 본다. 동성애는 더 이상 선천적 비정상이나 주요한 신경증, 성적 도착이나 도덕적 일탈로 진단되지 않는 것이다. 현재 많은 치료사들이 동성애자에 대해 변화를 위한 조치를 받는 심리적 감금 상태에 두는 것이 적합한지 의문을 제기하고 있다.[12]

이렇게 하여 1999년 프랑스 의회가 동성애 부부를 공인하는 시민연대 협약을 통과시켰고, 2000년 7월에는 미국의 버몬트 주에서 미국 최초의 동성애 부부가 결혼하였으며, 2001년 네덜란드에서는 동성 간의 결혼을 합법화하였다. 그해 캐나다에서는 인구 통계에 동성애 부부 항목을 포함시켰고, 드디어 2004년 미국의 샌프란시스코 시 당국이 동성부부에게 결혼증명서를 발급해 줌으로써 동성 간의 결혼을 인정하는 미국의 첫 사례로 기록되었다.[13]

그런데 동성애 문제를 다루는 시각이 이처럼 많은 변화를 겪게 된 궁극적 이유는 무엇일까? 동성애를 어떤 관점에서 바라보느냐, 어떤 논리로 설명하느냐에 따라 정죄와 처벌, 용인과 환영의 태도가 가능해 질 것이다. 그럼 동성애를 설명하려는 여러 이론유형들에 대해 먼저 살펴보도록 하자.

3. 동성애를 설명하는 이론들

풀러 신학교(Fuller Theological Seminary) 심리학부 교수인 잭 볼스윅(Jack O. Balswick)과 쥬디스 볼스윅(Judith K. Balswick)에 따르면, 동성애 대한 설명은 두 가지 관점에 기초한다. 하나는 심리학적 관점이고, 다른 하나는 생물학적 관점이다. 심리학적 관점은 다시 '사회학습이론'과 '신정신분석학이론'으로 나누어진다.[14]

(1) 심리학적 관점: <사회학습이론>의 입장

심리학적 관점에서 동성애를 설명하는 사회학습이론에는 네 가지 정도의 주장이 있다.

첫째, 동성애는 어린 시절에 적절한 이성애 경험이 결여된 것이 원인이다. 즉 동성애는 적절한 이성애적 경험이 결핍된 결과라는 설명이다. 이 견해에 다르면, 어린 시절에 이성과 제대로 관계 맺는 법을 배우지 못했기 때문에 동성에게 관심을 쏟는다는 것이다. 둘째, 동성애는 이성과의 관계에서 부정적인 경험을 한 데서 기인한다. 이것은 어린 시절에 이성과의 관계를 맺긴 했지만 그 과정에서 일련의 부정적인 반응을 체험한 경우다. 그래서 이성에 대한 성적 매력이 억제되고 동성과 더욱 만족스런 경험을 추구하게 된다. 셋째, 동성애는 어린 시절의 경험 및 동성애자와의 접촉과 관련이 있다. 이 이론의 옹호자들은 어렸을 때 동성애자들과 성적 접촉을 하게 되면 성적 지향이 그 방향으로 형성된다고 주장한다. 넷째, 동성애는 발달적인 렌즈를 가지고 사춘기의 성적 성숙도의 차원에서 살펴보아야 한다. 12세 이전까지는 소년과 소녀 모두 주로 동성과만 어울리는데, 이를 '동성사회적'(homosocial) 단계라 부른다. 사춘기가 되면 이성에 대한 관심이 크게 고조된다. 청소년의 성 충동은 대개 동성사회적 단계를 지나 '이성사회적'(heterosocial) 단계로 진입한 다음에 비로소 출현한다. 이 설명에 따르면, 성 충동이 동성사회적 단계에서 생길 경우 동성애적 지향이 개발될 가능성이 높다는 것이다.

이상과 같은 다양한 주장에는 사회학습의 측면이 내포되어 있음을 알 수 있다. 이 주장들이 나름대로 일리가 있어 보이긴 하지만, 이 주장들을 뒷받침해 줄 수 있는 결정적인 증거가 없다는 사실을 짚고 넘어가야 한다.

(2) 심리학적 관점: <신정신분석학>의 입장

동성애에 대한 가장 보편적인 설명은 20세기 전반에 등장한 프로이드(Sigmund Freud, 1856-1939)의 정신분석학이론을 통해서 제공되었다. 이 이론에 의하면 동성에 대한 선호는 4세에서 6세, 즉 남근기에 발생하는 비정상적인 '심리성적'(psychosexual) 발달이라고 한다. 이 시기 동안 아동은 오이디푸스 혹은 엘렉트라 콤플렉스를 겪는데, 그것은 이성의 부모에 대한 독점적인 접근을 얻기 위해 동성의 부모를 이기려는 무의식적 욕망을 품는 것이다. 역설적이게도 만일 이성의 부모가 이런 이례적인 애착을 부추기고 동성의 부모와는 차갑고 소원한 관계를 유지하게 되면, 아동은 성 정체성의 혼란을 겪고 훗날 동성과의 관계를 갈망하게 된다는 것이다.

그런데 이러한 정신분석학이론의 타당성을 점검하려는 움직임이 일어났다. 대표적인 학자가 어빙 비버(Irving Bieber, 1909-1991)이다. 그는 동성애에 대한 정신분석학이론을 직접 테스트하였다. 그는 정신분석을 받고 있는 남성 동성애자 106명과 남성 이성애자 100명의 가족 유형을 비교해 보았다. 연구 결과, 이성애자보다 동성애자의 경우 어머니가 지배적이자 과잉보호형이며 지나치게 애착적이거나, 아버지가 연약하거나 수동적인 경향이 뚜렷한 것으로 나타났다.[15]

그리고 샬로트 울프(Charlotte Wolff, 1897-1986)도 100여명의 레즈비언과 비슷한 숫자의 여성 이성애자를 비교한 연구에서 이와 비슷한 결론을 도출하였다. 울프가 발견한 주요 사실은 여성 이성애자의 경우보다 동성애자가 자란 가정의 어머니는 배척 성향이 강하거나 무관심형이고 아버지가 부재하거나 소원한 유형이라는 점이다. 울프의 결론에 따르면, 레즈비언이 다른 여성의 사랑을 받으려고 애쓰는 것이 사실은 이전에 어머니로부터 받지 못한 사랑을 추구하는 것이라고 한다. 또한 레즈비언이 남성과 관계를 맺기 어려운 이유는 아버지와의 따뜻하고 사랑스런 관계를 박탈당했기 때문이라는 이론을 내세웠다.[16]

이러한 연구 결과로 인해 여러 심리학자들은 동성애에 관한 고전적 프로이드식의 설명을 수정하기 시작하였다. 엘리자베스 모벌리(Elizabeth Moberly)[17]와 린 페인(Leanne Payne)[18]이 대표적인 학자들이다. 이들은 동성애가 부모와 자녀 관계에 내재된 '특정한 결함(缺陷)'에 기인한다고 보았다. 이런 견해가 동성애에 대한 신정신분석학이론의 핵심을 이루게 되었다. 이들의 견해에 따르면, 동성애의 일차적 원인은 아동과 동성의 부모의 관계에 내재된 결함에서 찾을 수 있다. 자녀들에게 보모는 정상적인 사랑의 근원이므로, 사랑이 유보되고 적대감과 분노로 대치될 경우 자녀와 동성의 부모 관계는 큰 상처를 입는다. 그런 상황에서 아동은 동성의 부모와 관계를 맺을 수 없으며 가장 깊은 차원에서 내적 손상을 입게 된다. 모벌리는 이런 붕괴 현상이 단지 아버지의 부재 때문만이 아니라 오히려 동성 부모와의 '파괴적 관계'에 기인한다는 점을 지적해 주었다.[19] 그러한 붕괴로 인한 손상을 '방어적 분리'(defensive detachment)라고 부른다. 방어적 분리는 부모가 애착 노력에 저항하는 문제와 함께 부모와 자녀간의 권위 문제라는 형태로 나타난다. 부모와 같은 권위자를 필요로 하는 자녀가 그 부모에게 지나치게 의존적이 되는 동시에 부모와의 결속에 저항할 수도 있다. 방어적 이탈은 동성의 부모에게 양성적 반응을 보이게 하는데, 이는 결국 회피-접근의 갈등(avoidance-approach conflict)으로 드러나게 된다. 그런 갈등은 서로 밀고 당기는 식의 상호작용으로 나타날 수 있다. 아이는 부모에게 가까이 다가가고 싶지만 막상 원하는 대로 되면 상처를 받을까봐 상대를 밀어내는 것이다. 아동은 건전한 방식으로 동성의 부모와 애착관계를 맺을 필요가 있다. 남성의 경우, 방어적 분리는 남성성과의 정상적인 동일시 과정을 봉쇄하여 뚜렷한 여성성을 초래한다. 여성의 경우, 여성성과의 정상적인 동일시가 방해받으면 남성성이 뚜렷하게 나타난다. 방어적 분리는 채워지지 않는 애정에 대한 욕구를 나타내는 것으로, 이것이 다시 발현되면 동성애의 형태가 된다.

이처럼 신정신분석학이론의 옹호자들은 충족되지 않은 부모에 대한 애정 욕구를 채우려는 갈망이 '자연스러운 것'이라고 주장하고 있다. 그 자체로서 '부자연스러운' 것이 전혀 없지만, 이 애정 욕구가 당사자를 강하게 사로잡아 그것을 채우고자 동성과의 성적 접촉을 강박적으로 추구하게 될 때 문제가 된다. 동성에 대한 애정 욕구가 성적 충동을 불러일으킬 때, 이를 '식인적 강박증'(cannibal compulsion)이라 일컫는다. 식인종이 기운을 내기 위해서 힘센 사람의 인육을 먹고 싶어 하는 것처럼, 이 이론에 따르면 남성 동성애자는 자신이 원하는 자질을 가진 동성을 성적으로 삼키려든다고 한다. 그래서 동성애자는 강하고 자기 확신에 찬 미남에게 매력을 느낀다는 것이다. 그들이 스스로에게 추구하는 이미지가 바로 그런 모습이다.[20]

이상에서 살펴 본 것처럼, 신정신분석학 이론가들이 자신들의 이론을 지지하는 풍부한 임상 사례를 제시하고 있음에도 불구하고, 그들의 설명을 결정적으로 지지해 주는 경험적 연구 조사가 뒤따라 주지 않고 있다.

(3) 생물학적 관점: 유전적, 체질적, 내분비학적, 동물 행동학적 입장

헤른(Herrn)[21]에 의하면, 동성애에 대한 생물학적 설명을 지지하는 연구들은 '유전적,' '체질적,' '내분비학적,' '동물 행동학적' 연구로 분류할 수 있다. 1950년대에 시작된 유전적 연구에서 칼만(Kallmann)[22]은 일란성 쌍둥이는 보통 동일한 성적 지향을 지닌다고 발표하였다. 하머(Hamer)[23]는 X 염색체 상의 DNA 부호와 남성의 성적 지향 사이에 연관성이 있다는 것을 어느 정도 입증하였다. 이와 같은 상호 연관성을 보여주는 자료들은 생물학적 요인이 동성애에 중요하게 기여함을 시사한다.

한편 도너(Dorner)는 태아의 발달 과정에서 호르몬 이상 때문에 유전적 남성/여성이 여성/남성의 생식기를 갖게 될 수 있다고 발표했다.[24] 따라서 태아 발달 시 호르몬의 불일치 현상이 동성애에 기여할 가능성을 추정할 수 있다. 그리고 엘리스(Ellis)와 에임스(Ames)[25]는 호르몬 연구 조사에 기초해서 성적 지향이 결정되는 중요한 시기는 태아 발달 과정의 둘째 달 중순에서 다섯째 달 중순 사이인 것으로 결론짓는다. 일부 연구자들이 이 중요한 시기에 일어나는 호르몬 변화가 동성애의 결정적인 요인이 아닐까 추측하고 있었다. 그런데 좀 더 최근에 도엘(Doell)[26]은 이 연구 조사를 비평한 글에서, 모태에 있는 동안 호르몬의 영향으로 뇌의 특정 부분이 조직화되고, 이것이 훗날 성적 지향과 행위를 좌우하는 중심부가 된다는 가설은 증거가 별로 없다고 주장하였다. 마찬가지로 뱅크스(Banks)와 가트렐(Gartell)[27]도 비평에서 말하길, 그런 연구 조사를 통틀어 보아도 출생 이후의 호르몬 수준과 성적 지향 사이에 인과 관계가 성립한다고 말할 근거가 없다고 결론 내린다.

이상과 같은 여러 연구가 시사하고 있는 바에 의하면, 동성애에 생물학적 근거가 있을 수 있지만 생물학적 요인이 중요한 영향을 미칠 때는 그 요인들이 성적 선호를 결정하기보다는 일반적인 성향에 기여할 가능성이 많다는 것이다. 정신의학자 바인(Byne)과 파슨스(Parsons)[28]는 성적 지향에 관한 생물학적 이론을 평가하면서 다음과 같이 결론 내린다. 최근 연구들은 생물학적 요인을 성적 지향의 일차적 근거로 가정하지만, 현재로서는 생물학적 이론을 실질적으로 확증해 주는 증거가 없다. 이는 어떤 심리사회적 설명도 지지하는 증거가 없는 것과 마찬가지다. 또한 슈크랭크(Schuklenk)와 리스토우(Ristow)[29]는 동성애에 대한 생물 의학적 연구 현황을 개관하면서 동성애의 원인들은 이제까지 미지의 상태에 있으며, 생물의학 연구도 동성애의 가능한 원인을 밝히는 데 실패했다고 말하고 있다.

(4) <통합모델>의 관점

동성애를 설명하는 통합모델에서는 누구든 동성애의 유일한 원인을 알고 있다고 주장하는 것은 의심받아 마땅하다고 판단한다. 그래서 이들은 생물학적 요인과 심리사회적 요인을 통합하려고 한다. 버만트(Bermant)[30]는 성이란 생물학, 자각, 공적 삶의 현실과 인위적 구조 등의 상호의존 관계에서 비롯된다고 보았다. 그래서 생물학은 필요한 기여 요인이고, 사회문화적 요인은 충분한 기여 요인이 된다. 통합모델은 이런 방식으로 동성애를 설명하려고 한다. 바인(Byne)과 파슨스(Parsons)도 이와 유사한 견해를 나타냈다. 유전자나 호르몬은 성적 지향 자체를 지정하는 것이 아니라, 오히려 특정한 성격을 편파적으로 선호함으로써 한 개인과 그의 환경이 성적 지향으로서 상호 작용하는 방식에 영향을 미친다. 다른 성격상의 특징은 발달 과정에서 드러난다.[31]

동성애를 설명하는 이 통합모델의 강점은 동성애에 대한 단일 요인 중심의 설명에서 논의를 더욱 진척시킨 점이다. 그런데 이 통합모델은 선형적이고 부가적인 성격으로 인해 제한성을 갖고 있다. 선형적이라 함은 동성애에서 생물학적 요인이 그 다음에 이어지는 심리사회적 요인에 중요한 기여를 한다는 뜻이다. 이로 인해 생물학적 요인이 성적 지향에 기여하는 역할이 불변의 것인 양 지나치게 중요시되었다.

(5) <상호작용적 발달>의 관점

동성애적 지향에 대한 좀 더 적합한 설명은 생물학적 요인과 심리사회적 요인이 '상호작용' 하는 관계에 있다고 보는 것이다. 즉, 두 요인이 동시에 그리고 계속해서 서로 영향을 주고받고 있다고 보고, 이를 개념화하는 것이다. 생물학적 요인은 1단계에서만 등장하는 것이 아니다. 오히려 생물학적 유기체는 인생의 모든 시기에 걸쳐 계속 변화한다. 전형적인 혹은 비전형적인 활동 참여나 기질은 어린 시절에 형성될 수 있으나 그것은 결코 고정된 것이 아니며, 인생의 어떤 단계에서 극적인 변화가 일어날 수도 있다. 우리에게는 인간의 전체 발달 과정에서 사회문화적 변수가 개입되는 것과 똑같은 방식으로 생물학적 변수도 개입됨을 인정하는 모델이 필요하다. 그래서 여기에서 주장하는 바는 성적 지향의 발달에서 생물학적 요인과 사회문화적 요인의 영향이 서로 부가적인 것이 아니라 '상호작용'한다는 것이다. 두 요인 모두 인간의 전 발달 과정에서 지속적으로 서로 영향을 주고받는다는 것이다.[32]

생물학적 요인과 심리사회적 요인은 개별적으로 그리고 상호작용을 하면서 아동의 성 발달에 기여한다. 예를 들면 사춘기에 일어나는 호르몬의 활성화 혹은 비활성화 현상 뿐 아니라 어린 시절의 성적 학대는 각각 그리고 상호작용을 하면서 성 발달에 영향을 준다. 사춘기 말엽에 이르면 성적 지향의 발달에 기여하는 일단의 요인들이 그 역할을 마칠 수도 있으나, 이 두 요인의 상호작용으로 인한 영향은 개인의 일생 동안 지속되는 것으로 보고 있다.[33]

(6) <인간 행위자>의 관점

이 관점에서는 동성애적 지향이 동성의 사람에게 성욕을 품기로 작정하는 '선택'의 문제인가 하는 질문에 초점을 맞춘다. 비록 한 개인이 그런 욕망에 따라 행동할지 말지를 결정하게 마련이지만, 성욕의 발동 자체에 대해 말하자면 동성애적 지향을 가진 사람에게는 책임이 없다. 이는 마치 이성애자가 이성을 향한 성욕에 책임이 없는 것과 마찬가지이다. 인간은 도덕적 발달과정을 통하여 선택을 내리는 피조물로서 성장한다. 일차적으로 이는 사회적 맥락에서 성의 의미를 학습하는 것을 포함한다. 개개인은 타인과의 의미 있는 관계를 통해 성의 영적 의미를 파악하고, 그에 따라 자아 구조를 개발함으로써 선택의 역량을 키워간다. 우리는 성장함에 따라 그저 환경에 수동적으로 반응하는 것이 아니라 주변 환경에 능동적으로 영향을 주고 심지어는 환경을 조성하는 일에 참여하기도 한다.

이런 측면에서, 여타 심리사회적 자아 발달과 마찬가지로 성적 지향의 발달을 이해하려면 인간 존재가 지닌 행위자적 성격을 인정해야 한다. 신학자뿐 아니라 행동심리학자들도 이런 가정을 전제하고 있다. 행동주의의 이론적 분파인 사회학습이론은 결정론적 가정을 거부한다. 사회학습이론에 크게 기여한 알버트 반두라(Bandura)는 상호결정론이라는 학설에서 인간 행위자의 역할을 다음과 같이 인정하고 있다. 인간은 환경과의 관계에서 외적 자극에 그저 반응만 하는 존재가 아니다. 그는 가능한 선택안만 생각 없이 따라가다가 낭패를 보는 존재가 아니라, 상징을 사용하는 특별한 역량을 가지고 깊이 성찰하는 존재다. 사람은 가까운 주변 환경을 바꿈으로써, 인지적 자기 유인을 창출함으로써, 스스로 조건부 동인을 조작함으로써 자신의 행위에 어느 정도의 영향력을 행사할 능력이 있다. 그러므로 어떤 행동 배후에는 여러 결정 요인들이 있게 마련인데 그 중에는 스스로 창출한 영향력도 포함된다.[34]

사회학습이론이 인간 행위자를 철저한 자유인으로 보는 것이 아니라 가능한 범위 내에서 선택의 여지를 가진 개개인으로 본다는 점이다. 그래서 반두라는 이렇게 결론짓는다. 사회적 학습의 틀 안에서, 자유는 그 사람에게 가용한 선택의 수와 그것을 행사할 수 있는 권한의 견지에서 정의된다. 행동의 대안이 많고 사회적 특권이 클수록 그 만큼 행동의 자유가 많은 셈이다.[35]

우리는 지금까지 주로 생물학적 요인과 심리사회적 요인에 초점을 맞춘 동성애 논의를 살펴보았다. 잭 볼스윅과 쥬디스 볼스윅은 동성애에 대한 진정한 이해를 위해서는 이상에서 다룬 관점을 넘어설 필요가 있다고 말한다. 도덕성 개발과 책임 있는 선택은 모든 이들에게 성적 성숙과 진정성의 중요한 측면이다. 우리가 각자 성적으로 일관성 있고 참되게 살고자 할 때, 생물-심리-사회적 요소로 인해 힘들어 하지만 누구나 그보다 더 깊은 차원에서 성적 의사 결정과 관련된 도덕적이고 영적인 의미를 붙들고 씨름해야 한다고 이들은 말한다. 이런 측면에서 우리는 이제 동성애 문제를 기독교에서는 어떤 관점에서 바라보고 대처하는지 이 부분에 관심을 쏟아야 할 것이다.

4. 성서에 비춰진 동성애

이제부터는 동성애를 설명하는 기독교의 입장을 논의하고자 한다.[36)] 이를 위해서 먼저 성서에서는 동성애가 어떤 식으로 비춰지고 있는지 그 출처를 찾아 확인해 볼 필요가 있다. 성서에서는 여섯 군데에서 동성애 행위만을 언급하고 있을 뿐이다. 이 말은 성서가 동성애를 하나의 성적 지향으로서 분명하게 진술하지 않고 있다는 뜻이기도 하다.

첫째 경우는 구약성서 창세기 19장 1절에서 11절에 나타난다.

"저녁때에 그 두 천사가 소돔에 이르니 마침 롯이 소돔 성문에 앉아 있다가 … 소돔 백성들이 노소를 막론하고 원근에서 다 모여 그 집을 에워싸고 롯을 부르고 그에게 이르되 오늘 밤에 네게 온 사람들이 어디 있느냐 이끌어 내라 우리가 그들을 상관하리라 롯이 문 밖의 무

리에게로 나가서 뒤로 문을 닫고…."(창 19:1-11)

소돔 고모라가 멸망한 원인이 무엇이었는가에 대하여 동성애 지지자들은 집단 강간과 이기심이 멸망의 원인이지 동성애가 그 원인이 아니라고 주장한다.37) 창 19:5의 '상관'이란 표현은 히브리어 '야다'(Yada)라는 말을 번역한 것인데, 이 단어는 '성적인 관계를 가지다, 알다, 직접보아서 확인하다'와 같은 의미로 사용되었다. 그러나 이 단어는 주로 '알다'란 의미로 사용되었지, '성적인 관계'를 의미하는 경우는 드물었다는 것이다. 어떤 학자들은 '야다'를 성 행위로 보지 않는다.38) 이에 반해, 소돔 고모라의 죄가 동성애였음을 지적하는 이들은 '소돔'(sodom)이라는 단어에서 유래한 '소도미'(sodomy)는 동성애를 의미하는 단어가 되었으며, 소돔 고모라의 파괴는 하나님의 천사들이 동성애적 강간이라는 의도적인 죄를 저지르려고 했기 때문에 온 것이라고 주장한다.39)

두 번째, 세 번째 경우는 구약성서 레위기 18장 22절과 20장 13절에 나타난다.

> "너는 여자와 동침함 같이 남자와 동침하지 말라 이는 가증한 일이니라"(레 18:22)

> "누구든지 여인과 동침하듯 남자와 동침하면 둘 다 가증한 일을 행함인즉 반드시 죽일지니 자기의 피가 자기에게로 돌아가리라"
> (레 20:13)

동성애를 지지하는 자들은 이 구절들에 대해 구약의 제사법과 같은 의식에 관련된 율법을 더 이상 적용해서는 안 된다고 주장한다. 이러한 율

법은 신약에 모두 철폐되었기 때문에 그 근거를 갖지 못한다는 것이다.⁴⁰⁾

이에 반해 동성애 반대론자들은, 동성애자를 죽여야 한다는 이 법은 동성애적 행위가 창조의 신성성 그 자체를 파괴하기 때문에 생긴 것이라고 주장한다. 동성애 지지자들의 입장대로라면 강간, 근친상간 같은 것도 모두 적용할 수 없느냐고 동성애 반대론자들은 반문한다. 구약 레위기의 의식법은 신약에서 변경되었지만 동성애는 반복되고 있다는 사실을 간과해서는 안 된다.

네 번째, 다섯 번째 경우는 신약성서 고린도전서 6장 9절, 10절과 디모데전서 1장 8절에서 10절에 나타난다.

"불의한 자가 … 음행 하는 자나 우상숭배 하는 자나 간음하는 자나 탐색하는 자나 남색 하는 자나 … 하나님의 나라를 유업으로 받지 못하리라"(고전 6:9-10)

"그러나 율법은 … 음행하는 자와 남색 하는 자와 인신매매를…."(딤전 1:8-10)

동성애를 지지하는 자들은 당시의 고린도를 성적 타락한 도시로서 남성 매춘과 사춘기소년과 어른 사이의 동성애인 패더래스티(pederasty)가 성행했던 도시로 본다. 여기서 언급하는 '남색'은 남성매춘이나 패더래스티와 같은 특정 형태의 동성애를 의미하는 것으로 보고 있지, 모든 동성애를 의미하는 것은 아니라고 주장한다. 이에 반해 동성애 반대론자들은 '탐색'(male prostitutes)을 수동적인 동성애로, '남색'(homosexual)을 능동적인 동성애로 해석하며, 동성애 전체에 대한 거부라고 해석한다. 여기서도

역시 동성애를 죄의 항목에 포함하고 있다는 사실이다.[41]

여섯 번째 경우는 신약성서 로마서 1장 26절 27절에 나타난다.

"하나님께서 … 그들의 여자들도 순리대로 쓸 것을 바꾸어 역리로 쓰며 … 상당한 보응을 그들 자신이 받았느니라"(롬 1:26-27)

동성애를 지지하는 자들은 '역리'(unnatural)라는 말에 주목한다. '역리'라는 것은 '순리'(natural)에 어긋나는 것을 말하는데, 동성애라는 성적 정체성을 가진 자들이 이성애를 하는 것이 순리에 어긋나는 것이라고 본다. 결국 동성애가 죄가 아니라 자신의 성적 정체성과 다른 성적 행위를 하는 것이 죄라고 해석한다. 이에 반해 동성애 반대론자들은 바울이 생물학적인 성을 염두에 두고 글을 썼다고 보는 것이 가장 적절하다고 보며, 성경을 기록하게 한 분은 바로 성령 하나님이시기에 바울이 동성애에 대한 강한 금지를 표현 한 것은 성령의 말씀이라고 주장한다. 동성애는 부끄러운 일이라고 말하며, 창조의 본성과 모순된다.[42]

이상의 여섯 가지 경우를 통해서, 구약성경은 동성애에 대해 부정적인 입장에서 분명한 선을 긋고 있음을 확인할 수 있다. 먼저 동성애는 우선 멸망의 원인으로 비춰지고 있다. 동성애로 인해 소돔과 고모라가 멸망되었다는 관점이 제시되고 있다. 다음으로 동성애 자체를 율법으로 금하고 있음을 엿볼 수 있다. 구약성서의 율법에서는 동성애가 무거운 죄악 중의 하나로 강력하게 권면되고 있다. 이에 따라 이스라엘 백성들은 동성애를 매우 무서운 죄로 여기게 되었다. 또한 성전에서의 동성애 행위를 금지하고 있다는 점도 확인할 수 있다. 이 부분은 신명기에 나타나고 있다. "이스라엘 여자 중에 창기가 있지 못할 것이요 이스라엘 남자 중에 남창이 있지 못할지니 창기가 번 돈과 개 같은 자의 소득은 어떤 서원하는 일로든지 네 하나님 여호와의 전에 가져오지 말라 이 둘은 다 네 하나님 여호와께 가증한 것임이니라"(신 23:7-8) 그 외에도 동성애는 개혁의 대상으로 간주되고 있는데, 특히 왕상 15:12, 왕상 22:46, 왕하 23:7에서 확인해 볼 수 있다.43)

신약성경의 경우에서는 사도 바울이 동성애에 대해 강하게 비난하고 있음을 확인하게 된다. 즉 바울은 동성애가 '역리,' 그러니까 자연법적 도덕법에 어긋나는 행위임을 분명하게 말해주고 있다.44) 자연법사상에 의거해 동성애를 자연을 거스리는 죄로 인식한 아퀴나스는 바로 이 바울의 말씀에 기초하고 있다.45) 또한 바울은 디모데에게 보내는 편지에서 남색하는 자를 불법의 한 특징으로 열거하고 있음을 확인할 수 있다. 이러한 사람들이 죄를 깨닫도록 해주기 위해서 법을 주셨다는 것이다. 따라서 동성애는 하나님의 뜻에 어긋나는 명백한 죄이다. 하나님은 동성이 아닌 이성을 사랑하라고 하신다(창 2:24; 고전 6:15-17). 이렇듯 신약 성경은 동성애를 불의한 것으로 간주하고 그 죄를 범하지 않기를 강하게 권면하고 있다.46)

5. 기독교와 동성애(자), 수용과 배척 사이에서

그렇다면 우리에게 남겨진 문제는 기독교가 동성애 문제를 대하면서 어떤 자세를 취할 수 있을까 하는 부분이다. 외국의 경우, 신학자들의 성향에 따라 동성애 문제를 적극 찬성하는 입장과 반대하는 입장이 공존하며, 심지어 목회자의 신분을 정하는 데 있어서도 동성애자를 포함시키는 경향까지 나타나고 있고, 극단적으로는 동성애만을 위한 교회까지도 등장하고 있는 실정이다.[47] 국내의 경우, 신학계에서 동성애 문제를 다양한 관점에서 논의하기 시작한지가 그리 오래되지 않았다.

　이제 기독교 문화비평의 차원에서 동성애(자) 문제를 하나의 문화현상으로 간주한다면, 우리가 어떤 식으로 접근하여 풀어갈 수 있을까? 잭 볼스윅과 쥬디스 볼스윅에 따르면 기독교인이 동성애 문제를 대하는 태도는 크게 네 가지가 가능하다.[48] 이 설명방식은 필자가 보기에 대단히 설득력 있기에 여기에 그 논의를 압축하여 살펴보고자 한다.

　첫째, 섹스를 오락행위로만 보는 입장이다. 이성애자건 동성애자건, 성인이 합의 하에 하는 성교라면 얼마든지 윤리적이고 정당하다는 것이다. 이 입장의 극단적 형태는 섹스 그 자체가 좋은 것이므로 어떤 헌신도 심지어 애정도 필요 없다는 견해다. 이 정도로 세속적인 입장은 아무리 자유주의적 기독교 신학이라도 수용할 수 없는 입장일 것이다. 둘째, 동성애적 지향을 개인의 선택의 결과로만 보는 입장이다. 이 견해의 극단적 형태는 모든 동성애적 충동은 예외 없이 개인의 선택이므로 자신의 성 행위뿐만 아니라 성적 지향에 대해서도 본인이 전적으로 책임져야 한다는 입장이다. 좀 더 온건한 견해는 심리사회적 요인이 동성애에 기여할 수 있다는 점을 인정하지만, 개인적인 책임에 비하면 별로 크지 않은 요인이라고 격하시킨다. 이런 견해를 가진 사람은 동성애자는 심판받고 정죄받아 마땅하다고 생각하며 종종 에이즈가 하나님의 심판을 증거 한다고 믿는다. 셋째, 동성애 행위가 헌신된 두 사람의 배타적 관계 내에서 일어날 경우 도덕적으로 정당하다고 수용하는 입장이다. 이는 비교적 자유주의 신학이 보통 옹호하는 견해이다. 미국의 대부분의 주류 개신교 교단은 아직 공식적으로 이 입장을 취하지 않지만 거의 모든 교단이 현재 이 문제를 놓고 논쟁을 벌이는 중이다. 가부장적 사회에서 여성들이 당하는 불의와 동성애 공포증에 걸린 사회에서 게이들이 당하는 불의는 같은 것이며 이와 같은 불의는 제거되어야 한다는 것이다. 이 입장의 논리적 귀결은 동성 결혼을 공식적으로 합법화하는 것이다. 미국의 경우 일부 교회는 곧 신자 공동체의 인준 하에 언약을 맺으려는 게이 커플을 위해 평생 헌신 예식을 만들기도 하였다. 로스앤젤레스의 한 게이 교회(The Universal Fellowship of Metropolitan Community Church)는 1970년대 초 동성애자이자 오순절 교단의 목사인 트로이 페리가 세웠다. 그리고 이런 교회들이 미국 전역에 퍼져가고 있는 상황이다. 넷째, 동성애자가 자신의 성적 지향에 대해서는 책임이 없을지 모르지만 동성애 행위에 대해서는 책임을 져야 한다는 입장이다. 이것이 보수적 혹은 복음주의적 신학을 견지하는 이들이 가장 많이 취하는 입장이다. 이러한 중도우파 입장의 한 그룹은 동성애적 지향을 가진 사람 대부분이 그 지향을 바꿀 수 없다는 견해에 동의한다. 하지만 이들은 그것이 사실이라 해도 게이 그리스도인은 성적 금욕을 지켜야 한다고 믿는다. 많은 독신 이성애자 그리스도인도 결혼을 하고 싶어 하지만 독신인 이상 금욕을 지켜야 하는 것과 마찬가지라는 것이다. 이 입장의 또 다른 그룹은 동성애적 지향을 가진 사람이 변할 수 있을 뿐 아니라 변하려는 의지를 가져야 한다고 믿는다. 그래서 이 입장을 가진 교회는 성적 지향을 바꾸기 원하는 동성애자들을 대상으로 활발한 사역을 펼친다. 이러한 사역은 깨어진 성을 초래한 이 세상에 대한 한없는 동정심을 품고 있으며 치유를 평생에 걸친 과정으로 본다. 동성애적 지향은 마치 마술을 부리듯 순식간에 이성애적 지향으로 바뀔 수 있는 것이 아니다. 이를 위해서는 하나님의 특별한 방법이 필요하다.

6. 나오는 글: 바라보기에서 보듬어보기로

이제 이 글을 정리하면서 우리가 취할 수 있는 입장을 고려해 보고자 한다. 동성애가 이성애로 순식간에 치유될 수 있다는 견해는 극단적인 견해일 뿐이다. 그와 같은 견해는 동성애자의 쇠약한 정신력과 낮은 자존감에 죄책감과 수치심까지 더해 심각한 상처를 입힌다. 책임 있는 사역은 동성애자를 하나님의 사랑과 자비로 받아들일 수 있는 열린 마음과 열린 사고에 기반을 두기 마련이다. 변화하기 원하는 동성애자에 대해 우리 기독교 공동체는 개개인에게 초점을 맞춘 소그룹 중심의 친밀감을 토대로 한 심리적 관계맺음의 방식, 나아가 살아있는 성령 충만한 공동체에 적극 참여하도록 하는 구속적 사역 이 두 가지를 병행할 필요가 있다고 필자는 생각한다.

동성애자의 의식 구조를 바꾸기 위해서는 먼저 동성애적 '지향'과 동성애적 '생활방식'을 분명히 구별해야 한다. 동성애자는 변화하고자 하는 마음을 가져야 할 뿐만 아니라 구체적으로 행동의 변화를 꾀해야 한다. 그러기 위해서 먼저 이전의 동성애 관계를 모두 청산해야 한다. 그것에 대한 신학적 이유는 분명하기 때문이다. 신학적 출발점은 창세기 1장에 나타난다. "하나님이 자기의 형상 곧 하나님의 형상대로 사람을 창조하시되 남자와 여자를 창조하시고"(창 1:27). 남자와 여자로서 하나님의 형상의 일부가 된다는 것은 이성애적 한 몸 관계를 신성하게 구현한 것이다. 그렇기 때문에 동성애자는 자신이 무슨 생각, 욕구, 혹은 느낌을 갖고 있는 지와는 상관없이 자신의 행동에 대해 책임질 것을 요구받는다. 과거의 성적 상처도 다루어야 하는데 그래야 성 정체성의 혼동을 깊이 이해하고 회복할 수 있기 때문이다. 그 다음으로는 동성의 정상인과 비성적인 관계를 맺는 것이다. 소그룹에서 동성의 사람들과 교제하다보면 정서적 친밀감을 경험할 수 있는데, 이는 성적인 관계로는 결코 채워질 수 없는 기본적인 욕구이다. 즉 이것은 동성애를 하나의 발달 과정상의 문제로 여기고 그것이 건전한 사랑의 관계를 통해 해결될 수 있다고 보는 것이다.

  필자는 새로운 관계와 새로운 성 정체성은 서로를 돌보는 믿음의 공동체 안에서 가장 잘 개발될 수 있다고 생각한다. 새로운 공동체에 참여하는 것은 두 단계의 과정을 거친다. 먼저 동성애자가 동성애적 지향으로부터 각성되려면 이성에게 낭만적이고 성적인 매력을 느껴야 한다는 신화를 떨쳐버려야 한다. 그래서 우선은 영적, 정서적으로 성숙한 정상의 남녀와 바람직한 관계를 맺는 것이다. 그리고서 나서 이성과 부담 없는 우정 관계를 개발하는 것이다. 이런 일들을 통해서 퇴보와 점진적인 진보 등이 함께 어우러진 내면의 치유가 가능하게 될 것이다. 복음의 지평은 모두에게 무한히 열려있다. 이미 살펴본 것처럼 성경은 동성애가 죄라고 단호하게 이야기하고 있다. 동성애는 죄이지만 그러나 동성애자들에 대한 우리의 시각은 어떠한가? 복음의 은혜를 누리는 우리의 시각은 동성애자들을 향해 열려 있지 못하고, 포용적이지 못하다. 오히려 싸늘한 시선을 가지고 그들을 바라보고 정죄하고 있다. 이제 기독교 공동체는 동성애자를 비난하기보다는 선교적 차원에서 적극 포용해 나가야 하며, 그들이 진정한 성을 발견할 수 있도록 조력해야 한다. 이 일을 위해서 가장 중요한 한 가지는 믿음의 공동체인 교회와 기독교 공동체가 동성애자들을 향한 간절한 기도가 그들의 심적, 영적 치유의 중요한 요소가 될 것이라는 사실이다. 건전하고 진정한 성을 개발하는 데 핵심 요인은 성서에 기초한 개인적 가치 체계 안에서 성적 행위를 통합하는 것이다. 우리는 온전한 성을 향한 여정에서 우리 자신과 타인에게 사랑과 은혜를 베풀도록 부름 받았다. 우리 기독교 공동체가 동성애자들에게 사랑과 보살핌을 베푸는 본보기가 되어야하는 이유가 거기에 있다.

1) 국내에 소개되어 있는 동성애를 주제로 한 외국 영화로는 '아이다호,' '결혼 피로연,' '패왕별희,' '크라잉 게임,' '싸베지 나이트,' '필라델피아,' 'M 버터플라이,' 골든글로브 4개 부문을 수상한 '브로크백 마운틴,' '메종 드 히미코,' 2017년 개봉한 빌 콘돈(Bill Condon) 감독의 '미녀와 야수,' 브라이언 싱어(Bryan Singer) 감독의 '보헤미안 렙소디'(Bohemian Rhapsody) 등이 있다.
2) Judith K. Bailiwick & Jack O. Balswick, Authentic Human Sexuality (Downers Grove: Inter Varsity Press, 1999). 잭 볼스윅, 쥬디스 볼스윅, 「진정한 성-생물학적, 심리학적, 사회문화적 관점과 성경적 원리의 통합-」, 홍병룡 역 (서울: IVP, 2002), 21.
3) Daniel A. Helminiak, What the Bible Really Says About Homosexuality (San Francisco: Alamo Square Press, 2000). 다니엘 헬미니악, 「성서가 말하는 동성애-신이 허락하고 인간이 금지한 사랑-」, 김강일 역 (서울: 해울, 2003), 9.
4) 에릭 마커스, 「커밍아웃 -동성애자에게 누구나 묻게 되는 300가지 질문과 대답-」 (서울: 박영률 출판사, 2000), 21.
5) 윗글, 46.
6) 프레스코화법은 건물의 벽과 천장 등에 그림을 그리는 벽화기법의 하나로 대단히 중요한 벽화기법이다. '프레스코(fresco)'는 이탈리아어로 영어로는 '신선한(fresh)', '젖은(wet)', '새로운(new)'이라는 의미를 가지고 있다. 다시 말해 프레스코 화법은 건축물의 벽이나 천장에 석회와 모래를 섞어서 만든 석회모르타르를 바르고 석회모르타르가 건조되기 전에 안료를 물(증류수)과 반죽해서 만든 물감으로 그림을 그리는 화법을 말한다. 프레스코는 회반죽이 젖어있을 때 그림을 그려야 하고 건조된 후에는 수정을 할 수가 없어서 그림을 그리기 전에 철저한 계획을 세워야하고 신속하고 숙련된 기술이 요구된다. 프레스코화법은 벽이 건조되기 전에 그리느냐, 건조된 후에 안료와 접착제를 혼합해서 만든 물감으로 그리느냐에 따라 '부온 프레스코'(buon fresco)와 '세코 프레스코'(secco fresco)로 구분하기도 합니다. 참고로 이탈리아어 'buon'은 영어로는 'good, nice'를 의미하는 것으로 '부온 프레스코'(buon fresco)를 영어로는 'true fresco'라고 한다. 엄밀히 말하면, '세코 프레스코'(secco fresco)는 신선하고 젖은 회반죽에 그리는 '부온 프레스코'(buon fresco)와는 차이가 있다. 이 두 용어를 우리나라에서는 '습식벽화,' '건식벽화'로 구분해서 말한다. 출처는 다음과 같다.http://kin.naver.com/open100/db_detail.
7) Scanzoni, L., and V. R. Mollenkott, Is the homosexual my neighbor? (New York: Harper & Row, 1978), 32-7. (번역본, 「진정한 성」, 87.)
8) 동성애의 역사나, 동성애자들의 해방운동과 관련된 구체적인 논의는 지면상 이 글에서는 생략하기로 한다. 플로랑스 타마뉴, 「동성애의 역사」, 이상빈 역 (서울: 이마고, 2007); 콜린 윌슨·수잔 타이번, 「동성애자 해방운동의 역사」, 정민 역 (서울: 도서출판 연구사, 1998) 이상의 자료를 참조하기 바람.
9) 물론 동성애를 지지하는 신학자들(The pro-gay theologians)은 소돔 고모라가 멸망당한 원인이

동성애가 아니라 소돔 고모라의 사악함이 보여준 집단강간에 그 원인이 있다고 주장한다. 노르만 가이슬러, 「기독교 윤리학」 위거찬 역 (서울: 기독교문서선교회, 1992), 336-40.

10) 고대의 문헌자료, 시, 예술 작품에 나타난 동성애 자료는 다음의 책을 참고하면 된다. John Jefferson David, Evangelical Ethics: Issues Facing the Church Today (Phillipsburg: P&R Publishing, 1993); 특히 고대의 일부 그리스 사회가 동성애를 정상적인 성 관계로 여겼는데, 그러한 관습은 Platon의 「향연」(Symposion)에 잘 드러나 있다. D.D.C. Allen, "Homosexuality," in W.E. Preece(ed), Encyclopedia Britannica, vol. 11 (1971), 648. 참조하기 바람. 국내 연구 자료로는 이경직, "플라톤의 〈향연〉편에 드러난 동성애," 「기독교 사회윤리」 (서울: 선학사, 2000), 204-24가 있다.

11) 이국헌, 「기독교 윤리학의 이해」 (서울: 삼영출판사, 2004), 245.

12) 잭 볼스윅, 쥬디스 볼스윅, 「진정한 성」, 87-88.

13) 이국헌, 「기독교 윤리학의 이해」, 245.

14) 잭 볼스윅, 쥬디스 볼스윅, 「진정한 성」, 91-92. 이 책에서 논의된 내용을 압축하여 개괄적으로 설명하도록 한다.

15) Bieber, I., Homosexuality (New York: Basic Books, 1962) 그리고 Bieber, I., Psychodynamics and sexual object choices: A reply to Dr. Richard C. Friedman's paper. Contemporary Psychoanalysis 12: 1976. 366-9. 잭 볼스윅, 쥬디스 볼스윅, 「진정한 성」, 93. 어빙 비버 (Irving Bieber, 1909-1991) 박사는 미국의 저명한 정신 분석 전문의학자로서 Homosexuality라는 책을 통하여 동성애가 질병에 속한다는 입장에 동의하지 않는다는 자신의 의견을 분명히 하였다.

16) Wolff, C., Love between Women (New York: St. Martin's Press, 1971)을 참조하기 바람.

17) Moberly, E., Psychogenesis (London: Routledge, 1983)을 참조하기 바람. 엘리자베스 모벌리 (Elizabeth Moberly)는 동성애의 원인을 동성의 부모와의 부적응 관계에서 찾았다. 모벌리는 "동성애자들은 남자이건 여자이건 간에 동성의 부모와의 관계 결함 때문에 어려움을 경험했다. 그리고 이 결함을 동성의 관계 또는 '동성애' 관계를 매개로 하여 보충하려는 상응하는 욕구가 있다"고 주장했다.

18) Payne, L., The healing of the homosexual (Westchester: Crossway, 1984)을 참조하기 바람. 린 페인(Leanne Payne)은 「동성연애의 치유」, 「깨어진 형상」, 「참된 자아」 등의 저자이며, 20여 년 동안 치유의 기도를 통하여 활동적으로 사역해 오고 있다. 자신이 설립한 Pastoral Care Ministries 의 대표인 페인 여사는 하나님의 치유하시는 능력의 통로가 되기를 배우고자 하는 목적을 가지고 목회자들과 사제들과 의료전문가들이 모인 여러 세미나에서 강연을 계속하고 있다.

19) 잭 볼스윅, 쥬디스 볼스윅, 「진정한 성」, 94.

20) 윗글, 95.

21) Herrn, R., "On the history of biological theories of homosexuality used to justify homosexuality. Special issue: Sex, cells, and same-sex desire: The biology of sexual preference," Journal of

Homosexuality 28 (1-2) (1995): 31-56.

22) Kallmann, F., "Comparative twin study on the genetic aspects of male homosexuality," Journal of Nervous and Mental Disease 115 (1952): 283-98.

23) Hamer, D. H., "A linkage between DNA markers on the X chromosome and male sexual orientation," Science 261 (5119) (1993): 321-7.

24) Dorner, G., "Stressful events in prenatal life of biand homosexual men," Experimental and Clinical Endocrinology 81 (1983): 83-7.

25) Ellis, L., and M. Ames., "Neuro-hormonal functioning and sexual orientation: A theory of homosexuality-heterosexuality," Psychological Bulletin 101 (1987): 233-58.

26) Doell, R. G., "Sexuality in the brain. Special issue: Sex, cell and same-sex desire. part 2: The biology of sexual preference," Journal of Homosexuality 28(3-4) (1995): 345-54.

27) Banks, R., and N. K. Gartell. "Hormones and sexual orientation: A Questionable link. Special Issue: Sex, cell, and same-sex desire: The biology of sexual preference," Journal of Homosexuality 28 (3-4) (1995): 247-68.

28) Byne, W., and B. Parsons., "Human sexual orientation: The biological theories reappraised," Archives of General Psychiatry 50 (1993): 228-39.

29) Schuklenk, U., and M. Ristow., "The Ethics of research into the causes of homosexuality," Journal of Homosexuality 31 (3) (1996): 5-30.

30) Bermant, G., "To speak in chords about sexuality: Hormonal and neural modulation of physiological and behavioral function," Neuroscience and Biobehavioral Reviews 19 (2) (1995): 343-8.

31) Byne, W., and B. Parsons., "Human sexual orientation: The biological theories reappraised," Archives of General Psychiatry 50 (1993): 236-7.

32) 잭 볼스윅, 쥬디스 볼스윅, 「진정한 성」, 104.

33) 윗글, 105.

34) Bandura, A., "The self system in reciprocal determinism," American Psychologist 33(4) (1978): 345.

35) Bandura, A., "Behavior theory and the models of man," American Psychologist (December 1974): 865.

36) 동성애에 대한 기독교의 입장은 전통적으로 취해 온 부정적인 입장과 성서비평학이 성서해석에 사용되면서 동성애에 대한 새로운 해석들이 있다. 필자는 동성애를 지지하는 입장과 반대하는 입장에 대해 간략히 소개하고자 한다.

37) "네 아우 소돔의 죄악은 이러하니 그와 그 딸들에게 교만함과 식물의 풍족함과 태평함이 있음

이며 또 그가 가난하고 궁핍한 자를 도와주지 아니하며"(겔 16:49).

38) 헬무트 틸리케, 「기독교 성윤리」, 이종윤 옮김 (서울: 기독교문화사, 1988), 289.

39) 기윤실 청년포럼에서 성기문 교수는 "동성간성 행위에 관한 기독교적 입장"이라는 글을 통해 소돔 고모라의 멸망 원인을 동성간간에서 찾고 있으며, 본문 자체에는 명확한 언급은 없지만 대부분의 선지서는 사회적인 불의에서, 에스겔서는 교만과 성적 비윤리성을 강조한다는 점에서 그 이유를 간접적으로 찾아볼 수 있다고 주장한다.

40) 센튼 존스, 「동성애 어떻게 볼 것인가」, 김성녀 옮김 (서울: 한국기독학생회출판부, 1997), 8.

41) 성기문, "동성간성 행위에 관한 기독교적 입장," 9.

42) 안명준, "동성애에 대한 신학적 접근," 11.

43) 이국헌, 「기독교 윤리학의 이해」, 250.

44) 유다서 7절 "소돔과 고모라와 그 이웃 도시들도 그들과 같은 행동으로 음란하며 다른 육체를 따라가다가 영원한 불의 형벌을 받음으로 거울이 되었느니라". 남색과 여성동성행위에 대한 성경의 반대는 포괄적이며, 일반적이다.

45) 아퀴나스는 동성 간의 성 행위를 지진, 가뭄, 기근 등의 여러 가지 자연재해의 원인이라고 믿었으며, 아퀴나스의 이러한 신학적 견해는 교회로 하여금 동성애가 절대 용납될 수 없는 죄악임을 인식하도록 하는데 공헌했다. 오늘날의 신학자들 가운데 웬함(Gorden J. Wenham), 제임스 던(James D.G. Dunn), 제임스 드영((James B. Deyoung), 도날드 워드(Donald J. Word) 등은 성경은 동성애를 정죄하는 것으로 주장하고 있다.

46) 성서가 동성애를 부정적 관점에서 다룬다는 일반적인 견해와는 달리, 동성애 자체가 부정적이지만은 않다는 주장을 펼치는 이들도 있다. 이들은 성서의 본문을 역사 문화적 맥락에서 해석할 필요가 있음을 주장한다. 이 부분에 대한 논의는 이 글에서는 생략하기로 한다. 다만 관련된 내용은 Daniel A. Helminiak, What the Bible Really Says About Homosexuality (San Francisco: Alamo Square Press, 2000). 다니엘 헬미니악, 「성서가 말하는 동성애–신이 허락하고 인간이 금지한 사랑–」, 김강일 역 (서울: 해울, 2003)을 참조하기 바람.

47) 이와 관련된 정보는 에릭 마커스, 「커밍아웃」(2000)과 www.outpridekorea.com; www.chingusai.net; www.buddy79.com; cafe.daum.net/queerman; cafe.daum.net/orangeiban에서 활용하기 바람.

48) 잭 볼스윅, 쥬디스 볼스윅, 「진정한 성」, 113-7.

5. 동성혼의 도전

1. 들어가는 글

대한민국은 근대화 이후 핵가족화, 호주제 폐지, 이혼율 증가, 최저 출산율 등으로 가족제도의 위기를 맞고 있다. 최근 들어 동성애 관계(same-sex relationship)에 관한 문제는 동성애[1]라는 성적지향에 대한 인권적 차원을 넘어, 동성 간의 결혼을 허용해야 할 것인지 여부로 그 초점이 이동해 가고 있는 것이 현실이다. 양성 간의 결혼이 아닌 동성 간 결혼문제가 새로운 사회적, 문화적 현상으로 등장하여 이에 대한 법적 허용을 둘러싸고 사회적 여론이 비등한 가운데 사회적 갈등이 심화하고 있다. 이 때문에 한국의 그리스도인들은 긴장의 끈을 놓칠 수 없게 되었다. 2015년 6월 미합중국 연방대법원은 혼인을 남녀의 결합으로 한정한 혼인보호법 제3조가 헌법 위반이라고 판결하였다.[2] 뿐만 아니라 유럽 국가들이나 캐나다 등의 국가들이 성별에 상관없이 자신이 원하는 사람과 가족을 이룰 수 있는 제도를 마련하고 있다. 대한민국도 최근 들어 많은 동성애 커플들은 이성애자와 마찬가지로 결혼할 수 있어야 함을 주장하고 있다.

그 중 대표적인 사례가 김조광수 영화감독과 영화제작사 레인보우 팩토리 김승환 대표의 동성 결혼식이다. 이들의 결혼식은 2013년 9월 7일 청계천에서 성황리에 치러졌고, 동성 커플의 법률혼을 인정받기 위하여 같은 해 12월 10일에는 서대문구청에 혼인신고서를 제출했지만 법적 부부로 인정하지 않은 1심에 이어 2016년 12월에 2심 재판부가 통상 법적 부부는 남녀 간의 결합을 의미한다며 기각했다. 그럼에도 이들은 유럽 여러 나라들이 동성결혼을 법제화했다는 소식을 들으며 현실의 벽을 넘기 위해 다시 꿈을 꾸고 있다.3)

대한민국은 2018년 국회 개헌특위가 학자들 사이에서도 정립되지 않은 동성혼에 대한 편향적 개념을 도입하여 헌법을 개정하려 하여 국민을 매우 불안하게 만들고 있다. 성평등이란 이름으로 동성혼을 허용하려는 헌법 개정 시도는 남자와 여자의 양성 간의 결합을 통해 이루어진 건강한 가정과 가족에 기반을 둔 사회의 기본 틀을 무너뜨리는 행위이다. 성경은 창조 질서를 통해 결혼에 대한 성경적 원리를 분명히 하고 있다. 과연 교회는 이러한 동성혼에 대한 시대적인 요구 앞에 어떻게 대처해야 할지 고민해야 한다. 그동안 동성애에 대한 연구는 2007년 필자의 연구4)이외에도 적지 않은 연구가 있었지만 동성혼에 관한 심도 있는 연구는 많지 않았다.5) 이에 필자는 동성혼에 대한 기독교적 반성을 통해 동성혼 문제 해소를 위한 한국교회의 과제를 제시하고자 한다.

필자는 다음과 같은 구조로 연구를 진행하고자 한다. 우선 2장에서 한국사회의 동성혼 실태와 현실을 살펴보고자 한다. 3장에서는 성경적인 고찰을 통해 창조원리에서 본 결혼과 성에 대해 어떻게 이야기하는지 살펴보고, 4장에서는 한국사회의 뜨거운 문제로 부각된 이 동성혼 문제를 해소하기 위한 한국교회의 과제를 제시하여 한국사회에 한국교회가 새로운 희망이 될 수 있음을 제시하고자 한다. 이어서 전체 논의를 요약하고 동성혼에 대한 교회의 사명을 강조하며 결론을 맺으려고 한다. 그리고 동성혼 문제에 대해 뚜렷하고 분명하게 대학들이 목소리를 내지 못하고 갈팡지팡하는 시점인 지난 2017년 9월 '침례신학대학교 동성애 동성결혼 합법화반대교수연합'이 발표한 성명서를 부록으로 첨부했다.

2. 한국사회의 동성혼 실태와 현실

사실상 동성혼 합법화라는 사회적 이슈가 우리의 내일이 될 위기에 처했다. 2017년 1월 출범한 국회 개헌특위가 동성혼에 대한 편향적 시각을 가지고 2018년 6월 지방선거시 개헌안 국민투표를 통해 헌법 개정을 시도하고자 했으며, 각 지방자치제에서는 인권조례를 통한 동성혼 합법화 시도를 적극적으로 추진하고 있다. 동성혼이라는 엄청난 재앙이 전 세계를 강타하고 있는 이 시점에 한국사회의 동성혼에 대한 현실을 다루기에 앞서 미국의 현실을 우선 짚어 보기로 한다. 2015년 6월 26일은 미국의 슬픈 날의 하나로 기록에 남게 됐다. 연방대법원이 '동성혼'을 전국 50개 주에 걸쳐 합법화했기 때문이다. 9명의 대법관이 5:4 표결로 이 문제에 대한 최종 결말을 지었다. 다수파를 대표해서 앤서니 케네디(Anthony Kennedy) 대법관은 결정문에서 수정헌법 14조의 평등보호 조항에 따라 각 주정부가 동성 커플들에게 결혼허가서를 발행해주어야 한다는 유권해석을 내렸다. 이에 따라 그동안 각 주 헌법에 따라 동성혼을 금지해 왔던 13개 주도 모두 개정안을 만들게 됐다.

남침례회 윤리종교자유위원회(ERLC/Ethics and Religious Liberty Commission of the Southern Baptist Convention)의 러슬 무어(Russell Moore) 의장은 대법원의 그릇된 결정을 강도 높게 비판하면서 예수님을 무덤에 도

로 가둘 수 없다고 선언했다. 우리는 세속 가치나 문화의 흐름에 따라 결혼을 논하지 말고 복음과 그리스도와 교회의 연합(엡 5:32)이라는 그림 속에서 예수님과 사도들이 가르쳐 주신 바를 갖고 논해야 한다. 토니 퍼킨스(Tony Perkins) 가족연구평의회(FRC/Family Research Council's) 회장은 "5명의 대법관들이 5천만 미국인들의 표를 뒤엎고 지난 수천 년간의 역사와 인간 본성의 실제로부터 벗어나게 만들었다"고 개탄했다. 대법원이 실상 결혼을 재정의 한 것도 아니며 따라서 재정의 할 자격도 없다. 결혼이란 것은 오래전 남녀를 지으신 분 곧 전능하신 하나님에 의해 창제(創製)됐다는 것을 성경은 분명히 하고 있다. 결혼에 대한 바른 정의는 창세기 2:24 "이러므로 남자가 부모를 떠나 그의 아내와 합하여 둘이 한 몸을 이룰지니라"에 나타나 있다. 앨 몰러(Albert Mohler) 남침례신학대학원(Southern Baptist Theological Seminary) 총장은 '결혼은 하나님이 인간의 번성을 위해 주신 선물로서 우리가 논증해야 하고, 오직 한 남자와 한 여자의 혼인상의 연합으로 제한된다'고 잘라 말했다.6) 이러한 동성혼에 대한 합법화는 거대한 물결로 현대사회에서 매스미디어를 통한 영향력이 지대하다. 미국 디즈니 채널에 사상 처음으로 동성 커플의 키스 장면이 방영돼 눈길을 끌었다. 2017년 2월 22일 유튜브 채널 '디즈니TV 애니메이션 뉴스'(Disney Television Animation News)는 'Star vs The Force of Evil-Just Friends Song'이라는 제목의 영상을 공개했다. 해당 영상은 디즈니 채널 만화 '프린세스 스타의 모험일기'(Star vs. the Forces of Evil)의 일부분을 담은 것으로 두 명의 남성과 두 명의 여성이 서로 입을 맞추는 장면이 포함됐다. 주인공 스타(Star)가 친한 이성 친구인 마르코(Marco)와 함께 남자 아이돌 콘서트에 가는 일화를 다뤘고, 콘서트 도중 많은 커플이 입을 맞추는 장면이 등장한다. 그중 동성 커플이 입을 맞추는 장면이 수차례 화면에 나온다. 이를 두고 미국 매체 코스모폴리탄은 '디즈니 사상 최초 동성애 키스 장면'이라며 대서특필했다. 보도에 따르면 디즈니의 2014년 '굿 럭 찰리'(Good Luck Charlie)에 레즈비언 부모가 등장했고, 2016년 '괴짜가족 괴담일기'(Gravity Falls)에는 두 명의 남자 경찰관 커플이 등장했다고 전했다. 이어 최근 디즈니가 서서히 다양한 성정체성을 뜻하는 'LGBT'(Lesbian Gay Bisexual Transgender)를 만화에 반영하고 있다고 밝혔다.[7]

대한민국의 동성혼에 대한 현실도 미국과 별반 다르지 않다. 대한민국은 최근 2017년 6월19일 헌법개정특별위원회 소위원회 및 자문위원회 회의가 국회에서 열렸다. 그 내용은 다음과 같다: "평등 원칙 중 차별금지 사유를 현행 '성별, 종교, 사회적 신분' 외에 '인종, 언어' 등을 추가하기로 의견을 모았고, 성 평등 규정을 별도로 신설하는 방안에도 대체로 공감하였다. 다만 구체적인 규정은 추후 확정하기로 하였다."[8]

즉 국회 개헌 특위의 36명 국회의원과 50여 명의 자문위원들이 성평등 조항을 만들어 동성애와 동성혼, 종교차별금지법을 합법화하기로 거의 합의한 사항이었다. 그러나 대한민국 현행 헌법은 다음과 같이 되어 있다:

"모든 국민은 법 앞에 평등하다. 누구든지 성별·종교 또는 사회적 신분에 의하여 정치적·경제적·사회적·문화적 생활의 모든 영역에 있어서 차별을 받지 아니한다"(헌법 제11조 제1항)

"혼인과 가족생활은 개인의 존엄과 양성의 평등을 기초로 성립되고 유지되어야 하며, 국가는 이를 보장한다"(헌법 제36조 제1항)[9]

대한민국 헌법재판소와 대법원은 결혼을 "1남 1녀 간의 정신적, 육체적 결합"이라고 정의했다. 이는 결혼이 갖고 있는 남성과 여성 간에 이루어지는 성별의 구분과, 한 남성과 한 여성 간에 이루어지는 수의 구분, 한 남성과 한 여성 간의 정신적, 육체적 결합을 의미하는 것이다.[10] 한동대학교의 송인호 교수는 "현행 헌법 제36조 1항 명문 규정에 기초할 때, 대법원과 헌법재판소 해석처럼 남녀 간의 결합을 혼인 개념으로 전제하고 있다고 해석하는 것이 가장 자연스러운 헌법 해석"이라며 동성혼이 허용된다고 해석하는 것은 무리한 확장 해석이자 헌법 개정론에 불과하다고 밝혔다.[11] 개헌특위 위원들이 양성평등과 성평등의 개념을 잘 모르고 입법을 하는 것 같다는 우려가 된다. 이미 헌법11조 1항과 헌법 36조 1항에 양성평등이 보장되어 있는데, 이것에 성평등 법을 넣게 되면 혼란을 더 가중하게 된다는 사실이다. 그 이유는 여기서 말하는 성평등은 남, 녀 성별의 평등을 말하는 양성평등(equality of the sex)을 말하는 것이 결코 아니기 때문이다. 양성평등과 성평등은 다른 개념이다. 양성평등은 남녀의 차별을 하지 말자는 의미로 보면 되고, 성평등은 젠더 이데올로기(gender ideology)가 반영된 개념으로 매우 급진적이고 위험한 개념이다.[12] 생물학적 성을 해체하고 자신이 자신의 성을 결정할 수 있게 하자는 뜻이다. 성평등은 성별의 개념을 없애고 해체시켜 버리는 젠더(gender)평등을 말하는 것이고, 이 젠더(gender)를 '성'으로 번역하여 국민을 혼란시키고 있다. 젠더(gender)를 간단히 말하면 성별을 구분하는 sex를 거부하고, 인간이 성별을 선택할 수 있다는 가정 하에 만들어낸 인조 성별이다. 젠더이론은 트랜스젠더리즘, 멀티젠더이론으로 확산된다. 즉 LGBT,[13] 수간, 소아성애 등도 모두 차별받지 않는 방향으로 확대될 것이라는 사실이다. 미국의 모든 종교기관 중에 LGBT 평등을 향한 교단들의 발걸음이 전통적인 보수교단들에서조차 커지고 있다는 사실은 매우 염려되는 사항이다.[14] 젠더주의 추종자들은 한 남자와 한 여자가 연합하는 일부일처제라는 결혼제도에 대항하여 '성적다양성'이라는 표현과 명목을 지니고 있으며, 이

성애자들과 동등한 가치를 가진 성적 생활 공동체로 왜곡되게 자리를 잡아가고 있다.[15]

성평등은 자신이 때에 따라 남자가 되기도 하고, 여자가 되기도 한다. 성평등이 되면 생물학적 남녀의 성 개념을 인정하지 않는 상태가 되기 때문에 자연히 동성애라는 개념이 없어지게 되어 합법적인 개념이 되어 버린다. 실례로 이 법이 통과되면 혼인제도의 기본적 가치와 근간을 흔들게 되면서 가정이 파괴되고, 사회를 퇴폐적 가치관으로 붕괴시켜 가는 동성애 문제에 대해서도 이의조차하지 못하게 된다. 그러므로 우리나라의 법체계상 동성애자들에 대한 차별은 존재하지 않으며 오히려 정당한 도덕 기준에 의해서 동성애를 1남 1녀 간의 결합으로 이루어진 전통적인 결혼관과 구별하고 있다고 보는 것이 타당하다.[16] 우리나라 민법도 제809조에서 근친혼을, 제810조에서 중혼을 각각 금지하며 공공복리 및 사회질서 유지를 위해 배우자 선택권에도 최소한의 제한을 허용하고 있다. 이는 자유에도 한계가 있다는 것을 언급하는 것으로서 동성혼을 법적으로 인정해 달라는 요구는 우리사회에서 정당하게 받아들여지고 있는 도덕적, 사회적 한계를 넘는 요청이다.[17] 헌법, 민법, 대법원 전원합의체 판례에서 볼 수 있듯 대한민국 헌법상 혼인은 이성 간에만 가능하다는 사실이다.[18] 그럼에도 한국사회에서 동성혼을 정당하다고 주장하는 자들의 강력하고 집요한 노력은 멈추지 않고 계속될 것이라고 본다.

필자는 한국사회에 쓰나미와 같이 밀려오는 성의 혼돈과 가정의 파괴에 대해 결혼과 성에 대한 성경적인 가치관을 올바로 정립하고 건강한 가정을 기독교인들이 만들어 갈 때 동성혼에 대해 대처할 수 있다고 본다. 그렇다면 성경은 결혼과 성에 대해 어떻게 이야기하고 있는가?

3. 결혼과 성에 대한 성경적 고찰

기독교 공동체 속에서 성은 죄를 향한 유혹으로 간주되어 금기 사항으로 여겨져 왔다. 전통적인 기독교의 성문화는 성을 부정적으로 보며, 여성의 몸을 부정하게 여겨 여성을 억압하였다.[19] 이러한 성에 대한 이해는 성경적인 바른 이해를 도모하지 못했고 전통적인 유교 문화 위에 정립된 성윤리가 우리의 의식과 생각 속에 왜곡된 이해를 가져오게 했다.[20] 이에 필자는 구약과 신약에서는 성을 어떻게 이야기하고 있는지 알아보고 결혼에 대한 성경의 이해를 도모하고자 한다.

(1) 구약의 성 이해

인간이 성의 차이를 인식하는 모습은 성경 이야기의 첫 부분에 나타난다.[21] 창세기 1, 2장에 보면 하나님의 창조원리와 관련해 성에 대한 하나님의 원리가 기록되어 있다. 하나님은 인간을 성적인 존재로 만드셨다.[22] 이스라엘 백성들은 성을 좋은 소식으로 생각하였다. 더구나 하나님은 인간이 독처하는 것을 좋지 못하다고 판단하셨다. 그리고 성관계는 남자와 여자 사이에 형성된다. "하나님이 자기 형상 곧 하나님의 형상대로 사람을 창조하시되 남자와 여자를 창조하시고 하나님이 그들에게 복을 주시며 하나님이 그들에게 이르시되 생육하고 번성하여 땅에 충만하라 땅을 정복하라…하나님이 지으신 그 모든 것을 보시니 보시기에 심히 좋았더라"(창 1:27-31). 이와 같이 하나님에 의해서 창조된 인간의 어느 부분도 불결하거나 부정할 수 없다. 그리고 하나님이 주신 어떤 인간 능력도 불경건하거나 사악하다고 볼 수 없다. 하나님은 창세기 1, 2장이 묘사하는 세상, 곧 이성 간에 정상적인 결혼과 성적 관계가 이루어지는 세상을 창

조하셨다는 사실이다.[23]

하나님이 한 몸을 이루도록 허락하시는 대상은 남자와 여자다. 남자와 여자가 더불어 성적으로 한 몸을 이루도록 하셨다. "이러므로 남자가 부모를 떠나 그의 아내와 합하여 둘이 한 몸을 이룰지니라"(창 2:24). 여기서 부모를 떠나는 것과 둘이 한 몸을 이루는 것은 혼인과 연관한 과정을 묘사하는 것으로 해석할 수 있다. 남자와 여자가 한 몸을 이루어야 자녀 생산이 가능하다. 창조질서에 의하면 남녀라는 짝으로 지어졌고 암컷과 수컷으로 이루어지는 짝이 결합함으로써 생물학적 번식이 일어난다.[24] 오히려 아담과 하와의 성적 결합을 통한 생산의 능력은 그 자체들이 하나님 앞에 심히 좋고 아름다운 창조의 질서였다. 하나님은 성을 아름답게 창조하셨다. 그러나 인간은 그 아름다움을 보존하기 위하여 지켜야 할 것이 있다. 구약성경에서 성 윤리는 인간에게 타자에 대한 엄격한 책임을 요구한다. 그리고 사회적 책임 또한 요구한다. 구약에서 가르쳐주는 엄격한 성 윤리는 인간에게 주신 성의 복을 영원토록 누리게 하시는 하나님의 뜻이다. 이와 같이 히브리 전통에서 성은 하나님의 선물이었다.

(2) 신약의 성 이해

신약에 나타난 성 윤리의 가장 뚜렷한 점은 결혼이 하나님의 창조질서에 속하며 하나님이 짝지어주신 것을 사람이 나누지 못한다는 것이다. 예수는 성 문제에 관해서 직접 언급한 일은 없지만 이혼 문제와 관련해서 이 점을 지적하였다. 뿐만 아니라 예수가 가나 잔치에서 포도주 기적을 베푸셨다는 이야기는 그가 결혼을 축하할만한 경사로 보았음을 의미하는 것이다. 예수가 보여 주신 성 윤리는 순결이다. 그는 간음한 여인의 죄를 용서하셨고(요 8:1-11), 성이 선하나 삶에서 가장 중요한 것은 아니라고 말씀하셨다(마 19:12). 그러나 여성에게 음욕을 품으면 이미 마음에 간음한 것(마 5:28)이라고 한 해석은 어디까지나 성적 순결성을 지켜야 함을 강조한 것이다. 사도 바울은 성을 육체적인 것일 뿐만 아니라 전인격에 영향을 미치는 것으로 생각하였다(고전 6:9-10). 또한 성을 창조 본래의 선한 것으로 파악하면서도 외설행위 등에 대하여는 죄악시하고 경고하였다(롬 1:24, 고후 12:21, 갈 5:19, 골 3:5). 한편 결혼하는 것은 죄가 아니며 가능한 한 결혼하지 않고 천국 사업을 완성하는 것이 좋다고 하였다(고전 7:24-6). 그러나 바울은 절제할 수 없는 자를 위하여 결혼하는 것이 좋을 것이라는 부언을 잊지 않았다(고전 7:9). 신약성서에 나타난 성윤리의 규범들은 종교적이다. 예수는 하나님 나라와 믿는 자들의 공동체의 관점에서 성을 이해했으며, 바울은 독신과 종말론적 의식을 지닌 신자의 삶을 강조했다.[25]

(3) 성경이 말하는 결혼

급격한 사회 발전과 변화로 인해 오늘날 많은 사람은 자기중심적인 태도로 결혼을 생각한다. 그 결과 결혼에 대한 전통적 개념은 무너져 가고, 결혼에 대한 기독교적 이해는 점점 그 구속력을 상실해 가고 있다. 결혼은 모든 사회가 인정하는 제도다. 하지만 그것은 인간의 고안물이 아닌 하나님의 작품이라는 사실을 성경은 분명히 하고 있다. 하나님은 하나님의 형상대로 남자와 여자를 지으셨으며 서로 구별되는 몸을 주셨다. 성경은 몸의 중요성을 강조하면서 몸은 주를 위하여 있다고 말한다. "몸은 음란을 위하여 있지 않고 오직 주를 위하여 있으며 주는 몸을 위하여 계시느니라"(고전 6:13).

현대인들은 육신이 가장 즐거운 방향으로 선택하고 추구하며 산다. 육신의 욕구를 마음대로 채우라는 외침이 있지만 하나님께서는 육신을 지으신 창조주로서 무엇이 가장 큰 기쁨을 주는지 정확히 알고 계신다는 사실이다.[26] 육신의 욕구, 즐거움이 우선이 아니고 하나님이 제정하신 원리가 있다는 사실을 잊어서는 안 된다. 그러므로 동성 간의 결혼이 아닌 이성 간의 결혼만이 하나님에 의해 제도화된 것으로서 한 남자와 한 여자 간에 평생 유지되는 신비한 연합이며 배타적인 언약이다. 성경이 말하고 있는 결혼은 다음과 같이 요약할 수 있다. 첫째, 결혼은 사람이 만들어 낸 것이 아니라 하나님이 하시는 일이다.[27] 하나님이 최초로 결혼을 계획하셨다. 복음주의 운동의 거장인 존 스토트(John Stott, 1921-2011)는 결혼은 사회에서 인간의 제도로 인식되지만 그것은 인간이 창안해 낸 것이 아니라 하나님의 아이디어라고 주장한다.[28] 하나님은 아담 혼자 사는 것이 좋지 않다고 판단하셨고, 하나님이 최초의 신부 하와를 신랑에게 이끌어 오셨다. 결혼의 우선적 목적은 남녀 상호 간의 동반자 관계다. 하나님께서 여자를 남자의 갈비뼈로 지으신 것은 육체적 연합과 여자가 옆에서 동료가 된다는 것을 의미한다.[29] 하나님이 창조하신 것들이 모두 '좋았고' 유일하게 '좋지 못한 것'이 사람의 독처하는 것(창 2:18)이었다. 그래서 하나님은 '돕는 배필'을 만들어 주셨다. 이 표현은 사람은 서로에게 배필이 되어 상호 도움을 주는 존재가 되어야 한다는 것이다. 남편과 아내는 함께 살면서 그 누구도 줄 수 없는 지원과 동지애와 우정을 서로에게 베푸는 반려자다. 결혼의 다른 목적은 건설적인 성의 실현이다. 하나님은 결혼을 육체적으로 '한 몸'을 이루는 연합으로 제정하셨다. 여기에는 아무런 부끄러움이 없다. 성경은 "아담과 그의 아내 두 사람이 벌거벗었으나 부끄러워하지 아니하니라"(창 2:25)고 말한다. 비록 결혼 언약이 정서적·정신적·영적 하나 됨을 포함하지만, 결혼은 남성과 여성이 함께하여 둘만의 성적 결합을 형성하는 행위를 수반한다. 성교는 성적 존재인 두 사람이 한 육체로 연합하는 행위와 관련된다. 비록 성이 신성한 것이기는 하나, 타락한 인간이 성욕을 절제하는 일은 결코 쉬운 일이 아니므로(고전 7:9), 음행을 피하기 위하여 남자와 여자는 결혼하는 것이 좋다(고전 7:2).

결혼은 인간의 성 충동을 실행할 수 있는 적합한 상황을 제공해 준다. 결혼의 또 다른 목적으로 필연적으로 뒤따르는 것이 출산과 자녀양육이다. "생육하고 번성하라 땅에 충만하라"(창 1:28)는 명령은 결혼을 전제한 것이다. '생육하라'란 명령은 기본적으로 '열매를 맺으라'란 뜻이다. 이 명령은 남녀에게 주어진 것으로서 이 명령이 성립되려면 남녀 간의 결합을 통해서만 가능하다. 성경은 자녀 출산을 하나님의 선물과 복으로 강조하며(시 127:3-5), 하나님의 방법과 교훈으로 자녀를 훈육할 것을 가르친다(엡 6:4). 따라서 결혼은 하나님을 통해 이루어지는 일이다.

둘째, 결혼은 하나님의 영광을 위한 일이다.30) 이는 에베소서에서 분명하게 표현된다. "그러므로 사람이 부모를 떠나 그의 아내와 합하여 그 둘이 한 육체가 될지니 이 비밀이 크도다 나는 그리스도와 교회에 대하여 말하노라"(엡 5:31-32). 그리스도는 스스로를 신부인 하나님의 참된 백성을 맞으러 오는 신랑이라고 말한다.31) 그는 자기 피로 교회(하나님의 백성)를 사시고 교회와 새 언약을 맺으신 것이다. 다시 말해 남녀의 결혼은 애초부터 이런 피로 사신 언약관계를 반영하고 드러내기 위해 계획되었다는 것이다.

셋째, 결혼은 네 가지 근본적인 원칙에 기초를 둔다. 1) 한 남자와 한 여자를 결혼관계에서 제한하는 일부일처제의 원칙에 기초한다. 일부일처제는 창조론에 기초하고 있으며 인간의 성적인 사랑은 본질적으로 일원론적이다. 2) 신약성경 속에서 결혼은 항구적인 기초 위에서 한 남자와 한 여자를 함께 결합시키는 것으로서 인식되고 있다. 그것은 죽음만이 갈라놓을 수 있는 전 생애적인 위임인 것이다. 3) 결혼의 기초는 신실성이다. 신실성이 있을 때에 결혼이 성취될 수 있다. 4) 결혼은 아가페 사랑을 기반으로 한다. 일반적인 에로스 사랑이 아닌 아가페 사랑은 호감 또는 감정적 충동 그 이상을 의미하는 것으로 관심과 신뢰, 협동, 정의 그

리고 용서의 태도로 표현되는 사랑이다.[32]

성경은 결혼을 하나님의 창조질서 속에 놓인 것으로서 인간을 위해 제정한 제도로 설명하고 있다. 하나님은 남자와 여자를 창조하셨고, 그리고 남자와 여자의 결혼을 허락하셨다. 이 결혼은 남자와 여자 간에 성립된다는 사실을 잊어서는 안 된다. 그리고 결혼을 통해 생육하고 번성하며 땅에 충만하라는 문화적인 복을 주셨다. 하나님의 형상대로 지음 받은 우리 인간들은 하나님의 명령과 율법을 거스리는 동성혼을 인정해서는 안 된다(창 2:24; 레 18:22). 우리는 결혼을 재정의하려는 움직임에 단호히 거부해야 한다.[33] 결혼의 붕괴는 미래의 붕괴를 의미한다. 결혼제도를 손대고 모성애와 부성애의 중요성을 경시하면 엄청난 사회적 결과가 초래된다는 사실을 잊어서는 안 된다.[34] 남성과 여성이라는 양성의 폐지는 하나님의 창조질서를 멸시하고 위협하는 포스트모던 인본주의의 다른 광경이라 볼 수 있다.[35] 동성애, 트랜스젠더, 혼합성애, 양성애 등은 이성애의 변태적인 양상으로 비정상이다. 이는 타락의 결과로 비자연적이고 창조질서에 어긋난다는 것을 잊지 말아야 한다.

4. 동성혼 문제를 해소하기 위한 한국교회의 과제

이제는 한국사회에서도 피할 수 없는 동성혼에 대해 한국교회는 어떻게 해야 할 것인가? 남녀가 차별 없는 교육의 기회, 취업의 기회, 의사표현의 기회, 가사와 양육의 분담을 하자는 양성평등의 개념은 우리 모두가 공감하고 발전시켜야 할 개념이다. 하지만 생물학적 성을 해체하고 가정을 해체하는 급진적인 성평등의 개념은 양성평등과 분명히 구분해서 사용해야 할 것이다. 태초에 하나님이 천지를 창조하시니라(창 1:1). 성경은 이 선포로 기독교신앙의 문을 열고 있다. 이 선포가 흔들리면 기독교 자체가 흔들린다. 이것은 무엇을 의미하는가? 첫째, 세상에 존재하는 모든 것은 하나님 안에서만 그 목적과 의미를 발견할 수 있다는 것이다. 둘째, 세상에 존재하는 모든 것 안에는 창조주가 정하신 일정한 법칙과 질서가 존재한다는 것이다. 이제는 그리스도인들조차 성경적 진리관을 정면으로 부정하는 이분법을 받아들이는 진리의 이층개념을 극복해야 한다. 이분법은 복음의 능력이 문화 전반에 영향을 주는 것을 방해하는 최대 걸림돌이다. 이와 같은 걸림돌을 극복하기 위해 무엇보다도 기독교 세계관을 회복하는 것이 무엇보다 중요하다.36)

한국사회의 뜨거운 감자가 된 동성혼 문제는 이제 방관하거나 정죄해서 해결될 수 있는 것이 아니다. 동성혼에 대한 한국교회의 과제는 무엇일까? 혼란한 이 시대에 가장 설득력 있는 한국교회의 모습은 무엇일까? 이미 헌법도 여론도 문화도 동성혼을 받아들이려는 이 시점에 연구자는 동성혼 문제 해소를 위한 한국교회의 과제로 다음과 같은 것들을 제시한다.

첫째, 교회는 동성혼이 성경적 가치관과는 다른 것임을 분명히 표명하고 창조신앙에 입각하여 결혼과 가정의 존재 이유와 동성혼이 아닌 이성혼이 결혼과 가정의 기원임을 지속적으로 설교하고 교육해야 한다. 결혼은 한 남자와 한 여자가 평등한 지위를 갖고 사랑하고 섬기며 살아가게 하려는 하나님의 설계임을 선포해야 한다(창 2:21-2). 장년뿐만 아니라 청소년, 청년들에게 기독교적 세계관 안에서의 이성혼에 대한 확신이 미래를 밝게 할 수 있다는 사실을 가르치고 잊게 해서는 안 된다.

둘째, 삶을 통해 건강한 결혼과 가정의 삶을 보여주며 증거해야 한다. 서두에서 한국사회가 근대화 이후 핵가족화, 호주제 폐지, 이혼율 증가, 최저 출산율 등으로 가족제도의 위기를 맞고 있다고 지적했다. 그리스도인들은 '혼인을 귀히 여기며'(히 13:4)라는 말씀을 마음속 깊이 새기고, 그 의미와 우리 삶에 미치는 역할을 소중히 생각하고 그 결혼이 지속되고 발전될 수 있도록 노력해야 한다. 결혼은 하나님께서 주신 제도이고 예수님이 축복하신 것이므로 가정과 함께 거룩하게 보존되어야 한다. '귀히 여긴다'는 말은 '명예로운 것이 되게 하는 것'을 말한다. 이 땅의 모든 성도는 결혼과 가정을 하나님이 의도하신 대로 유지해야 한다. 이것은 절대적인 하나님의 명령이기 때문이다. 성경은 결혼을 귀히 여기는 가정은 경건하고 깨끗한 자녀를 얻게 된다고 말씀하신다(말 2:15, 고전 7:14). 그리스도인들이 하나님이 허락하신 경건한 자녀들을 말씀으로 잘 양육하고 이 세상의 빛과 소금이 되는 인재로 키우면서 세상에 영향력을 발휘한다면 가족제도의 위기에 있는 사람들에게 감동을 주고 변화를 이끌어 낼 수 있을 것이다.

셋째, 교회가 동성혼을 반대하고 그들을 그리스도 안에서 품어주려는 관련 단체들과의 네트워크 협력을 통해 보다 실제적인 대안을 만들 것을 제안한다.[37] 전문가를 통해 동성혼자들이 건강한 결혼 및 가정생활을 할 수 있도록 회복을 도와주는 것이 필요하다.

넷째, 한국사회가 동성혼을 법제화하는 것에 대해 분명한 반대 입장을 피력해야 한다. 동성혼 합법화 시도는 가정을 파괴하고 아이들을 벼랑 끝으로 몰아내는 무서운 결과를 낳게 될 것이라는 엄중한 경고가 필요하다.[38]

다섯째, 동성혼을 인정하지 않는 것이 결코 인권이나 평등권의 침해가 아니라는 사실을 한국교회는 분명히 인지하고 교계, 교단과 연합하여 이에 대한 전문적인 연구와 체계적인 대책을 수립하여 전략적으로 대처해야 한다.

여섯째, 사회의 문화적인 흐름에 방관만 하는 것이 아니라 한국교회는 성경적인 성과 가정에 대해 설교 및 교육으로 성도들이 정확하게 알고 무장하여 흔들리지 않도록 하는 것이 필요하다.

 필자는 한국사회에 동성혼 가정이 증가한다는 것은 교회 사역의 영역이 확장되고, 복음 전파의 대상이 더욱 넓혀진다는 것과 일맥상통한다고 본다. 동성혼이 또 하나의 사랑임을 주장하는 자들에게 분명한 복음을 전하고 사회적 책임을 다한다면 한국교회는 미래의 한국사회에 희망이 될 수 있을 것이다.

5. 나가는 글

 세계 교회는 전통적인 기독교성윤리와 자신이 주장하는 성윤리를 이해하는 측면에서 갈림길에 서 있다. 그러나 성경은 분명히 하나님께서 남녀 간의 결혼제도를 제정하셨다는 사실을 기록하고 있다. 동성혼에 대한 법제화와 이에 관한 문화적 흐름은 성경적인 남녀 간의 결혼과 가정을 통해 세상을 바르게 다스리고 관리함으로 하나님의 나라가 실현되도록 경륜하시는 하나님에 대한 인간의 사악한 도전이라 할 수밖에 없다. 동성혼은 절대로 정당화될 수 없다. 사도 바울은 결혼에 관해 분명히 동일한 원리를 강조하고 권면하고 있다. "사람이 부모를 떠나 그의 아내와 합하여 그 둘이 한 육체가 될지니"(엡 5:31) 그러므로 결혼은 한 남자와 한 여자의 성적 결합을 통한 언약적 헌신이기에 동성혼은 하나님의 창조질서에 어긋나는 것이다. 미국에서 2015년 동성결혼이 합법화되었고, 이에 따라 전통적인 결혼제도를 근간으로 제정된 가족법, 상속법, 세법, 교육법 등 사회 전반에 걸친 모든 법과 제도들이 다양한 형태의 결혼과 가족을 지지하기 위한 새로운 법과 제도로 대체되기 시작했다. 이 과정에서 지금 미국은 심각한 사회적 혼란과 분열을 겪고 있다.[39] 미국장로교회(PCUSA)는 2015년 동성혼을 인정하는 내용의 교회헌법 개정안을 최종 승인했다. 그러나 창조질서를 거스르는 행위마저 법제화하려는 죄악 된 행위에 대해 강력히 대처해 나가야 할 미국의 교회, 교단들이 시류에 편승해 이 같은 결의를 한 것은 통탄할 일이며 한국교회는 이를 반면교사로 삼아 이러한 실수를 범해서는 안 될 것이다.

새로운 사회적, 문화적 현상으로 등장한 동성혼 문제로 사회적 갈등이 심화하고 있는 현대인들에게 필요한 것은 하나님의 말씀이다. 동성혼에 대한 오늘날의 흐름은 교회에 중대한 도전을 제기하고 있다. 분명 위기이지만 동시에 중요한 기회의 순간이기도 하다. 현대의 동성혼 논쟁은 기독교 성윤리에 대한 분명하고 신중한 고찰 기회를 제공한다. 현대의 관용사회를 살아가는 우리에게 어려운 도전이지만 성경적 세계관을 분명히 함으로 동성혼은 사악한 잘못된 결혼제도임을 지적하고 성경적인 가르침대로 살아가야 한다. 그리고 교회는 동성혼자들이나 이들을 지지하는 사회 문화적 현상에 대해 정죄만 하지 말고 참된 인간의 존엄성과 사랑 그리고 창조원리에 입각한 결혼제도를 통해 가정이 회복하도록 해야 한다. 성과 결혼 윤리에 대한 전쟁이 시작되어 폭풍처럼 밀려드는 동성혼의 거대한 도전 앞에 위축될 필요도 없다. 그러므로 교회는 이 위기 상황에서 하나님의 말씀이 회복되어 동성혼이 죄악임을 명료하게 가르치고 치유하도록 서로 돕고 의지해야 할 것이다.

동성결혼 합법화 반대 성명서[40]

동성애와 동성결혼은 성경적 가치관과 부합하지 않는다.

대한민국에는 2007년, 2010년, 그리고 2013년 3차례 동성애자의 차별을 금지하는 법안이 포함되어 있는 차별금지법 입법 움직임이 있었다. 그리고 2017년 7월 국회 개헌특위는 헌법 개정을 시도하면서 개헌안 속에 동성결혼을 합법화하는 내용을 포함하려 하고 있다.

현 대한민국 사회에는 스스로 선택하여 커밍아웃한 성적 소수자들 보다 더 절박한 보호와 협조가 필요한 소수 약자들이 많다. 공적 미디어에서 마저 비하 당하기 일쑤인 특정 국가 외국인들을 비롯하여 난민, 장애인, 탈북민들에 대한 인권 보호와 권리 신장은 선진국과 비교하여 매우 뒤떨어져 있는 처지다. 그런 절박한 처지의 소수자들에 대한 인식 개선도 미비한 나라에서 아직 그 정체성마저 명확히 규명치 못한 성적 소수자들의 동성 결혼을 헌법 개정까지 하여 합법화 하는 것은 매우 이례적이고 불공평한 사례이며 그 저의마저 의심된다. 더불어, 서구의 풍속과 문화 속에 성장하고 자리 잡은 퀴어 축제를 그들과는 매우 다른 미풍양속을 지닌 대한민국에 용인하려는 것은 사회 전통과 다수자의 정서와 권익을 헤치는 일이며, 궁극적으로 한국의 동성애자들 인식에도 전혀 도움이 되지 않는 일이다.

이에 침례신학대학교 교수들은 앞으로 한국사회의 미래에 대하여 염려하며 기도하는 가운데 다음과 같이 우리의 입장을 밝히고자 한다.

1. 동성애는 성경에서 가르치는 창조질서에 역행하는 것이다.

사도 바울은 동성애가 하나님의 창조 질서에 역행하는 처사라고 분명하게 언급한다(롬 1: 26-28).

2. 동성애와 동성결혼은 한국사회의 전통적이고 건강한 정신을 헤치는 것이다.

동성애와 동성결혼은 우리 사회가 선택한 전통적인 결혼제도(헌법 36조 1항: '혼인'이란 1남 1년 간의 정신적 육체적 결합)를 반함으로 신성한 결혼제도를 혼돈케 한다. 동성애는 남자와 여자가 하나가 되어 사회 구성원을 이루는 가장 기본적인 단위인 가정을 파괴할 수 있다는 데서 위험하다. 남자와 여자가 그 부모를 떠나 한 몸을 이루어 자녀를 낳아 기르는 것이 창조질서이다.

우리나라에서 동성애는 후천성 면역 결핍증(AIDS)에 의하여 주목을 받았다. 조사 결과 에이즈 환자의 73%가 동성애자 또는 양성애자였기 때문이다. 최근 선진국 통계를 보면, 신규 에이즈 감염자의 70% 가 남성 동성애자이며, 미국 질병관리 본부에 따르면 청소년·청년(만13~24세)의 신규 남성 에이즈 감염자 약 94%가 동성 간 성행위로 감염이 되었다고 발표했다. 2013년에는 에이즈 감염자 수가 1만 명을 넘어 한국은 공식적으로 '에이즈 확산 위험국가'로 확정되었다. 특히 우리나라는 세계에서 에이즈 치료비용을 100% 국민세금으로 부담하는 특별한 나라로 에이즈 환자 1

명의 평균 평생 치료비용이 2015년도 기준 약 5억 원 정도 소요되기에 국민은 세금 폭탄을 맞을 수밖에 없다. 또한 동성애는 동성애 가족이 지속적으로 재생산될 가능성이 높고, 가치관의 혼란을 겪게 되면서 아동의 정서가 황폐해져 올바른 인격체로 자라나지 못할 수 있다.

3. 최근의 동성애 집회인 퀴어(Queer) 행사도 한국 사회의 전통과 다수자의 권익을 해친다.

다수자가 소수자의 인권을 염려하는 것처럼, 소수자도 다수자의 오랜 전통과 정서를 존중하여야 한다. 그런데 매년 지속적으로 서울, 부산, 대구, 제주 등지에서 열리는 성적 소수자들을 위한 퀴어(Queer) 문화축제는 '건전한 여가 문화 활동'이라 할 수 없으며 '시민의 신체와 생명'에 침해를 가할 우려가 있는 축제이다. 특히 사회에서 가장 보호 받아야 할 어린이들에게 성에 대한 혼돈된 인식을 전달할 위험이 크다.

4. 우리는 국내 동성결혼을 합법화하려는 헌법 개정을 강력히 반대한다.

헌법 개정안에는 현행 헌법 제36조에 명시한 남자와 여자의 '양성 평등'을 기반으로 한 혼인을 '성 평등' 혹은 '평등'을 기반으로 한 혼인으로 바꾸고, '생물학적 성'이 아닌 '사회학적 성'을 기반으로 한 '성평등' 항목을 신설하여, 동성결혼을 합법화하려고 한다. 성 평등이란 이름으로 동성결혼을 허용하려는 헌법 개정 시도는 현 사회 전통과 정서가 전혀 받아들이지 못할 뜬금없는 시도이며 전통 사회의 기본 틀을 무너뜨릴 위험이 있기에 우리는 이를 강력하게 반대한다. 이에 우리는 성경적 정신에 입각하여 한국사회에 동성결혼이 합법화되지 못하도록 모든 노력을 기울일 것이다.

5. 동성애와 동성결혼은 반기독교적 정서를 부추기는 것이다.

동성결혼이 합법화되는 순간 법적 투쟁이 벌어질 위험이 있다. 동성애와 동성결혼을 반대하는 한국교회와 기독교인들은 비정상적인 집단으로 전락하게 될 것이며, 교회의 가르침은 반 인권적인 역차별을 받게 될 것이다. 결국 우리 사회에 '반 기독교적인 정서를' 확산하는 일에 기여하게 될 것이다.

2017년 9월 16일
침례신학대학교 동성애, 동성결혼 합법화반대 교수연합

1) 동성애(homosexuality)라는 것은 동성(same sex)에 대한 성적 이끌림(erotic attraction)으로, 동성애자는 일반적으로 자신과 같은 성별(sex)의 사람에게 성적으로 이끌리는 개인을 지칭하는 것으로, 남성의 경우를 게이(gay), 여성의 경우를 레즈비언(lesbian)이라 한다. 동성애에 대한 말뜻은 다음의 책을 참고하면 좋다. Daniel A. Helminiak, What the Bible Really Says About Homosexuality (San Francisco: Alamo Square Press, 2000); 다니엘 헬미니악, 「성서가 말하는 동성애-신이 허락하고 인간이 금지한 사랑」, 김강일 역 (서울: 해울, 2003); Eric Marcus, 「커밍아웃—동성애자에게 누구나 묻게 되는 300가지 질문과 대답」(서울: 박영률출판사, 2000)을 참조할 것.

2) 연방대법원 9명 중 5:4로 통과되었다. 존 로버츠(John Roberts) 연방대법원장은 5명의 대법관이 오만하게도 자신들이 가진 결혼에 대한 이상을 입법화해다고 비난했다. 대법관 앤토닌 스칼리아(Antonin Scalia)는 미국 민주주의에 대한 미연방대법원의 위협이라고 말했고, 대법관 클래런스 토마스(Clarence Thomas)는 종교자유에 대한 심각한 결과를 초래할 것이라고 비난했다. 대법관 새뮤얼 엘리토(Samuel Alito)는 미국의 법 문화적 인식이 되돌릴 수 없을 만큼 부패했다고 주장했다. 백상현, 「동성애 is」(서울: 미래사, 2016), 176-85.

3) Lee Badgett, 「동성결혼은 사회를 어떻게 바꾸는가」, 김현경, 한빛나 옮김 (서울: 민음사, 2016), 12. 2001년 네덜란드를 시작으로 2003년 벨기에, 2005년 스페인, 캐나다, 2006년 남아프리카 공화국, 2009년 노르웨이, 스웨덴, 2010년 포르투갈, 아이슬란드, 아르헨티나, 2012년 덴마크, 잉글랜드, 웨일즈, 2013년 브라질, 프랑스, 우루과이, 뉴질랜드, 2014년 스코틀랜드, 2015년 룩셈부르크, 아일랜드, 멕시코, 미국 2016년 콜롬비아, 그린란드 2017년 독일, 핀란드, 페로제도, 몰타, 호주 2019년 오스트리아, 대만 2020년 코스타리카 등 31개국이다.

4) 김종걸, "동성애에 대한 신학적 이해," 「복음과 실천」, 40 (대전: 침례신학대학교출판부, 2007), 155-78.

5) 동성혼에 대한 신학분야 연구는 다음과 같다. 신득일의 "하나님의 창조질서와 동성결혼"은 구약에 언급된 창조질서 가운데 결혼의 원리와 관련한 동성혼의 가능성에 관한 논문이다. 최용준의 "동성혼에 대한 기독교 세계관적 고찰"은 창조, 타락, 구속, 완성이라는 기독교세계관으로 본 동성혼에 관한 고찰을 다루고 있다. 이상원은 "동성혼에 대한 신학적 윤리적 평가"를 통해 미국 성공회 자유주의자들의 결혼신학을 비판하고 있다. 권혁남은 "동성애와 결혼원리에 관한기독교인의 성윤리세계관: 구약의 가르침을 중심으로"에서 선택의 자유에 의존한 동성결혼 권리를 옹호하는 이들의 논거에 대한 비평적 분석을 했다. 다른 분야의 연구 논문으로는 서종희의 "한국에서의 호모 사케르: 동성혼," 김선화의 "동성혼의 법제화에 관한 고찰," 이희규의 "동성혼인에 관한 법적 고찰: 각 국의 입법 기술을 중심으로," 신영헌의 "미국의 동성혼 관련 판결의 분석과 함의," 하정훈외 3인의 "미국의 동성결혼 판결 소개: Unites States v. Windsor 판결 및 Perry v. Schwarzenegger 판결을 중심으로," Hyeok-Nam Kwon의 "Critical Discussion on Constitutionality of Same-sex Marriage in the United States" 등이 있다.

6) 김정언, "결국 5:4 동성혼 합법화,"(온라인자료) http://m.amennews.com/news/articleView.html?idxno=13758, 2018년 5월 4일 접속.

7) 임유섭, "디즈니 만화에 처음 등장한 동성커플 키스 장면,"(온라인자료)http://news.joins.com/article/21332129, 2018년 5월 6일 접속.

8) 로앤비 "대한민국헌법,"(온라인자료)http://lawnb.com/info/ContentView?sid=L0000001444, 2019년 8월 10일 접속.

9) 윗글.

10) 이태희, 「세계관 전쟁」 (서울: 두란노서원, 2016), 201.

11) 기독교방송국편집국, "과학도 여론도 헌법도 동성애 부정한다,"(온라인자료) http://blog.naver.com/redalpha26/220602046570 2018년 5월 5일 접속.

12) 이 개념을 도입한 미국은 최근 군부대에서 자신을 여자라고 칭하는 남자들이 벌거벗고 여군들과 샤워를 할 수 있게 하겠다고 발표했다. 여군 중에 남자의 성기를 가진 군인과 같은 시설을 사용하는 것이 불편하다고 여기는 사람이 있더라도 그들은 참고 받아들여야하는 상황이 온 것이다. 영국의 유치원과 스웨덴에서도 '아빠'(father)와 '엄마'(mother)라는 단어의 사용이 금지되고, 스위스에서는 공식서류에 parent1, parent2를 사용한다는 소식이다. 비슷한 뉴스가 오스트리아에서도 들린다. 생물학적 남녀의 구분을 나타내는 단어들이 성적 중립(gender neutral)적 표현들로 대체되고 있다. 생물학적 성을 해체하자는 성평등 이데올로기를 반영한 결과다. 이런 젠더이념은 급진적인 네오 막시즘과 궤를 같이하는 개념이다. 이 이데올로기가 바로 젠더주류화(gender mainstreaming)이다. 대부분의 사람들은 '젠더 주류화'라는 말을 잘 알지 못한다. 그 결과 최근 몇 년 동안 미국과 유럽의 여러 나라 정치인들과 미디어의 일부가 젠더 주류화의 재교육 프레임에 갇혀 버리고 말았다. 인류를 재교육시켜 남녀의 경계를 허물고 가정을 해체하는 것이 젠더주류화의 목적이다. 그 실천방안으로 토대를 마련하는 작업이 헌법이나 법률, 자치단체 조례에 성평등이라는 문구를 집어넣는 작업이다. 이명진, "양성평등과 성평등은다르다,"(온라인자료)http://m.bosa.co.kr/news/articleView.html?idxno=2064546, 2019년 8월 7일 접속. 젠더주의에 대한 기독교적 연구로는 다음의 책이 있다. 김영한, 「젠더주의 도전과 기독교신앙」 (서울: 두란노, 2018).

13) LGBT는 레즈비언(Lesbian), 게이(gay), 양성애자(bisexual), 트랜스젠더(transgender)의 앞 글자를 배열한 약자이다. 이는 성적 지향의 다양성을 나타낸다.

14) Jack Rogers, 「예수 성경 동성애」, 조경희 옮김 (서울: 한국기독교연구소, 2015), 271-85.

15) 김영한, 「젠더주의 도전과 기독교신앙」 (서울: 두란노, 2018), 59-60.

16) 자녀생산과 양육을 통해 수행하는 사회, 국가적 기능과 역할 측면에서도 동성결혼은 남녀 간의 결혼과 동일하지 않기 때문에 이를 구별하는 것을 평등권의 침해로 볼 수 없다. 만약, 동성결혼의 제한이 남녀 간의 이성결혼과 비교해서 평등권을 침해하는 것이라면 근친혼, 일부다처제, 다부일처제, 다부다처제(그룹결혼) 등도 역시 평등권을 침해하는 것이어서 이와 관련된 근친혼과 중혼에 대

한 현존하는 법률도 폐지되어야 한다. 동성애와 동성혼을 인정하지 않는 것이 결코 인권이나 평등권의 침해가 아니다.

17) 아가칭, 「동성애와 동성혼에 대한 21가지 질문」 (서울: CLC, 2017), 44.
18) 백상현, 「동성애 is」, 146.
19) 중세기 서양의 기독교 신자 부부들은 금욕하는 마음으로 성생활을 억제해 왔다. 월요일은 먼저 세상을 떠난 뭇 영혼을 위로하는 마음으로, 화요일은 '오늘이 화요일이라니 주여 감사합니다' 하고, 목요일은 예수의 최후 만찬을 기억하는 마음으로, 금요일은 십자가의 고난을 생각하며, 토요일은 마리아를 공경하기 위해, 주일은 부활을 기념하여 성생활을 억제해 왔다는 것이다.
20) 김종걸, "기독교적 성 이해와 윤리적 반성," 「실천하는 신학」, 10호 (안성: 수도침례신학교출판부, 2001), 57-78.
21) Stanley Grenz, 「환영과 거절 사이에서」, 김대중 옮김 (서울: 새물결플러스, 2016), 170.
22) David Platt, 「카운터 컬처」, 최종훈 옮김 (서울: 두란노, 2016), 219.
23) Kevin DeYoung, 「성경이 동성애에 답하다」, 조계광 옮김 (서울: 지평서원, 2017), 32.
24) 김영한, 「젠더주의 도전과 기독교신앙」, 92.
25) 박충구, 「21세기 문명과 기독교윤리」 (서울: 대한기독교서회, 1999), 176.
26) David Platt, 「카운터 컬처」, 220.
27) John Piper, 「결혼 신학: 영원한 것을 보여주는 일시적 결혼」, 이은이 옮김 (서울: 부흥과개혁사, 2010), 25-9.
28) John Stott, 「현대사회문제와 그리스도인의 책임」, 정옥배 옮김 (서울: IVP, 2011.), 405: 존 비비어, 「존 비비어의 결혼: 하나님이 허락하신 특별한 연합」, 유정희 옮김 (서울: 두란노, 2015), 26.
29) 신득일, "하나님의 창조질서와 동성결혼," 「신앙과 학문」 69호 (2016년 12월): 17.
30) John Piper, 「결혼 신학: 영원한 것을 보여주는 일시적 결혼 」. 30-1.
31) 마 9:15; 25:10이하; 요 3:29
32) Henry Barnett, 「기독교윤리학개론」, 최봉기 옮김 (대전: 침례신학대학교출판부, 1999), 138-9.
33) Michael Brown, 「성공할 수 없는 동성애 혁명」, 자유와 인권연구소 옮김 (서울: 쿰란출판사, 2017), 197.
34) Margaret Rosario, "Sexual Identity Development among Gay, Lesbian and Bisexual Youths: Consistency and Change over Times," Journal of Sex Research, 43 (2006): 46-58 참조.
35) 김영한, 「젠더주의 도전과 기독교신앙」, 86.
36) 이태희, 「세계관 전쟁」, 229-30.
37) 탈동성애운동본부 홀리라이프, 샬롬나비, 동성애동성혼개헌반대국민연합(동반연) 등이나 대학의 관련단체들과의 연대가 가능하다고 본다.
38) 이러한 동성혼 법제화 반대 입장을 분명히 하고 있는 연합단체가 있다. 동성애 동성혼 개헌 활

동을 반대하려는 전국의 뜻있는 국민들과 수많은 단체들이 모여 2017. 7. 27. 결성한 동성애 동성혼 개헌 반대 국민운동 연합(이하 동반연)은 동성애 동성혼 개헌을 반대하는 국민들의 서명에 동참한 국민들의 수가 80만 명에 육박하고 있고, 참여교수는 323개 대학 3,208명, 참여 법조인은 348명이 넘는 단체로서 다음과 같은 요구사항을 정부에 요청하고 있다. 첫째, 헌법 제36조 제1항 혼인조항에 '양성평등'을 삭제하거나, 그 대신 '성평등'으로 대체하는 것은 동성혼 인정 근거가 되므로 즉각 중단하라! 둘째, 헌법 제11조 차별금지사유에 '성적 지향'을 추가하거나, 추가할 수 있도록 해석하여 동성애를 옹호 조장하고 반대 금지하는 근거를 마련하는 헌법 개정을 즉각 중단하라! 셋째, '성적 지향'을 이유로 한 차별금지 법문구를 근거로 동성애를 옹호 조장하고 반대 억제활동에 앞장서서 동성애 폐해 확산을 초래하고 있는 장본인인 국가인권위원회의 헌법기관화를 추진하는 헌법 개정을 즉각 중단하라! KS뉴스, "국회 개헌특위의 동성애 동성혼 개헌 추진에 대한 '동성애 동성혼 개헌 반대 국민연합'(동반연) 입장,"(온라인자료)http://blog.naver.com/PostView.nhn?blogId=urisamo114&logNo=221145119653, 2019년 7월 10일 접속.

39) 정소영 편, 「미국은 어떻게 동성결혼을 받아들였나」, (서울: 도서출판 렉스, 2016), 7.

40) 전국대학 최초로 교수들의 동성결혼 합법화 반대 성명을 발표했던 침례신학대학교 동성애 동성결혼 합법화 반대교수연합 성명서이다. 백상현, "침신대 교수들 동성결혼 합법화 반대 성명서," (온라인자료)http://news.kmib.co.kr/article/view.asp?arcid=0011785560, 2018년 6월 10일 접속.

6. 동성애 대중문화가 사회에 미치는 영향은 어떠한가?

1. 들어가는 말

과거에는 동성애를 성적인 관계의 왜곡과 도착으로 생각하였고, 동성애자는 우리 사회로부터 격리시켜야 할 위험한 사람들로 간주하였다. 그러나 지금은 동성애를 하나의 '성적 지향'(Sexual orientation)으로 인정하고 예전과는 다른 관점에서 판단한다. '성적 지향'은 자신이 이끌리는 이성, 동성, 혹은 복수의 성 또는 젠더를 나타낸다. 이 때의 끌림은 감정적이거나, 낭만적인, 성적인 끌림일 수도 있고 이러한 것들이 복합적으로 일어나는 것일 수도 있다. 동성애자들은 자신들의 성적 정체성을 당당히 주장한다. 이처럼 동성애자들의 목소리가 커지고 동성애자에 대한 인식이 변화된 것은 단순히 동성애 단체의 활동이 효과적이었기 때문은 아니다. 그들의 주장과 행동이 설득력을 갖게 된 것은 사회 구조가 변화되고 시대정신이 그들의 주장을 뒷받침 해주기 때문이다.[1] 이러한 성에 대한 표현은 특히 대중문화의 영역에서 더욱 다양화되고, 구체화되고, 대담해지고 있다. 특히 지난 역사 가운데 전면에 내세우기 부담스러웠던 '동성애

2부 성에 대한 혁명: 성경이 제시하는 길 163

(homosexuality)' 문제까지도 거침없이 다루는 상황이 되었다. 우리는 이런 현상을 대중문화영역에서 쉽게 확인할 수가 있다. 이제 이 시대의 뜨거운 감자로 부상되어 조용하지만 무서운 전쟁을 치루고 있는 동성애가 대중문화와 어떤 연관이 있는지 기독교적 입장에서 다시 되짚어 보는 연구가 필요한 시점이다. 어느 때 보다도 인간의 삶과 가치관에 혁명적 변화를 예고하는 이 시대에 기독교의 복음주의 입장은 무엇이며 우리는 어떻게 해야 할지 심각하게 고민해야 한다. 이미 서구의 많은 나라들이 동성애 합법화의 영향으로 가족에 기반을 둔 사회의 기본 틀이 무너지는 결과를 맞이하고 있다. 이에 연구자는 동성애와 대중문화에 대한 연구를 통해 기독교적 가치관을 재정립하고자 한다.

필자는 다음과 같은 구조로 연구를 진행하고자 한다. 우선 2장에서 동성애에 대한 개념을 살펴보고, 3장에서는 동성애의 대중문화 현상과 영향을 알아보고 그것을 어떻게 대해야 할지 기독교문화적인 측면에서 살펴보고자 한다. 4장에서는 동성애 합법화의 위험과 기독교 문화전략을 통해 기독교인들이 지녀야 할 기독교적 가치관을 제시하고자 한다. 이어서 결론에서 전체 논의를 요약하고 동성애에 대한 기독교인들의 문화적 사명을 강조하며 결론을 맺고자 한다.

2. 동성애란 무엇인가?

지금은 전 세계적으로 동성애와의 전면전 전쟁을 벌이고 있다. 미국, 유럽, 아시아는 물론이고 한국도 예외가 아니다. 동방예의지국을 자랑으로 삼았던 한국에 남자와 남자가, 여자가 여자를 서로 사랑하고 도우며 지내는 부부(夫夫), 부부(婦婦)가 있다. 이제 더 이상 동성애가 남의 일이나, 있는 듯 없는 듯 숨어 사는 존재가 아니다. 동성애 문제는 법원과 거리에서뿐만 아니라 각 대중 매체에서 전쟁 중이다. 동성애(Homosexuality)란 용어는 1869년 커트비니(Karl-Maria Kertbeny)라는 가명을 가진 헝가리의 벤커르트(Karl-Maria Benkert, 1824-1882)라는 의사가 프러시아의 법무부 장관에게 보낸 편지에서 처음으로 쓰여 졌다.[2] 동성애는 동성(same sex)에 대한 성적 이끌림(erotic attraction)이고, 동성애자는 일반적으로 자신과 같은 성별(sex)의 사람에게 성적으로 이끌리는 개인을 지칭하는 것이다. 동일한 성에게서 육체적, 감정적 사랑을 느끼는 것을 말한다. 동성애는 희랍어 'ho-mos'(같은)에서 출발 되었다. 라틴어에서 인간을 뜻하는 'homo'는 어원적으로 동성애와 관련이 없다. 동성애와 관련된 용어를 간략히 살펴보면 다음과 같다. sodomy(소도미): 성경에 소돔에서 유래한 말로 남색을 의미한다. uranism(우라니즘), gay(게이): 남성 동성애자를 말한다. sapphism(사피즘), Lesbian(레즈비언): 여성 동성애자를 일컫는다.[3] homo(호모): 동성애자를 일컫는 말이지만 동성애자들에게 호모라고 부를 경우 비난을 당하게 된다. homophobia(호모포비아): 동성애를 무조건 적으로 혐오하는 사람들을 의미한다. 동성애자들에게 비난을 받을 때 사용되는 용어이다. coming out(커밍아웃): 'come out of closet'(벽장에서 나옴)에서 유래된 말로 동성애자들이 사람들에게 자신의 성지향성을 드러내는 말이다. transgender(트랜스젠더): 남성 또는 여성으로 태어났지만 스스로 정신적 성적 지향을 따라 살고자 하는 사람들을 지칭하며 성전환증이라고도 한다. transsexual(트랜스섹슈얼): 정신적 성 지향을 따라 성전환시술을 한 성전환자들을 지칭한다.[4]

역사적으로 동성애는 고대 그리스사회에서 오늘날보다는 덜 부정적으로 다루어졌고, 새롭게 이해되는 성에 대한 이해는 로마 문화의 영향이 증대되면서 축소되고 망각되기 시작했다.[5] 중세 이후로는 이성애적인 가부장제도 내에서의 성만이 바람직한 성으로 남게 되었다. 20세기를 전환점으로 성에 대한 이해가 종교적 패러다임에서 과학적 패러다임으로 변했지만 기독교의 동성애에 대한 담론화 과정은 동성애를 정상적인 성에서의 이탈로 기정사실화시켰다. 현대사회에서의 동성애에 대한 근본 틀이 바뀌어 가는 배경에는 '인권' 보장과 '자유'의 확대라는 사상이 버티고 있다. 성(sex)은 타고난 것이지만 이것을 사용하는 방식은 개인의 자기 결정권 곧 자유에 속한다는 주장이다. 성(sex)의 개념은 타고난 생물학적인 남자(male)와 여자(female)를 의미하고, 젠더(gender)는 사회학적인 성개념(man/woman)인 남성다움, 여성다움을 의미한다. 이러한 맥락에서 남자의 '성'을 가진 사람이 남성이라는 '젠더'로 살아가는 것은 사회적인 것이지, 본능적인 것은 아니다. 성적 정체성(sexuality)은 일차적으로 젠더화 된 성향, 누군가와 성적 관계를 욕망하거나 성적 관계를 갖는 것을 의미한다. 그리고 성행위의 대상이 자신이건 남이건, 하나뿐이건 여럿이건, 같은 성이건 다른 성이건 그것은 개인의 선택사항이고 법은 그런 선택의 자유를 보장해야 한다는 항변이다. 이는 포스트모더니즘이 지닌 모든 절대적 진리의 무효화, 상대주의, 금기사항들의 폐기처분 결과이다.

서로 다른 가치관과 다양성을 인정하는 것은 필요하다. 내가 너와 '다름'을 인정할 때 비로소 배타적이거나 왜곡된 가치관에서 벗어나게 되고, 성숙하게 된다. 하지만 동성애 합법화는 '다름'의 방식과는 사뭇 차이가 있다. 동성애 합법화는 '다름'을 인정하기 이전 '비윤리적'인 문제를 가지고 있다는 사실을 직시해야 한다.

3. 동성애의 대중문화 현상과 영향

오늘날 동성애는 각종 영화와 드라마, 웹툰(webtoon) 등 대중문화 속에서 다양한 사랑의 한 형태로 그려지고 있다. 동성애는 '이성 간 사랑처럼 자연스러운 감정이며 다양한 성적 정체성을 존중해야 한다'는 주장이다. 동성애가 영화, 드라마, 뮤직비디오, 웹툰 등의 소재로 등장한 것은 이미 오래전의 일이다. 이들이 사회적으로 등장하기 시작한 것은 1950년 이후에 나타나기 시작했지만 예전, 즉 그리스 시대부터 동성애자들은 알게 모르게 역사 속에서 계속적으로 존재해 왔다.[6] 최근 드라마에서는 동성애 코드가 내재되지 않은 것을 찾아보기 어려울 정도로 자주 등장하고 있다. 이 같은 사회풍조에서 자라는 다음 세대에겐 더 이상 동성애가 낯설거나 다르지 않을 수 있어 각계에서 우려의 목소리가 나온다. 더 이상 남의 일이 아니게 된 동성애 문제에 대해 지혜로운 대처가 필요한 시점이다.[7]

문화에 담긴 반성경적인 사상과 세계관이 영화, 음악, 드라마 등 미디어들을 통해 확산되고, 가정과 사회의 근간을 이루는 근본적인 한 남자와 한 여자의 혼인 및 성관계가 무너지면서 교회는 시대를 이해하지 못하는 종교로 쇠퇴해지고 있다.[8] 이에 연구자는 동성애의 대중문화 현상과 영향에 대해 알아보고 그것을 어떻게 대해야 할지 기독교문화적인 측면에서 살펴보고자 한다.

(1) 매스 미디어(mass media)와 동성애

대한민국은 1980년대부터 포스트모더니즘과 맞물려서 다양한 종류의 사상과 문화가 매스미디어를 통해 확산되고 있다.[9] 동성애 문화 역시 드라마, 영화, 웹툰, 인터넷 등을 통해 우리 문화 가운데 대중화 되어가고 있다. 이런 매스 미디어들을 통해 전달되는 대중문화는 오늘날 시청자들에게 가장 강력한 영향력을 미치고 있으며, 심지어 기독교인들의 세계관 형성에도 많은 영향을 주고 있다. '침대는 과학입니다'라는 광고 카피가 사물의 정의를 뒤바꿀 정도의 막강한 미디어 영향력을 드러내고 있는 것은 웃지 못 할 일이다.10) 동성애가 대중문화 코드 중 하나로 인식될 뿐 아니라 거부감도 줄어든 것은 드라마, 영화, 뉴스, 시사 다큐, 뮤직비디오, 광고, 만화 및 애니메이션 등 다양한 형태의 대중 매체를 통해 시청자들의 간접 경험이 증가했기 때문이다. 이러한 동성애에 대한 수용과 인식변화는 동성애로부터 청소년 보호의 테두리 붕괴를 초래했다. 매스 미디어의 동성애에 대한 긍정적 해석, 유행, 트랜드와 같은 새로운 사회문화적 현상 및 코드로 해석하는 잘못된 인식은 무엇보다도 청소년들에게 지나친 성적 호기심이나 동성애에 대한 잘못된 환상을 만들 가능성이 높다는 사실이다. 그러므로 이에 따른 매스 미디어의 윤리적 책임과 반성이 필요하다. 인간은 무엇을 듣고 무엇을 보느냐에 따라 가치관과 인생이 달라질 수 있다. 그러므로 매스 미디어는 시대에 옳은 것, 건강한 것, 아름다운 것을 보여줘야 할 책무가 있다. 매스 미디어는 선정적이고 흥미 위주로 동성애 접근을 해서는 안 된다. 매스 미디어는 동성애 코드 문화를 시청률 올리기에 이용하는 것 등에 대한 자기반성이 있어야 하며 스스로 정화 의식을 가져야 한다. 또한 동성애와 관련하여 창조의 섭리를 거스르는 인본주의를 지향하는 보도나 방송을 제작하는 것을 지양하는 노력이 필요하다. 매스 미디어는 동성애를 사랑으로 만든다. 매스 미디어는 가해자를 피해자로 둔갑시키고, 피해자를 가해자로 둔갑시키는 둔갑술에 능하다. 매스 미디어 문화는 진리를 보여주는 것이 아니라 세상의 관점을 비춰 줄 뿐이다. 이 세상에서 선한 것이라고 주장하는 것들이 진짜

인가를 끊임없이 질문하고 분별해야 한다.[11] 그러므로 우리는 매스 미디어를 통해 보이는 것들에 현혹되어서는 안 된다. 도덕적 상대주의의 시대에서 '선해 보이는 것'과 '선한 것'을 분별할 수 있는 지혜가 필요하다. 성경적 진리와 세계관에 입각해 매스 미디어 문화를 분별할 수 있는 능력과 혜안이 어느 때 보다도 중요하다는 사실을 잊어서는 안 된다.

(2) 영화, 드라마와 동성애

동성애를 주제로 다룬 국내의 영화는 1996년 박재호 감독의 '내일로 흐르는 강'을 시작으로, 김대승 감독의 '번지 점프를 하다,' 유상욱 감독의 '인사이드,' 박철수 감독의 '봉자,' 김인식 감독의 '로드 무비,' 그리고 1200만 관객을 동원했던 이준익 감독의 '왕의 남자,' 김조광수 감독의 '소년, 소년을 만나다,' '친구사이,' '사랑은 100도씨,' 유하 감독의 '쌍화점,' 소준문 감독의 '알이씨 REC,' '떠다니는 섬,' '올드 랭 사인,' 이송희일 감독의 '야간비행,' '지난 여름, 갑자기,' 박찬욱 감독의 '아가씨,' 2017년 개봉한 김헌 감독의 '어느 여름날 밤에'가 대표적인 것들이다. 외국에서도 동성애를 주제로 다룬 영화를 주변에서 손쉽게 접할 수가 있다. 동성애를 주제로 국내에 소개되어 있는 외국영화로는 '아이다호,' '결혼 피로연,' '패왕별희,' '크라잉 게임,' '싸베지 나이트,' '필라델피아,' 'M 버터플라이,' 골든글로브 4개 부문을 수상한 '브로크백 마운틴,' '메종 드 히미코,' 2017년 개봉한 빌 콘돈(Bill Condon) 감독의 '미녀와 야수,' 2018년 개봉한 브라이언 싱어(Bryan Singer) 감독의 '보헤미안 렙소디'(Bohemian Rhapsody) 등이 있다.[12]

오늘날 동성애는 정치적이며 권력과 연관된 문제로 확대되어 있는 상황이다. 특히 동성애는 그동안 주류문화 속에서 금기시되는 주제였다. 그러나 금기시 되었던 동성애를 많은 감독들이 영화를 통해 오락의 대상으로 만들어 자연스럽게 보고 즐기도록 만들기 시작했다. 영화라는 '엿보기 기능'은 이성애자 관객들로 하여금 동성애자들의 삶과 성에 대한 호기심을 충족 시켜주는데 더할 나위 없이 좋은 역할을 했다고 볼 수 있다. 영화가 세상에 없었더라면 동성애는 오늘날만큼 사회적 확산을 이루며 지지를 받기 어려웠을 것이다. 동성애는 영화와 드라마를 통해 자연스럽게 대중들과 만났고, 세상에 인식되었다.[13]

동성애를 주제로 방영된 드라마로는 이미 1999년 KBS에서 연말 특집 드라마 '슬픈 유혹'을 방영한 바 있으나 관심은 미비했다. 지난 2003년 SBS 드라마 '완전한 사랑'에서 동성애자 캐릭터를 등장시켰으나 역시 큰 반향은 없었다. 그러나 2007년 MBC 월화드라마 '커피 프린스 1호점'의 인기에 힘입어 동성애에 대한 관심이 늘어났다. 일부 비평가들이 '커피 프린스 1호점'을 동성애 소재의 드라마라고 보기에는 무리가 있다고는 하지만 동성애 코드를 바탕에 깔고 있다는 사실을 부인할 수가 없다. 2008년 SBS 수목드라마 '바람의 화원,' 2009년 SBS 수목드라마 '미남이시네요,' 2009년 방영된 미국드라마 'L 워드,' 2010년 SBS 주말드라마 '인생은 아름다워,' 2010년 KBS 드라마 '성균관 스캔들,' 2011년 SBS 드라마 '시크릿 가든,' 2011년 KBS 단막극 '클럽 빌리티스의 딸들,' 2014년 MBC에서 방영한 '형영당 일기,' 2017년 JTBC 드라마 '힘쎈 여자 도봉순,' 2020년 JTBC 드라마 '안녕 드라큘라' 등 지속적으로 동성애를 주제로 한 드라마가 동성애 확산을 조장하고 있다.

미국에서 인기리에 사영되고 있는 동성애 주제 드라마는 다음과 같은 것들이 있다. 2000년의 '퀴어 에즈 포크,'(Queer As Folk) 2001년의 '식스 핏 언더,'(Six Feet Under) 2008년 시작된 '트루 블러드,'(True Blood) 2009년의 '모던 패밀리,'(Modern Family) 2009년의 '글루,'(Glee) 2011년의 '쉐임리스,'(Shameless) 2011년의 '틴 울프,'(Teen Wolf) 2013년의 '오렌지 이즈

더 뉴 블랙,'(Orange is The New Black) 2014년의 '원 헌드레드,'(One Hundred) 2014년의 '루킹,'(Looking) 2015년의 '그레이스 앤 프랭키,'(Grace and Frankie) 2015년의 '센스 8,'(Sense 8) 2016년의 '섀도우 헌터스,'(Shadow Hunters) 2017년의 '웬 위 라이즈,'(When We Rise) 등 대부분이 파격적인 노출과 캐릭터들로 이 시대에 미치는 영향은 가공할만하다.[14]

몇 년 전만 해도 지상파에서 동성애 코드를 차용한 드라마가 이렇게 큰 인기를 얻으리라고는 상상도 하지 못했다. 우리 사회에 분명히 존재하지만 골방에 숨겨둘 수밖에 없었던 동성애를 미디어를 통해 햇빛이 드는 안마당으로 꺼내놓기 시작한 것이다. 이러한 드라마에서는 그동안 다루어지지 않았던 동성애자들의 인간적인 삶을 보여 준다는 취지 아래 휴머니즘과 상업성이 결부돼 문화 콘텐츠로 상품화되면서 대중 속으로 깊이 파고들고 있다. 하지만 이와 같은 미디어의 동성애에 대한 흥미 위주의 접근은 일반 시청자뿐만 아니라 기독교인들에게까지 동성애에 대한 미화를 조장하고 있고, 아직 성 정체성이 확립되지 못한 청소년에게 부정적인 성적 가치관을 갖게 만들고 있다. 아울러 동성애를 상업적으로 이용하는 부분에 대한 비판 의식을 점차 마비시키는 역할을 하고 있다는 사실을 주목할 필요가 있다.

지금은 동성애를 지지하는 것이 마치 진보적이며 엘리트가 되는 양 착각하는 세대임을 부정할 수 없다. 그러나 동성애 문화 속에서 그리스도인은 분명한 문제의식을 가지고 문화적인 접근으로 들어가 대중들의 호응을 일으킬 만한 아름다운 이성애 영화와 드라마를 만들고 적극적으로 소비하는 자세가 필요하다.

(3) 퀴어(Queer) 문화축제

미국에서는 매년 6월 29에 레즈비언, 게이, 바이섹슈얼, 트렌스젠더

프라이드가 벌어진다. 네덜란드의 경우 '세계동성애자 퍼레이드'를 개최해서 동성애자들 간의 결혼을 법적으로 이미 인정받은바 있다. 한국에서도 퀴어 문화축제를 거리에서 실시해 동성애를 다양한 현대 문화의 하나로 시민들에게 각인시켰다. 대한민국 최초의 성 소수자 축제인 퀴어 문화축제는 2000년 연세대학교를 출발로 하여, 홍익대학교와 신촌, 이태원, 종로, 광화문, 서울 광장일대에서 열렸으며, 처음 2000명이 참가했지만 2019년 제20회 서울 퀴어 문화축제(5월 21일-6월 9일)는 주최 측 추산 인원으로 축제 인원 7만 명, 퍼레이드 인원 8만 명이 참석했다. 여기에는 성소수자 인권 단체 및 관련 사업자뿐만 아니라 '차별 없는 세상을 위한 기독인연대,' '조계종 국가사회위원회' 등 성소수자 권리를 지지하는 종교단체와 '민주노총,' '장애여성 공감' 등 각종 시민사회단체가 연대하여 참여하였다.

　퀴어(Queer)는 '낯설고 이상(異常)하다'란 의미를 지닌다. 이는 성소수자를 포괄하는 단어로 레즈비언, 게이, 양성애자, 트랜스젠더 등 일반적이지 않은 성적취향을 가진 사람을 말한다. LGBT(Lesbian, Gay, Bisexual, Transgender)의 관점에서 보면, 동성애 축제는 성적취향이 일반적이지 않은 사람들 모두가 옷장 밖으로 나오는 것이다. 해당 축제는 건전한 여가 문화 활동이라 할 수 없으며 시민의 신체와 생명에 침해를 가할 우려가 있는 축제이다. 일부 노출이 심한 의상을 입은 이들로 인해 '건전'하다고 말하기에는 논란이 일기에 충분하기 때문이다. 또 하나는 청소년에게 미치는 영향이다. 한국의 수도인 서울에서 경찰이 도로를 통제하고 인정하는 가운데 속옷만 입은 남자와 남자가, 여자가 여자에게 서로 키스하고 애무하는 것을 바라보는 초, 중, 고등학생들은 자신들의 인식 속에 사회가 '이것을 허용하는구나'라고 인식하게 되고 그러한 퍼포먼스를 통해 분별력을 잃고 많은 것들이 각인이 되어 학습이 될 것이라는 문제점이다.[15]

퀴어 신학은 동성애자들을 성 소수자로서 부당하게 차별받는 사회적 약자이자 인권 차원에서 억압 받는 자들로 본다.[16] 퀴어 문화축제가 의도하는 바가 충격효과와 반복학습이다. 퀴어 문화축제가 문제가 아니라 그것을 부정적으로 그리고 부담스럽게 바라보는 시민들이 잘못되었다는 메시지를 은연중에 전달하는 것이다.[17] 법적 보호를 받는 가운데 축제를 통해 이런 난잡하고 선정적인 모습들을 자꾸 보여줌으로써 익숙하게 만들려는 것이다. 퀴어 문화축제는 '사랑은 혐오보다 강하다'라는 표어를 내세우면서 거리행진과 결부된 선정적인 거리축제의 모습을 보면서 혐오감이 넘친다면 '당신은 사랑하지 않는 사람'이라는 메시지를 주입시키고 있다.

(4) 화장실 문화와 동성애

화장실 문화에도 엄청난 변화가 오게 된다. 미국에서 몇 년 전 부터 LGBT(Lesbian, Gay, Bisexual, Transgender)의 공중 화장실 이용이 진보와 보수 세력 간에 첨예한 전선이 되고 있다. 미국 캘리포니아 주에서 2015년 '트랜스젠더 화장실 법'(AB1266, 일명 공립학교 남녀화장실 공용법)이 통과된 이후, 학교 밖에서도 이와 관련된 사건이 일어나 주의가 요청된다. 이로 인해 캘리포니아 주 공립학교의 경우는 공공화장실을 성별에 따라 구분해 사용하지 못하고, 남녀가 자신의 결정에 따라 원하는 성별의 화장실을 사용하도록 되었다. 보수주의자들은 이런 추세가 곧 정부 소유의 빌딩뿐 아니라 캘리포니아 전역으로 퍼질 것이라 예측했다. 사건은 2015년 8월 24일 12세, 10세 소녀가 스포츠 용품 판매점인 캘리포니아 산타로사에 위치한 REI 매장의 화장실을 사용하는 중 어떤 남성이 이 여성 화장실로 들어오면서 발생했다. 소녀들의 안전에 심각한 위협을 느낀 12세 소녀의 어머니가 매장에 항의했지만 매니저는 오히려 소녀의 어머니에게 매장을 떠나라고 요청했다. 졸지에 성소수자 차별주의자로 매도된 그 가족은 주차장을 벗어날 때까지 주변 사람들로부터 외설적인 야유를 받아야 했다. 이에 대해 태평양법률협회(PJI)는 해당 매장과 워싱턴 주 REI 본사에 서한을 보내 이 모녀에 대한 매장 측의 처우에 관해 묻는 한편, REI가 고객들의 안전과 프라이버시를 위해 어떤 행동을 취할 것이지 물었다. PJI의 대표 브래드 대쿠스 변호사는 "매장 혹은 다른 공공시설에서 고객들의 안전과 프라이버시를 확보할 적절한 조치를 취하지 않는다면 심각한 법적 책임을 지게 될 것"이라 경고하면서 "이번 사건은 REI의 정책에 대해 심각한 우려를 낳고 있다. 정치적 정당성이 어린 소녀들을 위험에 밀어 넣고 있다"고 개탄했다.[18]

2016년 3월에는 노스캐롤라이나 주가 출생증명서에 기재된 성을 기준으로 화장실을 이용하도록 하는 법을 제정해 미국에서 화장실 전쟁이 다시 불붙었다.[19] 노스캐롤라이나 주 의회는 2016년 3월 '공공시설 사생활 및 보안법'(Public Facilities Privacy and Security Act)을 통과시켰다. 새 법안에 따라 노스캐롤라이나 주에서는 모든 공립학교와 정부기관, 주립대학의 화장실이나 탈의실 등 공중 이용 시설에서 성전환자는 생물학적 성에 따라 시설을 이용해야 한다. 태어날 때 성에 따라 화장실을 이용하도록 하는 법을 제정하였다. 이에 동성애를 합법화시킨 민주당과 동성애를 지지하는 구글(Google), 페이팔(Paypal), 다우 케미칼(Dow Chemical) 등 기업들과 프로농구협회(NBA) 등 단체들이 반대 목소리를 내며 압박을 가하고 있다. 그러나 현재 다른 13개 주들도 노스캐롤라이나와 유사한 법안을 추진하고 있고 과거 남성이었던 사람을 여자 화장실에 들어가게 하면 잠재적인 범죄를 방치하는 결과가 될 수 있다는 여론도 만만치 않아 '화장실 전쟁'은 한동안 계속될 전망이다.[20] 이는 단순한 문제가 아니다. 미국의 다음 세대들이 창조신앙에 입각하여 하나님 경외하는 것을 배우며 자랄 수 있도록 하는 단초가 됨을 인식해야 한다. 대한민국도 앞으로 차별금지법이 통과 되고 헌법 개정이 이루어진다면 남녀가 구분되지 않고 남녀가 동일한 화장실을 사용하므로 가져오게 될 무섭고 이상한 일들이 닥쳐올 것은 명약관화하다.

마이클 브라운(Michael Brown) 박사는 많은 이들이 동성애 관련 문화전쟁은 이미 다 끝났고, 동성애 혁명의 완전한 성공이 당연한 것처럼 보이지만 문화전쟁이 끝나려면 아직 멀었다고 주장한다.[21] 브라운 박사는 동성애 혁명이 스스로를 파멸로 가고 있다는 이유를 다음과 같이 제시한다. 첫째, 동성애자들이 종교·표현·양심의 자유를 공격하지만, 더 많은 성도들이 깨어나고 일어나는 것을 목도하고 있다. 둘째, 동성애 수용은 다름에 대한 관대함의 증가가 아니라 도덕성의 타락 때문이다. 셋째, 성에 대한 전쟁은 지속적으로 불가능하다. 왜냐하면 남성과 여성의 구별은 문자적으로 이 세상이 지탱되는 기초가 되기 때문이다. 넷째, 동성애 혁명의 일부 신념은 거짓·왜곡·잘못된 정보에 기초해 있다.[22]

기독교인들은 세상의 빛과 소금으로서 하나님의 부르심을 받았다. 이는 우리의 거룩한 책임이다. 성경은 동성 간의 모든 성 행위를 단죄하고 있다는 사실을 결코 잊어서는 안 된다. 동성애를 인정하는 해석학적 결론을 받아들이는 것은 명백한 잘못이다.[23] 무엇보다 동성애에 있어서 반드시 성경이 죄라는 사실을 지적함을 인지하고, 항상 옳은 편에 서야 한다는 사실을 명심해야 한다.

4. 동성애 합법화의 위험과 기독교 문화전략

이요나 목사는 국가인권위원회 법 제2조 3항에 비윤리적 성문화인 동성애를 지칭하는 '성적지향'(Sexual orientation)이라는 조항 때문에, 국가가 조직적으로 동성애를 마음껏 즐기도록 청소년들에게 가르치고 조장하는 일들이 발생하고 있다고 주장했다. 우리사회에서 가장 많이 쓰이는 단어 중 하나가 인권이고 가장 타락한 단어가 인권이다. 국가인권위원회는 인권이라는 미명 아래 국민들에게 동성애를 무차별적으로 강요하고 있으며, 국가가 앞장서서 친동성애적 편향 정책을 펴나가고 있다. 이를 방치한다면 동성애를 시작으로 우리 사회에서는 점차 성적 타락이 심화될 것이다.24) 이러한 국가인권위원회 법안은 동성애를 조장하는 병폐의 근원이 된다는 사실을 직시해야 한다. 국가인권위원회의 동성애 정책은 다음과 같다. 2003년에 동성애 표현 매체물을 청소년 유해 매체물로 지정하는 것을 삭제하는 정책을 폈고, 2006년 동성애가 포함된 차별금지법안 제정을 권고했으며 국방부에 병영 내 동성애자 인권보호지침을 요구했다. 2007년에는 어린이용 동성애 옹호영화 애니메이션을 제작했고, 2010년에는 동성애를 금지하는 군형법 폐지를 지지하는 의견서를 헌법재판소에 제출했다. 2011년 '언론보도준칙'을 만들어 동성애와 에이즈를 연결 짓지 못하게 했고, 2013년에는 2007년 제작한 동성애 영화를 전국 초중고에서 상영하도록 했다. 2014년에는 초중고, 공무원 및 공공기관 등에서 동성애 의무교육 제정을 권고했고, 군대 내 동성애 허용을 목적으로 '군인보호법안'을 제정하도록 권고했다.

문화 비평가인 에릭 메탁사스(Eric Metaxas)는 최근 "경고! 청소년 문학에 비정상적으로 자주 등장하는 동성애"(Disproportionately Gay; An Alarming Trend In Youth Lit)라는 제목의 크리스천포스트 기고를 통해 동성애자들이 책을 통해 동성애에 물들게 하고 있다고 우려했다.25) 메탁사스는 "십대들을 위한 책에 동성 성관계를 묘사하거나 동성애 캐릭터가 등장하는 경우가 갑자기 급격하게 증가하고 있고, 이는 현실에서 동성애의 증가와 비례하고 있다"고 지적했다. 그는 자신이 운영하는 'BreakPoint.org'에 올라온 북 리뷰를 근거로 모든 종류의 소설책에 동성애가 주제로 등장한다고 말했다. 메탁사스는 기독교적 관점에서 동성애에 대해 성경적으로 바르게 생각할 수 있도록 대비시키는 것이 중요하다고 주장했다.26)

동성 커플들이 자녀들에게 왜곡된 비정상의 생활 모습을 보여주는 것은 비극 중의 비극이다. 동성 커플 자녀들은 가족에서 배우는 혼합되고 혼동된 성 가치관을 형성해 공동체나 국가에서 역시 정상의 삶을 실현하기 매우 어렵다. 이는 사회의 건강한 발전을 저해할 수 있다.27) 동성 커플의 결혼생활 지속성이 이성 커플에 비해 현저히 낮다는 사실은 무엇을 말하는가? 티모시 데일리(Timothy Dailey)는 결혼한 부부와 동성 커플의 차이를 다음과 같이 보고했다. 결혼한 부부의 경우, 관계 유지 기간이 20년 이상 50%인 데 반해서, 게이 커플의 경우에는 20년 이상 5%였다.28) 이는 결국 가정의 근본인 한 남자와 한 여자의 결혼이라는 창조질서를 왜곡하고 범하는 죄악 속에서는 건강한 가정을 이루고 지탱하기 어렵다는 사실이다. 건강한 가정과 사회의 발전을 위해서 동성애자는 동성애의 잘못된 관습에서 벗어나야 한다.

미국장로교(PCUSA)의 현황을 보면 역시 동성애가 얼마나 심각한 문제인지 알 수가 있다. 미국장로교 총회는 2010년에 동성애자 성직 임명을 허용한 데 이어 2015년 3월에는 결혼에 대한 정의를 '한 남성과 한 여성 간의 결합'에서 '두 성인 간의 결합'으로 교단 법을 수정함으로써 사실상 동성결혼을 허용했다. 그리고 2015년 9월 총회 본부에서 동성결혼식을 개최했다. 총회 본부에서의 동성결혼식은 처음 있는 일로, 이는 교단이 동성결혼을 인정하고 있다는 사실을 상징적으로 보여 준 사건이다. 미국장로교 같이 미국 내에서 동성애 목사 안수를 비롯해 동성애 결혼 인정 등 동성애 문제에 있어 다소 우호적인 입장을 갖고 있는 교단은 그리스도 연합교(The United Church of Christ), 미국 복음주의 루터교(The Evangelical

Lutheran Church in America), 성공회(The Episcopal Church) 등이다. 그러나 장로교가 다 동성애를 인정하는 것은 아니다. 15개 교단의 약 34,000개 교회 1,570만 교인을 대표하는 전미흑인교회연대(National Black Church Initiative, NBCI)는 미국장로교(PCUSA)에 대해 교류 단절을 선언했다. 흑인들은 대부분 보수적 성향이 강하고 동성애에 대해 반대하는 입장이다.

미국장로교는 동성애자 성직 임명 허용 이후 매년 교회 수가 감소를 지속해 2014년 처음으로 1만 개 이하로 줄어들었으며, 동성결혼 허용 이후 중대형교회들의 탈퇴 선언이 이어지고 있다. 2014년 미네소타폴리스에 위치한 호프장로교회(Hope Presbyterian Church)는 약 120만 달러의 금액 지불을 감수하면서 소속 교단인 미국장로교를 탈퇴했고, 휴스턴에 소재한 대형교회인 그레이스 교회(Grace Presbyterian Church)도 교인들의 투표를 거쳐 미국장로교를 탈퇴하고 보수 장로교인들이 창립한 '장로교복음주의언약회'(ECO: Evangelical Covenant Order of Presbyterians)에 새롭게 가입했다. '장로교복음주의언약회'는 미국장로교(PCUSA)의 자유주의 입장에 반대하며 교단을 떠난 교인들이 2012년 발족시킨 보수 장로교단이다.

침례교단도 갈등이 있다. 2015년 사우스캐롤라이나 주 그린빌(Greenville)의 제일침례교회가 새로운 차별금지 정책을 채택했다. 교회의 회중으로 동성애자와 성전환자, 동성결혼 커플을 허용할 뿐만 아니라 동성애자나 성전환자를 사역자로 임명하는 것을 허용한다는 것이 핵심이다. 이 교회는 지난 1831년 초대 남침례교(SBC: Southern Baptist Convention) 총회장인 윌리엄 블레인 존슨(William Bullein Johnson, 1782-1862)에 의해 설립된 역사가 있는 교회이다. 그러나 1999년 SBC에서 탈퇴하여 현재는 협동침례교회(CBF: Cooperative Baptist Fellowship) 소속이다. 제일침례교회의 담임목사인 짐 댄트(Jim Dant)는 성적지향이나 성정체성을 이유로 교회의 모든 사역에서 차별을 허용하지 않는 새로운 정책을 채택했다고 밝혔다.

그러나 협동침례교회(CBF) 교단은 동성애와 동성결혼을 지지하지 않고 있으며, 공식적으로 전통적인 결혼의 정의를 지지하고 있다.29) 아울러 동성애자들이나 동성결혼자들이 교회 내에서 공식적인 직분을 가지는 것도 허용하지 않고 있다. 이에 따라 이 교회의 결정을 놓고 교단 내에서 논란이 일어날 것으로 보인다.30) 이 교회의 결정과 관련하여 프랭클린 그래함(Franklin Graham) 목사는 교회가 죄를 용납한 것이라고 비판했다.

이러한 결정들은 미국 교회뿐만 아니라 한국 교회에도 큰 충격이 아닐 수 없다. 더구나 이번 미국 교회와 사회의 동성애 결혼 인정과 합법화는 향후 한국에도 영향을 끼칠 수 있다는 점에서 벌써부터 한국 교계가 동성애자들에 대한 극단적 혐오감을 갖고 반대하는 진영과 동성애자들에 대한 감정적 반대보다 목회적 돌봄과 치유차원에서 끌어안아야 한다는 진영으로 나누어 서로를 비난하고 있는 실정이다.

동성애를 지지하는 미국 대학사회의 정책 변화도 예외가 아니다. 테네시대학(University Of Tennessee)은 대학 구성원들에게 he, she, his, her, hers와 같은 단어 대신 앞으로 ze, hir, hirs, zir, zirs, xem, xyr와 같은 성 중립적 단어를 사용해 달라고 요구하고 나섰다. 대학교의 프라이드 센터(Pride Center) 디렉터인 도나 브래퀴엣(Donna Braquet)은 성 중립적 대명사를 사용하는 목적은 모든 이들을 환영하고 포용하는 캠퍼스 환경을 조성하기 위해서라고 밝혔다. 테네시 주 상원의원인 메이 비버스(Mae Beavers)와 폴 베일리(Paul Bailey)는 하나님께서는 남성과 여성을 창조하셨는데, 이것을 이해하려고 대학 학위를 받을 필요도 없다고 강하게 비판했다. 프랭클린 그래함(Franklin Graham) 목사는 미국의 학교와 기업 등에서 성소수자들의 인권을 보장하려는 움직임이 정치적 압력 등을 통해 점점 더 가속화되고 있는데 여기에 맞서 싸워야 한다고 주장했다.31) 우리나라의 대학들도 예외가 아니다. 성소수자들의 차별에 반기를 드는 학생,

교수들이 지속적으로 늘어나고 있다. 그러나 다행스럽게도 "동성애 동성결혼 개헌반대 전국 교수연합"에서는 2017년 2,204명의 교수들이 '동성애와 동성혼에 반대한다'는 성명을 내며 적극적으로 투쟁하고 있다. 2017년 9월 침례신학대학교는 전국대학 최초로 교수들의 '동성결혼 합법화 반대' 성명을 발표했다.32)

기독교대학협의회(Council for Christian Colleges and Universities) 소속의 인디애나 주의 고센대학(Goshen College)과 버지니아 주의 이스턴 메노나이트 대학(Eastern Mennonite University)은 2015년 7월 동성결혼자를 교수로 임명했다. 이스턴 메노나이트 대학의 성서연구학 교수인 낸시 헤이시(Nancy Heisey)는 평등의 원칙을 지키기 위해 차별의 정책을 바꾸었고, 이는 대학사회에 중요하다고 말했다. 고센대학의 제임스 브렌너먼(James E. Brenneman) 총장은 학교는 동성결혼에 관한 성경 해석의 다양성을 존중한다고 언급했다.33) 이러한 대학사회의 동성애 합법화 정책 움직임은 대학 내 구성원들에게 기존의 질서와 가치를 뛰어넘는 적지 않은 파괴력을 줄 것으로 보여진다. 한국의 신학대학도 매우 심각한 실정이다. 2017년 10월 장로교신학대학교 내 동아리 〈암하아레츠〉는 친동성애 목회자를 초청하여 '목회현장에서 만난 성소수자들의 신앙과 삶 이야기'라는 제목의 강연을 기획했지만 이를 우려한 많은 교회와 성도들이 학교 측에 항의하는 바람에 강연은 취소되었다. 암하아레츠는 '땅의 백성들'이라는 뜻으로, 성경에서 가장 소외받은 계층을 가리키는 말이다. 강연은 무산되었지만 신학교인 장신대에서 친동성애 강연을 기획했다는 사실은 큰 충격을 주었다. 장신대 뿐만 아니라 타 신학대학교에서도 동성애 옹호적인 활동들이 적잖이 감지되고 있다. 지금까지 알려진 신학교 안의 친 동성애 동아리 혹은 비공식 모임으로는 감신대 〈무지개 감신〉, 한신대 〈고발자〉, 총신대 〈깡총깡총〉, 백석대 〈백설기〉 등이 있다.

우리나라에 동성애가 합법화되면 어떤 일들이 일어날까? 대한민국은 2007년, 2010년, 그리고 2013년 3차례의 차별금지법 입법 움직임이 있었다. 2018년에는 국회 개헌특위가 동성혼에 대한 편향적 개념을 도입하여 헌법을 개정하려 했다. 성평등이란 이름으로 동성혼을 허용하려는 헌법 개정 시도는 사회의 기본 틀을 무너뜨리는 행위이다. 대한민국은 헌법11조 1항과 헌법 36조 1항에 양성평등이 보장되어 있다. 여기서 말하는 성평등은 남, 녀 성별의 평등을 말하는 양성평등(equality of the sex)을 말하는 것이 결코 아니다. 양성평등과 성평등은 다른 개념이다. 양성평등은 남녀의 차별을 하지 말자는 의미이다. 반면에 성평등은 젠더 이데올로기(gender ideology)가 반영된 개념으로 매우 급진적이고 위험한 개념이다. 생물학적 성을 해체하고 자신이 자신의 성을 결정할 수 있게 하자는 뜻이다. 성평등이 되면 생물학적 남녀의 성 개념을 인정하지 않는 상태가 되기 때문에 자연히 동성애라는 개념이 없어지게 되어 합법적인 개념이 되어 버린다.

이는 선진국의 동성애 합법화 상황을 보면 답이 나온다. 2004년 동성애 법이 통과된 미국의 매사추세츠 주에서는 유치원에서 5세 자녀에게 동성혼과 동성관계에 대해 가르친다는 것을 안 학부모가 항의하다가 아이의 아버지가 감옥에 수감된 사건이 발생했다. 공립 고등학교 연극에서 "동정녀 마리아는 레즈비언, 노아는 방주에서 동물과 성행위, 동방박사는 에이즈 환자"로 연출했다. 매사추세츠의 수많은 기독교 시민들과 학부모들은 연극을 하지 말라고 12,000개가 넘는 항의 편지와 항의전화를 했지만 학교 교장인 골드만(Scott Goldman)은 이미 동성애 차별금지법이 통과되었기 때문에 성경 내용을 동성애로 묘사하는 것은 기독교에 대한 명예훼손이 되지 않는다며 이 연극을 강행했다. 2015년 미국 캘리포니아 주 소노마(Sonoma)에 사는 동성혼 부부가 한 남자와 결혼하고 그리고 이 남자의 아기를 한 달 간격으로 출산하여 일부다처가 등장했다. 2015년 9월부터 캐나다 온타리오 주 모든 학교에서 만 13세의 아이에게 항문성교와 구강성교를 가르치는 새로운 동성애 성교육법에 대해 학부모들이 항의했지만, 이미 동성애 차별금지법이 통과됐기 때문에 이 성교육법을 막을 수 없었다. 2018년 프랑스에서는 동성결혼을 반대하기 위해 파리에서 전통가족 지지자 약 15만 명이 모였지만, 이미 프랑스에서 동성결혼법이 통과된 후여서 상황을 바꿀 수 없었다.

텍사스 주 댈러스에 있는 포터스 하우스(The Potter's House)의 설립자요 담임목사인 제이크스(T. D. Jakes) 목사는 동성애 합법화를 강하게 반대하면서 우리가 세상의 시류에 휩쓸리거나 세상이 가는대로 가도록 강요해서는 안 된다고 강조했다. 제이크스 목사는 특히 모든 것이 하나님의 주권과 통치 안에 있다. 심판은 하나님께 맡기고 그리스도인은 복음을 전하고 영혼을 구원해야 할 사명에 충실하자고 언급했다. 앞서 제이크스 목사는 유명 방송인인 오프라 윈프리(Oprah Winfrey)와의 인터뷰에서 동성애가 죄라고 분명하게 밝혔다.[34]

동성애가 하나님의 창조에 반대된다고 확신한다면 왜 동성애를 기념해야 하는가? 왜 동성애적 이끌림을 인정해야 하는가? 동성애는 기독교의 신앙뿐만 아니라 한국의 전통적인 문화나 사상에도 맞지 않고, 도덕적으로도 맞지 않은 일이므로 이에 대해서 강력하게 이의를 제기해야 한다. 향후 한국 교회도 동성애 문제에 있어 이웃 사랑이라는 명제 하에 동성애를 승인하거나 인정하는 입장으로 선회할 가능성이 있는 교단이 있고, 반면 보수주의 신앙 배경을 갖는 교회들은 동성애 문제에 있어 극단적 혐오감을 갖고 동성애자들과 감정적 갈등과 마찰을 빚을 가능성이 있다고 본다. 이에 복음주의를 지향하는 교회들은 동성애가 몰고 올 혼란과 폐해를 알리고, 특히 문화를 통해 미화되는 것에 대한 지혜롭고 강력한 대처가 좀 더 시급한 과제라고 여겨진다.

많은 복음주의자들이 모르는 한 가지 사실은 주류 교단들이 기독교적 가르침을 세상의 문화, 사상들과 교묘히 타협하기 시작했다는 것이다. 복음주의 역시 이를 따라가고 있다고 본다. 절대적 진리가 파편화 되어 가는 이 시대에 우리가 진리를 수호하고, 주류 교단의 전철을 밟지 않기 위해서는 무엇이 옳은지 위협인지 배우고 알아야 하고, 진리와 정통 교리를 어떻게 구분하는지 알고 선한 것처럼 보이는 거짓에 적극적으로 대항하는 행동이 필요한 시점이다.

5. 나가는 말

동성애에 관한 논쟁은 교회의 정체성에 관한 깊이 있는 질문과 이에 대한 성경적이고 사역적인 해답들을 수면 위로 끌어올린다는 이유에서 매우 중요하다. 남침례회 윤리종교자유위원회(ERLC: Ethics and Religious Liberty Commission of the Southern Baptist Convention)의 러슬 무어(Russell Moore) 의장은 미국의 주류 교회들이 세상에 매력적으로 보이기 위해, 그리고 주변 문화에 섞이기 위해 동성애 등과 같은 사회적 이슈들에 대해 날카로운 성경적 입장을 취하지 않는 것을 비판했다. 우리는 세속주의가 세상의 마지막 종점이 아니라는 사실을 알고 있다. 혹 교회가 동성애를 받아들여서 더 많은 사람들을 얻을 수 있다고 해도 그렇게 해서는 안 된다. 그러므로 교회는 성경적 진리를 선포하는 데 주저하지 말아야 한다. 이것이 바로 교회의 책임이다. 베스트셀러 「래디컬」(Radical) 저자이자 버지니아 맥클린 바이블교회(McLean Bible Church)의 데이비드 플랫(David Platt) 목사는 동성애에 대한 성경적 입장은 기독교신앙이 갖는 가장 강력한 '복음' 그 자체임을 주장한다. 동성애라는 세상 문화 속에 사회적인 흐름이라고 핑계도 대지 말고, 복음 그 자체로 길을 내라고 권면한다.35)

한국교회는 유럽이나 미국처럼 동성애, 동성혼이라는 잘못된 문화가 끼친 무서운 악영향을 반면교사로 정신을 바짝 차리고 하나님 말씀의 기준을 지켜나가야 한다. 동성애는 성경의 가르침과 인류의 보편적인 성윤리에 배치되는 비도덕적인 성적 관행이다. 동성애를 더 이상 죄라고 말할 수조차 없게 만드는 법안인 차별금지법의 통과를 겨우 막았다. 한국교회는 이제야말로 깨어 기도하는 가운데 제대로 된 목소리를 낼 그리스도인들이 일어나야 할 때이다. 동성애가 휘몰아치는 혼탁한 성문화와 패륜의 조류를 거슬러 신성한 성문화 혁신의 과업에 동참하는 것이 다가올 세대에 진정한 변화를 만들어 나가게 될 것이다.36)

1) 기독교 내에도 동성애에 대해 정당하다고 옹호하고 조장하는 입장을 피력하는 신학자와 목사들이 있고, 이러한 동성애에 대한 보수와 진보 간의 갈등은 교회와 신학교에서 계속 진행 중인 문제들이다. 미국장로교 총회장을 역임한 잭 로저스(Jack Rogers)는 미국장로교(PCUSA)가 2014년 결혼에 대한 정의를 '남여의 결합'에서 '두 사람의 결합'으로 변경하는 과정에 가장 크게 공헌한 신학자이다. 이러한 그의 신학적 논리는 다음의 책에 잘 드러나 있다. Jack Rogers, 「예수, 성경, 동성애」, 조경희 옮김 (서울: 한국기독교연구소, 2015). 이러한 동성애, 동성혼 입장을 지지하는 대표적인 사람들은 미국 성공회 뉴햄프셔 주교인 V. Gene Robinson, Soulforce의 창설자인 Mel White, 애틀랜타 모닝사이드 장로교회 목사인 Joanna M. Adams, 애틀랜타 초교파신학센터 교회사 교수인 Gayraud S. Wilmore, 메트로폴리탄 지역 공동체교회 회장인 Elder Nancy Wilson, 매사추세츠대학교 경제학교수인 Lee Badgett 등이 있다.

2) 이요나, 「동성애 사랑인가」 (서울: 지혜문학, 2008), 145.

3) 동성애는 사람뿐만 아니라 1,500종이 넘는 동물 종에게 발견되었으며 기록으로 남아 있다. 레즈비언의 경우 성적 행위에서 남성의 역할을 하는 여성을 '트리베이드'(Tribade) 혹은 '부치'(Butch)라 부르고, 여성 역할을 하는 여성을 '팸므'(Femme)라고 부른다. 게이의 경우, 성적 행위에서 여성의 역할을 '페어리'(Fairy) 혹은 '바텀'(Bottom)이라 부르고, 남성의 역할을 '탑'(Top)이라 부른다. 한국에서는 성관계에서 남성의 역할을 '때찌', 여성의 역할을 '마짜'라 부른다. 김종걸, "동성애에 대한 신학적 이해," 「복음과 실천」, 40 (대전: 침례신학대학교출판부, 2007), 157-8.

4) 이요나, 「동성애 사랑인가」, 196. 동성애에 대한 말뜻은 다음의 책을 참고하면 좋다. Daniel A. Helminiak, What the Bible Really Says About Homosexuality (San Francisco: Alamo Square Press, 2000); Daniel Helminiak, 「성서가 말하는 동성애—신이 허락하고 인간이 금지한 사랑」, 김강일 역 (서울: 해울, 2003); Eric Marcus, 「커밍아웃 – 동성애자에게 누구나 묻게 되는 300가지 질문과 대답」 (서울: 박영률출판사, 2000)을 참조할 것.

5) 고대의 문헌자료나 헬라의 사상에서도 동성애가 나타난다. 고대의 문헌자료에 나타난 동성애 자료는 다음과 같다. John Jefferson David, Evangelical Ethics: Issues Facing the Church Today (Phillipsburg: P&R Publishing, 1993); D.D.C. Allen, "Homosexuality," in W.E. Preece(ed), Encyclopedia Britannica, vol. 11 (1971); Thomas Hubbard, ed. Homosexuality in Greece and Rome: A Sourcebook of Basic Documents (Berkeley: University of California Press, 2003).

6) 이경직, "플라톤의 〈향연〉편에 드러난 동성애," 「기독교 사회윤리」 (서울: 선학사, 2000), 204-24.

7) 윤인경, "달라지는 동성애 인식, 이대로 괜찮나,"(온라인자료)http://www.christiantoday.co.kr/news/323207, 2019년 7월 7일 접속.

8) 이태희, 「세계관 전쟁」 (서울: 두란노서원, 2016), 106.

9) 기독교윤리연구소편, 「동성애에 대한 기독교적 답변」 (서울: 예영커뮤니케이션, 2017), 15.

10) 이태희, 「세계관 전쟁」, 18-9.

11) 윗글, 21.

12) 김종걸, "동성애에 대한 신학적 이해," 「복음과 실천」, 40 (대전: 침례신학대학교출판부, 2007), 155–6.

13) 기독교윤리연구소편, 「동성애에 대한 기독교적 답변」, 33.

14) 틸, "Boy Love, BL 퀴어 동성애 드라마," 〔온라인자료〕https://blog.naver.com/aitan/221334830672, 2019년 7월 9일 접속.

15) 전문가들은 아이들이 케이블 TV와 음란비디오, 인터넷 음란물을 통해 간접적으로 학습이 되고 하고 싶은 충동이 일어나게 되었다는 것을 알게 되었다. 은밀한 곳에서 보고 간접적으로 배운 것들을 교사와 부모가 없는 학교와 집단에 가서 무리와 실습해보는 행위를 하는 것이다. 이렇게 현 시대를 살고 있는 많은 아이들의 인식과 생각이 전과는 많이 달라진 모습을 보이고 있으며, 이러한 이유가 바로 퀴어 문화축제가 이루어지면 안 되는 이유이기도 하다. 이런 스쳐지나가는 음란물의 잔상에도 학습이 되는 아이들인데 서울 도심 한복판에서 벌거벗고 성행위 퍼포먼스를 하는 것이 합법적인 것을 보게 되고 객관적인 것으로 받아들여 큰 영향을 받게 될 것이기 때문이다.

16) 김영한, 「젠더주의 도전과 기독교신앙」 (서울: 두란노서원, 2018), 92. 김영한 박사는 퀴어 신학의 문제점을 다음과 같이 지적한다. 첫째, 신학의 본질에서 빗나간다. 동성애는 처음부터 기독교 신학의 기초인 계시된 하나님 말씀인 성경의 가르침에 배치된다. 둘째, 퀴어 신학의 주제는 동성애의 정당화인데 이것은 신학의 보편적 주제가 될 수 없다. 셋째, 용어 의미가 괴기하다. 정통신학의 관점에서는 동성애는 반인륜적, 비도덕적일 뿐 아니라 의학적으로나 생물학적으로 정상적인 상식적 질서와 부합하지 않는다는 뜻이다. 그래서 괴기(怪奇)하다고 본다. 동성애는 성경의 가르침과 인류의 보편적인 성윤리에 배치되는 비도덕적인 성적 관행이다. 넷째, 퀴어 신학은 성경의 신적 영감성을 거부한다. 성경의 영감성을 거부하면 하나님의 말씀인 성경의 본질을 놓치게 된다. 다섯째, 퀴어 신학은 성경에 대한 상식적 문자적 해석을 거부한다. 성경 해석의 기본인 문자적 해석을 거부한다. 루터나 칼빈 등 종교개혁자들도 성경 해석의 기본은 성경이 말하는 용어를 문자적으로 해석하는 것이라고 하였다. 성경 해석은 원칙적으로 문자적 해석이 주도적이며, 이에 추가적으로 은유적, 다양한 해석이 적용되어야 한다. 정통신학에서는 텍스트의 본래적 의미가 가장 중요하며, 모든 시대의 해석은 그 본래적 의미에 준하여 적용되어야 한다.

17) 아가페, 「동성애와 동성혼에 대한 21가지 질문」 (서울: 기독교문서선교회, 2017), 57.

18) 김준형, "여성 화장실에 남성이 갑자기," 〔온라인자료〕 news@christianitydaily.com, 2019년 7월 7일 접속.

19) 미국 프로미식축구(NFL)팀 휴스턴 구단주인 밥 맥네어(Bob McNair)와 전 미국 프로야구 메이저리그(MLB) 올스타 출신인 랜스 버크만(Lance Berkman)도 여성의 화장실을 사용하는 남자들은 '문제아(troubled)'들이라고 비판하며, 가장 중요한 것은 가정이라고 주장했다.

20) Tom Dart, "화장실 법안 도입 계획," 〔온라인자료〕 https://mitr.tistory.com/3085, 2019년 7월 10

일 접속.

21) Michael Brown, 「성공할 수 없는 동성애 혁명」, 자유와인권연구소 옮김 (서울: 쿰란출판사, 2017), 347-8. 원래 이 책의 제목은 "Outlasting the Gay Revolution"인데 여기서 동성애에 대한 장기적 문화변혁을 위한 8가지 원칙을 제시하고 있다. 마이클 브라운 박사는 뉴욕대학교에서 근동아시아 언어학을 연구했다. 그는 지금껏 25권 이상의 책을 썼으며, 전국에 방송되는 라디오 방송의 진행자이자 크리스천포스트 칼럼니스트이기도 하다. 전 세계를 순회하며 동성애자들과 불가지론주의 교수들과 토론활동을 벌이고 있다. 현재는 Fire School of Ministry의 대표이다.

22) 마이클 브라운, "내가 동성애 축제를 기념하지 않는 이유," [온라인자료]http://www.christiantoday.co.kr/news/323207, 2019년 7월 10일 접속.

23) Pim Pronk, Against Nature? Types of Moral Argumentation Regarding Homosexuality (Grand Rapids: Eerdmans, 1993), 279.

24) 이요나, "국가인권위법 방치하면 성적 타락 심화될 것," [온라인자료]http://www.christiantoday.co.kr/news/286502, 2019년 7월 10일 접속.

25) 21세기 미국 기독교계의 뜨거운 인물로 주목받고 있는 에릭 메타사스(Erick Metaxas)는 예일대학교 출신의 복음주의 저술가이고 문화평론가이다. 그는 디트리히 본회퍼(Dietrich Bonhoeffer, 1906-1945) 전기인 「디트리히 본회퍼」와 「어메이징 그레이스」등을 쓴 밀리언셀러 작가이다. 2014년 12월 25일 월스트리트저널(WSJ)에 기고한 "과학이 점점 더 신의 존재를 증명하고 있다"는 제목의 칼럼은 월스트리트저널 역사상 최고의 열독률을 기록하며 큰 반향을 불러일으켰다. 미국의 많은 목회자들이 주일 강단에서 그의 칼럼을 성도들에게 그대로 읽어 주고 인용할 정도로 인기가 있었다. 2012년에는 미국 국가조찬기도회 기조연설에서 버락 오바마(Barack Obama) 대통령의 낙태와 동성애 허용을 거침없이 비판하면서 오바마 대통령의 기독교 신앙에 대해 우려를 표명했다. 그는 BreakPoint.org 사이트를 운영하면서 청소년들을 유해한 문화 환경으로부터 보호하는 운동을 하고 있다.

26) 에릭 메타삭스, "동성애, 책 영화 음악 통해 청소년들 노린다." [온라인자료]http://www.christiantoday.co.kr/news/286708, 2019년 7월 5일 접속. 메탁사스는 현재 문화의 두 가지 주요한 흐름을 지적한다. 첫째, 저자들이 동성애를 정상화하려고 하면서 자신들이 연민과 이해, 그리고 동성애를 수용하는 것을 열성적으로 홍보하려는 것이다. 둘째, 모든 성적 장벽을 허물어 없애고 자신들이 자유라고 주장하는 것을 밀어붙이려 하는 것이다.

27) 손혜숙, 「미국이 운다 동성애」 (서울: 밀알서원, 2016), 167-70.

28) Timothy J. Dailey, "Comparing the Lifestyles of Homosexual Couples to Married Couples,"[온라인자료] http://www.orthodoxytoday.org/articles4/DaileyGayMarriage.php, 2019년 7월 10일 접속.

29) CBF(협동침례교회)는 2,000개가 넘는 침례교회들이 가입해 있는 교단이다.

30) 이혜리, "남침례회 초대 총회장이 설립한 교회, 동성애 사역자 허용," 〔온라인자료〕http://www.christiantoday.co.kr/news/285359, 2019년 7월 10일 접속.

31) 프랭클린 그래함, "테네시대학, 동성애자 · 트랜스젠더 위해 "'he' · 'she' 대신 'ze' · 'hir' 사용하자," 〔온라인자료〕http://kr.christianitydaily.com/articles/84598/20150901, 2019년 7월 10일 접속.

32) 백상현, "침신대 교수들 동성결혼 합법화 반대 성명서," 〔온라인자료〕http://news.kmib.co.kr/article/view.asp?arcid=0011785560, 2019년 7월 10일 접속.

33) 이혜리, "美 메노나이트 계열 두 기독교대학, 동성혼 교수 허용," 〔온라인자료〕http://www.christiantoday.co.kr/news/284881, 2019년 7월 10일 접속.

34) 제이크스, "하나님은 헌법이 아니라 성경으로 심판하신다," 〔온라인자료〕http://goodnewsua.org/index.php?document_srl=808420. 제이크스(T. D. Jakes) 목사는 1996년 약 50 가족들과 포터스 하우스(The Potter's House)를 개척했는데, 이 교회는 현재는 3만 명 규모의 메가 처치로 성장했다. 포터스 하우스는 미국에서 가장 빠르게 성장한 대형교회 중 하나이다. 그는 또 타임지가 선정한 미국에서 가장 영향력 있는 복음주의자 25명 중 한 명에 선정되기도 했으며, 타임지와 CNN은 그를 미국 최고의 설교자로 꼽았다.

35) David Platt, 「카운트 컬쳐」, 최종훈 옮김 (서울: 두란노서원, 2016), 18-22.

36) 이 글은 침례신학대학교 출판부에서 펴낸 「동성애, 성경에 길을 묻다」 (대전: 침례신학대학교출판부, 2019), 183-212에 게재된 글이다.

3부 교회의 본질: 시대를 꿰뚫는 혜안

7. 가난한 자들을 위한 이해

1. 들어가는 글

인류 역사를 통해 가난을 좋아하는 사람은 없다고 해도 과언은 아니다. 가난이 중세시대에 수도원을 중심으로 근면과 청렴이라는 미덕으로 승화되기도 했으나, 대부분 반드시 극복되어야 할 대상으로 인간들 마음 속에 자리 잡게 되었다. 오늘날 우리 사회도 역시 가난을 극복하고자 하는 강렬한 욕망으로 향락과 물질이 우상시 되어 버렸고, 개인과 사회는 이러한 물질지상주의라는 잘못된 세계관으로 인해 심히 부패되어 있다. "너는 이것을 알라 말세에 고통하는 때가 이르러 사람들이 자기를 사랑하며 돈을 사랑하며 자랑하며…쾌락을 사랑하기를 하나님 사랑하는 것보다 더하며…."(딤후 3:1-5)라는 사도 바울의 글은 오늘날의 개인과 사회의 모습을 너무나도 정확히 표현하고 있다.

인간의 이기심에 동인을 두는 자본주의는 19세기 이후 활발한 경제활동을 가져왔고 따라서 엄청난 자본의 축적을 가져왔다. 그러나 이러한 자본주의의 사고는 그리스도인이 이 땅에 사는 동안 참다운 기독교 경제 원리를 실천하면서 살아가는데 심각한 걸림돌이 되는 주요원인이 되어 온 것이 사실이다. 자본주의적 체제 아래 우리는 축복이란 것이 부유해지는 것, 건강해지는 것, 사업에 성공하는 것, 지위와 명예가 높아지는 것으로 생각해 왔다. 특히 전통적인 기복신앙에 젖어 있는 우리의 현실은 인간욕망 중심적인 본질을 벗어버리지 못하고 있다. 그래서 교회도 사회처럼 세속적인 경제주의에 침식당하고 있는 것이 오늘의 현실이다. 마치 경제적으로 잘 사는 것이 하나님이 인간을 창조하신 목적인 것처럼 왜곡되어 버렸다. 사람들은 이런 교회의 모습을 보고 경제주의의 '탈종교시대'라고 한다. 지금의 시대는 무엇보다 돈을 가장 중시하는 경제제일주의 시대이다. 사회도 교회도 물질적인 진보를 요구하고 그것을 성취하기 위해 끊임없이 노력한다. 그런데 문제는 이러한 물질적인 풍요 속에서도 빈곤의 증대화 현상이 끊이지 않는다는 사실이다.[1] 이러한 현상에 대한 원인과 해결책으로 사회보장제도나 세제개혁 등을 통한 구체적인 복지정책이 제시되고 있으나, 그럼에도 불구하고 그러한 정책의 효율성은 한계를 드러내고 있다. 여전히 이 지구상 한편에서는 영양과다로 비만에 시달리고 있고 또 한편에서는 영양실조로 수많은 사람이 죽어가고 있는 것이 오늘의 현실이다.

종교개혁자 마틴 루터(Martin Luther)는 성도에게 세 가지 회심이 있어야 한다고 하였다. 첫째는 가슴의 회심이요, 둘째는 영혼의 회심이요, 셋째는 물질로부터의 회심이다.[2] 가슴의 회심이란 세상적인 것으로부터 하나님 것에 대한 사랑으로의 전이요, 영혼의 회심이란 그리스도의 지배 아래 있게 됨이요, 물질로부터의 회심이란 물질에 대한 초연적 자세를 갖는 삶으로의 전환을 의미한다. 루터의 말과 같이 성숙한 그리스도인에게 요구되는 회심은 물질로부터 자유를 누리는 것이다. 경제제일주의로 살아가는 우리에게 있어서 루터의 말처럼 물질로부터 초연적인 자세를 갖는 참된 자유를 누리는 성숙한 그리스도인이 과연 있을까? 더구나 풍요와 빈곤이 병존하는 사회 현상 속에서 그리스도인은 어떻게 사고하고 행동해야 하는가?

필자는 이러한 문제의식 하에서 제반 사회현상 중의 하나인 가난에 대해 그리스도인이 어떻게 사고해야 하고 행동해야 하는지 그에 따른 청지기 원리를 제시하고자 한다. 2장에서는 부요에 대해 성경이 어떻게 이야기하는지 알아보고, 3장에서는 가난에 대해 성경이 이야기하는 것을 살펴보고자 한다. 4장에서는 가난한 자들을 위한 청지기적 소명에 대해 알아보고, 5장에서는 구체적인 삶의 모습을 강조하고자 나눔의 삶을 제시하고자 한다.

2. 부요에 대한 성경적 개념

우리가 가난에 대해 논의를 하려면 우선 그 상반된 개념인 부요와 연결하여 생각할 필요가 있다. 성경은 돈이나 물질적인 부에 대하여 한편으로는 하나님의 축복으로, 다른 한편으로는 영적 위험성을 지닌 것으로 지적함으로 부의 양면성을 언급한다. 특히 예수께서는 비유를 통해 말씀하시는 중에 17회에 걸쳐서 부에 대해 혹은 재산에 대한 비유를 말씀하셨다. 따라서 부에 대한 성경적 개념을 올바로 이해하기 위해서는 이 두 가지 측면을 균형있게 이해해야만 한다.

(1) 축복으로서의 부

구약성경에 보면 물질적 부가 하나님의 축복이라는 사상이 강하게 나타나 있다. "아브람에게 가축과 은과 금이 풍부하였더라"(창 13:2)는 말씀처럼 아브람은 큰 부자였으며, 이삭, 야곱 등 구약의 족장들도 부자였다. 의인이었던 욥은 당대의 부자였고, 자신이 소유한 부가 하나님으로부터 온 축복의 소산임을 인정하고 감사하였다. 더욱이 거듭된 시련에도 불구하고 하나님에 대한 믿음을 포기하지 않았을 때, 그의 재산은 갑절이나 더하도록 부를 허락하셨다. "여호와께서 욥의 말년에 욥에게 처음보다 더 복을 주시니"(욥 42:12). 솔로몬의 지혜로운 기도는 하나님의 마음에 합함으로 그 이전이나 그 이후에 어느 왕과도 비교가 되지 않을 정도의 부요를 누렸다. "내가 또 네가 구하지 아니한 부귀와 영광도 네게 주노니 네 평생에 왕들 중에 너와 같은 자가 없을 것이라"(왕상 3:13). 이들의 부에 대해 성경은 한결같이 하나님의 축복의 결과라고 말했다. 신명기에서는 재물이 순종하는 자에게 주는 보상, 곧 하나님의 축복으로 강조되었다. "네가 네 하나님 여호와의 말씀을 청종하면 이 모든 복이 네게 임하며 네게 이르리니"(신 28:2). 그 이외의 곳에서도 성경은 부에 대해 한결같이 하나님의 축복의 결과로 말씀한다(잠 10:22; 전 5:19).

신약성경에 보면 구약성경에서만큼 물질적 부가 하나님의 축복으로 강조되고 있지는 않다. 그러나 신약시대도 지상의 현세적 축복을 무시하거나 불필요한 것으로 가르치지 않았고(마 6:11; 딤전 4:4), 단지 신령한 축복을 강조한 점에 차이가 드러난다(마 5:3, 6:24).[3] 결국 성경에서는 물질적 부가 하나님의 결과임이 강조되고 있다. 성경은 물질적 축복이나 치부 그 자체를 잘못으로 정죄하지도 않을 뿐만 아니라 가난한 삶을 그리스도인의 삶의 형태로 요구하지도 않는다. 성경은 물질에 대해 악하다거나 선하다고 말하지 않는다. 물론 하나님의 축복은 곧 물질적 부요라는 함수 관계로 이해하는 것은 정당치 못하지만 부요가 하나님의 여러 축복의 한 양상임은 분명하다.

(2) 영적 위험으로서의 부

신약성경에는 물질적 부에 대한 부정적 측면이 자주 언급되어 있다. 예수께서는 재산이자 소유, 곧 부 그 자체를 부정하지는 않았지만, 부가 가져올 수 있는 영적 위험성과 기만성에 대해서는 계속 경고하셨다. 어리석은 부자의 비유(눅 12:16-21)와 부자 관원의 이야기(마 19:16-30; 막 10:17-31; 눅 18:18-30)는 재물이 가져올 영적 위험성에 대해 잘 보여주고 있다. 특히 하나님께 대하여 부요치 못하고 물질적으로 부한 어리석은 부자의 비유는, 부의 소유가 이 세상의 어떤 것들을 추구하도록 유혹하고 그리스도로부터 멀어지게 하는 영적 위험성을 지닌다는 지적이다. 그래서 예수께서는 "다만 너희는 그의 나라를 구하라 그리하면 이런 것들을 너희에게 더하시리라"(눅 12:31)고 말씀하셨다. 부자 관원의 이야기에서 예수께서는 한 가지 부족한 것을 지적하셨는데, 그것은 바로 그의 마음 깊은 곳에 자리하고 있는 부에 대한 신뢰를 버리지 못한 것이었다.

그러나 삭개오가 예수님을 영접한 이후에 자기의 재물을 선을 행하며 하늘에 쌓기 시작할 때에 예수께서는 기뻐하시면서 "오늘 구원이 이 집에 이르렀다"(눅 19:9)고 칭찬하셨고, 결코 그의 소유를 모두 버리라고 하신 적이 없다. 즉 예수께서는 삭개오에게 그의 전 재산을 가난한 자에게 나누어주라고 요구하지 않으셨다는 사실을 주목해야 한다. 또한 한 여인이 옥합을 깨뜨리고 그 향유를 그의 발아래 부을 때 크게 칭찬하셨다(눅 7:36-50; 마 26:6-12; 요 12:1-8). 이를 보면 부의 소유 자체가 문제가 아니라, 부에 대한 신뢰가 문제가 되는 것이다. 물질이 바로 쓰일 때 칭찬이 있지만, 그것을 잘못 쓸 때에는 예수님의 무서운 책망이 있었다는 사실을 주시해야만 한다.

이와 같은 점들을 고려할 때, 재물의 소유와 제자가 되는 일은 대립적 성격이 아니라는 것은 분명하다. 그럼에도 불구하고 부자 청년을 향해 "네게 있는 것을 다 팔아 가난한 자들에게 주라 그리하면 하늘에서 보화가 네게 있으리라 그리고 와서 나를 따르라"(막 10:21)고 하신 것은 부의 자발적 포기가 제자되는 필수 조건임을 말하기 위함이 아니라 물질적 부요가 가져올 수 있는 영적 위험성의 가능성을 보였기 때문이다. 피조된 인간은 창조주 하나님을 섬기든지 아니면 피조물 중의 어느 하나를 섬길 수밖에 없는 존재로 지음 받았다.[4] 인간은 하나님과 다른 어떤 것, 이를테면 물질을 동시에 섬길 수 없는 본성적 특징을 지니고 있다. 그래서 예수께서는 하나님을 온전히 섬기는 데 장애가 되는 물질적 부를 핍절한 자들에게 나누어주라고 하셨던 것이다. 재물은 일상의 삶을 위해서 유용한 것이나 재물이 지니는 물신적 성격 때문에 이 부는 영적 위험성을 지니고 있다.[5] 바울은 재물에 대한 욕망과 탐욕이 가져올 영적 위험성에 대해 다음과 같이 지적한다.[6] "돈을 사랑함이 일만 악의 뿌리가 되나니 이것을 탐내는 자들은 미혹을 받아 믿음에서 떠나 많은 근심으로써 자기를 찔렀도다"(딤전 6:10).

3. 가난에 대한 성경적 개념

성경은 가난을 여러 범주로 구분하여 나누는 것을 금지한다. 즉 가난을 부끄러운 가난이나 원한에 찬 가난, 덕스러운 가난이나 타락한 가난, 물질적 가난이나 영적인 가난으로 구분할 수 없다는 것이다. 가난이란 개념은 이 모든 것을 함축하고 있다. 사실 가난이란 물질과 정신의 가난을 동시에 말한다. 예수께서 언급하신 팔복 중 첫째에 해당되는 "심령이 가난한 자는 복이 있나니 천국이 그들의 것임이요"(마 5:3)에서 심령이 가난한 자는 겸손과 겸비함을 의미하며, 하나님 나라를 갈급하는 심령을 의미하는 것으로써 재물의 많고 적음을 의미하고 있지 않다. 반면, "가난한 자는 복이 있나니 하나님의 나라가 너희 것임이요"(눅 6:20)에서 가난한 자는 물질적으로 가난한 자를 의미한다. 여기서 분명한 사실은 예수께서 팔복의 시작을 영적으로나 물질적으로나 실제로 가난한 자들을 대상으로 한다는 것이다. 이는 예수께서 가난한 자들에게 복음 전파함을 그의 사명의 핵심부분으로 인식하고 있다는 사실을 드러내는 것이다. 가난을 가리키는 히브리어를 보면 물질적인 가난과 영적인 가난 모두를 가리킨다. '가난하다'라는 단어는 친절과 따스함을 지닌 도덕적 태도를 의미할 수도 있지만 다른 각도에서 보면 외부로부터 입은 불행, 즉 억압과 모욕의 뜻도 있다. 가난에는 겸양과 비천의 뜻이 다 들어있다.[7] 마태복음과 누가복음의 이러한 차이는 이스라엘에서 가난한 자를 둘러싸고 있었던 두 가지 특징을 정확히 말해주고 있는 것이다. 이러한 이중적 특징은 서로 떼어낼 수 없는 것으로 어느 하나가 없어져도 가난이라는 개념은 없어진다. 가난한 자는 사실로나 의식으로나, 물질로나 영적으로나 완전히 의지할 것이 없게 된다. 즉, 성경에서 말하는 가난한 자는 하나님의 소명을 성취할 수 있는 사회적, 경제적, 정치적 또는 영적 자원이 없는 자들이라고 말할 수 있다.

그런데 성경은 가난한 자가 동시에 의로운 자라고 이야기한다. 이것은 가난한 자들 자신이 의롭다는 말이 아니고, 하나님의 의가 가난한 자들을 위한 정의를 요구한다는 말이다. 가난한 자의 의로움은 비천함에서 하나님만 의지하는데 있다. 그리고 가난한 자가 의로운 이유는 하나님께서 그의 부르짖음에 응답하시기 때문이다. 즉, 어떤 행위의 결과 때문이 아니라 다만 그의 깊은 절망에 대한 하나님의 응답이 그에게 부여되었기 때문이다. 성경을 통해 볼 때, 하나님께서 가난한 자들에게 특별한 관심을 갖고 계시다는 사실은 분명하다. 하나님은 율법을 통해서 이스라엘에게 고아와 과부와 나그네들을 돌보라고 명하셨다(출 22:21-24; 레 19:15; 신 10:17-18). 이스라엘을 노예 상태에서 구출하셨으며, 또 항상 가난한 자들을 옹호하시는 분이 하나님이시다(출 6:5-7, 20:2; 신 5:6, 26:5-8). 시편 기자는 여호와를 다음과 같이 찬양하고 있다. "억눌린 사람들을 위해 정의로 심판하시며 주린 자들에게 먹을 것을 주시는 이시로다 여호와께서 갇힌 자들에게 자유를 주시는도다 여호와께서 맹인들의 눈을 여시며 여호와께서 비굴한 자들을 일으키시며 여호와께서 의인들을 사랑하시며"(시 146:7-8). 또한 예수께서는 이사야의 말씀을 들어 부정의한 경제구조와 가난하고 억압의 굴레에 매여 있는 자들을 위해 자유하게 하는 은혜의 사역을 선언하셨다. "주의 성령이 내게 임하셨으니 이는 가난한 자에게 복음을 전하게 하시려고 내게 기름을 부으시고 나를 보내사 포로된 자에게 자유를 눈먼 자에게 다시 보게 함을 전파하며 눌린 자를 자유롭게 하고 주의 은혜의 해를 전파하게하려 하심이라"(눅 4:18-19). 예수께서는 육체적으로 병든 자와 눈먼 자들을 고치시고 굶주린 자들을 먹이셨다. 이와 같은 예수님의 선언은 새로운 출발을 알리는 희망의 선포였다.[8] 또 예수께서는 다음과 같이 말씀하셨다. "내가 주릴 때에 너희가 먹을 것을 주었고 목마를 때에 마시게 하였고 ......너희가 여기 내 형제 중에 지극히 작은 자 하나에게 한 것이 곧 내게 한 것이니라"(마 25:35-40). 야고보도 "하나님이 세상에 대하여는 가난한 자들을 택하사 믿음에 부요하게 하시고 또 자기를 사랑하는 자들에게 약속하신 나라를 유업으로 받게 아니하셨느냐"(약 2:5)고 말씀하셨다. 성경 전체에서 하나님은 지속적으로 굳세게 가난과 싸우고 가난하고 궁핍한 자들을 돌볼 것을 강조하고 있다.

성경이 특별히 언급하는 것이 바로 가난한 자들과 굶주린 자들과 억눌린 자들이다. 그리고 그들을 돌보지 않는다고, 무엇보다도 가난한 자들을 억압한다고 유달리 비난받는 것은 바로 부자들이다. 그리고 부자들이 비난을 받는 것은 바로 그들의 부가 가난한 자들을 착취해서 얻은 것이기 때문이다. 성경에는 가난한 자들이 어떻게 해서 가난하게 되었는지에 대해서 구체적인 언급이 없으나 누가복음 6장 24절에 "화 있을진저 너희 부요한 자여 너희는 너희의 위로를 이미 받았도다"하는 말씀을 볼 때, 부요한 자들이 가난한 자들의 희생을 치르면서까지 부요해지기를 원한다는 사실을 유추할 수 있다. 특히, 부자와 거지 나사로의 비유(눅 16:19-31)는 부요한 자와 가난한 자를 성경에서 어떠한 시각으로 다루고 있는지를 극명하게 보여주고 있다. 이 비유에서 부자는 매일 호화로운 연락을 즐겼다는 사실로 보아 가난한 자를 구제하지 않았다는 사실을 쉽게 유추할 수 있다. 반면 거지 나사로도 특별한 선행을 한 기록은 없이 고통스럽게 살았다고 기록되어 있다. 거지 나사로는 세상에서 살 때 고통스럽게 살았다는 이유만으로 천사들에게 받들려 하늘나라에서 위로를 받게 된 것이다. 이 비유는 상당히 우리를 당혹스럽게 만든다. 그러나 우리는 이 비유를 통해 가난한 이웃들에 대한 구제와 선행이 하나님께 얼마나 기쁘게 상달되는지를 인식할 필요가 있다. 거지 나사로가 '그 부자의 대문에 누워' 있었다는 사실은 부자가 나사로라는 이웃이 자기 집에서 가까운 곳에 위치하고 있었다는 사실을 알면서도 그 불쌍한 상태에 대해 전혀 동정심을 갖고 있지 않았음을 알 수 있다. '부자의 상에서 떨어지는 것으로 배불리려 하매'라는 말씀을 볼 때, 부자가 적극적으로 나사로를 구제할 마음이 없었다는 사실을 입증하고 있으며, '심지어 개들이 와서 그 헌데를 핥더라'라는 구절은 개들이 오히려 부자보다 나사로에게 도움이 되었다는 사실을 엿볼 수 있다. 부자가 자기 이웃인 거지 나사로의 형편을 뻔히 알면서도 구제하지 않아 음부의 불꽃 가운데서 고통하는 신세가 됐으나, 나사로는 이 땅에 살면서 많은 고난을 받으며 살았고 그의 이름(나사로라는 뜻은 하나님이 도우셨다는 의미)에서 알 수 있듯이 그가 하나님을 의지하는 자였기 때문에 죽어서 하나님의 안위를 받을 수 있었다는 사실이다. 현재 우리 사회의 병폐 중의 하나인 '맘몬신' 숭배 사상은 많은 사람들을 유혹하고 있다. 사람들이 어떤 일을 도모할 때 효용만 크다면 어떤 일이든 간에 서슴치 않는다는 사실이다. 그러므로 우리는 우리의 맡은바 재물을 하나님께 연관되도록 쓰지 않으면 그것이 얼마나 큰 죄가 되고 불행하게 되는가에 대해 심각하게 생각해야만 한다.

이와 같은 성경 본문들은 하나님께서 가난한 자들을 편애하신다는 뜻이 아니다. 왜냐하면 하나님께서는 모든 사람들을 공정하게 다룰 것을 요구하고 계시기 때문이다. "너희는 재판할 때에 불의를 행하지 말며 가난한 자의 편을 들지 말며 세력 있는 자라고 두둔하지 말고 공의로 사람을 재판할지며"(레 19:15). 그럼에도 불구하고 하나님은 여전히 가난한 자들을 유달리 사랑하신다. 왜냐하면 가난한 자들은 불의로 말미암아 고난을 당하는 자들이기 때문이다. 오늘날의 교회가 이 가난한 자들을 잊고 있다는 사실은 참으로 서글픈 일이다. 시편 기자는 이렇게 말한다. "나는 가난하고 궁핍하오나 주께서는 나를 생각하시오니 주는 나의 도움이시요 건지시는 이시라 나의 하나님이여 지체하지 마소서"(시 40:17). "여호와는 궁핍한 자의 소리를 들으시며"(시 69:33). 그러므로 가난한 자들은 불의에 의존할 수 없으며, 설사 그 불의가 자기에게 이익이 된다 해도 그 불의를 취할 수 없다. 그러나 단순히 경제적인 측면에서의 가난한 자를 의로운 자로 생각하면서 물질적인 가난을 지향해서는 안 된다. 가난한 자가 의인이라는 말이 아니고 가난한 자가 의인일 수 있다는 말이다.

여기에서 필자는 예수님 당시의 가난한 사람들을 생각해 봄으로 성경에서 이야기하는 가난의 개념을 분명히 하고자 한다. 누가는 '가난한 자를 위해 복음을 전한다'는 표현을 두 번 쓰고 있다(눅 4:18, 7:22). 그는 '전도하다'로 번역되는 동사 'evangelizo'를 특별히 가난한 자와 연관시켜서 사용한다. 이 두 구절에서 누가는 예수께서 가난한 자들에게 복음 전하는 것을 그의 사역의 중심으로 삼으셨다고 지적한다. 침례요한이 예수가 메시야인가를 물으러 제자들을 보냈을 때, 예수께서 자기가 그 메시야임을 증거하면서 '소경, 앉은뱅이, 문둥이, 귀머거리, 가난한 자'라고 언급하셨다. 이들은 하나같이 신체적인 질병과 장애 때문에 어쩔 수 없이 물질적으로 가난해 질 수밖에 없던 자들이다. 아마도 눈먼 자, 갇힌 자, 눌린 자, 저는 자, 문둥병자와 귀먼 자는 예수께서 생각하시는 가난한 자들의 실례가 아니었을까?9) 신약에서 '가난한 자'에 쓰인 단어는 두 가지가 있다. 'penes'는 압박 받는 사람과 저임금을 받는 사람들, 즉 가난한 노동자들을 말한다. 또 다른 단어인 'ptochos'는 할 일이 없어 구걸할 수밖에 없는 사람들을 가리킨다. 이 두 단어의 공통되는 개념은 의식주와 같은 삶의 기본 요건들을 해결하기 위해 남에게 의존해야 하는 사람들이라는 것이다.10) 이렇게 볼 때 마리아가 말한 예수께서 좋은 것으로 배불리실 주린 자들, 침례요한이 가진 것을 함께 나누라고 했던 대상인 굶주리고 입을 옷이 없는 사람들, 정한 세금 이상을 징수하는 세리들, 강제와 거짓으로 돈을 빼앗는 군인들과 관원들에게 압박받는 사람들, 생계를 위해 일할 수도 없고 사회로부터 버림받은 불구자, 소경, 귀머거리, 절름발이, 중풍병자, 문둥병자와 귀신들린 자들, 재판관으로부터 공평한 판단을 받지 못하여 위선적인 종교 지도자들에게 가산을 빼앗긴 과부들, 가진 모든 것을 의원에게 허비하고 혈루증으로 괴로움 받는 여인, 안디옥의 성도들에게 도움 받았던 흉년의 유대지방 피해자들, 갇힌 자들, 병든 자들, 남겨진 과부와 고아들이 예수님 당시와 초대 교회가 복음을 전했던 가난한 자들 속에 포함된다는 것은 분명하다. 예수께서는 복음을 전함으로 죄인들과 가난한 자들을 돕고 그들에게 소망 주시기를 원하셨으며, 지금도 동일하게 원하고 계시다. 왜냐하면 복음전도와 사회적 책임은 예수님의 사상에서 결코 분리될 수 없으며, 이는 지금 우리의 사고와 사역 속에서도 분리되어서는 안 된다. 그렇다면 오늘날 가난한 자들을 위한 우리의 책임은 무엇인가라고 묻지 않을 수 없다.

4. 가난한 자들을 위한 청지기적 소명

하나님은 가난한 자들을 우리들 앞에 세우셨다. 가난한 자들은 우리에게 항시 제기되는 물음이다. 그리고 우리는 이 물음을 피할 수 없다. 왜냐하면 가난한 자들은 우리와 언제나 함께 있기 때문이다. 그렇다면 가난한 자들을 위한 우리의 반응은 무엇인가? 지금까지 우리는 가난에 대한 기독교적 이해를 도모하기 위해 먼저 가난과 상반되는 부요의 개념을 살펴보았고 성경에서 제시하는 가난의 개념을 살펴보았다. 이 문제를 보다 근본적으로 살피기 위해서는 가난에 대한 성경적 인식의 틀을 구상해야 한다. 그러기위해 필자는 우선 부요에 대한 성경에서의 인식을 분명히 하고자 한다.

예수께서는 재물의 강한 탐닉성과 우상화에 대해 우리에게 이렇게 가르치고 계신다. "한 사람이 두 주인을 섬기지 못할 것이니 혹 이를 미워하고 저를 사랑하거나 혹 이를 중히 여기고 저를 경히 여김이라 너희가 하나님과 재물을 겸하여 섬기지 못하느니라"(마 6:24). 여기서 예수께서는 재물($μαμωνάς$)[11] 역시 하나님께 의해 피조된 것이지 인간의 삶을 지배하는 하나님의 위치를 점할 수 없는 것임을 보여주고 있다. 동시에 여기서 주목할 것은 재물도 하나님과 같이 섬김의 대상이 될 수 있다는 사실이다. 즉, 재물이 단순히 돈과 물질이 아니라 그 자체가 보이지 않는 어두움의 권세인 '정사와 권세'의 한 단면이라는 사실이다. 부는 단순한 경제적

효용가치가 아니라 종교적 성격을 지님을 볼 수 있다. 예수께서는 재물이 결코 비인격적인 것이 아니라 우리의 영혼을 지배하여 우리를 하나님과 대적하도록 하는 무서운 힘이 있음을 알리고자 하신 것이다. 본문에서 '섬기다'라는 동사가 두 번 사용되는데, 이러한 예수님의 강조점은 이 본문을 통하여 부 자체가 하나님처럼 우리의 섬김의 대상이 될 수 있다는 물신적 성격을 교훈하고 있음을 주목해야만 한다.[12] 사실 부 자체도 피조물에 불과하다. 그러나 타락한 인간의 마음은 부를 우상으로 삼고 하나님보다 더 신뢰하려는 경향을 띠고 있다. 바로 이런 이유 때문에 탐심은 우상숭배요(골 3:5), 탐하는 우상숭배자라고 하였다(엡 5:5).[13] 인간은 종교적이기 때문에 하나님을 섬기지 않고 떠나가면 필연적으로 다른 신을 섬길 수밖에 없다. 이를테면 재물을 섬길 수밖에 없다는 본성적 성향을 지니고 있다. "돈을 신으로 섬기는 것이 우상 숭배의 형태로 표현되는 일은 드물다. 말하자면 의식적으로 돈을 숭배하는 사람은 많지 않다. 그러나 인간에게 일용할 양식을 공급하고 인간의 미래를 보장해 주는 것은 하나님이 아니라 돈이라는 사실을 마음속에 품고 있으면 돈이 하나님의 위치를 차지하게 되고, 돈은 하나님 대신 피조 세계를 지배하게 된다"[14]는 앙드레 비엘레(Andre Bieler)의 지적은 재물이 신이 될 수 있다는 것에 대한 적절한 지적이 아닐 수 없다.

우리는 하나님과 재물을 겸하여 섬길 수 없다. 즉 하나님과 물질, 이 양자를 동시에 겸하여 섬기려는 시도는 사실상 불가능하다. 결국 하나님을 온전히 섬기기 위해서는 물질로부터 자유할 수 있어야 한다. 따라서 그리스도인들은 재물에 대한 분명한 태도를 취하지 않는 한 예수님의 심판을 면하기가 어렵다. 즉, 재물을 섬기면 결코 하나님 나라에 들어갈 수 없다. 그렇다고 해서 중세의 수도사처럼 평생을 극도의 금욕주의에 스스로를 가두어 둘 필요는 없다. 예수님은 "너희 중의 누구든지 자기의 모든 소유를 버리지 아니하면 능히 내 제자가 되지 못하리라"(눅 14:33)고 말씀하셨다. 이는 맘몬신을 거부하는 것이 예수님의 제자가 되는 전제조건이라는 것이다. 우선 그리스도인들은 적어도 재물에 관해 '다스리는 마음'을 가져야 한다. 우리가 재물에 자유로워져야 하며 언제든지 하나님 나라의 확장에 기여하는 방향으로 사용되어져야 한다고 성경은 가르치고 있다.[15] 우리가 맘몬신에 대해 자유로워지려면 가난한 이웃이나 또 우리를 필요로 하는 이웃에게 부담 없이 '주는 것'이다. 주는 것이야말로 맘몬신을 대적하는 확실한 방법이다. 과감하게 주의 영광을 위해 주어버릴 수 있는 것이 가능한 것은 맘몬을 '다스리는 마음'을 지닐 때 가능하다. 하나님께서는 인간을 창조하시고 인간에게 이 땅과 그 위의 모든 만물을 다스리도록 위임하셨다(창 1:28). 소위 이것을 '문화명령'이라고 말하는데, 이것은 인간의 만물에 대한 지배권의 차원에서만 이해되서는 안되고, 이러한 복을 주신 하나님과의 올바른 관계정립을 통해 이해될 수 있다. 피조물인 인간은 자신의 이익만을 추구하는 것이 아니라 땅에 대한 온전한 지배권을 행사하여 하나님께 영광을 돌려드려야 한다. 우리가 맘몬의 지배를 받을 때 불의하게 됨으로 맘몬의 지배로부터 벗어나기 위해 우리는 맘몬을 다스리는 마음을 지녀야 한다. 그러므로 우리 그리스도인은 재물 혹은 부가 갖는 영적 위험성을 감지하고 물질의 물신적 성격을 극복하는 지혜와 자기희생적인 검소한 삶의 의지가 있어야 한다. 물질에 대한 자유함 그리고 가난한 이웃을 위한 사랑의 실천은 물질주의적 삶에 대한 가장 확실한 사회비판이다.

 필자는 이러한 맥락 하에 가난한 자에 대한 성경의 가르침을 청지기 원리 하에 그 의미를 세심하게 음미하고 우리의 소명을 재확인하고자 한다. 하나님은 만물의 창조자로서 만물이 그의 것이다. 땅과 거기 충만한 것과 세계와 그 중에 거한 자가 다 여호와의 것이며(시 24:1), 삼림의 짐승과 천상의 생축이 그의 것이며(시 50:10), 하나님은 이를 매우 좋다(창 1:31)고 선언하셨다. 하나님의 창조는 기존의 재료로부터의 변형이 아닌 '무로부터의 창조'(creatio ex nihilo)이다. 따라서 자연에 인간의 지혜와 노동을 가하여 생겨난 물질도 역시 하나님의 것이다. 인간은 만물을 다스리는 하나님의 대리통치자요(창 1:26-28, 9:1-7), 지키며 경작하는(창 2:15) 청지기이다(시 8:6-8). 자연은 물질의 근원이 되지만 인간만을 위해 존재하는 것이 아니라 그 자체로서 하나님의 영광을 위한 것이어야 한다(롬 11:36; 골 1:16). 과학과 기술의 정당한 역할은 자연의 존엄성을 해치지 않으면서 자연이 인간의 필요에 응하도록 자연을 이해하고 생산력을 개발하는 것이다. 자연은 인간의 소유가 아니라 하나님의 것이며, 과학과 기술도 궁극적으로는 하나님의 선하신 목적을 이루는 수단이 되어야 한다. 달란트 비유(마 25장)와 10므나의 비유(눅 11장)는 주인의 의도대로 관리하되 그것을 묻어두지 않고 장사하여 증식시킬 것을 강조하고 있다. 즉, 자연의 생산력을 개발하여 인간이 하나님의 형상으로서 물질적 필요와 자유를 누리도록 하는 것이다.

그러므로 우리는 청지기로서 개인의 경제문제 뿐 아니라 하나님께서 인류를 위해서 주신 자원을 사용하여 무엇을 얼마나 어떻게 누구를 위해 생산, 소비 할 것인가에 대해 관심을 두어야 한다. 생산에 있어서의 청지기 사상을 살펴보면 우리의 생산활동인 노동이 어떠한 성격이어야 하는지를 알 수 있다. 첫째, 노동의 궁극적인 목적은 하나님의 대리자로서 만물을 경영하는 것이다. 일은 창조 섭리에 해당되며 이는 타락의 결과가 아니다. 우리를 그 형상을 따라 지으신 하나님께서도 일하셨고(창 2:3), 타락 이전에도 충만하고 다스리며 에덴동산을 지키게 하셨다(창 2:15). 그 외에도 시편기자(시 104:21-23), 잠언기자(잠 6:6), 바울(살후 3:6-13) 등은 열심히 일할 것을 권면하고 있다. 따라서 일은 고통이 아니라 하나님의 사역에 참여하는 인간의 가장 큰 특권이다. 그러나 오늘날 많은 사람들이 불로소득을 누리려고 여러 방법을 동원하고 있다. 사도 바울의 "누구든지 일하기 싫거든 먹지도 말게 하라"(살후 3:10)는 말은 노동의 선한 본질과 그 창조적인 의미를 강조한 것이다. 그러므로 노동이 부정되거나 그 가치가 비하되거나 혹은 노동이 물질적 토대로서의 수단으로만 인식되는 것은 옳지 않다. 둘째, 인간의 삶을 풍성하게 하는 일은 하고 인간의 삶을 파괴시키는 일은 피하거나 하지 말아야 한다. 그리스도인의 경제 행위는 결과로서의 물질에 초점을 맞추기보다는 영적인 관심이 추가되어야 한다. 즉, 우리의 모든 일은 주께 하듯 하며, 우리의 최종 목표는 지상의 재물이 아니라 천국에서의 상급임을 명심해야 한다. 우리는 인간의 삶에 기여하는 일을 찾아야 한다. 그래서 인간의 삶에 꼭 필요한 재화와 용역만을 생산하고 유통해야 한다. 금전적으로 이윤을 남긴다 하더라도 대중을 상대로 무차별적인 인간상품화 전략으로 인한 기형적인 상품, 재생 불가능한 자원을 고갈시키는 생산, 노동자의 건강을 해치고 노동자를 비인간화 시키는 생산은 반드시 청지기 사상의 관점에서 규제되어야 할 것이다.

그리고 소비에 있어서도 청지기 사상에 기초해야 한다. 이것은 첫째, 검소하고 절제하는 소비이다. 특히 각종 언론매체의 광범위한 영향력을 이용한 과소비 부추김의 현상에 대해 소비행위는 매우 선별적이고 비판적이어야 한다. 둘째, 잘못된 생산자를 견제할 수 있는 소비자가 돼야 한다. 생산은 궁극적으로 소비를 목적으로 한다. 즉, 시장경제에서의 생산이 시장에서의 소비를 전제로 한 것이라면 궁극적으로 어떤 물건을 얼마나 생산하느냐의 문제는 소비자의 선택에 달린 것이다.

결국 이와 같은 청지기적 소명은 물질이 결코 목적이나 우상이 될 수 없으며, 수단적 가치에 머물러 있음을 보여준다. 예수께서는 우리를 먹이시고 입히시는 주체가 하나님임을 분명히 하셨다. 우리 인간들은 이 자연을 하나님의 의도에 합당하도록 우리의 기본적인 필요를 충족시키는 데 사용해야 하며, 이를 축재하거나 낭비해서는 안 된다. 그러므로 우리는 하나님 앞에 책임 있는 존재이며, 주님 앞에서 언젠가는 청지기로서의 소명에 대한 회계를 할 것을 성경은 말하고 있다.

5. 나눔의 삶

우리 그리스도인들은 자기 분야에서 하나님께서 맡겨주신 사명을 그의 뜻대로 이루어가야 한다. 그렇다면 하나님께서 주권을 행사하시고 그분의 능력으로 이루시는 나라에 청지로서의 일조를 하는 우리의 삶은 어떠해야 할 것인가? 우리는 지금까지 가난에 대한 성경적 개념과 그들을 위한 청지기적 소명에 대해 고찰하였다. 지금까지 가난과 청지기적 소명에 대해 서술한 이유는 우리 그리스도인들의 진정한 삶의 모습인 나눔의 삶과 관련되기 때문이다.[16]

구약성경에서 가난한 사람들을 보살피는 것은 임무로 주어질 뿐만 아니라 이것은 하나님에 대한 의무이기도 하다. 예레미야는 선한 왕에 대해 "그는 가난한 자와 궁핍한 자를 변호하고 형통하였나니 이것이 나를 앎이 아니냐 여호와의 말씀이니라"(렘 22:16)고 말한다. 지혜자는 "가난한 사람을 학대하는 자는 그를 지으신 이를 멸시하는 자요 궁핍한 사람을 불쌍히 여기는 자는 주를 공경하는 자니라"(잠 14:31)라고 말한다. 즉, 가난한 사람들을 돕는 것은 하나님을 도와드리는 것이다.[17]

신약성경에서 예수께서는 직접 가난한 자들을 위해 하늘나라가 그들의 것이라고 선포하셨을 뿐만 아니라 소외되고 굶주린 자, 절름발이, 귀신들린 자, 병신들에게 깊은 관심을 보이셨다. 신약시대 경제윤리의 핵심은 초대교회 공동체에서 찾아 볼 수 있다. 공동으로 소유물들을 모은 것(행 2:43-44)이나 바울이 예루살렘 교회를 위해 모금한 것(고후 8-9장)과 같은 것은 다른 시대와 환경 속에 처해 있는 가난한 자들에 대한 사랑의 시도이다. 이와 같은 초대교회의 자발적 나눔은 그 공동체에 가난한 자가 없어지는 기적적인 현상을 낳았다.[18]

성경이 가난에 대해 언급할 때 그 가난이 개인의 무능과 어리석음에 기인하기보다는 반대로 사회가 하나님을 영적으로 대적하고 맘몬신을 우상으로 섬길 때 부요한 자가 약한 자를 억압하고 착취함으로써 결과적으로 발생된다고 볼 수 있다. 설혹 한 개인의 가난이 그의 무능과 게으름으로 인한 것이라 하더라도 그들에게는 더욱 더 복음의 필요성이 강조되어야 하며 그들을 외면할 때 하나님의 경고가 수반된다는 사실을 인식해야만 한다. 그러므로 하나님과 맘몬 모두를 섬기는 바리새인들과 같은 그리스도인이 있는 이 시대 속에서 가난한 자들에게 자선을 베푸는 자세는 매우 중요하다. 성경은 가난한 자들에게 물질적 도움을 주라고 분명히 말씀하셨다(갈 2:10). 성경은 가난한 자들에게 특별한 배려를 하고 있다. 그런데 이러한 배려는 성경이 가난을 선호하고 있어서가 아니라, 그들이 무능력하고 사회에서 상처받기 쉬운 까닭이다. 이들이 약하기 때문에 깊은 배려를 통하여 공동체의 일원으로서 스스로 자신의 삶을 영위할 수 있기를 하나님은 바라신다. 하나님 앞에서 정결한 경건은 부패한 세상에 물들지 아니하는 것만이 아니라 가난한 자를 돌보는 것이라 했다(약 1:27). 그러므로 우리의 삶 속에 가난한 자들을 위한 배려와 나눔의 삶이 없다면 우리는 자신도 느끼지 못하는 사이에 하나님의 뜻을 저버리게 되는 것이다. 가진자의 부스러기를 나누어 주는 것이 아니고, 불로소득으로 인한 죄의식을 보상하는 차원의 기부금이 아닌 진정한 의미의 나눔의 실천이 일어나지 않는다면, 아무리 천사의 말을 할지라도 울리는 꽹과리에 불과할 것이다. 더구나 가난한 자들을 돌아보는 것이 개인이 자원해서 하는 자선의 차원을 넘어 교회와 사회 모두의 책임이라는 사회정의 차원의 이해가 있어야 하며, 이것 또한 교회 선교의 핵심적 요소임을 알아야 한다.[19]

예수께서는 자기를 다스리는 자들이 가난한 자와 같아지고 가진 것을 그들에게 나누어 줌으로써 복음이 전해지길 원하셨다. 예수께서 가난한 자들에게 가지셨던 연민이 우리 가운데 있다면 우리는 우리 가운데 중요한 어떤 것을 포기해야 하며, 또 가난한 자들의 필요를 충족시켜야만 한다. 우리의 삶에서 경제적이고 인간적인 부분에 연민을 보이는 모습이 없다면, 이 세상에 존재하는 엄청난 수의 가난한 자들은 여지없이 하나님 나라의 복음을 외면할 것이다. 그러나 예수님을 따르는 사람들의 삶이 나눔의 삶이 된다면 가난한 사람들이 그리스도의 복음을 아는데 상당한 영향력을 미칠 수 있을 것이다.

결국 우리의 삶은 가난한 이웃에 대해서는 너그러운 마음으로, 자기 자신에 대해서는 자족하는 소박한 나눔의 삶의 방식이 개인 뿐 아니라 제도적으로 강구될 때 성경이 제시하는 가난한 자를 위한 정직한 삶이 될 것이 분명하다. 가난한 이웃에 대한 진정한 나눔의 삶은 성경 전체에서 지속적으로 선포한 중요한 주제이므로 이제 바울이 디모데에게 교훈한 말씀을 인용함으로써 끝을 맺고자 한다.

> "네가 이 세대에 부한 자들을 명하여 마음을 높이지 말고 정함이 없는 재물에 소망을 두지 말고 오직 우리에게 모든 것을 후히 주사 누리게 하시는 하나님께 두며 선한 일을 행하고 선한 사업을 많이 하고 나누어 주기를 좋아하며 너그러운 자가 되게 하라 이것이 장래에 자기를 위하여 좋은 터를 쌓아 참된 생명을 취하는 것이니라"(딤전 6:17-19).

1) 사회가 문명화되어 가고 그로 말미암아 물질적 진보를 이루어도 그와 함께 빈곤, 즉 가난도 하께 나타난다는 사실은 이미 헨리 죠지(Henry George)가 그의 명저 Progress and Poverty(1897)에서 지적했다.
2) Edward W. Bauman, Where Your Treasure is ? (Virginia: Bauman Bible Telecasts, 1980), 74.
3) 김의환, 「성경적 축복관」(서울: 성광문화사, 1981), 55.
4) John White, The Golden Cow, Materialism in the twenthieth-century Church (Illinois: IVP, 1979), 49.
5) 고대 희랍인들의 제신(諸神)은 인간 의지의 표현이라고 할 수 있는데, 곧 제우스(Zeus)는 권력의 신이고, 미네르바(Minerva)는 지혜의 여신이며, 맘몬(Mammon)은 부의 여신이다. 헬라인들의 이런 신관은 인간의 이러한 본성을 반영한 것으로 볼 수 있다. 인간의 본성은 항상 동일하다. 오늘날 우리는 실제적으로 이러한 이름에 해당하는 신들이 존재한다고 믿지 않는다. 그러나 고대 희랍인들과 동일한 본성을 지닌 우리의 속에도 희랍인들이 가졌던 동일한 욕망을 지니고 있고, 부에 대한 욕망이 우리를 지배하여 자기 자신도 모르는 사이에 부가 우상이 될 수도 있다.
6) 재물이 항상 죄와 연관된다는 사실을 더욱 두드러지게 하는 성경구절들은 겔 28:7,16; 렘 22:13-15; 사 5:8,23,24; 약 5:1-3; 눅 6:24 등이 있다.
7) 쟈크 엘룰, 「하나님이냐 돈이냐」, 양명수 역, (서울: 대장간, 1994), 186.
8) D. Juel, Luke-Acts (London: SCM Press, 1980), 25-6.
9) 복음서의 눈먼 자와 저는 자들은 때로 거지들이다. 갇힌 자들은 빚을 졌거나 도둑질을 해서, 마지막 한 푼까지 갚기 전에는 풀려 나올 수 없었다. 문둥병자는 사회에서 버림받아 모든 생계 수단을 박탈당했다.
10) Tom Huston, "가난한 자들을 위한 복음." 「빛과 소금」(1990, 6.): 81-7.
11) J. Boice에 의하면 μαμωνάς는 원래 '위탁한다', '어떤 사람의 감독하에 둔다'는 의미였다. 그래서 원래 이 말은 다른 사람에게 위탁된 재산을 뜻한다. 이런 점에서 이 단어는 전혀 나쁜 의미가 아니였다. 그러나 시일이 지나면서 맘몬이란 단어는 수동적 의미에서 '어떤 사람이 의지하는 것'이라는 능동적 의미로 변화되었고 나쁜 의미로 사용되었다. 신약성경에서 μαμωνάς는 오직 예수님께서만 사용하신 용어인데 마태복음 6:24과 누가복음 16:9,11,13에서만 사용되었다. 이 말은 '재물(property)', '현세적 재산(earthly goods)' 등을 의미하는데, 물질주의적이고 세속적인 의미로 사용되었다. J. Boice, The Sermon on the Mount (Grand Rapids: Zondervan, 1972), 123.
12) W. Pink, An exposition of the sermon on the Mount (Grand Rapids: Guardian Press, 1975), 215.
13) 토마스 왓슨은 탐욕을 첫째, 세상적인 것을 소유함에 있어서 만족을 모르는 것, 둘째, 세상에 대한 과도한 사랑이라고 정의한다. 따라서 탐심의 노예가 된 사람은 생각하는 것이 오로지 세상적이고, 하늘에 대하여 투자하는 것보다 세상에 더 투자하고, 대화의 내용이 세상에 관한 것이고, 마

음을 언제나 세상에만 둔다고 지적한다. Thomas Watson, The Ten Commandments (Edinburgh: The Banner of Truth Trust, 1981), 174–6.
14) 앙드레 비엘레, 「칼빈의 경제윤리」, 홍치모 역 (서울: 성광문화사, 1985), 63.
15) 성경이 일방적으로 맘몬이 주는 부요에 대해 비난하고 있는 것은 아니다. 만약 그렇다면 우리는 무조건적으로 재물을 거부해야 한다. 구약에서는 창세기의 창조 사역 과정을 통해 하나님이 얼마나 부요하신 분인가를 잘 설명해주고 있다. 또 아브라함에게 허락하신 풍요(창 13:2), 그 아들 이삭의 경우(창 26:14)와 동방의 큰 부자 욥과 솔로몬의 부귀는 잘 알려진 사실이다. 신약에서도 동방박사들은 아기 예수를 경배하기 위해 부를 사용하였고, 삭개오는 회개의 의미로 자기 재산의 상당 부분을 포기함으로서 구원받았다. 또한 부유한 여자들은 자기의 재물로 제자들을 섬겼고(눅 8:2–3), 아리마대 요셉과 니고데모도 예수님의 장례를 위해 자기의 부를 바쳤다. 바나바가 밭을 팔아 교회에 헌금한 일(행 4:36–37), 고넬료의 구제와 선행(행 10:2), 자주장사 루디아의 선행(행 16:14) 등은 재물의 긍정적인 면을 가르치고 있다. 즉, 재물이 우리와 하나님과의 관계를 증진시키고 하나님께 대한 우리의 사랑을 표현하는 한 수단이 될 수 있음을 알려준다.
16) Daniel Migliore는 경제윤리의 기준을 '자기–나눔(self-sharing)', '이웃 위하기(other-regarding)', '공동체 형성을 위한 사랑(community-forming live)'로 내세워 정의롭고 나누는 삶에 대해 언급했다. Faith Seeking Understanding: An Introduction to Christian Theology (Grand Rapids: Wm. B. Eerdmans Pub. Co., 1991), 63–5.
17) 시 10:2; 사 3:14, 10:1–2, 32:7; 잠 14:31, 19:17, 21:13, 22:16, 29:7을 참조할 것.
18) 이러한 기독교적 공동체 사상은 역사적 사회주의와 본질적으로 상이하다. 이 공동체는 기독교인만의 공동체이며 개인의 자유를 제한하지 않는 자발적인 나눔이며 구원에 대한 감격의 반사행위이다. 그리고 이러한 자발적 나눔은 성령강림과 더불어 왔다. 즉, 성령의 감화로 변화된 이후에야 사심 없는 나눔이 가능하다.
19) 콜롬비아 신학교 교수인 더글라스 올덴버그(Douglas W. Oldenburg)는 정의의 성경적 스펙트럼을 제시한다. 첫째, 무엇보다도 정의의 성경적인 비전은 '충분성'이 필요함을 제안한다. 하나님이 인간에게 동등한 가치를 주셨고, 이와 같은 근거에서 모든 사람에게 최소한의 기본적인 물질적인 필요를 채워주어야 한다는 것이다. 둘째, '자유함'이다. 하나님께서 인간을 자유를 누리는 존재로 만드셨다는 것이 그리스도인의 창조에 대한 믿음이다. 여기에는 하나님의 인류에 대한 뜻과 창조질서를 따르는 책임있는 자유를 말하고 있다. 셋째, 정의는 '평등'이다. 인간은 육체적, 문화적, 윤리적 차이에도 불구하고 근본적으로 평등하다. 넷째, 정의는 '공동체의 책임'이다. 공동체에 대한 성경의 강조는 서로의 친밀함과 연대의식이 세계가족 전체를 향한 것으로 넓혀져야 함을 보여 준다. 다섯째, 정의는 '지속성'이다. 하나님의 청지기들로서 하나님의 뜻을 따라 자원을 사용해야 한다. 우리의 무절제한 경제활동은 미래를 없앨 수 있다. 이제 우리는 무한정한 경제성장이 이 한정된 세상에서는 이룰 수 없음을 깨닫고 생산과 소비를 줄여가야 한다.

8. 나눔은 교회의 본질이다

1. 들어가는 글

한국 교회는 전통적으로 전도(선교), 교육, 봉사를 교회의 본질적 사명으로 이해해 왔지만, 이 가운데서도 전도를 가장 중요한 사명으로 인식했다. 전도에 온 정력을 기울인 결과 한국 교회는 양적 팽창을 가져왔지만, 한국 교회의 질적 향상 문제가 제기되었다. 이 질적인 문제는 말씀과 행위의 일치 문제이며, 전파된 복음을 실천하는 신앙생활의 문제로 그 구체적인 사회적 표현은 복음에 입각한 봉사(Diakonia) 행위인데, 한국 교회는 전도에만 힘쓰고 사회봉사에 대한 의도적인 노력이 미약했다는 문제점을 숨길 수 없다.[1] 물론 한국 교회는 선교초기에 학교나 병원을 세움으로써 한국 사회에 깊숙이 파고들었던 역사를 가지고 있다. 한국 침례교회의 예만 보더라도 1951년 한국에 남침례교(SBC) 선교부가 상륙한 후 가장 먼저 시작한 프로그램은 6.25전쟁 이재민과 피난민들을 위한 긴박한 구호사업과 무료진료소의 설치였다. 구호사업은 고아원과 양로원 그리고

고등공민학교의 설립으로 이어져 나갔고 무료진료소는 1954년에 왈레스 기념 침례병원으로 발전되었다.[2]

그러나 한국 교회는 그러한 사회봉사를 기독교적 나눔 문화로 형성하는 데 실패하였다. 사회봉사는 극히 일부분의 교회나 단체의 사역으로 전락되었고, 대부분의 교회는 교회성장에만 집착함으로써 세상 속에서 그 영향력을 상실하게 되었다. 특별히 교회의 본질적 사명 중에서 전도나 교육은 기독교만 가진 고유의 사명이라고 말할 수 있다. 그러나 봉사는 교회 밖의 문화와 공유할 수 있으며, 세상에서 영향력을 발휘할 수 있는 좋은 기회로 만들 수 있다. 기독교 문화를 무시한 채 하나님 나라를 추구한다는 것은 무모하다는 사실을 직시해야 한다.

"믿는 사람이 다 함께 있어 모든 물건을 서로 통용하고 또 재산과 소유를 팔아 각 사람의 필요를 따라 나눠 주며"(행 2:44-5) 초대교회는 사랑의 나눔이 풍성한 교회였음을 보여주고 있다. 초대교회가 온 백성에게 칭송을 받을 수 있었던 가장 큰 이유가 바로 여기에 있다. 교회가 불우하고 가난한 이웃을 돕고 사람들에게 그리스도의 사랑을 실천하다 보면 이를 보고 많은 사람들이 하나님께 돌아올 수 있다는 사실을 오늘날에는 간과하고 있다. 예수님은 "이같이 너희 빛이 사람 앞에 비치게 하여 그들로 너희 착한 행실을 보고 하늘에 계신 너희 아버지께 영광을 돌리게 하라"(마 5:16)고 말씀하셨다. 교회가 하나님의 나라를 확장하는 사명을 잘 감당하려면 사랑의 나눔과 실천이 있어야 한다. 야고보는 행함이 없는 믿음은 죽은 믿음이라고 하면서 그리스도인에게는 믿음의 열매로서 행함이 따라야 한다고 증거했다. 기독교인은 진정한 축복과 행복은 보이는 것에 있지 아니하고 내적인 인품과 마음속에서부터 이뤄지는 것임을 자각하고 '가난한 마음'이 우리의 인격과 성품과 믿음과 인생의 뿌리가 되어야 한다. 그 열매는 곧 '나눔과 섬김'이다.

한국교회는 하나님을 신앙하고 섬기는 것과 이웃을 사랑하고 섬기고 이웃과 모든 것을 나누는 것이 분리되어 한국 기독교의 역사적 활력을 잃어가고 있다. 섬김과 나눔은 신앙의 열매정도로 이해되고 구원의 핵심에는 속하지 않는 것처럼 여기는 기독교인들이 많다. 그러나 하나님을 섬기는 것과 이웃을 섬기고 이웃과 모든 것을 나누는 것은 분리될 수 없다. 이웃을 사랑하는 역사적 활력이 없으면 하나님을 믿는 믿음은 공허한 것이 되거나 잘못된 것이 되고 만다. 최근 우리교회나 세계교회에서는 섬김과 나눔이 신앙의 주변적 행위가 아니라 중심적 부분이라는 인식이 이루어지고 있으며 점차 확산되고 있다. 이러한 시점에서 나눔의 의미와 교회에서의 필요를 확인하는 것은 매우 중요하다. 한국사회에서 다시 거룩한 영향력을 주기 위해서는 기독교의 나눔 문화가 자리할 수 있어야 한다.

필자는 다음과 같은 구조로 연구를 진행하고자 한다. 우선 2장에서 한국 교회 나눔 문화의 필요성에 대해 알아보고자 한다. 3장에서는 나눔의 대상이 누구인지를 성경적으로 살펴보고, 4장에서 한국 교회 나눔 문화의 현실을 알아보고자 한다. 5장에서 한국 교회 나눔 문화를 위한 제언을 제시하고, 이어서 결론에서는 나눔의 문화가 교회의 본질임을 강조하며 결론을 맺고자 한다.

2. 한국 교회 나눔 문화의 필요성

성경에 나타난 '나눔'의 큰 의미는 "하나님이 우리들을 사랑하시는 것 같이 우리들도 서로 사랑하라"라는 명령일 것이다. 이것은 창조주의 의지가 우리 사회전체에 평안을 위하여 존재한다는 뜻이며, 생명의 번영에 장애가 되는 사회문제를 제거하여 교회공동체가 실천함으로써 평안을 유지하고자 하는 것이다. 그러므로 교회의 사명은 약자와 강자, 가난한 자와 부유한 자 모두가 하나님 앞에서 동등한 대우를 받는 인간의 존엄성을 인식하는 데서부터 출발한다. 교회는 사회 속에 이웃과 함께 있으면서 그들을 사랑하며 그들과 함께 살아가야 한다. 예수님의 생애는 인간의 낮고 낮은 삶에 대한 봉사의 삶이셨다. 가난한 자, 눌린 자, 소경, 귀머거리, 앉은뱅이, 나병환자, 슬픈 자, 소외된 자, 핍박받는 자, 빚진 자, 천대 받는 자 등과 같이 함께 웃고 우시면서 그들을 위해 사셨다. 이러한 예수님의 삶은 섬기는 삶으로서의 모습을 우리에게 가르쳐 주고 있다. 그렇기 때문에 교회는 지역사회의 요구가 무엇인지를 찾아 그들의 요구에 응하여야 된다. 그렇다면 나눔의 문화가 왜 필요한지 알아보기로 하자.

(1) 성경적 근거

구약에 나타난 나눔 사상을 살펴보면 다음과 같다. 레위기 25장의 희년 제도는 사회적, 경제적 불평등을 완전히 시정하려는 규정이다. 신명기에서는 가난하고 억압받는 사람들을 어떻게 구제해 주느냐에 관심을 기울이면서 안식년 규정(신 15:1-11)과 십일조 규정(신14:28-29)을 마련하여 이들의 생존수단을 법제화함으로써 약자의 생존권을 보장하며 상부상조하는 사회생활을 제시하였다. 하나님께로부터 받은 재물을 가난한 사람과 타국인들과 함께 나누어야 한다고 하는 분배의 정의에 대한 예시도 나타난다(레 19:9-10).[3]

구약의 예언자들에 의해서도 이러한 '나눔'에 대하여 다양하게 제시되었다. 이사야는 하나님에 대한 진정한 예배는 단식과 고행이 아니라 가난한 자의 인권을 세워주는 것이어야 한다고 주장하였다. "선행을 배우며 정의를 구하며 학대 받는 자를 도와주며 고아를 위하여 신원하며 과부를 위하여 변호하라 하셨느니라"(사 1:17) 또한 왕은 가난한 자들의 권익을 보호하며(시 72:2,4), 과부, 고아, 이방 나그네 등 의지할 곳 없는 연약한 사람들은 하나님의 특별한 관심과 보호의 대상(출 22:21-23)이라고 표현하였다. 아모스는 가난한 사람들을 괴롭히고 압박하는 이들과(암 4:1) 돈을 빌려주고 고리로 받는 이들(암 2:8)을 향해 경고 하였다. 호세아도 "나는 인애를 원하고 제사를 원하지 아니하며 번제보다 하나님을 아는 것을 원하노라"(호 6:6)고 하였다. 호세아는 상인들이 번 돈에 대해서 맹박하기를 "나는 실로 부자라 내가 재물을 얻었는데 내가 수고한 모든 것 중에서 죄라 할 만한 불의를 내게서 찾아낼 자 없으리라 하거니와"(호 12:8)라고 하여 그들의 부가 이웃을 속여 얻어진 재물임에도 불구하고 이에 대한 죄책감보다는 오히려 교만하게 행동하는 것에 대하여 그들이 몰락할 것을 경고했다. 그러므로 구약 전체에 흐르는 이웃에 대한 나눔 사상은 "네 이웃을 네 자신처럼 사랑하라"는 말로 집약할 수 있다.

신약에서는 나눔에 대하여 예수 그리스도에 의해 계승, 승화되어 구체적으로 나타난다. 신약은 예수 그리스도를 통한 하나님과 인간 사이의 관계 회복에 그 초점을 맞추고 있다. 인간으로 하여금 죄로 말미암아 잃어버렸던 하나님의 형상을 회복하고, 하나님과 화목하게 하는 것이 예수님의 구속사역의 의미였다. 하나님의 나라는 예수님의 구속사역으로 말미암아 하나님의 자녀가 된 하나님의 백성들 속에서 시작된다. 그러나 성경은 하나님과 인간 사이의 관계 회복에만 주안점을 두지 않는다. 하나님과 인간 사이의 관계 회복은 곧 인간과 인간 사이의 관계 회복으로 이어져야 한다는 사실을 강조한다. 섬김과 나눔에 대한 예수님의 강조는 복음서에 수없이 나타나고 있다. 복음서의 상당 부분을 차지하는 예수님의 치유사역은 병자들을 향한 예수님의 깊은 사랑을 볼 수 있게 한다. 예수님은 선한 사마리아인의 비유(눅 10:25-37)를 통해 나눔의 삶을 가르치셨고, 오병이어의 기적(마 14:13-21; 막 6:30-44; 눅 9:10-17; 요 6:1-14)을 통해 나눔의 실천을 보여 주신다. 예수님은 자신이 이 땅에 오신 목적이 바로 이 섬김과 나눔에 있다고 말씀하신다.

> "인자가 온 것은 섬김을 받으려 함이 아니라 도리어 섬기려 하고 자기 목숨을 많은 사람의 대속물로 주려 함이니라"(막 10:45)

그리고 그 말씀대로 십자가에서 자신의 몸을 나누어 주셨다. 십자가에 달리시기 전날 밤, 제자들과 함께 나누었던 떡과 잔은 자신의 살과 피를 나누어 주시는 놀라운 사건을 암시하는 의식이었다. 교회는 지금까지도 이 주의 만찬을 행함으로써 예수님의 사랑을 기념하며 기억하고 있다. 주의 만찬은 예수님의 구속에 대한 감사와 감격 속에서 행하는 의식이어야 한다. 그러나 거기에만 머물러서는 안 된다. 예수님께서 자신을 나누어 주셨듯이 우리도 서로 섬기고 나눌 것을 결단하는 자리가 되어야 한다.

나눔에 대한 성경의 가르침은 복음서를 통한 예수님의 말씀에만 국한되지 않는다. 우리는 바울서신을 통해 나눔이 그리스도인의 표지가 되어야 함을 배우게 된다. 나눔은 처음부터 하나님의 계획이었다. 이재서 교수는 기독교의 사회적 책임에 대한 그의 글에서 이 사실을 확증하고 있다.

> "이웃을 위한 봉사와 사랑은 이미 예수님이 오시기 이전 구약성경에서부터 존재했을 뿐 아니라 어떻게 보면 신약성경에서 보다 더 강한 표현으로 봉사와 사랑의 실천이 명령되어 있다. 왜 어려운 이웃을 섬겨야 하는지 그 이유는 물론, 어떻게 섬겨야 할 방법과 심지어 섬김의 삶을 살지 않았을 때 거기에 따라오는 무서운 징벌(결과)에 대해서

까지 구약성경은 생생히 기록하고 있다. 예수님을 봉사의 원형, 봉사의 근원으로 말하는 것은 옳은 판단이다. 그러나 그것은 2천 년 전 이 땅에 태어난 역사 속의 한 인물로서의 예수님이 아니라, 만세 전부터 존재하시는 창조주 하나님으로서의 예수님이어야 한다. 그 예수님은 신구약 어디에서나 존재하시면서 봉사를 처음 인류의 규범으로 정하신 장본인으로서, 그 실천을 명령하시고, 그 방법을 이 땅에 직접 오셔서 몸소 가르치셨던 분이시다."4)

초대교회의 나눔 장면은 다음과 같다.

"사람마다 두려워하는데 사도들로 말미암아 기사와 표적이 많이 나타나니 믿는 사람이 다 함께 있어 모든 물건을 서로 통용하고 또 재산과 소유를 팔아 각 사람의 필요를 따라 나눠 주며"(행 2:43-45)

"만일 한 지체가 고통을 받으면 모든 지체가 함께 고통을 받고 한 지체가 고통을 받으면 모든 지체가 함께 고통을 받고 한 지체가 영광을 얻으면 모든 지체가 함께 즐거워하느니라 너희는 그리스도의 몸이요 지체의 각 부분이라"(고전 12:26-27)

주님께서는 세상에 대한 나눔을 이렇게 말씀하셨다.

"예수께서 대답하시되 첫째는 이것이니 이스라엘아 들으라 주 곧 우리 하나님은 유일한 주시라 네 마음을 다하고 목숨을 다하고 뜻을 다하고 힘을 다하여 주 너의 하나님을 사랑하라 하신 것이요 둘째는 이것이니 네 이웃을 네 자신과 같이 사랑하라 하신 것이라 이보다 더

큰 계명이 없느니라"(막 12:29-31)

(2) 선교적 필요성

선교는 단순히 복음을 전하는 것 이상이다. 네덜란드의 정통 개혁주의 신학자인 헤르만 바빙크(Herman Bavinck, 1854-1921)이 이렇게 이야기했다. "한 민족에게 새로운 종교를 전하면 필연적으로 그 사회의 문화적 기초마저 동요시키게 된다."[5] 따라서 선교사의 일은 종교적인 것일 뿐 아니라, 문화적인 일임이 분명하다. 복음전파는 어떤 민족의 문화생활에 손 하나 대지 않은 채 그냥 남겨둘 수는 없음이 부인할 수 없는 사실이다. 아래의 서술은 선교가 단순한 복음 전파를 넘어서 성경적 문화 곧 나눔의 문화를 심어주는 것임을 정확하게 표현하고 있다.

"그러나 선교사업은 이것 이상이다. 그것은 이방인의 마음에 그리스도의 제사장적 구속적 사랑을 소개한다. 그리스도의 사랑을 보여주기 위하여, 선교사 자신이 그리스도의 형상을 소유하는 것과 그가 전파하게 될 사람들과 하나가 되는 것이 꼭 필요하며, 선교사가 그들의 결핍과 슬픔에 처한 고통에 동참하여 그들의 병을 고쳐주고 빈곤하고 불행한 사람들에게 동정을 베푸는 것이 꼭 필요하다. 이 모든 것에 있어서 그는 평안과 도움을 줄 수 있는 유일한 그분을 강조해야 한다. 예수 그리스도의 사랑이 선교사의 모든 행동에서 빛을 발해야 하며 그의 전 삶 속에 스며들어야 한다. 이교도는 그리스도의 사랑이 그의 눈앞에서 정확히 실현될 때만 즉 그 사랑이 말로 말해질 뿐 아니라 행위로서 이해되어질 때에 그것을 알 수 있다. 이것은 그리 쉬운 일이 아니지만 확실히 선교 사업의 가장 중요한 국면 중의 하나이다."[6]

(3) 현실적 필요성

선교 2세기를 지나면서 한국 기독교의 성장이 둔화되었다는 사실은 누구나 아는 사실이다. 특히 각 종교의 호감도에서 기독교는 천주교, 불교에 밀려 가장 호감 받지 못한다는 사실도 대부분의 기독교인들이 알고 있다. 물론 가장 큰 원인은 다원주의 시대에 유일한 구원의 길인 예수 그리스도를 단호히 선언함으로서 독선적이라는 인식을 준 것이 원인 중의 하나라고 할 수 있다. 그리고 이 부분은 결코 양보할 수 없다는 사실도 인정해야 할 것이다.

그러나 문제는 기독교의 본질을 훼손하는 것이 아니라 오히려 드러낼 수 있는 사회봉사 곧 나눔에 대해서 교회가 너무 인색하다는 사실이다. 현실은 교회가 좀 더 사회봉사의 자리로 나오기를 기대하고 있다. 그리고 이러한 기대는 결코 기독교의 본질에서 벗어나는 것이 아니다. 오히려 기독교의 본질로 나아가는 길이다. 교회는 세상에 맞서 진리를 선포하고 복음의 능력을 나타내야 한다. 그런 진리 선포의 영향력을 극대화하기 위해서 나눔의 문화를 먼저 만들어가야 한다. 나눔의 문화는 현대사회가 요구하는 것이요, 성경에서 제시하는 기독교의 본질임을 직시해야 한다. 그렇다면 우리가 섬기고 나누어야 하는 대상은 누구일까?

3. 나눔의 대상

성경에서는 섬김과 나눔의 대상을 어떻게 이야기하고 있을까?

1) 성경은 섬김과 나눔의 대상을 이스라엘 사람들에 국한하지 않고 이방인에게까지 확대하고 있다. 이스라엘 사람들이 아닌 낯선 이들에 대한

이스라엘 사람들의 태도는 적대적이고 불친절했으리라는 것이 일반적인 상식이다. 그리고 천재지변, 정치, 경제, 문화적 박해 같은 인위적으로 빚어진 불행 때문에 고향을 떠나 아무런 법적 보호를 받지 못하고 이리저리 떠돌던 사람들만큼은 특별히 따뜻이 맞아주고, 이스라엘 사람들 가운데 살게 해준 사실을 구약 곳곳에서 찾아 볼 수 있다. "너희에게나 너희 중에 거류하는 타국인에게나 같은 법도, 같은 규례이니라"(민 15:16). "너희 중에 있는 객"(신 16:11)이라고 성경은 표현하고 있다. 이들을 잘 돌보아야 하는 까닭은 이스라엘 백성들이 애굽 땅에서도 나그네였기 때문에 나그네를 압제하지 말라고 말씀하고 있기 때문이다. "너는 이방 나그네를 압제하지 말며 그들을 학대하지 말라 너희도 애굽 땅에서 나그네였음이라"(출 22:21).

2) 성경에 약자를 보호하라는 말씀이 많이 나오는데 그 중에서 고아와 과부를 말씀하고 있다. 하나님의 백성인 이스라엘은 "너는 과부나 고아를 해롭게 하지 말라"(출 22:22)고 말씀하고 있다. 이들은 가난하고 의지할 곳이 없었기 때문에 학대받기가 쉬웠다. 가난한 자에 대한 하나님의 긍휼은 구약 율법의 모체이다. 또한 가난한 자에게 '네 양식을 나누어 주라'는 말씀은 가난한 이웃에 대한 사회적 책임을 규명하신 말씀이다. "또 주린 자에게 네 양식을 나누어주며 유리하는 빈민을 집에 들이며 헐벗은 자를 보면 입히며 또 네 골육을 피하여 스스로 숨지 아니하는 것이 아니겠느냐"(사 58:7) 이스라엘 사회 안에서의 봉사는 '섬김과 나눔'을 모체로 하고 있으며, 모든 봉사는 이러한 신학적 토대 위에서 베풀어져야 했다. 신약도 구약과 마찬가지였다. 초대 교회 공동체에 일곱 집사를 세운 이유는 사도들이 말씀과 기도에 전무하도록 하기 위함이었고 또 다른 큰 이유는 구제를 위함이었다(행 6:1-6). 말씀을 전하고 기도하는 것 뿐 아니라 가난

한 자를 돌보고 구제하는 것은 교회의 본질적 사명이었다.

3) 성경에서는 장애인에 대한 봉사를 많은 곳에서 보여주고 있다. 신구약 전체를 살펴보면 구약에 89회, 신약에 74회, 총 163회가 장애인에 대해 언급한다. 예수님의 대부분의 사역은 장애를 가진 자나 병든 자를 고치는 사역을 하면서 복음을 증거 했다.

그러므로 이 땅에 살아가는 하나님이 자녀 된 우리들은 소외된 자, 가난한자, 고아, 과부, 장애우 등 우리의 도움을 필요로 하는 모든 이들에게 하나님이 주신 것을 나누고 베풀며 살아가는 삶을 실천해야 한다.

4. 한국 교회 나눔 문화의 현실

성경적으로, 선교적으로 그리고 현실적으로 볼 때 교회의 나눔 문화는 너무나도 절실하다. 그러나 그런 절실함과 기대감에 비해 한국 교회 나눔 문화의 현실은 너무나도 동떨어져 있다. 서론부분에서도 제시한 바와 같이 한국의 선교 초기에는 모든 교단이 사회봉사를 중요한 동반적 사역으로 여겼다. 선교사들은 가는 곳곳에 교회를 세웠을 뿐 아니라 학교와 병원을 세우고 구제소를 설치하였다. 선교사들은 복음만 가지고 간 것이 아니라 동반된 사랑의 봉사도 함께 가지고 간 것이다.[7] 그러나 오늘날 기독교의 사회봉사는 특별한 교회나 기관, 단체에서만 시행하는 행사가 되어버렸다. 대다수의 기독교인들이 자연스럽게 실천하고 삶의 일부분이 될 때 문화라고 말할 수 있다. 그러나 교회 안팎에서 보는 기독교의 나눔 문화는 거의 형성되고 있지 못하다고 해도 과언이 아니다.

특히 한국교회의 재정지출에 대한 문제는 이전부터 수 없이 제기되어 온 것이 현실이다. 여러 통계를 종합해보면 교회 재정의 90% 가까이가 교회 자체를 위해 사용되고 사회봉사 및 구제에는 거의 쓰여지고 있지 않는 실정이다. 한국 교회는 거대한 교회 건물, 화려한 장식, 사람들을 교회로 데려오는 버스의 구입, 기도원의 설립 등에 초점을 맞추어 재정을 사용해 왔으며, 그 결과 교회는 사회로부터 비판을 받게 되었다고 말한다. 교회마다 지출 비용의 구체적 항목이 약간씩 다를 수 있다는 점을 감안하더라도, 전체적으로 볼 때 교회 내 활동을 위한 지출에 예산이 집중적으로 집행되고 있어 '사회적 책임'이라는 측면은 상대적으로 등한시하고 있다. 교회재정 지출을 건강하게 하기 위해서는 첫째, 교회 지도자들이 성경적인 헌금의 의미를 바로 가르쳐야 한다. 물질적 공평을 위한 하나님이 주신 특별한 은사라는 개념을 심어야 한다. 대부분의 성도들은 헌금을 하는 행위에 대해서는 의미를 부여하고 적극적으로 동참하지만 헌금이 어떻게 사용되느냐에 대해서는 관심이 없다. 교회는 복음을 전하는 것과 마찬가지로 헌금을 가르치고 권하는 사명이 있다고 할 수 있다. 바른 헌금을 가르치고 적극적인 헌금생활을 실천하도록 권면한다는 것은 성도들로 하여금 물질에 대한 바른 인식을 갖게 할 뿐만 아니라 경제활동에 대한 바른 판단을 갖게 하여 건강한 국가 건설과 세계 경제 질서를 회복하는 데도 크게 기여할 수 있을 것이다. 둘째, 재정지출을 건강하게 하기 위해서는 교회가 헌금을 바로 사용할 수 있는 구조 내지는 체제를 갖는 것이다. 토지와 건물에 대한 비용을 최소화할 수 있는 체제를 갖는 것이다. 셋째, 교회 재정에 대한 정책결정과 재정지출에 대한 감시에 성도들이 민주적으로 참여할 수 있는 체제를 갖추어야 한다.[8]

이렇게 한국 교회에 나눔 문화가 정착되지 못하는 이유에 대해서 이원규 교수는 네 가지를 지적했다. 첫째는 한국 교회가 전통적으로 개인복음, 개인 구원적 신앙이 강했다는 것이다. 둘째로, 한국 교회에서는 그동안 믿음의 차원에 있어서 주로 수직적 신앙(vertical faith)만 강조되어 왔지

수평적 사랑(horizontal love)은 무시되어 왔다. 셋째로, 한국 교회는 그동안 선교를 주로 복음화로만 생각해 왔지 인간화로는 생각하지 못했던 경향이 있었고, 바로 이것이 적극적인 사회봉사 활동의 장애물이 되었다. 한국 교회가 사회봉사를 제대로 못하는 또 다른 이유는 교회의 개교회주의 때문이다.9)

5. 한국 교회 나눔 문화를 위한 제언

한국사회에 한국교회가 사명을 감당하는 너무나도 절실한 것이 나눔 문화임에도 불구하고 현실적으로 정착되지 못했다는 사실은 모든 기독교인들에게 가슴아픈 현실이다. 한국교회는 이 위기를 기회로 삼아 나눔의 문화 정착을 위해 노력해야 하는 사명이 반드시 이루어져야 한다. 한국 교회의 나눔 문화 정착을 위해 이만식 교수가 사회봉사의 실태와 함께 그 대안으로 제시한 내용을 먼저 소개해 보면 다음과 같다.

"첫째, 본 조사 연구에 의하면 한국 교회의 재정 중 사회복지 활동비용이 차지하는 비중은 매우 적다. 따라서 다가오는 세기에 한국 교회의 사회복지 활동을 활성화하기 위해서는 교회의 재정구조 변화가 시급하다고 사료된다. 최소한 사회복지 예산을 교회 총 예산의 10% 이상으로 증가시켜야 할 것이다. 둘째, 교회 내의 인적, 물적 자원의 과감한 개방이 필요하다고 판단된다. 특히 본 예배당을 포함하여 교회의 봉사관과 주차장 등을 지역주민에게 개방하는 것을 고려해 봄직 하다. 셋째, 사회적 관심이 아직 많이 부족한 특수 분야, 예를 들면 정신 장애인, 외국인 노동자, 탈북자, 우리나라 사람과 결혼한 외국인들 및 그 가정 등을 우선적으로 돌보아야 할 것이다. 넷째, 본 조사 이전에 수행된 여러 기존 연구들 모두 사회복지에 대한 목회자들의 인식 변화를 강조하고 있다. 목회자들의 태도가 사회복지와 관련된 의사결정에 있어서 결정적인 영향을 미친다는 것이다. 다섯째, 교회의 사회복지 활동을 효과적으로 또 효율적으로 수행하려면 개교회 원칙의 부분적 시정과 함께 사회봉사를 위한 협력망의 강화가 필요하다. 여섯째, 사회복지 기능을 크게 3가지로 분류할 때, 그 중의 하나가 사회적 역기능의 예방이다. 따라서 교회도 세상 사람들이 잘못된 제도 속에서 고통 받고 있을 때, 그들의 상처받은 영혼을 위로하는 것 못지않게 사회에 대한 정확한 이해를 바탕으로 잘못된 제도를 개선하는데 앞장서야 할 것이다. 마지막으로, 교회의 사회봉사를 원활히 하기 위해서는 각 교회의 특성에 맞는 프로그램의 개발이 필요하다. 모든 교회가 비슷한 프로그램을 가지고 서로 경쟁하듯 운영하는 것이 아닌, 각 교회의 역량에 알맞고 그 지역사회의 욕구에 부응하는 고유한 프로그램의 개발이 다음 세기 교회의 사회복지 분야 발전에 시금석이 될 것이다."[10]

이에 필자는 한국 교회 나눔 문화를 위해 세 가지 제안을 하고자 한다.

첫째, 봉사와 나눔에 대한 목회자들의 의식 변화가 우선되어야 한다. 교인은 목회자의 가르침을 그대로 따라간다. 교회 재정의 운용에 있어서도 목회자의 생각이 거의 많은 부분 반영된다. 목회자들의 의식이 변하지 않는 한 한국 교회의 나눔 문화는 결코 정착될 수 없을 것이다.

"결국 문제는 목회자들의 의식이다. 사회봉사의 문제를 어떻게 생각하고 있는가 하는 데 대한 목회자들의 태도가 결정적으로 중요하다는 말이다. 즉, 한국 교회가 사회봉사를 제대로 수행하지 못하는 가장 중요한 요인은 사회봉사에 대한 목회자들의 의식수준이 아직 낮기 때문이다."[11]

둘째, 교단적으로 봉사와 나눔을 극대화해야 한다. 교단적으로 사회 봉사와 나눔을 위한 전담기관을 설치하고 재정을 확보해야 한다. 교단 내의 어려움을 당하는 교회나 목회자를 향한 나눔에서 그 범위를 확대해야 한다. 교단적인 나눔의 활성화는 개 교회에 지대한 영향을 끼칠 수밖에 없다. 뿐만 아니라 개 교회에서 하지 못하는 나눔을 효과적으로 실행할 수 있다. 지역의 교회들이 협력하여 나눔을 실천할 수 있도록 방법을 제시해 주는 것도 교단의 몫이 될 것이다.

셋째, 나눔에 대한 분명한 신학을 정립해야 한다. 기독교에 있어서 나눔이 얼마나 중요한 신학적 주제인지를 정립하여 제시해야 한다. 나눔이 빠진 교회는 건강하지 못한 교회라는 사실도 성경적으로 증명할 수 있어야 한다. 신학교와 교회에서는 나눔에 대한 세미나를 정기적으로 시행해야 하며, 각 지역이나 상황의 특성에 맞게 나눔을 실천할 수 있는 방법도 제시해야 할 책임이 있음을 주지해야 한다.

6. 나가는 글

한국교회를 바라보는 시선이 곱지 않다는 것은 우리 모두가 인지하고 있다. 가장 중요한 원인 중 하나는 교회가 복음의 참된 모습을 상실한 데 있다. 복음의 본질인 예수 그리스도의 생명은 놓쳐 버리고 외형적인 껍데기를 의지하기 때문이다. 십자가의 복음을 아는 사람들의 삶의 방식은 '하나님을 사랑하고, 이웃을 사랑하는 것'이다. "믿음, 소망, 사랑, 이 세 가지는 항상 있을 것인데 그중의 제일은 사랑이라"(고전 13:13) "사랑하지 아니하는 자는 하나님을 알지 못하나니 이는 하나님은 사랑이심이라"(요일 4:8) 하나님에 대한 사랑은 이웃 사랑으로, 나눔 운동으로 나타나야 한다. 나눔은 사랑을 실천하는 운동이다. 그리스도의 희생과 섬김을 본받아 모든 것을 세상과 이웃을 위하여 나누고 섬기는 운동이다. 성경대로 생각하고, 성경대로 말하고, 성경대로 가르치더라도 성경의 말씀이 자신의 행위와 삶으로 나타나지 않으면 아무런 소용이 없다는 것을 인지하고 우리는 나눔이 교회의 본질이라는 사실을 잊어서는 안 된다.[12]

> "새 계명을 너희에게 주노니 서로 사랑하라 내가 너희를 사랑한 것 같이 너희도 서로 사랑하라 너희가 서로 사랑하면 이로써 모든 사람이 너희가 내 제자인 줄 알리라"(요 13:34~35)

이제 한국교회는 외형적 성장만을 추구하던 단계에서 벗어나 주변을 돌아보아 변화를 추구하여야 한다. 그 이유는 그리스도의 사랑과 희생이 없는 가시적인 성장은 사회로부터 외면을 당할 뿐 아니라 성도로서의 책임과 의무도 저버리는 행위이기 때문이다. 한국교회는 더 이상 교회와 세상, 성도와 이웃이 다르다는 이원론적 생각을 버리고 오로지 예수님의 가르침과 삶의 모습을 본받아야 한다. 예수님의 삶의 모습은 자기를 낮추시고 소외된 자들을 위하여 사랑을 전하시고 아픈 자에게는 치유를 하며 그들과 함께 하는 삶이었다. 이렇듯 예수님은 실천하는 모습으로 우리에게 오셨다. 그러므로 우리도 예수님과 같이 어렵고 고통 받는 자를 위하여 실천하는 모습으로 변화되어야 한다. 사회봉사는 교회가 반드시 수행해야 하는 본질적인 책임이며 역할이다. 사회봉사의 기본정신은 섬김(serving)이며 돌봄(caring)이며 나눔(sharing)이다. 이러한 섬김, 돌봄, 나눔은 신앙의 구체적인 표현이며, 사랑의 구체적인 실천인 것이다. 사회봉사는 사회를 참되고 선하고 아름답게 변화시킬 수 있는 원동력이 될 수 있다. 병자를 고치시고 가난한 자를 돌보는 것 자체가 하나님 나라 사역이었다. 그렇게 함으로써 하나님 나라가 임한 것이었다.[13] 교회들이 이제는 사회적 책임을 구제사역으로 보지 말고 하나님 나라의 본질 사역으로 보고, 사회를 향하여 활짝 문을 열어야 할 것이다

"네가 이 세대에 부한 자들을 명하여 마음을 높이지 말고 정함이 없는 재물에 소망을 두지 말고 오직 우리에게 모든 것을 후히 주사 누리게 하시는 하나님께 두며 선한 일을 행하고 선한 사업에 부하고 나눠주기를 좋아하며 동정하는 자가 되게 하라 이것이 장래에 자기를 위하여 좋은 터를 쌓아 참된 생명을 취하는 것이니라"(딤전 6:17-9)

교회는 나눔이라는 하나님께서 명하시는 사역 끝에 반드시 영혼 구원이라는 열매를 맺어야 할 것이며 이것이 나눔의 최종의 목적지가 되어야 할 것이다. 교회가 사회·경제적으로 소외된 사람들의 아픔과 눈물을 외면하면 하나님의 사랑은 보이지 않는다. 그러므로 교회가 앞장서서 해야 할 일은 나눔을 통해 그리스도의 사랑을 실천하고, 사회적 책임을 다하는 일이다.

1) 박종삼, 「교회사회봉사 이해와 실천」 (서울: 인간과 복지, 2000), 16-7.
2) 허긴, 「한국침례교회사」 (대전: 침례신학대학교출판부, 1999), 366-88.
3) 서인석, 「성서의 가난한 사람들」 (서울: 분도출판사, 1998), 95-6.
4) 이재서, "사회봉사의 신학적 의미," 세계밀알연합회 편, 「기독교의 사회적 책임」 (서울: 기독교문서선교회, 2005), 49.
5) J. H. 바빙크, 「기독교선교와 세계문화」, 권순태 역 (서울: 성광문화사, 1987), 52.
6) 윗글, 28-9.
7) 유장춘, "침례교회와 사회봉사," 「한국 침례교의 실천적 특성」, 침례교신학연구소편 (대전: 침례신학대학교출판부, 2001), 296.
8) "한국교회의 재정지출," [온라인자료]http://www.sunjinch.or.kr/bbs/board.php?bo_table=grp03_06 &wr_id=68, 2020년 2월 19일 접속.
9) 이원규, 「한국 교회의 현실과 전망」 (서울: 성서연구사, 1994), 165-6.
10) 이만식, 「교회의 사회봉사 그 실태와 대안」 (서울: 대한예수교장로회 총회 사회부, 2000), 133-7.
11) 이원규, 「한국 교회의 현실과 전망」, 164-5.
12) 장종현, "하나님의 은혜와 축복을 나누는 나눔운동 실천해야," [온라인자료]http://www.igodnews.net/news/articleView.html?idxno=61140, 2020년 2월 20일 접속.
13) 김홍덕, "교회의 사회적 책임: 하나님 나라의 본질사역," 「기독교의 사회적 책임」 (서울: 기독교문서선교회, 2005), 260.

9. 고령화 시대의 교회 역할

1. 서론

65세 이상 인구추이 단위: 천 명, %

구 분	1960년	1970년	1980년	1990년	2000년
총 인구	24,989	31,435	37,407	43,390	45,985
65세 이상	935	1,039	1,446	2,126	3,372
구성비	3.7	3.3	3.9	5.0	7.3
구 분	2010년	2015년	2016년	2018년	2026년
총 인구	47,991	49,706	49,312	49,340	49,039
65세 이상	5,425	6,569	6,585	7,075	10,218
구성비	11.3	13.2	13.4	14.3	20.8

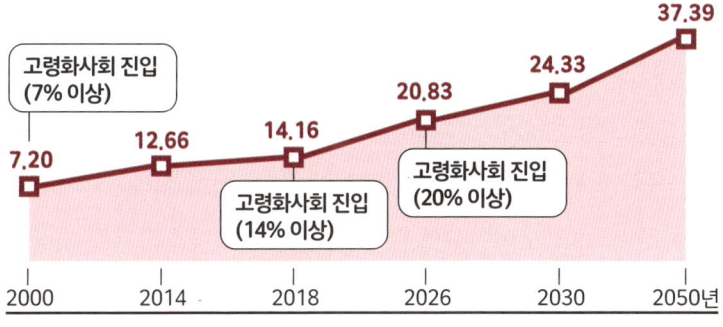

65세 이상 노인인구 비율추이 (단위:%)

- 2000: 7.20 — 고령화사회 진입 (7% 이상)
- 2014: 12.66
- 2018: 14.16 — 고령화사회 진입 (14% 이상)
- 2026: 20.83 — 고령화사회 진입 (20% 이상)
- 2030: 24.33
- 2050년: 37.39

자료: 통계청

주요 국가의 인구 고령화 추이 (단위: 년)

구분	도달 연도			증가 소요 연수	
	고령화 사회 (7%)	고령 사회 (14%)	초고령 사회 (20%)	고령 사회 도달 (7→14%)	초고령 사회 도달 (14→20%)
한국	2000	2018	2026	18	8
스웨덴	1887	1972	2012	85	40
독일	1932	1972	2012	40	40
영국	1929	1976	2020	47	44
프랑스	1864	1979	2018	115	39
일본	1970	1994	2005	24	11
미국	1942	2013	2028	71	15

지난 2019년 3월 통계청에서 발표한 '장래인구 추계'에서 바라본 전망이 현실화 된다면, 10년 뒤인 2029년에는 초등학생 수가 2019년 기준 285만 명보다 102만 명이나 줄어든 165만 명에 그치고 만 25세에서 60세까지 인구는 234만 명이나 감소한다. 고령화 속도가 빨라지면서 만 65세 이상 고령자는 2019년의 1.6배인 1,231만 명으로 급증하여 무려 460만 명이나 늘어나고 고령자 인구 비율은 14.9%(2019년 2월 기준)에서 24.2%까지 치솟는다. 의학 및 과학기술의 발달과 생활환경의 개선으로 인하여 평균수명이 연장되어 노인인구의 증가는 앞으로도 계속적인 증가를 보일 것으로 예측된다. 지금도 마찬가지이겠지만 앞으로는 더욱 더 노인들이 사회 구성원으로서의 활동 역량을 확대해 나아갈 것이라는 것이다.
　이러한 노인인구의 양적인 증가는 개인뿐만 아니라 우리나라 사회 전반에 걸쳐 직·간접적으로 많은 영향을 미치고 있다. 개인적으로는 퇴직으로 인한 소득상실과 수입 감소로 인한 경제적 빈곤, 신체적, 정신적 노화로 인한 건강약화, 사회적, 심리적 고립과 소외 등의 문제로 인해 어려움을 겪고 있다. 사회적으로는 비경제 활동인구의 증가로 인한 국민부담 증가, 노인을 위한 복지 예산의 기하급수적 증가 등의 문제가 발생한다.
　이러한 변화하는 시대 속에서 우리에게 인식되어 온 노인에 대한 효사상은 허물어진지 이미 오래가 되었다. 산업사회 이전의 농경시대에는 씨족사회에서 가부장제도에서는 어른들이 공경의 대상이 되었다. 노인은 오랜 인생의 경험과 축적된 지식들이 삶의 유익이 되어 주었다. 노인으로 하여금 좋은 전통이 계승되어 왔다. 하지만 산업사회에 진입하면서 맞이하게 된 핵가족화를 비롯한 급격한 사회 변화로 이기주의와 물질만능주의가 만연하게 되었고 결국, 노인을 쓸모없는 인간으로 취급하게 되었다. 이제 노인공경, 어른공경은 옛말이 되어 버렸다.
　그러나 오늘의 사회는 노인들의 노력의 결과이고 노인들이 생산한 자녀들에 의하여 유지되고 있다. 이러한 면에 있어서 노인은 어떤 의미로든 사회에 공헌을 하였다고 볼 수 있다. 그러므로 사회적 차원에서의 노인에 대한 복지적 대책은 윤리적으로 정당하고 타당한 것이다. 이와 같이 윤리적 타당성은 우리의 전통적인 윤리적 가치관인 경로효친에 의하여 뒷받침될 수 있다. 효친은 자신이 부모에 대하여 일방적으로 봉양과 공경을 제공하는 것이다. 이러한 일방적인 자녀의 도리는 부모의 은혜에 대한 보답에서 나온다.

성경에서도 마찬가지로 부모공경에 대한 말씀을 전한다. 에베소서 6장 1-3절에서는 "자녀들아 너희 부모를 주안에서 순종하라 이것이 옳으니라 네 아버지와 어머니를 공경하라 이것이 약속 있는 첫 계명이니 이는 네가 잘되고 땅에서 장수하리라"고 명령하고 있다. 루터가 말하기를 부모는 하나님의 대리자라고 하였다. 이제 부모들은 늙어서 누군가의 도움을 받아야 한다. 성경은 바로 이것을 기독교 효의 극치로 말해 주고 있다. 특히 기독교에서는 부모 공경이 노인공경으로 이어진다. 성경에서는 노인 어르신에 대하여 공경하라고 명령하고 있다. 아울러 성경에서 말씀하는 노인공경의 특징은 이러한 세상의 윤리적 측면 위에 영적인 면을 먼저 두고 있다는 것이다. 또한 이를 실천할 수 있는 주인공은 교회일 수밖에 없는 것이다. 이를 위해 교회가 적극적으로 실천해야 하는 분야가 노인복지의 분야이며, 이 분야에 참여하기 위하여 노인에 대한 이해, 노인복지의 당위성과 필요성이 먼저 제시되어야 한다. 우리나라의 고령화는 교회에 속한 성도들의 고령을 의미한다. 그러므로 교회는 노인 인구가 급속하게 증가하고 있다는 사실을 인식해야 한다. 또한 노인 인구의 급속한 증가로 인해 많은 문제들이 발생하고 있다는 점을 간과해서는 안 될 것이다. 이러한 상황 속에서 섬김의 본을 보여주신 예수님의 모습을 본받아 이제 교회들이 적극적으로 노인문제에 관심을 갖고 노인들을 섬기는 사명을 감당해야 할 때이다. 이러한 시점에서 노인의 이해와 고령화 사회에서 발생하고 있는 노인문제를 진단해 보고 고령화 사회에 교회가 해야 할 역할들을 찾아 제시해 보는 것은 매우 의미 있는 일이다.

이를 위해 필자는 다음과 같은 구조로 연구를 진행하고자 한다. 우선 2장에서 노인에 대한 이해를 도모하기 위해 일반적인 개념과 성경에서의 노인 이해를 살펴보고자 한다. 3장에서는 한국사회의 노인현황을 알아보고, 4장에서 노인복지가 현대사회에서 당위성이 있음을 살펴보고자 한다. 5장에서 교회의 노인복지 필요성을 살펴보고, 6장에서는 노인사역에 대한 목회방안을 제시하고자 한다. 7장에서 고령화 시대의 교회가 실천할 수 있는 사항을 구체적으로 제시하고, 결론에서 고령화시대의 교회역할의 중요성을 다시 강조하며 결론을 맺고자 한다.

2. 노인에 대한 이해

(1) 노인의 일반적 이해

노인이라는 말은 예부터 늙은이의 뜻으로 극히 평범하게 사용하고 있으나 그 뜻을 엄밀하게 규명한다는 것은 그리 쉬운 일이 아니다. 국어사전에는 노인을 「늙은이, 늙으신네」라고 하고 있고, 이것을 다시 찾아보면, 「늙은 사람」이라고 표현한다.[1] 최근에는 노인을 연령이 65세 이상인 자를 지칭하고 있지만, 실질적으로는 경제적 활동에서 은퇴하고 있는 계층을 말한다. 개인적인 차이는 있지만 대부분의 경우 65세를 넘으면 경제 활동을 중지해야 할 신체적 한계를 보이므로 대체로 65세 이상을 노인으로 보고 있다. 그렇지만 나이를 한계로 노인을 구분한다는 것은 쉽지 않고 또 그 의견도 구구하다.

이러한 한계에도 불구하고 노인에 대한 구분을 이루어 볼 수 있는 가장 이상적이고 객관적인 기준은 나이의 구분인 것 같다. 일반적으로 노인을 나이로 구분하여 55-65세를 초로(初老), 65-75세를 중로(中老), 75세 이상을 말로(末老)라고 한다. 또 55세 이전의 나이인 40-55세를 향노기, 55세-65세는 초로기, 65-75세는 고년기, 75세 이상을 노년기라고 부르는 학자들도 있으며 45-60세를 전노기, 60-70세를 노년기, 70-80세를 노쇠기, 80이상을 장수기라고 말하는 학자도 있다.[2]

성서사전에서는 히브리어의 노인이란 뜻에 대해 살펴보면, 첫째 '사퀸'은 「수염이 희다」는 뜻으로 60대 노인, 둘째 '셉하'는 「흰머리」란 뜻으로 70대 노인, 셋째 '야시노'는 「흔들린다」는 뜻으로 80대 노인을 가리키고 있는데 이는 모발 및 수염이 희어지고 기력이 쇠퇴해지는 60-80대를 지칭하고 있다.[3] 그러나 일반적으로 노인은 생리적, 신체적 기능의 감퇴와 더불어 심리적인 변화가 일어나 개인의 자기 유지 기능과 사회적 기능이 약화되어 있는 사람이다. 우리나라의 경우, 노인복지법(1981)에서 규정하고 있는 65세 이상인 자를 노인으로 지칭하는 것이 일반적인 관례이다.

노인의 지칭하는 용어가 나라와 문화에 따라 다양하듯이 노인에 대한 정의도 학자에 따라 문화와 전통에 따라 다양하게 정의되기 때문에 한마디로 정의한다는 것은 매우 어렵다. 1951년 국제노년학회에서 노인이란 다음과 같은 특성을 가진 사람으로 규정한다. 노인이란 "① 환경 변화에 적절히 반응할 수 있는 생리적 조직기능이 쇠퇴하고 있는 사람, ② 생체의 자체 통합능력이 쇠퇴하고 있는 사람, ③ 생체의 기관 조직기능이 감퇴기에 있는 사람, ④ 생체의 적응능력이 감퇴하고 있는 사람, ⑤ 생체 조직의 예비능력이 감퇴하여 적응력이 떨어지는 사람" 이라고 규정한다.

브린(Breen)은 노화의 생물학적, 심리적, 사회적 영역을 고려하여 노인을 "① 생물학적 및 생리적 측면에서 퇴화기에 있는 사람 ② 심리적 측면에서 정신 기능과 성격이 변화하고 있는 사람 ③ 사회적 측면에서 지위와 역할이 상실되어 가는 사람"이라고 정의하고 있다. 즉 노화로 인하여 생물, 심리, 사회적 기능이 약화된 사람을 노인으로 규정한다. 이와 같은 노인에 관한 개념 정의를 종합하여 볼 때 노인이란 '노화로 인하여 생물학적, 심리적, 사회적 기능이 쇠퇴하여 환경적, 행동적 변화에 대한 적응 능력이 약화되고 있는 사람'이라고 정의할 수 있다.[4]

(2) 성경의 노인에 대한 이해

성경은 인생을 연속적인 몇 가지 단계들로 구분하며 노년을 그 중에 마지막 단계로 기술하고 있다. 보통 ① 어린이 ② 성인(13세부터) ③ 노인으로 구분하든지, 네 단계로 ① 유년기 ② 청년기 ③ 장년기(결혼한 남녀) ④ 노년기로 나누며(렘 51:22), 노년의 경우 보통 노인과 아주 나이 많은 고령자를 다시 구분하는 경우도 볼 수 있다(렘 6 :11). 구약시대에서 장년에서 노년으로 전환하는 나이는 60세로 볼 수 있다. 신약시대에는 노년의 기준 나이를 찾기 어려우나 구약의 전통에서 크게 벗어나지 않는다고 볼 수 있다. 또한 예수께서 30세쯤 공생애를 시작하셨고 유대인들과 논쟁이 있었을 때 유대인들이 예수께 "네가 아직 50세도 못 되었는데 아브라함을 보았느냐"(요 8:57)라고 따지는 질문에서, 당시 50세가 노년의 기준이 되었었던 것으로 이해할 수 있다. 이렇게 볼 때, 성경에서 일반적으로 말하는 노년으로의 전환은 빠르면 50세에서 시작하여 늦어도 60세부터는 노인이 된다고 할 수 있겠다.

성경에서도 노인에 대한 수많은 표현과 정의, 그리고 교훈들이 나타나고 있는데, 이를 시대적 상황을 구분하여 구약시대의 노인과 신약시대의 노인의 개념을 각각의 성경 속에서 찾아보고자 한다.

1) 구약성경이 말하는 노인

첫째, 존경의 대상이다. 십계명의 다섯 번째 계명인 "네 부모를 공경하라"(출 20:12, 신 5:16, 레 19:3)는 말씀은 노인의 사회적 보호가 가족에 의해 보호받는 것으로부터 시작되어야 함을 나타내주고 있다. 늙은 부모는 자식으로부터 대접을 받으면서 사회에서 공경의 대상이 되는 것이다. "너는 센 머리 앞에서 일어서고 노인의 얼굴을 공경하며 네 하나님을 경외하라 나는 여호와이니라"(레 19:32) "너를 낳은 아비에게 청종하고 네 늙은 어미를 경히 여기지 말지니라"(잠 23:22). 이처럼 노인을 공경하고 그들에게 공손해야 한다는 것은 하나님의 명령이다. 누구든지 하나님을 경외하노라 하면서 그의 부모를 공경하지 않는 것은 거짓말 하는 것이며 부모를 공경하는 데서 하나님을 경외할 수 있다는 사실을 가르치고 있는 것이다.

둘째, 지혜의 상징이다. 지혜는 노인들의 오랜 경험에서 나오는 것으로 그들의 가르침을 받을 것을 구약성경은 제시하고 있다. 잠언과 전도서의 배후에 있는 지혜의 교사들은 대체로 노인들이었다. 지혜는 노인들의 유산인 것이다. 또한 장로는 노년의 권자를 말하는 것으로 종교적 기능에서 지도자였던 것은 물론 가족과 부족의 장(長) 위치에 있었고, 싸움의 지휘관으로, 재판관으로, 권면자로, 그 공동체의 핵심을 이루고 있었다. 이것은 노인들의 오랜 경험과 지혜 때문이었다. "옛날을 기억하라 역대의 연대를 생각하라 네 아비에게 물으라 그가 네게 설명할 것이요 네 어른들에게 물으라 그들이 네게 이르리로다"(신 32:7) 열왕기상 12장 6-8절에서는 르호보암 왕이 그 아버지 솔로몬의 생전에 충성했던 노인들의 교도를 버리고 자기와 함께 자란 소년들과 의논함으로 나라를 잘못되게 인도하고 쇠퇴의 길로 갔음을 분명하게 보여준다. "왕이 노인들이 자문하는 것을 버리고 자기 앞에 모셔 있는 자기와 함께 자라난 어린 사람들과 의논하여"(왕상 12:8). 이런 사실들은 노인을 지혜의 상징으로 나타내주고 있는 것이다. 셋째, 기쁨과 축복이었다. "백발은 영화의 면류관이라 의로운 길에서 얻으리라"(잠 16:31). "젊은 자의 영화는 그 힘이요, 늙은 자의 아름다운 것은 백발이니라"(잠 20:29). 히브리 사회에서 노인은 하나님의 뜻을 전달하는 중보자의 역할을 담당함으로써 놀랄 만한 위치에 있었다. 노인이 축복의 말을 해줌으로 자녀들에게 축복이 임하였다(창 47:29, 49:33). 이것은 곧 노년은 고통이나 소외의 시기가 아닌 축복과 기쁨의 모습을 나타내는 시기라는 것을 암시한다. 넷째, 가르쳐야 하는 영적 특성을 지니고 있다. "하나님이여 내가 늙어 백수가 될 때에도 나를 버리지 마시며 내가 주의 힘을 후대에 전하고 주의 권능을 장래 모든 사람에게 전하기까지는 나를 버리지 마소서"(시 71:18)라고 고백한 것처럼 노인들만이 할 수 있는 독특한 사명이 노인들에게 있다는 것이다. 늙음이 퇴화나 무기력해 가는 현장으로만 보는 것이 아니라 앞을 바라보는 눈이 트여 원숙한 인격적 성숙과 영적 성숙의 시기임을 말해주는 것이다.

2) 신약성경이 말하는 노인
첫째, 주의 진리를 가르쳐야 할 특권과 사명을 지닌다. 에베소서 6장 1-4절과 디도서2장 4-5절을 보면 노인들이 교육적 사명을 받은 것을 볼 수 있다. 자신 신앙적 경험과 함께 주의 진리를 가르치고 지도해야할 의무적 사명을 부여 받은 것이다. 둘째, 노인은 공경되어야 한다. 디모데전서 5장 1-9절에는 노인을 대할 때 부모에게 하듯 공경할 것을 가르치고 있다. 초대교회의 늙은 과부를 구제하는 모습은 모두가 노인을 공경하는 태도를 가져야 한다는 본보기에 불과한 것이다. 셋째, 노인은 영적 성숙의 시기이다. 노인은 육체적으로는 노쇠하지만 신앙의 깊은 경지, 즉 체험적인 신앙과 변함없는 인내로 영적 성숙함에 이르는 시기이다. 때문에 초대교회에서는 장로와 감독의 직분을 노인들에게 맡겨 모든 사람들의 사표(師表)가 되게 하였다.

3. 노인 현황

2차 세계대전이후 세계적으로 인간의 수명이 현저히 증가하고 치명적인 질병이나 천재지변으로 인한 집단사망의 사례가 줄어들면서 노인인구의 수도 엄청나게 증가하였으며 노인인구가 전체인구 중에서 차지하는 이른바 노인인구비율도 급격히 증가하였다. 이미 오래전에 미국, 유럽, 일본 등 선진국의 경우 1990년도를 전후하여 65세 이상의 인구가 전체인구의 12-15%를 차지하고, 남녀합산 할 경우 평균수명5)은 75-79세에 이르고 있다.

한국의 고령화 속도는 통계청의 인구추계로는 정확하게 예측하는 것이 더 이상 불가능할 정도로 매우 빠르게 진행되고 있다. 현재 한국은 출산율이 1.3명 이하인 '초저출산 국가'로서 2017년 기준 출생인구가 1.05명에 불과하며, 동시에 65세 이상 노인인구의 분포도가 2018년 6월 기준 14.3%인 '고령사회'이다. 여기에서 주목해야 할 사실은 고령인구의 수치가 출산인구의 수치보다 높아지는 상황이 도래하고 있다는 것이다. 2010-2015년을 기준으로 세계와 한국의 인구성장률을 비교해보면, 세계 인구성장률이 1.1%일 때 한국의 인구성장률은 0.5%로, 세계의 인구성장률의 절반 이하에 그치고 있다. 그로 인해 한국의 인구증가율은 2011년에는 0.7%였으나 2015년에는 0.4%로 -0.3%의 증감률을 보이고 있다. 이와 같은 인구성장률은 2030~2035년이 되면 세계가 0.7%의 증가율을 보이는 데 반해 한국은 -0.1%의 수준이 될 것으로 전망된다. 그런데 감소하는 인구 성장률과는 반대로 고령인구의 비율은 지속적으로 증가하고 있는데, 1960년 대 2.9%였던 고령인구의 비율은 2017년 14.2%, 2030년 24.3%, 2060년 40.1%로 지속적으로 증가될 전망이다. 이와 같은 한국의 고령화 속도는 2060년 세계 인구 중65세 이상의 비율이 17.6%로 증가될 것이라는 전망과 비교해 보았을 때에도 매우 빠르게 증가하고 있음을 알 수 있다.

그런데 급격한 고령화 속도로 인한 사회적 문제 가운데 하나가 바로 15-64세 생산가능인구의 감소이다. 고령화가 문제가 되는 것은 단순히 노인인구의 증가에 있는 것이 아닌 생산가능인구의 감소로 인한 사회·경제적인 침체에 놓이도록 하는 데에 있다. 한국의 생산가능인구의 수치를 살펴보면, 1965년 1,523만 명인데 비해 2015년에는 3,744만 명으로 지속적으로 증가하였다. 그러나 2016년 3,763만 명을 정점으로 감소현상을 보이고 있는 상황이다. 한국의 생산가능인구의 수치는 2035년 3,168만 명, 2065년 2,062만 명까지 감소될 것으로 예상되고 있다. 이러한 인구변화의 추세를 고려할 때, 지금 우리가 맞닥뜨린 고령사회는 생산가능인구의 절대적 감소와 베이비붐 세대의 은퇴가 본격적으로 이루어지는 지점이라 할 수 있다. 그러므로 현재 시점은 출산율 저하와 초고령사회를 대비하는 사회구성원의 전체적인 관심과 함께 감소하는 생산인구의 문제점을 직시한 사회 구조의 전반적인 재구성이 필요한 시점이다.

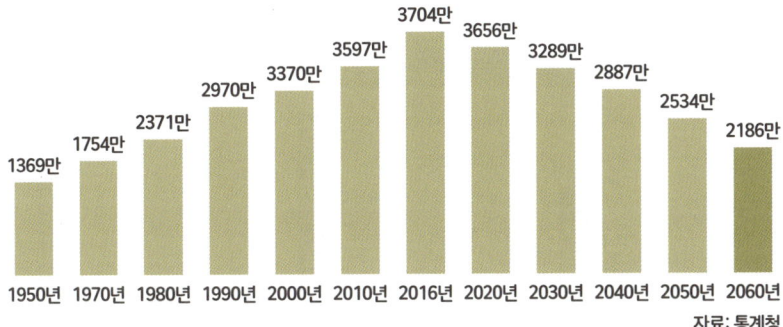

4. 노인복지의 당위성

(1) 시대의 요청

　65세 이상 노인 빈곤율은 OECD평균이 12.4%이지만 한국은 거의 절반에 육박하는 48.6%의 수치를 보여준다.

노인인구 실업률

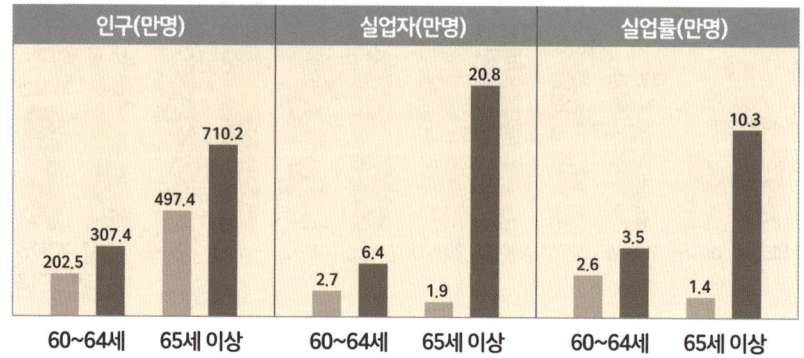

　한 표본조사에 의하며 우리나라의 60세 이상 노인 두 명 중 한 명꼴에 해당하는 48.6%는 경제적 생활고를 겪고 있다고 응답했다. 이러한 통계는 우리나라 60세 이상 노인의 경제적 어려움을 나타내는데 미흡한 은퇴 준비와 제한된 고령 근로자의 재취업 기회가 경제난의 원인으로 지적된다. 산업시대의 평균 은퇴연령이었던 65세가 지금은 50-55세로 빨라진 반면 기대수명은 증가하고 있다. 수명이 늘고 생활에 필요한 자금은 증가되는데 반해 조기은퇴로 수입원은 줄어들고 있다. 그렇다고 재취업을 통해 경제 문제를 해결하기 힘든 실정이다. 신체기능이 퇴화하는 노인의 특성은 산업사회에서 요구되는 생산력에 부정적인 요소로 인식돼 재취업의 기회마저 어렵게 만든다. 그렇다면 젊은 세대는 이러한 현실을 고려해 은퇴 후 노후 생활을 대비하고 있을까? 우리나라 30-50대의 중산층 10명 가운데 6명은 노후준비가 미흡해 은퇴 후 노인 빈곤층이 될 가능성이 크다는 조사 결과가 나왔다. 은퇴 전문가들은 준비되지 않은 상태로 은퇴를 맞이할 경우 노인 70-80%가 빈곤층으로 전락할 것으로 예측했다. 미래의 한국사회는 고령화와 함께 노년빈곤이라는 과제에 직면해 있다. 노인의 약 87%가 치매, 중풍 등 각종 만성질환을 앓고 있으며, 노인의 3.5%가 독립적인 일상생활이 불가능하다. 특히 치매 노인이 급속하게 증가하고 있으며 사회나 가정으로부터 역할상실에 따른 소외감, 고독감으로 노인들의 사회참여와 여가에 대한 욕구가 증대하고 있지만 이를 충족시킬 수 있는 여건이 미흡하고, 각종 여가시설이나 프로그램이 부족한 것이 현실이다.

　이처럼 노인의 고통이 심화된 적은 없었다. 어느 사회에서나 산업화 과정에서 노인문제는 중요한 사회문제로 등장하지만 서구 사회는 150-200년의 긴 세월을 통해 노인문제에 대한 대응능력과 복지 기반을 가져왔다. 그러나 우리 사회는 30년이라는 짧은 기간에 노인문제가 급격히 대두되어 이에 충분하게 대비를 해오지 못하였다. 따라서 노인과 그가 속한 가족은 모두 고통을 받고 있으나 사회가 그들을 돌보아 주어야 한다는 인식과 여건 마련은 아직 어려운 실정이다. 이러한 문제에 대한 해결을 교회가 먼저 앞장서서 해야 할 일일 것이다.

(2) 교회의 사명

교회는 일차적으로는 복음을 통해서 영혼구원을, 동시에 주의 사랑을 실천하는데 있어서는 바로 구제가 따라와야 한다. 복지와 같은 구제는 구약에서부터 지금까지 모든 교회들이 필수적으로 실천한 거룩한 과업이었다. 초대교회의 복음사역에는 반드시 구제가 따라왔다. 초대교회에서는 은혜 받은 자들이 자기 전답을 팔아 사도들에게 가져와 각 사람의 필요에 따라 나눠주었다(행4:34-37). 또한 한국교회도 복음이 처음에 들어와서 선교사들이 복음과 더불어 사회사업 차원에서 병행하였다. 한국교회 초기에 복음과 구제가 필연적이었는데 이것은 어디까지나 영혼구원 영혼사랑을 위해 실천된 것이었다. 이러한 선교방식은 우리가 외국에서 선교할 때도 그대로 실천되어야 하며 불신자들에게 복음 전도할 수 있는 매개체가 될 수 있는 것이다. 이러한 복지운동을 복음과 병행하는 것이 고령화시대와 더불어 복지시대로 불리는 현시대에서의 교회의 사명이라 할 수 있는 것이다.

5. 교회의 노인복지 필요성

지금까지 대부분의 한국교회의 관심의 대상은 아동부에서부터 장년부에 이르기까지였고, 지금도 다음세대를 위한 비전으로 아동부에 집중적인 관심과 투자를 아끼지 않고 있다. 반면 노년층에 대해서는 그저 장년부에 편입시키거나 전혀 관심의 대상으로 생각지 않는 경우가 대부분이었다. 하지만 이제는 교회가 노년부에 대한 관심을 높이고 노인문제를 의식화하면서 노인복지사업에 교회가 적극적으로 투자해야 할 때임을 알아야 할 것이다. 이를 위해 다음과 같이 네 가지 측면에서 살펴보았다.

(1) 성경적 관점

교회가 노인복지에 관심을 갖고 힘써야 할 이유는 먼저 성경 속에서 찾아 볼 수 있다. 먼저 살펴보았듯이 성경은 우리에게 노인을 공경의 대상으로 이해시킨다. 우리가 지켜야 할 십계명 중 다섯 번째 계명은 부모를 공경할 것을 말하고 있으며 부모에게 순종하고 효도함으로써 자녀들은 복을 받고 장수할 것이라는 것을 기록하고 있다. 아울러 노인들이 지혜의 상징임을 말하고 있다. "옛날을 기억하라 역대의 연대를 생각하라 네 아버지에게 물으라 그가 네게 설명할 것이요 네 어른들에게 물으라 그들이 네게 말하리로다"(신 32:7) 성경은 끊임없이 노인들에게 질문하고 답을 얻어 지혜를 배워야 함을 가르치고 있다. 지혜가 있는 노인은 신체적으로는 무기력하지만 가르치는 위치에 있다는 것이다. 그들은 교회 내에서 교육적 사명을 가지고 있다. 하지만 이렇게 단순히 공경의 대상이 되기 때문에 교회가 노인복지를 해야 하는 것은 아니다. 시편 71편에서는 노인을 신체적 특성상 연약하고 활동력이 없기 때문에 보호받아야 할 대상으로 보았다. "하나님이여 내가 늙어 백발이 될 때에도 나를 버리지 마시며 내가 주의 힘을 후대에 전하고 주의 능력을 장래의 모든 사람에게 전하기까지 나를 버리지 마소서"(시 71:18). 이러한 모든 것들을 고려할 때 교회 내에서 노인은 존경을 받고 지도자의 역할을 수행하며 보호를 받아야 할 대상이기에 교회에서 노인복지를 소홀히 한다는 것은 하나님의 말씀에 위배된 행위를 하고 있다고 볼 수 있다.

(2) 선교적 관점

교회는 노인복지사업을 하면서 그것을 전도의 매개체로 활용할 수 있다. 교회에 출석하는 노인은 물론 출석하지 않는 지역사회의 노인을 위한 복지 사업을 순수한 마음으로 진행시킬 때 교회는 사회봉사를 통하여 사회적 책임을 수행한다는 인식을 지역 내에 심어줄 수 있고, 교회를 통하여 여러 가지 도움을 받은 노인들의 경우 예수 사랑을 통하여 교회와 가까워질 수 있는 기회를 얻게 되는 것이다. 또한 연령이 높아지면서 노인들은 젊은 날에 대한 후회와 죄책감 또는 죽음의 공포까지도 느끼게 되는데 교회가 노인복지사업과 병행하여 교회에 출석하지 않는 노인들에게 빠르게 변화하는 사회로부터 소외되지 않도록 보살피면서 영원한 삶에 대한 복음을 전파할 기회를 놓치지 않는다면 노인들을 쉽게 교회로 인도할 수 있는 것이다. 교회로 인도된 노인들은 그들 주변 사람들에게 신앙인으로서 영향을 줄 수 있으므로 노인들은 선교를 위한 간접적인 역할을 담당할 수 있게 된다.

(3) 사회 심리적 관점

노인들의 심리적인 문제는 우울, 불안, 신경성, 불확실성 등의 것들이다. 노년기에 들어서면서 나타나는 일반적인 심리적 현상은 신체적 기능 약화나 사회적으로 상실된 역할에서 오는 심리적 충격, 또는 경제적인 불안정, 생활 적응의 불안으로 말미암은 것들과 밀접히 관련되어 있어서 점차 소외감이나 고독으로 나타나게 된다. 그리고 노인들은 친구나 동료, 친척들의 임종을 보면서, 죽은 이후의 영생에 대한 강한 신앙을 가진 사람을 제외하고는 죽음에 대한 두려움도 갖게 된다. 이때 교회에서 노인복지사업을 통해서 그들의 적극적인 참여를 유도하고 활동의 기회를 부여한다면 노인들은 새로운 역할에 적응해 나가면서 사회 소외감을 해소시킬 뿐만 아니라 삶에 대한 의욕도 되찾을 수 있는 것이다.

(4) 윤리적 관점

앞서 살펴보았듯이 노인은 당연히 존경을 받고 섬김을 받아야 한다.

먼저는 하나님의 피조물로서, 한편으로는 하나님의 대리자로서 자녀를 낳고 양육하고 교육을 담당해 온 청지기요 또한 인간 편에서는 우리의 부모님들이기에 자녀 된 도리에서 마땅히 섬겨야 하는 것이다. 그러므로 교회에서는 노인을 섬기는 복지가 주님의 명령으로 알고 반드시 실천해야 하며, 이것은 기독교 윤리적 관점에서 실천되어야 하는 것이다(출 20:12; 잠 23:22, 25).

6. 노인사역에 대한 목회방안 제시

한국교회는 노인인구의 급증과 요구되는 사역의 필요성을 감안할 때 노인목회에 대한 인식과 효율적인 준비가 요구된다. 노인이 은퇴를 통해 사회활동에서 분리돼 역할을 상실하고 심리적으로 소외감과 고독감을 느끼는 상황을 고려할 때 신앙을 통해 정서적인 지지와 실제적인 도움을 체감하도록 하는 사역은 더욱 중요해 보인다. 교회는 노인사역을 통해 성경적 인식을 기반으로 인간의 가치와 정체성을 확립하고 영혼구원이라는 궁극적인 목표 아래 죽음 이후 천국의 삶을 준비하도록 돕는 목회방안이 제시되어야 한다. 노인사역은 시대의 요청이며 동시에 교회가 풀어야 할 중요한 과제다. 이러한 일의 시작은 노인사역의 절대적 필요성에 대한 인식의 전환이 이루어질 때 가능할 것이다. 한국교회는 시대적 변화를 알려 성도들의 관심을 유발하고 노인사역에 대해 훈련시켜 효율적으로 교회자원을 준비시켜 사역을 개발하고 능력을 향상시켜 과제를 풀어나가야 한다. 필자는 이러한 관점에서 노인사역을 위한 긍정적인 목회방안을 제시해 보고자 한다.

(1) 노인사역에 대한 인식의 전환과 관심 유도

고령화의 문제는 단지 노인들만의 문제가 아니라 그들과 함께하는 가족 구성원 모두의 문제이며 공동연합체로서 사회 전체의 문제가 되기에 모든 세대가 함께 주의 깊게 바라보며 해결해야 할 문제다. 오늘날 한국교회는 노인사역의 필요성과 당위성이 증대되기에 교회공동체가 적절한 인식을 하도록 돕고 이 문제에 대한 폭넓은 논의를 이루어 나가야 한다. 노인사역은 수혜자인 노인들의 체감도를 높이기 위해 교회 공동체가 고령화에 따르는 노인들의 상황과 여건을 인지하며 그들에 대해 실질적으로 지원하는 일에 관심을 갖도록 동기를 부여해야 한다. 무엇보다 노인들 스스로 자아성찰의 과정을 통해 객관적인 상황인식을 위한 교육에 참여하며 개선을 위해 노력하는 일이 요구된다. 노인들이 변화하는 사회에 효과적으로 적응하기 위한 제안은 다음과 같다. 첫째, 자기 성찰을 통해 자신에 대한 인식을 확고히 해나가는 일이 필요하다. 이는 과거, 현재, 미래의 자신의 모습과 삶을 인식하는 과정이 필요하다는 것이다. 둘째, 이 과정에서 관계를 형성하고 폭넓게 네트워크를 확장해 나가는 일련의 노력을 요구한다. 셋째, 이러한 모든 일에 적극적이며 개방적인 태도를 가지고 임하는 자세가 필요하다. 노인사역은 그들의 삶을 돌아보게 하며 시대의 변화를 인지하고 자신의 역할과 상황을 객관적으로 인식하는 교육의 장을 만들어 미래를 대비해 인생을 재설계하도록 도와야 한다. 노인들 스스로 직면한 문제의 주체임을 인지하며 적극적으로 해결방안을 제시하며 교회공동체와 협력하는 열린 태도와 자세를 취하도록 인식의 전환을 유도해야 한다. 또한 교회 내의 젊은 세대와도 노인사역에 현안과 문제점을 공유해 공생을 위한 이해와 협력을 요구해야 한다. 교회는 노인들과 함께하는 시간과 공간을 마련해 그들과 교감을 통해 공감대를 형성해 관계의 질을 높이며 필요와 관심을 공유하고 소통하는 의미 있는 상호작용을 강화하며 협력해 나가야 한다. 마지막으로, 노인사역 담당자를 활성화하여 책임감과 의무감을 가지고 노인사역에 참여하도록 유도해야 한다. 그들의 전문성을 바탕으로 지속적으로 필요한 지원을 제공하고, 외부기관과 협력관계를 증진해 유대감을 갖고 지역사회와 공조를 이루어 나갈 수 있도록 노인사역이 활성화되어야 한다.

(2) 신앙적 목회사역 제시

노인사역은 노인들의 관점에서 필요를 발견하고 문제를 바라보려는 통합적인 시도를 통해 사역이 추구된다. 그 과정은 성경적 원리를 바탕으로 사회적 연구가 접목되는 단계를 거쳐 노인문제에 관한 본질적인 이해를 증대시킴으로 이루어질 수 있다. 특별히 노인사역은 영혼구원을 목표로 하는 동시에 지역과 주민들에게 봉사와 섬김을 통해 그리스도의 사랑을 실천하며 영적인 필요를 공급하는 사역으로 진행되어야 한다. 궁극적으로 기도와 말씀을 통하여 삶의 의미를 찾도록 도우며, 하나님의 사랑 안으로 인도되도록 영적 공급을 제공하는 사역이 되어야 한다. 아울러 인생의 황혼기를 맞아 인생을 회고하고 정리하며 죽음에 대한 의미와 경험에 대처하도록 도와야 한다. 인생을 평가하고 점검하며 보완함을 통해 조금 더 만족스러운 노년을 보낼 수 있도록 도우며 나아가 죽음을 초월하는 삶의 소망을 제시해 생활의 방향성을 긍정적으로 이끌어야 한다. 교회는 노인사역을 통해 인생을 통합하도록 도우며 구원의 확신과 영생의 소망을 제시하고 죽음에 대비해 현세를 살아가도록 인도하며 부활의 산 소망을 가지고 이 땅에서의 삶과 천국의 소망을 연결시켜 삶의 의미와 가치를 추구하도록 해야 한다.

(3) 인생의 재설계를 위한 재교육

인간의 수명이 늘어 난만큼 설계된 인생계획에 변화가 요구된다. 연장된 삶의 시간에 맞추어 살아가는 방식을 조정하며 새로운 시간을 계획한다면 효과적으로 미래와 노년을 대비할 수 있을 것이다. 한국사회는 전반적으로 은퇴 후 노년에 대한 준비가 미흡한 것으로 조사된다. 다가올 위기에 대한 선제적인 인식 부족은 미래에 닥칠 위험을 간과하게 하고 대안을 창출하는 노력을 등한시하는 결과를 가져온다. 이제 한국교회는 사회에 일어나는 변화의 흐름을 인지하고 사역에 참여하는 성도들이 새로운 시대에 적응하도록 도우며 시대 흐름에 맞게 사역할 수 있도록 재교육해야 한다. 교회는 노인들의 욕구를 이해하고 우선적으로 교회 내부의 전문가를 찾아 육성하며 더 나아가 사회기관과 협력하여 교회와 사회 프로그램을 연계해 교회의 노인들과 이웃의 노인들을 참여시켜 배움의 기회와 친교의 장을 만들 수 있을 것이다. 오늘날 일부 교회들이 노인대학을 실시하며 표현적 욕구와 공헌적 욕구를 충족시키는 교육프로그램을 운영하고 있으며 교육의 수단을 전도의 기회로 삼기도 한다. 또한 교회는 본질적인 종교적 목표를 위해 지속적으로 신앙교육에 투자해야 한다. 노인의 시기는 생물학적으로 유약하나 영적으로는 계속 깊어지고 새로워지는 특성이 있다. 이런 노년의 시기에 영적인 각성과 재충전은 노년의 삶을 의미 있고 가치 있게 이끄는 원동력이 될 수 있다. 이런 의미에서 노인을 위한 신앙교육은 중요하게 다루어져야 한다. 사회적 역할의 변화와 신체적인 기능이 퇴화로 인해 삶의 의미와 가치관에 혼동을 겪고 있는 이들에게 말씀과 신앙교육을 통해 영적인 의미를 찾을 수 있도록 기회와 편의를 제공하는 교육이 주어진다면 영적성장과 함께 삶의 의미를 찾도록 하는 역할을 제공할 수 있을 것이다. 또한 교회는 정기적인 노인사역에 대한 교육을 실시하고 사역을 위해 정기적으로 기도회와 공청회를 통해 노인주간을 만들어 성도들의 관심을 유발해야 할 것이다. 교회는 말씀 교육을 통해 노인들의 삶에 대한 의미와 가치를 가르치고 시대적 변화에 부응하는 지식을 제공하는 다양한 교육기회를 통해 그들의 무한한 잠재력과 내재된 능력을 발견하며 긍정적인 자아상을 확립하는 일을 기대해본다. 이와 같이 노인사역은 재교육의 과정을 통해 인생의 재설계를 도우며 새로운 환경에 적응해 나갈 수 있도록 그들을 자산화 하여야 할 것이다.

(4) 노인자산에 대한 이해 증진

교회가 노인사역을 효과적으로 감당하기 위해서는 우선 교역자를 포함한 성도들이 노인자산에 대한 제대로 된 이해를 해야 한다. 성경은 육신적으로 연약한 노인에게 중요한 역할을 부여하고 있음을 알 수 있다. 모세는 "우리의 연수가 칠십이요 강건하면 팔십..."(시 30:10)이라 말하며 육신의 연령은 70세에 이르면 유약해지는 것으로 묘사하였으나 그가 광야에서 지도자로서 이스라엘 민족을 이끌며 출애굽 할 당시 나이는 80세의 노인이었다. 이러한 성경의 예는 인간의 신체연령은 70세에 다다르면 연약해지나 인생의 경험과 연륜을 바탕으로 한 지혜는 오히려 노인의 시기에 더해질 수 있음을 보여준다. 노년의 경험과 지혜는 조직을 제도화하고 발전시키는 데 중요한 역할을 감당하며 통솔력이 발휘되는 시기는 일정 나이가 지난 노년기임을 알 수 있다. 아브라함은 75세에 하나님의 부름을 받아 믿음의 조상이 되었고 구약의 선지자와 제사장 중에는 노년이었음에도 불구하고 하나님의 사역에 사용되었음이 나타난다. 교회는 노인들이 평생을 거쳐 쌓아온 신앙의 유산과 삶의 지혜, 그리고 인간관계를 바탕으로 생성된 노인 개인의 자산을 성경을 통해 발견하도록 돕고 그들을 지지하며 개인과 교회의 자산을 연결시켜 동역해야 한다. 노인의 삶을 이해하고 성경에서 교훈하는 그들의 장점과 가치를 이끌어내 노인들의 경험과 삶을 활용하는 방안을 연구해야 한다. 노인세대의 전문성과 기술을 활용해 재원을 확보하며 신앙적 재교육을 통해 목회 활동에 조력자가 되도록 이끌어야 할 것이다. 이 과정을 통해 노년층 인재를 확보하고 그들의 경험과 기술을 이용해 사역을 열어줌을 통해 목회사역에 기여하도록 도와야 한다.

(5) 사역(봉사, 선교활동)의 기회를 열어줌

노인들이 교회사역과 활동에 적극적으로 가담하도록 도와야 한다. 교회는 노인사역을 위해 프로그램을 개발하고 사역환경을 발전시키는 일련의 노력을 통해 그들의 삶의 만족도를 증가시킬 수 있다. 노인사역은 그들에게 필요한 사역을 참여하도록 기회를 제공해 생의 의미와 가치를 발견하고 창조적인 활동을 통해 스스로 사역의 확대하며 보람을 찾을 수 있도록 도와야 한다. 노인사역은 단회적이며 소비적인 베풂기식 접근을 지양하고 생산적이며 장기적인 차원에서 지속적으로 참여할 수 있는 프로그램을 개발해 시행하는 구체적인 사역이 요구된다. 또한 한국교회의 중추세력이 노령화되었음을 인지할 때 노인들을 돌봄 사역의 대상자로만 여길 것이 아니라 그들의 환경과 건강이 허락되는 한 유용성을 활용해 사역으로 연결시키는 방안도 요구된다. 노인에게 사역의 기회를 제공할 때는 신체적 기능을 고려해 사역 역량을 발휘할 수 있는 편의시설과 환경을 갖추어야 하며 사역을 열어주는 방식도 노인들의 적극적인 참여를 유도하는 방식으로 전개되어야 한다. 노인사역은 젊은 세대와 사역의 대상자들인 노인들이 함께 참여함으로 배움을 통한 동반성장을 경험하며 충분한 시간을 가지고 노인을 포함한 모든 교회자원을 효율적으로 사용할 수 있도록 상호 역할설정을 통해 사역을 재분배하는 계획도 수립되어야 한다. 노인의 문제는 더는 그들만의 문제로 여기는 것이 아니라 함께하는 사회, 가족, 구성원 모두가 총체적으로 참여해 해결해 나가야 한다.

7. 교회의 실천

교회에서 실현 가능한 노인복지프로그램은 교회의 규모와 특성에 따라 차이가 있으며 단체의 차이로 다양하게 존재할 수 있다. 하지만 기본적으로 노인복지를 실시하는 데에는 새로운 시설공간을 확보하지 않고도 기존의 시설만으로 활용할 수 있는 부분이 많기 때문에 먼저는 교회 내부의 시설과 시스템으로 이용 가능한 교회의 내적 실천에 대해 알아보고자 한다. 그 다음으로 교회의 밖에서 실행할 수 있는 프로그램도 아울러 제시해보았다. 각각의 프로그램은 교회 내에서 모두 실행이 가능하며 각 교회의 형편에 따라서 선택이 달라질 수 있을 것이다.

(1) 교회의 내적 실천
1) 생계지원

현재 우리나라의 많은 노인이 경제적으로 외부의 보조를 받지 않고는 생계를 유지하기가 어려울 정도로 궁핍한 생활을 하고 있다. 따라서 교회는 노인들을 위한 우선적인 생계지원프로그램으로 불우 노인들을 위한 식사제공을 생각해볼 수 있다. 물론 이에 대한 다른 사회복지 단체들이 많이 있지만 아직도 불우 노인들의 필요를 채워주기에는 턱없이 부족한 현실이다. 또한 식사 제공과 관련한 기존 교회의 프로그램을 보면 일주일에 한 번 또는 경로잔치의 명목으로 일 년에 수차례 진행되고 있지만 이러한 프로그램은 노인들의 어려운 끼니의 해결책으로는 적합하지가 않다. 따라서 교회는 지역 내 불우 노인들을 정확히 파악하고 거동이 가능한 노인들은 교회에서 매일 식사를 할 수 있도록 하고, 거동이 불편한 노인들을 위해서는 직접 음식을 배달해 주는 방법을 생각해야 할 것이다. 생계지원프로그램을 위해 교회가 할 수 있는 또 다른 하나는 교회노인능력은행을 운영하는 것이다. 우리나라 대부분의 노인들이 원하는 것은 일이다. 노후 생활을 보장하기 위한 연금제도가 시행되고 있다고는 하지만 아직까지 우리나라 노인들의 주 소득원은 자녀들에게 의존하지 않으면 안 되거나 스스로의 경제 활동을 통해서만이 가능한 것이다. 그러나 사회 경제 구조상 아직도 일할 수 있는 연령이고 경제적인 능력이 필요한 시기임에도 불구하고 이들은 경제 활동의 일선에서 물러나야 한다. 그러므로 교회는 이런 노인들의 경제적인 위기를 극복하게 하기 위해 노인들에게 생계비 마련을 위한 적당한 일자리 기회를 제공해 줄 수 있다. 이를 위해서는 교회는 일하고자 원하는 노인들의 신상기록카드를 작성하여 자영업을 하거나 단순히 일손이 필요한 교회 출석성도 중에서 이들 노인들을 활용하고자 하는 경우 노인들에게 능력에 맞는 적절한 일자리를 소개시켜 줄 수 있는 것이다.

2) 의료보호

일반적으로 노인은 병에 걸리기 쉬우며 일단 병에 걸리면 만성화가 되기 쉽다. 따라서 의료보호 사업은 노인들을 위해 아주 절실하게 요구되는 프로그램 중의 하나이다. 특히 가족 구조의 변화 속에서 더 이상 가족 성원들로부터의 보호를 기대하기 어려운 상태에 있는 노인들이 많이 늘어나고 있는 때에, 교회는 이들을 위해 교회 내 공간과 의료 인력을 활용하는 방안을 생각해 볼 수 있다. 정기적인 건강진단이나 만성적인 노인

성 질환자들을 위한 물리치료 서비스가 그것이다. 만약 교회 내에 진료실을 갖출 정도로 교회 재정이 든든하지 못하거나, 공간 활용이 어려운 경우, 또는 교회 성도 중에 전문적인 의료 인력이 없다면 젊은 성도들을 자원으로 활용하는 방법으로 가정원조 등을 통하여 간단한 보호를 하거나, 의료기관을 방문할 때 동행하도록 할 수도 있다. 또는 죽음에 대한 준비과정을 돕는 임종인을 위한 호스피스 봉사도 교육을 받은 젊은 성도들로 하여금 실시할 수 있도록 할 수 있다.

3) 주거보호

증가하고 있는 노인 인구는 곧 독거노인의 수도 증가하고 있다는 것을 말해준다. 그것은 교회 내 노년층도 예외는 아니므로 가능한 젊은 인력을 동원하여 부양가족이 없는 거동이 불편한 노인을 위하여 가사 봉사나 급식배달을 정기적으로 해주어야 함을 의미한다. 뿐만 아니라 독거노인의 경우 주거구조가 불편하거나 고장이 나더라도 여러 가지 이유로 수리하지 않고 생활하는 경우가 대부분이기에 교회에서 젊은 기술 인력을 활용하여 독거노인들의 가옥을 1년에 서너 차례 방문하여 수리를 해주는 사업도 유용하다.

4) 교육지원

교회 내 노인들을 위한 교육 프로그램은 매우 제한적이다. 소수의 교회를 제외하면 교회에서 계획하는 노인 교육은 신앙과 관련된 것이 일반적이다. 그러나 이제는 노인들의 자기 개발을 위한 평생교육이 사회적으로도 강조되고 있는 만큼 교회도 노년 주일학교를 조직하여 노인 교육 프로그램을 다양하게 개발하여 실시하여야 할 것이다. 교회 건물이 협소하여 노년층을 위해 따로 공간을 마련할 수 없는 경우에는 주일을 피해 노인들이 활동할 수 있는 시간을 주는 것도 생각해 볼 수 있다. 노년 주일학교는 예배, 성경공부 그리고 친교의 시간 등으로 진행하면서 사회 내 일반 노인 학교와는 성격이 다르게 운영할 수도 있지만, 반면 신앙 교육 외 노년기 건강관리나 사회성 있는 프로그램을 도입하여 교육에 대한 노인들의 다양한 욕구를 충족시켜 주도록 계획하여 노인들이 적극 참여할 수 있도록 유도하는 것도 중요하다. 특히 정보화 사회라고 일컫는 요즘, 노인들도 컴퓨터를 활용하고 싶지만 용기가 없어서 컴퓨터 앞에 앉는 기회조차 두려워하는 경우도 있다. 교회에서 이러한 부분까지 채워줄 수 있다면 노인들은 보다 적극적으로 교회 활동을 하게 될 것이다. 그리고 노년 주일학교 역시 유년 주일학교처럼 교회 교육 프로그램의 하나로 계획하여 적극적인 재정 협조가 이루어져야 하는 것이다. 인간의 노화는 일반적이면서도 필연적인 과정이기 때문에 노인 문제는 단순히 노인들만의 문제가 아닌 젊은 세대들의 문제이기도 하다. 연령이 높아지면서 사람들은 건강에 대한 불안감, 경제적인 고통, 급속한 사회 변화에 따른 불완전한 생활 적응에서 오는 초조감등을 주변에서 경험하고 있다. 그에 따라 자신의 의지와는 상관없이 노인이 된다는 것에 대해 막연한 불안감을 갖게 되는 것이다. 따라서 교회에서는 예비 노인에 대한 노후생활 준비교육이 필요하다. 예비노인 교육은 은퇴 후의 생활에 대한 경제적인 계획을 미리 세우고, 취미나 관심을 발달시킬 수 있는 기회를 사전에 갖게 하여 새로운 생활에 적응하도록 준비시키는 과정인 것이다. 특히 신앙을 가지고 내세에 대한 확신을 갖게 하여 죽음에 대한 불안을 갖지 않도록 해야 할 것이다.

5) 작은공간 마련

젊었을 때는 활발한 사회 참여로 대인 관계를 형성하고 새로운 경험의 기회가 언제나 주어진다. 그러나 연령이 높아지고 은퇴한 이후에는 본인이 적극적인 노력을 하지 않는 한 사회 활동의 기회는 거의 오지 않기 때문에 노인들은 고립되거나 소외감을 느끼게 된다. 또는 노인들이 새로운 경험에 대한 욕구를 표현하고 싶어도 여러 여건상 적극적인 태도를 취하지 못하게 될 때가 많다. 그리고 교회에 출석하고 있는 노인들이라도 자존심 등의 이유를 들어 자신들의 어려움을 굳이 표현하지 않는 분들도 많이 있다. 따라서 교회는 이들을 직접 찾아나서는 방법을 생각해 보아야 하는 것이다. 특히 혼자라는 외로움을 느끼지 않도록 교회 내 젊은이들과 노인들을 짝지어 연결하여 수시로 전화통화를 하도록 한다거나, 직접적인 방문 등을 통하여 그들의 현재 안고 있는 어려움은 무엇인지 해결되어야 할 것은 무엇인지 빠르게 파악할 수 있도록 해야 하는 것이다. 그 외 교회 내 공간이 허락된다면 노인들을 위해 아주 저렴한 가격으로 다과를 나눌 수 있는 대화방을 제공하는 것도 좋다. 탁자 두세 개와 자동판매기만 있어도 노인들만의 공간이 마련되고, 원할 때는 언제나 그들이 둘러앉아 담소를 나눌 수 있게 배려한다면 대인 관계가 완전히 단절되지는 않을 것이다. 특히 교회 출석 노인들은 놀이 문화의 차이로 인해 주택단지 내에 마련된 경로당 등의 공간을 찾는 것을 꺼리는 경향이 있다. 그러기에 교회 내에서 작은 공간을 마련하여 문화적 부담 없이 찾을 수 있도록 해야 할 것이다.

(2) 교회의 외적 실천

교회에서 하는 노인복지는 굳이 교회 안과 교회 밖을 구분할 필요는 없다. 그러나 혹시라도 지역 내에 거주하는 노인들이 교회에서 운영하는 노인복지프로그램을 이용하고 싶어도 종교적인 이유로 꺼리는 경우가 있을 수 있으므로 다음의 프로그램은 종교성은 완전히 배제된 상태에서 운영하는 것을 원칙으로 하게 된다. 프로그램 집행 시 필요한 재정은 교회에서 모두 부담하기가 어려울 것이므로 프로그램에 따라 실비 수준에서 유료화할 수 있다는 것도 생각해야 한다.

1) 탁노소 등 중, 단기 노인 보호 서비스

노인들 중에는 부득이한 사유로 인해서 가족의 보호를 받을 수 없는 경우도 발생한다. 심신이 허약한 노인과 장애가 있는 노인을 위해 현재 우리나라에는 탁아소와 같은 기능을 하는 탁노소를 운영하고 있다. 하지만 이러한 시설의 수가 전국적으로 그리 많지 않기 때문에 교회에서 가정적인 분위기를 느낄 수 있는 공간을 마련한다면 심신이 허약한 지역 노인들을 보호하고, 필요시 각종 서비스를 제공할 수 있을 것이다. 치매나 중풍 등으로 반드시 보호자가 필요한 노인이지만 자녀들이 사회 활동에 참여함으로써 그들을 돌볼 수 없는 경우에 교회가 이들을 일정 기간 돌볼 수 있다.

2) 양부모 자녀 결연

노년기의 소외감과 고독을 감안하여 지역 내 독거노인과 교회에 출석하고 있는 젊은 층 중에서 부모님이 생존하지 않는 사람을 연결하여 서로 간에 의지하도록 돕는 것도 좋다. 물론 이때 고려해야 할 것은 기독교에 대해 강조되거나 또는 기독교에 대한 거부감 등이 없어야 할 것이다. 그리고 서로 간의 교육 정도, 생활정도에도 큰 차이가 없어야 서로 부담감을 느끼지 않을 것이다. 이때 지역 내 생활이 어려운 무의탁 독거노인을 교회가 우선적으로 돌보아야 될 대상으로 생각해야 한다. 교회의 젊은 인력이 이들을 직접 방문하여 말벗이 되어주거나 집안일을 해주면서 간호하고, 보호해 주고, 무의탁 노인인 만큼 자녀가 되어 드린다는 생각으로 인간관계를 형성하는 것이 중요하다.

3) 의료 보호

교회 내의 의료 인력이 있다면 그들로 하여금 교회 출석 노인들과 마찬가지로 지역 노인들을 대상으로 정기적인 건강검진을 하고, 개인에게 건강관리 카드를 만들어 준다면 노인 개인에게는 건강 이상을 조기에 발견할 수 있는 기회가 될 것이다. 교회 내 의료 인력이 없더라도 지역 내 의료 기관과 연계하여 의료 기관에서 구성된 자원 의료 봉사 팀이 정기검진을 할 수 있도록 돕는 방법도 생각해 볼 수 있다.

4) 경로잔치

현재 많은 교회가 실시하고 있는 경로잔치의 경우 지역 내 노인들을 교회로 초청하여 식사를 제공하는 것으로 그치고 있는 것이 일반적이다. 하지만 이와 더불어 노인들을 위한 오락 프로그램을 식사 후에 제공하는 것도 생각해 볼 수 있다. 이 때 교회의 젊은 청년층이 중심이 되어 노인들과 함께 어울리도록 한다면 세대 간의 교류가 자연스럽게 이루어질 수 있어 프로그램은 활발하게 진행될 수 있을 것이다.

5) 노인합창단

교회에 출석하지 않는 노인들은 신앙과 관련된 프로그램에 참여하는 것을 꺼릴 수 있다. 따라서 교회에서 구성된 노인 합창단이 곡목을 선택할 때 반드시 성가여야 한다는 생각을 하지 않도록 하면서 자연스럽게 교회에 출석하는 노인들과 어울릴 수 있도록 배려하는 것이 중요하다. 그리고 정기적인 연습을 통하여 교회나 지역 노인학교를 순회 공연하도록 계획한다면 노인들의 적극적인 호응도 얻을 수 있을 것이다.

6) 지역사회 봉사

일반적으로 노인들은 서비스를 받는 대상이라는 생각이 지배적이다. 그러나 최근에는 건강하게 장수하는 노인들이 많은 만큼 그들 스스로 서비스 대상자가 아니라 서비스 제공자라는 생각을 가질 수 있도록 하는 의식의 변화가 필요하다. 따라서 교회는 지역 노인들 스스로 조직체를 구성하여 타인을 도울 수 있는 방법을 모색하도록 돕는 지원을 할 수 있다. 노인들이 자주적이고 자율적으로 프로그램을 계획하고 운영하는 것은 그 과정 자체가 사회 참여의 기회가 될 수 있기 때문이다. 즉 지역 내 환경 보호나 유해업소 감시단, 교통지도, 아동, 청소년 보호 등의 활동을 하게 함으로써 주체적인 사회 참여가 가능하도록 할 수 있다. 노인들의 여가 활동은 무의미하게 이루어지는 예가 많다. 따라서 노래, 그림, 서예, 공예 등 각종 취미 활동을 할 수 있는 교육의 기회를, 교회 공간을 활용하여 제공할 수 있다. 그리고 노년기에는 건강에 대한 관심도가 높아지기 때문에 건강 증진에 도움이 될 수 있도록 자원봉사자를 활용한 운동반 등을 만들어 운동 지도를 계획해 볼 수 있다. 그 외 단조로운 일상생활에서 벗어날 수 있도록 교회는 지역사회의 노인들을 대상으로 가까운 거리로 여행이나 야유회 등을 마련해 줄 수도 있다.

8. 나가는 글

지금까지 노인문제에 대하여 교회가 어떻게 인식하고 실천해야 되는지를 살펴보았다. 먼저도 노인복지의 실천에 앞서 그 당위성을 먼저 살펴보았듯이, 교회가 노인복지프로그램을 운영하기 전에 우선되어야 할 것은 무엇보다도 프로그램의 목표와 목적이 분명해야 할 것이다. 교회에서 제공하는 프로그램이기 때문에 신앙 성숙에 중점을 둔다고 하더라도 일반적인 노년기의 특성을 고려한 프로그램을 제공하는 것에도 소홀히 해서는 안 된다. 프로그램의 대상 역시 교회출석 노인에게만 제한할 것이 아니라 지역 사회에 거주하는 모든 노인으로 확대시켜야 한다. 그 이유는 교회는 신앙 공동체임과 동시에 사회 제도 중의 하나이므로 사회적 책임도 있기 때문이다. 교회와 사회의 밀접한 관계는 교회가 섬김의 공동체로서 하나님의 뜻이 땅에서 이루어질 수 있도록 사회적 책임을 다해야 한다는 것을 의미한다. 따라서 교회에 출석하는 노인들만을 대상으로 하는 기존의 폐쇄적인 활동에서 탈피하여 지역사회와 함께 하는 프로그램을 적극 개발하는 것이 필요하다. 그를 위해 목회자는 물론 성도들이 노인복지에 관한 인식을 새롭게 해야 할 것이다. 그리고 노인들의 다양한 복지욕구를 충족시키기 위해서는 지역의 특성 및 노인들의 욕구를 철저히 조사하고 끊임없이 프로그램을 개발해야 한다.

따라서 교회의 노인복지프로그램은 교회출석 노인은 물론 지역 사회 내 노인들을 교회 내에서 점차적으로 수용하도록 장기적인 계획을 가지고 있어야 하는 것이다. 교회 출석을 하고 있는 노인들만이 아니라 믿지 않는 노인들까지도 급속히 변화되는 현대 사회에서 소외되지 않고 잘 적응할 수 있도록 이끌어야 할 책임의식까지도 가지고 있어야 한다. 이는 교회가 제공하는 노인복지사업이 교회에 출석하는 극소수만을 대상으로 전개되지 않고 지역 내 모든 노인들의 복지를 위해 교회가 앞장서서 일한다는 인식을 지역사회에 심어주는 것이며, 그로 말미암아 교회와 지역사회의 관계형성이 발전적이고, 교회는 지역사회에 많은 영향을 줄 수도 있기 때문이다. 이를 위해 교회는 교회 내외의 자원체계를 철저히 분석하고 프로그램의 성공여부 또한 냉정하게 평가할 수 있어야 한다.

앞서 살펴보았지만 노인복지는 노인들의 생계지원에서부터 심리적 지원까지 경제적, 정신적, 사회적 측면의 다양성을 내포하고 있다. 따라서 교회에서 계획하게 되는 노인복지프로그램 또한 부분적인 것이 아니라 노년기 생활 전체의 욕구가 충족될 수 있도록 종합적인 계획을 수립해야 하며, 기존의 구제 또는 자선사업의 형태를 탈피하는 것은 물론 프로그램의 종류를 다양화하고 질적 수준을 향상시켜야 한다. 그렇다고 해도 교회가 인적, 재정적, 공간적 확보가 동시에 가능하다는 이유로 자체적인 자원을 활용하여 노인과 관련된 모든 문제를 해결하고자 한다거나 모든 프로그램을 제공하고자 하는 것은 가능한 지양해야 한다. 왜냐하면 사회적 책임이 있는 교회라 할지라도 사회사업과 관련한 교회의 역할은 정부나 공공 단체에서 제공하지 못하는 부족한 부분을 채워주는 보충적이고 잔여적인 기능을 담당해야 하기 때문이다. 이러한 기능을 수행하기 위해 교회가 지역 내 노인복지 관련기관과 적극적인 연계를 계획하고, 사회의 부분적인 것을 보완해 나가는 노력을 보이며, 서비스와 프로그램을 교회에 출석하는 노인들뿐만 아니라 지역 노인들에게도 제공할 수 있다면 교회는 단순히 지역 내 종교기관으로서만 존재하지 않는다는 새로운 인식을 갖게 하는 계기도 마련될 것이다.

1) 이희승, 「국어대사전」 (서울: 민중서관, 1994), 617.
2) 추부길, 이옥경, 「실버사역 어떻게 할 것인가」 (서울: 한국가정상담연구소, 2005), 27.
3) 호태석, 황정혜, 「교회와 노인복지」 (안양: 갈릴리 출판사, 2002), 51-2.
4) 최성재, 장인협, 「노인복지학」 (서울: 서울대학교출판문화원, 2010)을 참고할 것.
5) 평균수명이라 함은 각 연령대의 사망률을 고려하여 출생할 때 앞으로 생존 가능한 기간을 계산한 개념으로서, 인구 학회에서 통용되는 용어로는 출생 시 기대여명이라 칭한다.

4부
생명은 경시될 수 없다

10. 자살에 대한 기독교적 이해

1. 들어가는 글

자살률은 한 사회가 안고 있는 여러 문제점들이 복합적으로 작용해 만들어낸 치명적인 결과이자 불행의 척도다. 2018년 우리나라의 자살률이 경제협력개발기구(OECD) 회원국 36개 가운데 1위를 차지했다. 하루 평균 37.5명이 스스로 목숨을 끊는 것이다. 통계청이 발표한 '2018년 사망원인 통계'에 따르면 지난해 자살에 의한 사망자 수는 총 1만 3670명으로 전년보다 1207명(9.7%) 증가했다. 인구 10만 명당 사망자 수인 자살 사망률은 26.6명으로 전년보다 2.3명(9.5%)늘었다.[1]

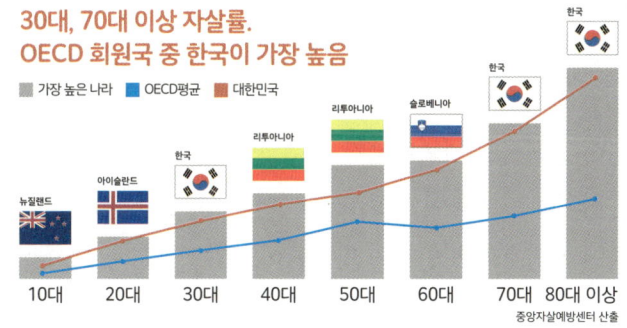

영국 경제 주간지 이코노미스트는 '한국의 자살: 출구전략' 이라는 제목의 기사에서 경쟁심은 한국인들 스스로 자부심을 갖고 있는 부분이라고 말하면서 "경쟁심은 많은 한국인들이 미국 명문대학에 입학하고 지속적인 경제 성장을 달성하는데 기여했다"고 평가했다. 그러나 "성공을 향한 끊임없는 압박에는 어두운 면도 있다"면서 많은 사람들이 우울증을 겪고 있고, 스스로 목숨을 끊는 사람이 증가한다고 지적했다.[2]

자살, 살인 등 생명경시 풍조가 만연한 사회 분위기를 어떻게 바라보고, 이해해야 하는가에 대한 물음은 이 시대의 화두라고 해도 과언이 아니다. 사회에서뿐만 아니라 종교계에서도 자살에 대한 문제는 주요 이슈화되어 민감한 상황이 되었다. 자살유행! 자살왕국! 매우 듣기 무서운 단어다. 사회에 결코 있어서는 안 될 자살이 유행처럼 번지고 있다. 특히 일반인들에게 커다란 영향력을 주는 연예인들과 사회 유력인사들의 자살은 사회 문제로 대두되면서 자살이 유행처럼 번지게 되고 심각한 문제가 되고 있다.[3] 통계로 보면 우리나라는 자살공화국이다. 자살 시도자는 해마다 30만 명이 넘고 있다. 달리 말하면 하루 평균 37.5명, 38분마다 1명이 자살에 이르고, 1분 30초에 한 명씩 자살을 기도한다는 이야기다. 등골이 오싹해지는 수치가 아닐 수 없다. 이 같은 수치들은 우리 사회가 가치관의 혼돈과 현실적 한계 속에 얼마나 비통해 하고 좌절하고 있는지를 잘 보여주고 있는 것이다. 그동안 한국사회는 경제개발계획을 거치면서 경제성장을 목표로 질주하면서 전쟁 이후의 절대적 빈곤을 극복하고 기적적인 선진국 대열에 오르는 데 성공했다. 하지만 그에 따른 어두운 그림자를 외면할 수 없다는 뜻이기도 하다. 사회가 급변하는 과정에서 전통적 가치관이 붕괴하고 가족관계가 와해되면서 고립감, 열등감, 소외감과 불행감에 빠져드는 계층이 날로 확대되어 가고 있다. 자살률을 보면 사회적 약자인 서민층과 노인층의 자살률이 상대적으로 높고, 남성의 자살률이 여성보다 2배가 넘는다는 점도 이런 현실을 그대로 반영해준다.
   경찰청의 자살 주요동기 자료를 보면, 자살 동기의 36.2%는 정신적 문제였지만, 경제생활 문제도 23.4%를 차지했다. 신체질병은 21.3%로 3번째로 많았다. 이어 가정문제(8.9%), 업무상의 문제(3.9%) 등으로 자살을 선택하는 사람들이 많았다.

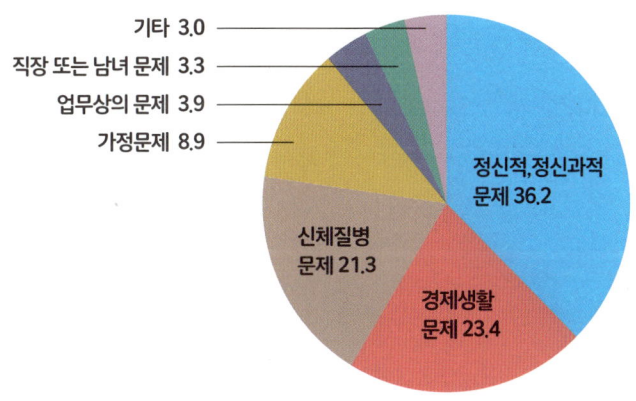

   세계에서 보기 드물 만큼 종교 인구가 많고, 특히 기독교의 양적 성장이 경이로울 만큼 세계가 주목하는 사회임에도 불구하고 외로움과 절망감의 소산인 자살률이 세계 최고 수준인 이유가 무엇인지 냉철하고도 분명하게 되짚어 볼 필요가 있다. 자살은 기독교인에게 있어서도 예외가 될 수 없다. 자살은 이제 사회 현상 만의 문제가 아니고 기독교 내에서 진지하게 다루어야 할 매우 중요한 이슈가 되었다. 우리가 당면한 여러 가지 현실 문제에 대한 해결방법을 찾지 못한 많은 사람들은 그에 대한 해결책으로 자살을 선택한다.[4] 그러나 생명은 인간의 선택으로 주어지는 것이 아닌 하나님께서 주신 생명이라는 것을 인식해야만 한다. 그러므로 자살은 사회적인 문제뿐만이 아니라 하나님께서 주신 생명에 대한 존귀함을 포기하는 것이다.

필자는 인류 역사 만큼 오래되어 왔던 문제이기도 하지만 최근 들어 사회의 핫이슈가 되고 있는 자살에 대한 문제를 신학적으로 검토하여 자살에 대한 기독교의 방안을 모색하고자 한다. 이 글을 진행하기 위해 2장에서는 자살의 정의를 우선 살펴보고, 3장에서는 자살의 원인으로 여러 가지가 있지만 그 중 매우 큰 비중을 차지하는 사회학적 원인을 살펴보고자 한다. 그리고 4장에서는 성경에 나타난 자살의 유형을 통해 성경이 어떻게 이야기하고 있고 해석할 수 있는지 정리하고, 5장에서는 기독교 역사 속에 자살에 대한 신학자들의 생각들을 살펴본 다음 결론에서 자살에 대한 기독교적 방안을 미력하나마 제시하고자 한다.

2. 자살에 대한 정의

자살은 본인의 자유의사에 따라 스스로 자기 목숨을 끊어 생명을 잃는 일을 가리킨다. 자살의 사전적 의미는 "자신이 견딜 수 없다고 생각하는 생활 상태를 피하기 위해서 자기의 목숨을 버리는 고의적인 행동"으로 표기되어 있다. 자살(suicide)의 어원은 라틴어의 sui(self)와 cidium(to kill을 뜻하는 caedere에서 파생)의 두 낱말의 합성어로서 그 원인이 개인적이든 사회적이든, 당사자가 자유의사에 의하여 자신의 목숨을 끊는 행위를 말하는 것으로서, 타인의 강요가 개입된 것은 자살이 될 수 없다.[5] 자살은 자신을 죽음으로 이끌고자하는 강한 의도를 구체적으로 실행함으로써 이루어지는 자기생명의 파괴이기 때문에 '자기살인'이라 규정할 수 있다. 프랑스 사회학자 에밀 뒤르껭(E. Durkheim, 1858-1917)은 자살은 "희생자 자신이 일어나게 될 결과를 알고 행하는 적극적 혹은 소극적 행위에서 비롯되는 결과로 일어나는 모든 죽음의 사례"라고 정의했고[6], 탈

봇신학교(Talbot School of Theology) 교수로 있는 모어랜드(J. Moreland)는 "자살은 강압적이지 않은 때 자기의지를 가지고 환약을 먹거나 금식 등의 행동을 통하여 고통을 경감하기 위한 막다른 수단으로써 고의적으로 죽음을 일으키는 것"이라고 정의했다.[7] 리버티대학교(Liberty University)에서 철학과 신학을 가르치는 마크 포어만(Mark W. Foreman) 교수는 "자신을 죽이는 것은 자연적 생명권을 침해하는 것"으로 보아야 한다고 주장한다.[8] UCLA의 교수였던 슈나이드만(Edwin Schneidman, 1918-2009)은 "자살은 의도된 죽음, 즉 자기 자신의 목숨을 끊기 위해서 의도적이고, 직접적이고, 의식적인 노력을 기울인 자기 가학적인 죽음"이라고 정의한다. 프랑스 철학자 라란드(A. Lalande, 1867-1963)는 "자살이란 자신이 견딜 수 없다고 생각하는 상태를 피하기 위해 자기의 목숨을 끊는 고의적인 행동"이라고 정의했고,[9] 미국의 유명한 정신병의사인 칼 매닝거(Karl Menninger, 1893-1990)는 "자살이란 자신에게로 향한 살인"으로 규정했다.[10] 즉 자살은 자신의 죽음을 초래하는 행위이다.[11] 이제 자살의 원인에 대해 살펴보도록 하겠다.

3. 자살의 원인: 사회적 현상으로서의 자살

자살의 원인은 일률적으로 규정하기 어려우나 '자살학'의 분야에서 연구하고 있는 몇 가지 원인 중 사회학적 요인은 매우 중요한 비중을 차지한다. 사회적 현상으로 자살에 대한 대표적 연구가인 뒤르껭(Durkheim)은 자살을 행위자와 사회와의 관계에 따라 세 가지 유형으로 구분한다.[12]

첫째, 이기적 자살(egoistic suicide)이다. 이기적 자살은 개인이 사회와의 통합의식이 약화되어 사회의 구성원임을 잊고 스스로 생명을 끊는 행위를 말한다. 이것은 사회적 유대관계가 끊겨져 사회와 격리되고 사회적 지지를 잃음으로써 오는 고립감, 절망감이나 소외감에 빠져 발생하게 된다. 그러므로 이기적 자살은 개인적 자유와 사회적 책임 사이의 이반이 이루어지고, 사회적 규범이 개인의 행복을 규제하는 기능을 잃었을 때 대인관계의 결합력이 취약한 사람에게 나타난다. 즉, 이기적 자살은 개인적 자아의 우월성과 철저한 내적 신념에의 도취, 그리고 사회 자체를 부정하는 고립된 가치관에 의한 자살이다.[13] '왕따'로 인해 집단적 따돌림을 당하는 학생들이 소외감과 두려움을 견디지 못하고 자살하는 경우가 이에 해당이 된다.[14]

둘째, 이타적 자살(altruistic suicide)이다. 이타적 자살은 문자 그대로 타인을 위해 스스로 죽음을 선택하는 것이다. 즉, 이타적 자살은 사회 통합이 너무 강한 나머지 집단을 위해 개인의 생명을 스스로 버리는 현상이다.[15] 2차 대전 당시 일본의 가미가제 특공대, 할복자살, 자살 폭탄(알 카에다 요원), 전쟁터의 육탄 돌격대, 신도들의 집단자살과 같은 경우가 이에 해당된다. 이런 현상들은 지나친 사회통합력이 사회 구성원들로 하여금 이타주의와 의무감에 사로잡혀 자기 파괴로 연결된 경우로서, 집단의 생명을 가장 근원적인 본질이라고 생각하는 사람들이 이타적 자살을 저지른다. 이런 경우에 자살이 의무로 강요되거나 또는 숭배할 행위로 권장하는 경우도 있다. 이는 가장 마지막 소유인 생명을 포기함으로 인정을 받는다는 점에서 개인에게는 위험한 매력이기도 하다. 이런 사회의 집단화 경향은 개인성을 자연스럽게 훼손하거나 심각하게 무력화시킬 수 있다는 점에 그 위험성이 크다.

셋째, 아노미성 자살(anomic suicide)이다. 아노미성 자살은 사회적 규범이 상실된 무질서한 상황에서 일어난다. 아노미적 자살은 사회 변동기에 가치 의식의 붕괴로 인한 개인의 방향 감각 상실과 자아 상실에 따른 결과이다. 다시 말하면 개인에 대한 사회의 규제가 붕괴되어 일어나는 것으로 개인의 욕구가 공동의 규범에 의해 규제되지 못하는 무규범 상태에 빠질 때 발생하게 된다. 사회 통합의 규제력이 소멸되거나 약화되면 이기적 자살은 증가하고, 집합 의식이 약해질 때 아노미성 자살은 증가한다. 뒤르껭은 이 붕괴를 무법 상태를 의미하는 집단 아노미라 불렀다. 이혼한 사람들의 자살빈도가 높거나, 비교적 융통성이 있는 사회에서 자살 빈도가 높은 이유가 여기에 해당된다.

4. 성경에 나타난 자살 사례

성경은 기독교인들에게 가치기준 뿐만 아니라 행동에 대한 지침을 제시해 준다. 그러므로 성경이 자살을 어떻게 이야기하고 있는지는 매우 중요하다. 성경에 자살이라는 직접적인 용어는 어디에도 언급되어 있지 않다. 그러나 기독교 역사 가운데 오랫동안 자살을 부도덕한 행위로 보아 온 것이 사실이다.[16] 단지 성경에는 자살 문제와 관련된 것으로 보는 사건들이 기록되어 있을 뿐인데 그 사례는 다음과 같다.

첫째, 아비멜렉의 경우이다. 사사기에 등장하는 아비멜렉은 기드온의 첩의 아들로서 오브라에 있는 아비의 집으로 가서 이복형제 70명을 죽이고 세겜에서 왕이 되었다. 그러나 아비멜렉이 이스라엘을 다스릴 때에 요담의 비판으로 세겜이 반기를 들자, 이 배반이 악령으로 인한 것이라 지적한다(삿 9:22-4).[17] 사사기 9장 22절부터 24절까지의 진술은 아비멜렉의 자살이 이복형제를 죽인 결과에 대한 하나님의 징벌임을 시사해준다. 아비멜렉이 이복형제들을 도륙하고 데베스를 쳐부수다가 백성들이 견고한 망대로 피신하자 망대를 불사르려고 했고, 망대 위에 있던 한 여인이 던진 맷돌에 맞아 두개골이 깨지는 중상을 입게 되자 병기든 소년에게 명하여 자신의 자살을 돕게 한 내용이다(삿 9:54). [18] 아비멜렉은 스스로 목숨을 끊은 것은 아니지만 자발적인 의도 가운데 죽음을 청했기에 자살이라 볼 수 있다. [19]

둘째, 삼손의 경우이다(삿 16:23-31). 삼손의 경우 자살로 볼 것인지 아닌지에 대한 논쟁이 있다. 사사기 저자는 삼손의 자살행위에 대해 초점을 두지 않고, 블레셋 여인을 취하고 후에 드릴라에게 유혹되어 힘을 잃고 블레셋의 포로가 되어 눈을 뽑히고 옥에 갇혀 지내다가 원수인 블레셋의 다곤의 축제일에 다곤 신전의 기둥을 뽑아 블레셋 사람들과 함께 죽음을 택한 영웅적 행위에 초점을 두고 있다. 이에 대한 해석으로 개혁주의 전통과 박윤선 등은 삼손의 죽음을 자살로 보지 않고 하나님의 긍휼 가운데 죽은 의로운 죽음으로 본다. [20] 결국 그것은 적군을 무찌르기 위해 자신의 몸을 던진 용사의 장렬한 전사와도 같은 것이라고 보는 것이다. 그러나 다른 편으로 보면 삼손이 곤궁에 처하게 된 것은 하나님의 말씀에 불순종함으로써 하나님의 영이 떠난 때문이었다(삿 16:17-21). [21] 이러한 진술은 삼손의 죽음이 용감한 전사의 죽음이라 해도 하나님의 말씀을 범한 죄의 결과로 야기된 측면을 간과할 수 없다. [22]

셋째, 사울의 경우이다(삼상 31:4-6; 대상 10:4-14). 이스라엘 초대 왕 사울은 길보아 전투에서 크게 패하여 도망하다가 블레셋군이 쏜 화살에 돌이킬 수 없는 중상을 입었을 때, 할례 없는 이방인의 손에 모욕을 당하느니 차라리 스스로 목숨을 끊는 것이 낫겠다는 생각으로 부하에게 자기를 찔러 죽이도록 명령했지만 부하가 머뭇거리자 스스로 자기 칼을 취하여 죽은 경우이다(삼상 31:3-4). [23] 이튿날 블레셋 군인들이 사울의 목을 쳐서 승전 기념물로 취하고 그 시체는 벳산 성벽에 못 박았다. 후에 길르앗 야베스 거민들이 블레셋 사람들이 행한 일을 듣고 성벽에서 시체를 내리고 화장을 하게 되었다(삼상 31:9-12). 이러한 사울의 죽음에 대한 해석을 역대기 저자는 여호와께 범죄한 결과라고 해석한다.[24] 문둥이로 죽은 웃시야 왕이 열왕의 묘실에 묻히지 못하고 불명예스런 매장을 당한 것처럼 사울도 불명예스럽게 화장을 당했다. 중요한 것은 여기서 사울의 죽음이 자살이든 타살이든 문제가 되지 않는다. 하나님께 범죄한 결과로서 사울을 하나님이 죽이신 것이다.[25] 이렇듯 성경은 범죄한 일생과 참혹한 최후라는 관점에서 사울의 죽음을 다룰 뿐 자살 자체에 대해서는 언급하지 않았다.

넷째, 아히도벨의 경우이다(삼하 17:23).[26] 아히도벨은 압살롬이 자신의 아버지인 다윗을 배반하여 왕위 찬탈을 목적으로 쿠데타를 일으켰을 때 압살롬에게 모반 모략을 제공했던 압살롬의 책사였다. 그 후 아히도벨은 자신이 압살롬에게 건의한 책략이 받아들여지지 않자 고향에 돌아가서 집을 정리하고 스스로 목을 매어 자살했다. 자신이 지혜롭다는 명성을 한 순간에 잃어버린 수치감으로 자신의 목숨을 끊은 것이다. 아히도벨은 자신의 전략이 다윗을 제거할 수 있는 유일한 것임을 확신했다. 압살롬에게 제안한 자신의 전략이 거부되었다는 것은 압살롬의 통치가 곧 끝이 나고 다윗이 다시 집권할 것이고, 그러면 자신은 비참한 최후를 맞이할 것이라는 것을 알고 자신의 신분을 정리한 것으로 한스 헤르츠베르그(Hans W. Hertzberg)는 해석한다.[27] 그러나 성경은 아히도벨의 자살에 대해 어떤 평가도 제시하지 않고 있다.[28]

다섯째, 시므리의 경우이다(왕상 16:18).[29] 시므리는 북왕조 이스라엘의 엘라 왕이 폭정을 가하자 쿠데타를 일으킨다. 엘라 왕이 궁내대신 아르사의 집에서 술을 마시고 술에 취해 대신들과 흥청거릴 때 병력 절반을 통솔하던 군대장관 시므리가 엘라 왕을 쳐 죽이고 왕위에 오른다(왕상 16:9-10). 그러나 시므리가 집권한 지 7일 만에 이스라엘 백성들은 시므리의 정통성을 인정할 수 없어 군대장관 오므리를 왕으로 추대하여 등극시키고 시므리가 머물던 디르사를 포위하였다. 다급해진 시므리는 왕궁에 들어가 불을 지르고 그 가운데서 죽었다. 그러나 성경은 시므리가 여호와 보시기에 악행하고 범죄함으로 비참한 최후를 맞이했다고 기록하고 있으나 자살 자체에 대해서는 언급하고 있지 않다.30)

여섯째, 가룟유다의 경우이다(마 27:3-10; 행 1:18). 가룟 유다는 무죄한 스승 예수님을 배반하고 은 30에 판 후에 죄를 뉘우치고 은 30을 도로 갖다 준 뒤 성전에서 나가 스스로 목을 매어 죽었다. 스승을 팔아넘긴 범죄에 대한 양심의 가책을 느낀 그는 죄책감으로 자살이라는 선택을 한 것이다(마 27:5).31) 그러나 유다의 죽음에 대한 사도행전의 기록은 마태복음과는 다르다(행 1:18).32) 사도행전에 나타난 유다의 죽음이 처참하게 기록이 되어 있는 것을 보면 예수님을 배반한 결과가 얼마나 엄청난 것이었나를 알 수가 있다.33) 그러나 가룟 유다의 경우도 탐욕과 배신이라는 죄가 얼마나 비참한 최후를 가져왔는가 하는 시각에서 기록되었을 뿐 자살 자체에 대한 언급은 하지 않고 있다.

이상과 같이 성경에서 자살에 대해 언급하는 경우들을 살펴보았다. 성경에 나타난 자살 행위들은 단지 본인들의 수치심, 모욕감, 두려움, 좌절감, 죄책감 등을 견디지 못해 자살에 이른 사건들을 기록하고 있고, 대체적으로 하나님의 징계와 저주의 결과로 야기된 것임을 함축하고 있다. 성경 어디에도 성경의 저자들이 자살행위에 대한 가치판단을 하고 있지는 않다. 그러나 성경에서의 자살 행위들은 좋게 평가할 수 없다.34) 성경 전체를 통해 근본을 이루고 있는 생명 존중 사상은 기독교인으로 하여금 누구나 '자살은 죄'라는 생각을 하게 한다.

5. 기독교 역사에 나타난 자살 이해

자살에 대해 기독교 역사는 어떠한 입장을 취해왔을까? 기독교는 특히 로마의 박해 속에 순교자가 늘어나면서 자살에 대한 기독교적 입장을 분명히 하고자 했다. 클레멘트(Clement of Alexandria, 150-215년경)는 영지주의자들의 배교를 비판하면서 동시에 고의적인 순교행위를 매우 엄격하게 금지했다. 그는 순수한 의미에서 순교를 반대했던 것이 아니라 순교를 고의적으로 추구하여 선의로 유지하고 보존해야 할 생명을 쉽게 끊어버리는 일체의 행위에 내재한 잘못된 동기와 태도에 대해서 반대한 것이다. 오리겐(Origen, 185-254)도 순교를 피해 도피할 것을 적극적으로 권고했고, 락탄티우스(Lactantius, 250-317)는 자살하는 자를 살인자로 규정했다. 세상에 인간이 온 것이 자의적인 것이 아니기에 세상을 떠날 때도 자의적으로 떠날 수 없고 하나님의 명령이 있을 때만 가능하다고 보았다.[35] 유세비우스(Eusebius, 263-339)는 자살이라는 일반적인 용어 대신에 '치욕스러운 죽음'이라고 기록함으로써 자살에 대해 비판적인 입장을 취하였다. 요한 크리소스톰(John Chrysostom, 349년경-407)은 생명을 인위적으로 끝내지 말고 자연 질서에 따르는 죽음을 통해서 하나님 나라에 들어갈 때까지 기다려야만 한다고 주장했다. 알레스 공의회(the Council of Arles in 452)에서는 자살은 '사탄적 죄'임을 규정했고, 오를레안 공의회(the Council of Orleans in 533)에서는 장례식을 치러주는 것과 자살한 사람의 헌금을 받아서는 안 된다고 공표했다. 브라가 종교회의(the Synod of Braga in 563)에서는 자살한 사람의 장례식에서 찬송을 금지했고, 톨레도 종교회의(the Synod of Toledo in 693)에서는 자살을 시도한 사람은 2개월 동안 회개의 기간을 지키도록 했다. 님스 공의회(the Council of Nimes in 886)에서는 자살한 사람을 교회의 묘지에 안장하는 것을 금했다.36) 어거스틴(Augustine, 354-430)은 누구든지 하나님의 직접계시를 받지 않는 한 자기의 생명을 스스로 끊는 것은 제 6계명(살인하지 말지니라)을 범하는 살인 행위라 하였고, 모든 경우의 자살을 거부하였다. 왜냐하면 자신을 죽이는 것도 인간을 죽이는 행위이기 때문이다.37) 특히 그는 자살은 육체를 더럽히는 행동이 아닌 영혼을 더럽히는 행동으로 간주하였다. 토마스 아퀴나스(Thomas Aquinas, 1224-1274)는 「신학대전」에서 자살이 죄라는 인식을 분명히 한다. 첫째, 자살은 자신의 자연적 경험성을 거스리게 되고, 자신을 보호하는 마음에도 역행하기에 죄가 분명하다. 둘째, 자살은 자신뿐 아니라 자신이 속한 공동체에게도 손해를 끼치기에 분명한 죄다. 셋째, 생명은 하나님이 주신 선물인데 자신의 목숨을 스스로 해치는 사람은 하나님께 죄를 짓는 것이 분명하다. 죽음에 대한 시간의 결정은 하나님만 할 수 있기 때문에 자살은 하나님께 대한 죄다. 더구나 자살은 죄를 회개하여 용서받을 수 있는 기회를 상실하기 때문에 치명적인 죄라고 이해했다. 17세기 루이 14세는 자살하는 자는 품위 없는 평민이라 선언하고 자살한 사람의 손가락을 모두 잘랐다.38) 본훼퍼(Dietrich Bonhoeffer, 1906-1945)는 하나님과의 관계라는 궁극적인 판단에서 자살에 대해서 부정적으로 설명한다. 인간의 생명은 하나님께서 허락하신 선물이기 때문에 그에 대한 권리와 함께 생명을 보존할 의무가 있다고 보았고 자살을 신앙의 결여로 이해하고, 죄로 보았다. 칼 바르트(Karl Barth, 1886-1968)는 인간의 생명은 하나님께 위탁받은 것이며, 인간은 생명에 대한 청지기라고 본다.39) 자살은 인간의 절대주권을 사칭하는 행위로 자기 자신을 죽이는 것이기에 용서받을 수 없다고 바르트는 주장했다.40) 자살에 대한 이런 금지 입장은 20세기에 이르기까지 로마교회와 개신교가 공식적으로 고수한 입장이다.

6. 나가는 글 및 제언

앞에서 살펴본 것처럼 성경은 자살을 금지하는 구절이 명확하게 언급되지 않았다. 그러나 분명한 것은 자살을 직접적으로 금지하는 구절이 없다고 해서 자살이 인정될 수 있다고 생각해서는 안 된다. 왜냐하면 인간의 생명은 하나님이 주신 선물로 생명의 시작과 끝은 하나님의 권한에 속하는 것이기 때문이다. 즉, 죽음의 기간에 대한 결정권은 하나님에게만 있기 때문에 자살은 하나님에 대한 죄라고 생각해야만 한다. 인간은 자신의 생명을 마음대로 끊을 권한이 없다. 자신의 생명이라 할지라도 인간은 생명에 대해 청지기에 불과함을 잊어서는 안 된다. 인간의 생명은 하나님의 것이므로 그것을 취하는 모든 행위는 살인을 금하는 십계명을 범하는 일이다. 그렇기 때문에 자살은 하나님의 주권을 침해하는 도전이다. 결코 인간은 그 자신의 생명에 대한 심판자가 될 수 없다. 하나님이 인간의 생명을 창조하셨으므로, 하나님만이 인간의 생명을 빼앗을 권리를 가지고 있다.[41]

생명 경외사상을 존중하고 강조하는 성경은 자살에 대한 유혹을 뿌리칠 것을 권고한다. 성경에서 자살을 극복한 사례는 다음과 같다. 첫째, 엘리야의 경우이다. 이스라엘의 선지자로 갈멜산에서 바알 선지자 450명과 대결하여 이기고 바알 선지자들을 모두 죽였다(왕상 18:20-40). 이런 연유로 이세벨이 죽이려하자, 엘리야는 생명을 위하여 도망하였으나 스스로 광야로 들어가 로뎀나무 아래 앉아서 죽기를 구하였다(왕상 19:1-4). 그러나 여호와의 사자의 도움으로 살아나서 선지자의 사명을 다하였다(왕상 19:9-21).[42]

둘째, 욥의 경우이다. 욥은 의인으로 큰 재산가요 자녀가 많은 중에도 여호와를 경외한 자이다(욥 1:1). 그러나 여호와가 사탄에게 욥의 생명을 해하지 말고 무엇이든 시험해 보라고 하자 사탄이 욥을 지독하리만큼 시험한다. 욥은 재산과 자녀를 다 잃고 자신의 몸에는 창질이 나고 세 친구로부터 여러 가지 유혹을 받고(욥 1:8-22, 4:1, 8:1, 11:1, 7:4-16, 42:6), 심지어 아내로부터 자살을 권유받았으나 하나님을 경외하는 마음에 변함이 없으므로 자살을 뿌리치며 고통을 참아낸다.[43] 욥이 우리에게 보여준 것은 극심한 고난 가운데서도 하나님을 절대 원망하지 않고, 낙심하지 않고, 유혹을 결코 받지 않고 끝까지 인내함이다.

셋째, 바울이 자살을 만류했던 간수의 경우이다.[44] 바울과 실라가 옥에 갇혔을 때 기적이 일어나 옥문이 열리게 된다. 열린 옥문을 보고 간수가 죄수들이 도망한 줄 알고 검을 빼어 자결하려 하였다(행 16:23-8). 이 때 바울이 간수가 자결하는 것을 만류하여 도망하지 않았음을 알리고, 결국에는 간수들과 가족들에게 복음을 전하고 구원을 청하여 온 가족이 침례를 받도록 한다(행 16:28-34).

성경 어디에도 자살에 대해 용인하는 구절은 없다. 성경에서 자살을 극복한 사례처럼 아무리 힘들고 외롭고 고통스러워도 자살 유혹을 뿌리치고, 생명의 존귀함을 인식해야만 한다. 자살이 유행하는 이 시대에 교회는 사회 각층에서 나타나고 있는 자살의 위험한 현실을 직시하며 윤리적 책임성과 문제의식을 갖고 사회를 진단할 수 있어야 한다. 21세기 교회는 생명 존중에 더욱 힘써야 할 뿐만 아니라, 자살자에 대하여 구체적이고도 새로운 시각을 가지고 계속된 관심을 가져야 한다. 자살 기도는 대부분의 경우 더 많은 관심과 사랑, 그리고 도움을 호소하는 최후의 부르짖음이다. 그러므로 자살을 방지하는 방법은 지속적인 사랑에 찬 관심과 필요한 도움을 주는 것이다. 이미 많은 목회자들과 신학자들이 여러 가지 방안을 내 놓았다. 문제는 방안에 대한 구체적인 실천이다. 우선 교회가 할 수 있는 실천방안은 첫째, 자살을 한 개인의 문제로만 보지 말고 사회적 관점에서 바라보는 것이 중요하다. 사회 전체적으로 이웃에 관심을 갖고 주변사람들의 이야기에 귀를 기울일 수 있는 사회 분위기 조성이야말로 자살에 대한 최상의 해답이다. 그러기에 교회는 자살에 대한 성경적인 해석을 통해 자살에 대한 바른 신앙을 심어주어야 한다. 둘째, 자살예방 교육 강화이다. 그러기 위해서는 무엇보다 생명에 대한 경외심과 존중성에 대한 기독교생명관에 대한 이해가 절대적이다. 지속적인 기독교생명관에 대한 교육과 더불어 생명주간 선포 및 특별 교육을 통한 생명 강좌가 필요하다. 셋째, 교회 내 소그룹 모임을 활성화시켜 외로움을 없애 건강한 인간관계를 형성하는 것이다. 소그룹의 모임은 다양한 모임을 형성하여 대화 창구를 만들어 낼 수 있고, 건강한 인간관계는 자살을 예방할 수 있다. 넷째, 목회상담 차원에서의 예방과 치료이다. 자살위험에 빠진 사람들은 정기적이고 전문적인 도움이 필요하다. 그러므로 목회자가 이에 대한 전문적인 지식과 교육을 갖고 있어야 하며, 교회 자체적인 시스템만 가지고는 역부족하기에 사회적 네트워크 확대 프로그램 등이 개발되어야 한다. 다섯째, 청소년과 노인들을 위한 상담시설 및 보호기관의 확대와 복지시설의 확대가 필요하다. 청소년들을 위한 신앙상담 프로그램과 노인의 다양한 여가욕구를 반영한 프로그램 개발 등은 자살을 예방할 수 있다.

   교회가 사회적 필요에 부응하지 못할 때 외면을 당하고, 설자리를 잃어버린다는 사실을 명심해야 한다. 이미 교회는 한국사회에 거룩한 영향력을 상실한 상황이다. 각 교단과 교회들은 사회이슈화 된 자살 문제에 대해 침묵할 것이 아니라 공청회 등을 통해 공동체적 책임을 통감하고 성경적 입장 표명이 필요하다고 본다.

1) "한국, OECD 국가 중 자살률 1위,"(온라인자료)http://www.donga.com/news/article/all/20190924/97559045/1, 2019년 7월 14일 접속.

2) "한국 자살률 OECD 국가 중 최고,"(온라인자료)https://www.yna.co.kr/view/AKR20100709226400085, 2019년 7월 14일 접속.

3) 최근 유명연예인의 자살은 다음과 같다. 1990.2.4 가수 장덕(28) 수면제 과다복용으로 사망. 1996.1.1 가수 서지원(20) 약물 과다복용으로 사망. 1996.1.6 가수 김광석(32) 서울 마포구 서교동 자택서 목매 자살. 2005.2.22 영화배우 이은주(25) 성남시 분당구 정자동 자택서 목매 자살. 2007.1.21 가수 유니(26) 인천시 서구 자택서 목매 자살. 2007.2.10 탤런트 정다빈(27) 서울 강남구 삼성동 남자친구 집에서 목매 자살. 2008.9.8 탤런트 안재환(36) 서울 노원구 하계동 주택가 골목 차 안에서 자살. 2008.10.2 탤런트 최진실(40) 서울 서초구 잠원동 자택서 목매 자살. 2009.3.7 탤런트 장자연(29) 성남시 분당구 이매동 자택서 목매 자살. 2010.3.29 탤런트 최진영(39) 서울 강남구 논현동 자택서 목매 자살. 2010.6.30 탤런트 겸 가수 박용하(33) 서울 강남구 논현동 자택서 목매 자살. 2011.5.23 MBC 스포츠플러스 아나운서 송지선(30) 서울 서초구 서초동 자택서 투신 자살. 2011.5.27. 그룹 SG 워너비 출신 가수 채동하(본명 최도식, 30) 서울 은평구 불광동 자택서 목매 숨진채 발견. 2017.9.5. 마광수 전연세대 교수 자택서 목매 숨진채 발견. 2017.12.18. 유명 아이돌 그룹 샤이니의 멤버 김종현(27) 강남구 레지던스에서 갈탄 피우고 숨진채 발견. 2018.3.9. 탤런트 조민기 지하주차장에서 숨진채 발견. 정치인으로는 2003년 8월 4일 현대그룹회장 정몽헌 회장이 투신자살했고, 안상영 전 부산시장은 기업들로부터 뇌물을 받은 혐의 등으로 유죄를 선고받고 복역 중 2004년 2월 4일 부산구치소에서 목을 매 자살하였다. 2009년 5월 23일 에는 금전을 수수했다는 포괄적 뇌물죄 혐의로 검찰의 조사를 받고 귀가한 후에 노무현 전 대통령이 투신자살했다. 새누리당 국회의원을 지낸 성완종 전 경남기업 회장은 2015년 4월 9일 북한산에서 목을 매 자살했다. 2018년 7월 23일 노회찬 정의당 대표가 드루킹 사건과 관련, 돈을 받았다는 혐의가 나오자 자살했다. 이들 유명 연예인들과 사회 유력인사들의 자살은 사회에 큰 파장과 논란을 불러 일으켰다.

4) 자살이 발생하는 원인이나 자살을 선택하는 구체적인 이유로는 정신질환, 고통, 짝사랑, 스트레스, 비탄, 철학적이거나 이념적인 이유, 처벌이나 견디기 힘든 환경을 피하기 위해, 죄책감이나 부끄러움, 심각한 상해, 금전 손실, 자기희생, 군사 및 사회 전략의 일부, 삶에 아무런 가치도 없다는 생각, 종교적 컬트의 일부(인민사원신도들의 집단자살사건 등), 외로움, 명예를 회복하기 위한 것 등이 있다.

5) 박인성, "자살의 논변,"「철학연구」, 제89집 (2004. 2): 176.

6) 자살에 대한 연구가 체계적으로 연구되기 시작한 것은 에밀 뒤르껭(E. Durkheim)에서 부터이다. 뒤르껭은 자살의 원인이 개인이 아닌 사회에 있다고 생각하여 개인이 사회에 통합되고 통제되는 정도에 따라 자살을 이기적, 이타적, 아노미적인 자살로 구분하였다. E. Durkheim,「자살론」, 황보종우 역 (서울: 청아출판사, 2008)을 참조할 것.

7) 김학수, 「되는 일이 없어요」 (서울: 예영 커뮤니케이션, 2004), 224에서 재인용.
8) Mark W. Foreman, "Suicide and Physician Assisted Suicide," in The Popular Encyclopedia of Apologetics, ed. by Ed Hindson and Ergun Caner (Eugene: Harvest House Publishers, 2008)을 참조할 것.
9) Henry Blocher, 「자살」, 한국기독학생회 역 (서울: 한국기독학생회출판부, 1993), 4.
10) K. A. Menninger, Man Against Himself (New York: Harcourt Brace, 1960), 23.
11) James Rachels, 「사회윤리의 제문제」, 황경식 옮김 (서울: 서광사, 1990), 423.
12) E. Durkheim, 「자살론」, 317-39. 뒤르껭은 자살자의 심리 현상을 첫째, 자신이 보호되어 있지 않고 안정감이 없을 때, 둘째, 사회의 윤리적 타락으로 인생의 의미를 잃었거나 느낄 수 없게 되었을 때라고 말한다.
13) 개인적 자아가 사회적 자아보다 강력하고 사회적 자아를 희생시키면서까지 주장되는 상태를 이기적 자아라고 부를 수 있다면, 우리는 지나친 개인주의로 인한 자살을 이기적(egoistic)자살이라고 부를 수 있다.
14) 이상원, "기독교윤리적 측면에서 본 자살," 「신학지남」, 298호 (2009년 봄): 64.
15) 김충렬, "기독교인의 자살과 그 대책," 「신학과 실천」 (2008년 9월): 69.
16) D. Bonhoeffer, 「기독교 윤리학」, 손규태 역 (서울: 대한기독교서회, 1999), 145.
17) "아비멜렉이 이스라엘을 다스린지 삼 년에 하나님이 아비멜렉과 세겜 사람들 사이에 악한 영을 보내시매 세겜 사람들이 아비멜렉을 배반하였으니 이는 여룹바알의 아들 칠십 명에게 저지른 포학한 일을 갚되 그들을 죽여 피 흘린 죄를 그들의 형제 아비멜렉과 아비멜렉의 손을 도와 그의 형제들을 죽이게 한 세겜 사람들에게 돌아가게 하심이라"(삿 9:22-4).
18) "아비멜렉이 자기의 병기 잡은 청년을 급히 불러 그에게 이르되 너는 칼을 빼어 나를 죽이라 사람들이 나를 가리켜 이르기를 여자가 그를 죽였다 할까 하노라 하니 그 청년이 그를 찌르매 그가 죽은지라"(삿 9:54).
19) 이한수, "성경신학적 측면에서 본 자살," 「신학지남」, 298호 (2009년 봄): 34-5.
20) C. F. Keil and F. Delitzsch, 「사사기, 룻기」, 송종섭 역 (서울: 기독교문화출판사, 1981), 232; 권성수, "자살: 성경 속에서 알아본다," 「자살」 (서울: 도서출판 두란노, 1995), 44; 박윤선, 「성경주석: 여호수아, 사사기, 룻기」 (서울: 영음사, 1984), 303을 참조할 것.
21) "삼손이 진심을 드러내어 그에게 이르되 내 머리 위에는 삭도를 대지 아니하였나니 이는 내가 모태에서부터 하나님의 나실인이 되었음이라 만일 내 머리가 밀리면 내 힘이 내게서 떠나고 나는 약해져서 다른 사람과 같으리라 하니라 들릴라가 삼손이 진심을 다 알려주므로 사람을 보내어 블레셋 사람들의 방백들을 불러 이르되 삼손이 내게 진심을 알려 주었으니 이제 한 번만 올라오라 하니 블레셋 방백들이 손에 은을 가지고 그 여인에게로 올라오니라 들릴라가 삼손에게 자기 무릎을 베고 자게하고 사람을 불러 그의 머리털 일곱 가닥을 밀고 괴롭게 하여 본즉 그의 힘이 없어졌더라

들릴라가 이르되 삼손이여 블레셋 사람이 당신에게 들이 닥쳤느니라 하니 삼손이 잠을 깨며 이르기를 내가 전과 같이 나가서 몸을 떨치리라 하였으나 여호와께서 이미 자기를 떠나신 줄을 깨닫지 못하였더라"(삿 16:17-20).

22) 이한수, "성경신학적 측면에서 본 자살," 36.

23) Ralph W. Klein, 1 Samuel (Waco: Word Books, 1983), 288. "사울이 패전하매 활 쏘는 자가 따라 잡으니 사울이 그 활 쏘는 자에게 중상을 입은지라 그가 무기를 든 자에게 이르되 내 칼을 빼어 그것으로 나를 찌르라 할례 받지 않은 자들이 와서 나를 찌르고 모욕할까 두려워하노라 하나 무기를 든 자가 심히 두려워하여 감히 행하지 아니하는지라 이에 사울이 자기의 칼을 뽑아서 그 위에 엎드려지매"(삼상 31:3-4).

24) 하나님의 은총에 대한하는 삶을 살아온 사울에 대한 하나님의 징계의 결과라고 강조하는 주석가들은 다음과 같다. 박윤선, 「성경주석: 사무엘서, 열왕기, 역대기」 (서울: 영음사, 1978), 152; Martin J. Selman, 1 Chronicles (Downers Grove: IVP, 1994), 136; Roady Braun, 1 Chronicles (Waco: Word Books, 1986), 151-2. "사울이 죽은 것은 여호와께 범죄하였기 때문이라 그가 여호와의 말씀을 지키지 아니하고 또 신접한 자에게 가르치기를 청하고 여호와께 묻지 아니하였으므로 여호와께서 그를 죽이시고 그 나라를 이새의 아들 다윗에게 넘겨 주셨더라"(대상 10:13-4).

25) 역대상 10:13-4에서 언급하는 사울의 범한 죄는 다음과 같다. 첫째, 제사장 이외에는 드리지 못하는 제사를 사울이 직접 드린 일(삼상 13:9-13), 아말렉 사람을 다 진멸하라는 명령을 어기고 아말렉 왕 아각과 전리품 일부를 남겨 둔 행위(삼상 15장), 둘째, 신접한 자에게 가르침을 청한 행위(삼상 28:8-25), 셋째, 여호와께 묻지 않았던 행위이다. 이상원, "기독교윤리적 측면에서 본 자살," 69-70.

26) "아히도벨이 자기 계략이 시행되지 못함을 보고 나귀에 안장을 지우고 일어나 고향으로 돌아가 자기 집에 이르러 집을 정리하고 스스로 목매어 죽으매 그의 조상의 묘에 장사되니라"(삼하 17:23).

27) Hans W. Hertzberg, 1&2 Samuel (Philadelphia: The Westminster Press, 1976), 353.

28) 이상원, "기독교윤리적 측면에서 본 자살," 71.

29) "시므리가 성읍이 함락됨을 보고 왕궁 요새에 들어가서 그 왕궁에 불을 지르고 그 가운데서 죽었으니"(왕상 16:18).

30) "이는 그가 여호와 보시기에 악을 행하여 범죄하였기 때문이니라 그가 여로보암의 길로 행하며 그가 이스라엘에게 죄를 범하게 한 그 죄 중에 행하였더라"(왕상 16:19).

31) "유다가 은을 성소에 던져 넣고 물러가서 스스로 목매어 죽은지라"(마 27:5).

32) "이 사람이 불의의 삯으로 밭을 사고 후에 몸이 곤두박질하여 배가 터져 창자가 다 흘러나온지라"(행 1:18).

33) 가룟 유다의 죽음이 자살인 것은 틀림이 없다. 단지 마 27:5의 기록과 행 1:18의 기록의 차이에 대해 주석가들의 해석은 상이하다. 두 본문의 상이한 내용을 부각시키는 주석가들인 바렛(Barret)이

나 키스트메이커(Kistemaker)는 마태복음의 기사를 무시하고 가룟 유다가 언덕에서 뛰어내리다 날 카로운 물체에 부딪혀 배가 터진 것으로 해석한다. C. K. Barret, International Critical Commentary: Acts 1-14 (New York: T&T Clark, 2004), 99; Simon J. Kiestmaker, New Testament Commentary: Exposition of the Acts of the Apostles (Grand Rapids: Baker, 1990), 62. 그러나 두 본문의 조화를 중시하는 주석가들인 알버트 반즈(A. Barnes), 조셉 알렉산더(Joseph Addison Alexander), 랜스키(R. C. H. Lenski), 존 랜지(John Peter Lange), 브루스(F. F. Bruce), 마샬(Howard Marshal) 등은 가룟 유다가 힌놈의 골짜기 절벽의 나무에 목 메달아 죽은 이후에 목 메달은 줄이 끊어지면서 절벽 아래로 곤두박질쳐서 배가 터짐으로 창자가 흘러나온 것으로 해석한다. A. Barnes, 「마태복음, 마가복음」 (서울: 크리스챤서적, 1988), 614-5; Joseph Addison Alexander, Acts of the Apostles (London: The Barner of Truth Trust, 1963), 27; R. C .H. Lenski, The Acts of the Apostles (Minneapolis: Augsburg Publishing Hpuse, 1961), 47; John Peter Lange, Commentary on the Holy Scriptures (Grand Rapids: Zondervan, 1976), 20; F. F. Bruce, The Book of Acts (Grand Rapids: Eerdmans, 1988), 45; I. Howard Marshall, Tyndale New Testament Commentary: Acts (Grand Rapids: Eerdmans, 1991), 65.

34) 이한수, "성경신학적 측면에서 본 자살," 37.
35) 이상원, "자살과 교회의 대책,"「신학지남」, 280호 (2004년 가을): 105.
36) 박혜근, "자살한 사람도 구원받는가?,"「칼빈논단」 (2005), 289-318을 참조할 것.
37) 안석모, "현대신학과 목회실천: 자살의 이해와 목회적 대응,"「신학과 세계」, 47호 (2003): 55.
38) Martin Monestier,「자살: 자살의 역사와 기술, 기이한 자살이야기」, 한명희, 이시진 역 (서울: 새움출판사, 2003), 506.
39) 나학진, "자살은 정당한가,"「자살」 (서울: 도서출판 두란노, 1995), 61.
40) 김종원, "자살,"「의학윤리」 (서울: 한국가톨릭의사협회, 1992), 11. 자살의 가능성은 세 가지 토대에서 제시될 수 있다. 첫째, 인간에게 자유가 있기 때문에 생명에 대한 주권이 자기에게 있다. 둘째, 보다 높은 목적을 위하여 자살이 선이 될 수 있다. 셋째, 하나님께 대한 봉사를 위하여 생명을 스스로 포기함이 긍정된다. 그러나 바르트는 이에 대하여 단호하게 아니라고 말하며 자살은 모두 죄가 된다고 한다. 그러나 두 가지 예외를 둔다. 하나는 하나님의 명령에 순종하기 위한 자살이고, 다른 하나는 하나님에 의해 명령된 순교의 행위이다
41) "나는 죽이기도 하며 살리기도 하며 상하게도 하며 낫게도 하나니 내 손에서 능히 빼앗을 자가 없도다"(신 32:39). Norman L. Geisler,「기독교 윤리」, 위거찬 역 (서울: 기독교 문서 선교회, 1991), 202-3; 기독교의 생명관은 생명 경외사상이다. 기독교적 생명관을 인식시키기 위한 가장 우선적인 원리는 '하나님이 생명의 주권자'라는 원리이다. 성서는 하나님을 만물의 창조자이면서 소유자로 묘사한다. 오직 하나님만이 생명을 주실 수도 있고 빼앗으실 수도 있다(창 1:1, 시 24:1). 하나님은 자기 형상과 모양을 따라서(창 1:27) 인간을 창조했으며, 인간의 생명에 책임을 지고 있다. F. A. Schaffer

and C. E. Koop, 「인간, 그 존엄한 생명」, 김재영 역 (서울: 라브리, 1988)을 참조할 것.

42) "여호와의 천사가 또 다시 와서 어루만지며 이르되 일어나 먹으라 네가 갈 길을 다 가지 못할까 하노라 하는지라 이에 일어나 먹고 마시고 그 음식물의 힘을 의지하여 사십 주 사십 야를 가서 하나님의 산 호렙에 이르니라"(왕상 19:7-8).

43) "그의 아내가 그에게 이르되 당신이 그래도 자기의 온전함을 굳게 지키느냐 하나님을 욕하고 죽으라 그가 이르되 그대의 말이 한 어리석은 여자의 말 같도다 우리가 하나님께 복을 받았은즉 화도 받지 아니하겠느냐 하고 이 모든 일에 욥이 입술로 범죄하지 아니하니라"(욥 2:9-10).

44) "간수가 자다가 깨어 옥문들이 열린 것을 보고 죄수들이 도망한 줄 생각하고 검을 빼어 자결하려 하거늘 바울이 크게 소리 질러 이르되 네 몸을 상하지 말라 우리가 다 여기 있노라 하니"(행 16:27-8).

11. 사형제도에 대한 갈등

1. 들어가는 글

사형은 인류의 역사 속에서 아주 오래된 형벌 가운데 하나이다. 그러나 언제부터 사형이 시작 되었는지는 정확히 알 수 없고, 다만 인간이 역사를 기술하기 이전, 특히 합리적이고 보편적인 법률을 적용하기 이전부터 존재해 왔다고 추측할 뿐이다. 국제엠네스티(Amnesty International)[1]의 2018년 사형관련 통계에 의하면, 2018년 한 해 동안 전 세계에서 136(중국 제외)건의 사형집행이 발생했다고 발표했다.

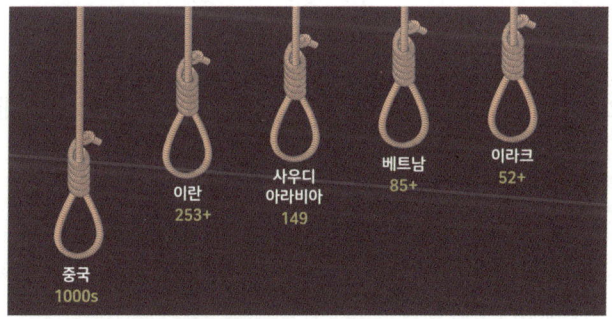

2018 세계 최대의 사형집행국 TOP5

한편, 유럽에서 사형 제도를 존치하는 국가는 벨라루스(Belarus) 뿐이다. 국제엠네스티 아이린 칸(Irene Khan) 사무총장은 "사형 제도는 궁극적으로는 잔인하고 비인도적이거나 굴욕적인 형벌이다. 참수형, 전기의자형, 교수형, 독극물주사, 총살형, 투석형 등은 21세기에 더 이상 존재할 여지가 없다"라고 밝혔다.[2]

역대 최악의 장기미제사건인 화성 연쇄살인[3] 용의자가 2019년 9월 19일 33년 만에 밝혀지면서 '사형제 존폐'를 둘러싼 찬반 공방이 재점화됐다. 흉악범죄가 일어날 때마다 사형제 찬반 논란은 늘 있어 왔다. 남편을 잔혹하게 살해한 '고유정 사건'[4]과 '한강 토막 살인사건' 피의자 장대호 사례[5] 등이 대표적이다. 여론은 잇따라 벌어지는 흉악범죄에 대해서 사형제 유지가 필요하다는 목소리가 강하다. 물론, 사형제를 유지하고 집행까지 해야 한다는 의견과 사형제는 유지하되 집행은 하지 말아야 한다는 의견이 공존했지만 국민 10명 중 9명은 사형제를 원하고 있었다. 리얼미터가 지난 2019년 6월 CBS 의뢰로 사형제도에 대한 국민여론을 조사한 결과 '사형을 실제로 집행하는 것이 바람직하다'는 응답은 51.7%, '사형제는 유지하되 집행은 안하는 것이 바람직하다'는 의견은 37.9%였다. '사형제 폐지가 바람직하다'는 의견은 7.8%에 불과했다. '사형 집행'에 관해서는 이견이 있더라도 사형제를 유지해야 한다는 의견은 무려 89.6%에 이른 셈이다. 이러한 국민 정서와는 동떨어지게 여전히 우리 사회에도 사형제도 폐지를 둘러싼 찬반 논란이 2001년 이후 지속적으로 일어나고 있다. 천주교가 주도하기 시작한 사형제도 폐지 운동에 개신교, 불교, 원불교, 천도교, 유교 등이 참여하면서 이 운동은 범 종교운동의 하나로 확산되고 있다.[6] 그러나 사형제도는 종교뿐 아니라 사회, 정치, 인권, 국가권력, 철학 등의 모든 영역과 관련되어 있는 복합적인 문제이다.[7]

사형제도는 사형에 해당하는 범죄인의 생명을 국가가 지닌 형벌권에 의하여 인위적으로 제거하는 제도이다. 사형은 범죄인의 생명을 박탈하여 그를 사회로부터 영구히 제거시키는 형벌로 형법이 규정하고 있는 형벌 중 가장 무겁다는 의미에서 극형이다.[8] 따라서 인간의 생명을 인위적으로 박탈하는 사형제도는 생명의 존엄성과 부딪히게 되어 있다. 그렇다면 성경은 이 사형제도에 대해서 무엇이라고 말하고 있으며 사형에 대한 기독교인의 견해는 무엇인가? 프랑스의 기독사회학자이자 기술철학자인 쟈크 엘룰(Jacques Cesar Ellul, 1912-1994)은 사형제도를 국가에 의해서 자행되는 살인이라고 주장한다. 한편 아프리카 바이블 칼리지의 팔머 로벗슨(O. Palmer Robertson)은 구약에서 규정하는 사형제도를 인용하면서 사형제도는 성경적이며 합당한 제도라고 주장한다.[9]

우리나라에서 2010년에 헌법재판소가 5대 4로 사형제도가 합헌이라고 결론을 내리자,[10] 같은 기독교 내에서도 각각의 해석을 하면서 엇갈린 반응을 보이고 있다. 먼저는 사형제 폐지를 주장하며 헌법재판소의 사형제도에 대한 결정을 반대하는 측은 KNCC(한국기독교교회협의회)이다. 이들은 인간의 생명이 하나님의 형상을 따라 지어진 것이므로 그 어떤 무엇과도 비교할 수 없을 만큼 귀중하다고 본다. 그러기에 인간의 생명을 이념이나 법률, 제도 등 어떤 것으로도 박탈하거나 침해할 수 없다는 것이 기독교 신앙의 기본원칙이므로 사형제도는 폐지되어야 한다고 주장한다. 즉 이들의 주장은 성경의 근본정신은 죽이는 것보다는 살리는 것에 있으므로 사형제도는 성경적이 아니라는 것이다. 반면 헌법재판소가 내린 사형제도의 합헌을 찬성하는 측인 한국기독교총연합회는 사형제도는 하나님께서 주신 국가공동체에 공의를 세우기 위해 하나님께서 노아시대부터 인간에게 주신 제도로 이해해야 한다고 주장한다. 즉 창 9:6에 나타난 사형명령은 인간이 하나님의 형상대로 창조된 사실에 근거해서 주어진 명령이라는 것이다.

왜 같은 기독교 내에서도 사형을 달리 이해하고 해석하는 것일까? 왜 같은 성경을 받아들이는 사람들 사이에서조차 찬반의 논쟁이 일어날까? 이들이 주장하는 찬성과 반대의 논거는 무엇인가? 필자는 우리사회에 여전히 존속되고 있는 사형제도가 정당한 제도로서의 처벌인가, 부당한 제도로서의 살인 범죄인가에 대한 입장을 기독교적 입장에서 올바르게 정립시키고자 한다. 필자는 다음과 같은 구조로 글을 전개하고자 한다. 2장에서 사형제도의 존치론과 폐지론에 대해 알아보고, 3장에서 사형제도에 대해 성경적으로 반성해 보고자 한다. 4장에서는 한국교회에서의 사형제도에 대한 찬반 논쟁을 살펴보고, 결론에서는 전체를 요약하고 사람을 살리고 죽이는 일은 하나님께 달려 있으므로 하나님의 형상대로 지음 받은 인간의 생명을 소중히 여겨야 된다는 사실을 다시 강조하고자 한다.

2. 사형제도: 존치론과 폐지론

사형제도에 대한 질문이 제기되기 시작한 것은 어제 오늘의 일이 아니다. 기원전 18세기에 세계 최고의 성문 법전인 함무라비 법전에서 최초로 조문화된 사형제도는 기원 후 18세기까지 보편적으로 집행되어 왔다.[11] 그러나 근대에 들어와 1764년 이탈리아의 형법학자인 체자레 베카리아 (C. Beccaria, 1738~1794)가 「범죄와 형벌」이라는 저서를 통해 잔인한 형벌인 사형의 폐지를 주장한 것을 시작으로 지금까지 사형제도의 존치와 폐지를 둘러싼 논의는 계속 되어 오고 있다.[12] 베카리아가 이 책에서 사형의 폐지를 주장한 이후 각국의 형법사에 있어서 사형이 보편적 형벌이 아닌 예외적 형벌로 인식하기 시작했고, 오늘날 인류의 인간 존중과 인도주의적인 법 집행의 모범이 되고 있다.[13] 그리고 오랫동안 사형제도를 실시해오다가 그 제도 자체를 없애 버린 나라들도 하나 둘씩 생겨나게 되었다.[14]

사형에 대한 존치론은 사형제도가 사회 일반을 위한 계도적 차원에서 필요하다는 입장이다. 사형제도의 존치를 주장하는 쪽의 주장은 첫째, 범죄인의 인권만큼 피해자의 생명권도 존중되어야 한다는 공평과 정의의 원리를 내세운다. 둘째, 생명권은 절대적 기본권이 아닌 법률에 의해 제한이 가능한 상대적 기본권이라는 입장이다. 셋째, 사형은 단순한 이념이나 이론의 문제가 아닌 각국의 실제적이고 구체적인 상황에 따라 적용되어야 한다는 입장이다. 넷째, 사형은 응보의 원리에 따른 보복의 법칙에 합당하기 때문이다. 인간이 죄를 지으면 그에 상응하는 처벌을 받아야 한다는 것은 사회 정의 구성에 있어서 기본적 요건이다. 즉 사형을 통해 응보적 정의를 이룰 수 있다는 입장이다. 다섯째, 공공의 안전을 보존하기 위해서는 극악무도한 범죄자들을 사형으로 완전히 추방해야 한다는 입장이다. 아직도 흉악 범죄가 그치지 않고 있는 우리 사회에서 사형제도는 범죄의 예방효과를 수행하는 구실을 한다고 주장한다.[15]

이에 반해 사형에 대한 폐지론은 사형제도가 사실상 예방효과가 없고 당사자의 생명만 빼앗을 뿐이라는 입장이다. 즉 사형은 범죄 예방이나 억지로서의 구실을 하지 못하며 부작용만 낳을 뿐이라는 주장을 내세우는 입장이다. 사형제도의 폐지를 주장하는 쪽의 주장은 첫째, 국가가 혹은 인간이 인간에게 생명을 부여할 수 없는데도 불구하고 인간을 심판해서 생명을 박탈하는 것은 인도주의적 견지에서 허용될 수 없다는 입장이다. 결국 사형은 인간의 존엄성을 훼손할 뿐이라고 본다. 둘째, 국가가 살인 행위를 비난하면서 국가 자신이 사람의 생명을 박탈하는 것은 인위적인 생명박탈을 인정하는 결과가 된다는 주장이다. 국가는 예외 없이 모든 사람의 생명을 보호할 의무가 있다. 셋째, 인간이 행하는 재판의 오판 가능성을 배제할 수 없다는 입장이다. 일단 사형이 집행되면 오판이 판명된다 해도 회복이 전혀 불가능하다.16) 넷째, 사형제도는 정치적 반대 세력, 인종, 민족, 종교 및 소외 집단에 대한 탄압의 수단과 의문의 실종, 불법 처형, 정치적 암살 등의 형태로 가해지는 경우도 있다는 입장이다. 다섯째, 사형과 같은 중형의 판결이 범죄 예방에 효과가 크지 않다고 주장한다. 사형에 대한 위하력이 없음은 사형폐지국가에서 흉악범죄가 증가하지 않았다는 사실이 증거하고 있다.17) 여섯째, 원시 사회에서 응보의 수단으로 생겨난 사형제도는 어떤 합리적인 근거가 있어서가 아니라 단순히 역사적 잔재로 남아 있다고 보는 입장이다. 일곱째, 사형은 법관계자, 법 기관의 시간과 불필요한 에너지의 소비 및 자원의 낭비를 초래한다는 입장이다. 여덟째, 국가는 범죄인들이 유용한 사회 일원으로 복귀할 수 있도록 교육시킬 의무가 있는데도 불구하고 사형제도를 채택하고 있는 것은 국가 스스로 교육에 대한 의무를 포기한 것이다. 아홉째, 범죄원인은 사회 환경의 복합적인 원인에도 있는데 범죄원인을 개인에게 돌리는 사형제도는 불합리하며, 사회적 약자들에게 차별적으로 가해지는 경향으로 형평성의 문제가 있다. 열째, 전 세계의 일반적 경향이 사형 폐지로 나아가고 있다고 주장한다. 무엇보다도 성경적 입장에서 살펴보면 사형은 인간 생명의 존엄성을 파괴하는 하나님의 절대 권위에 대한 도전이며, 구약의 사형에 대한 율법을 예수님은 사랑과 용서의 계명으로 완성시켰다는 입장이다.18)

사형 존치론과 폐지론에 대한 기독교적 입장들을 살펴볼 때, 폐지론자들은 다음과 같은 성경적 근거를 말한다. 첫째, 사형 폐지론자들은 성서의 "살인하지 말라"(출 20:13)는 계명에 사형 폐지론의 정당성을 호소한다.

이러한 주장은 생명을 죽이고 살게 하는 것은 하나님의 고유 영역임을 명백히 하는 것이다. 사형제도 폐지 논의는 무엇보다 하나님이 창조하신 생명에 대한 존엄성에 근거를 두고 있다. 둘째, 사형제도는 사랑의 계명에 어긋나기 때문에 철폐해야 한다고 주장한다. 신, 구약 성서를 통하여 가장 중요한 하나님의 명령과 계명은 '사랑'인데, 구약의 보복법을 근거로 사형을 찬성하는 것은 사랑이라는 보다 큰 하나님의 명령에 어긋난다는 주장이다. 셋째, 사형제도는 결국 그리스도의 대속 사건을 부정하기 때문에 폐지되어야 한다고 주장한다. 그리스도의 십자가 사건은 어떤 죄인도 그의 십자가 아래서 속죄를 받을 기회와 권리가 있다는 것이다. 그런데 사형제도는 범죄자의 미래를 시간적으로 박탈함으로써 그리스도의 대속의 은총을 받을 수 있는 기회를 박탈한다는 주장이다.

서양에서는 프랑스 철학자 볼테르(Voltaire, 1694-1778), 사형폐지론의 본격적인 시발점인 베카리아(C. Beccaria, 1738~1794), 공리주의자 밴담(Jeremy Bentham, 1748-1832), 소설가 빅토르 위고(Victor M. Hugo, 1802-1885), 법학자인 모리츠 리프만(Moritz Liepmann, 1869-1928)과 로이 칼버트(Eric Roy Calvert, 1898-1933) 등이 사형폐지론을 주장하였다. 기독교회의 역사적 시각에서 살펴보면 초대교회 교부신학자인 터툴리안(Tertullianus, 약155-230년)은 평화주의 입장에서 사형제도에 대해 부정적이었고, 오리게네스(Origen, 185-254)는 사람을 죽이지 말라는 계명을 존중해 사형집행을 반대했다. 종교개혁 세력들 가운데는 재침례파가 사형제도를 국가와 교회의 결탁의 산물로 보고 반대하였다. 이들은 구약의 윤리는 그리스도에 의해 폐지되었고, 신약의 산상수훈에 근거하여 살인을 거부하는 입장이었다.[19] 학자들의 이론 가운데, 린센만(F. X. Linsenmann, 1835-1898)은 사회에 해를 끼치는 사람을 맹수와 같은 것으로 보아 제거해 버리는 것이 사회에 유익하다고 보는 토마스 아퀴나스(Thomas Aquinas, 1225-1274)의

견해를 비판했다. 슐라이에르마허(Friedrich Schleiermacher, 1768-1834), 하르낙(Adolf Harnack, 1851-1930), 바르트(Karl Barth, 1886-1968) 역시 속죄로서의 사형을 요구할 수 없다고 주장한다. 바르트는 기독교 신앙이 절대적인 판결이나 세상의 형법 수단으로서의 절대적인 형벌을 인정하지 않으며, 형벌에 대한 기독교적 이해는 과거에 대한 처벌이 아니라 미래에 대해 의무를 부과하는 것으로 이해되어야 한다고 본다.[20] 미국의 윤리학자 로저 후드(Roger Hood)는 사형제도가 인간 삶의 근본적인 권리를 침해하는 것으로 보며, 사형제도가 살인을 방지하는 유일한 억제책은 아니라고 본다.[21]

이에 반해 사형을 찬성하는 이들의 기독교적 입장은 다음과 같다. 첫째, 사형 존치론자들은 범법자가 "살인하지 말라"(출 20:13)는 하나님의 계명을 어겼으니 반드시 그의 피 값으로 죄를 갚아야 한다고 주장한다. 이러한 논의는 구약의 보복법의 적용으로 볼 수 있다. 둘째, 범죄인의 생명권만큼이나 피해자의 생명권도 존중되어야 함을 주장한다. 하나님의 정의의 차원에서 죄 지은 사람은 처벌하고 무고한 사람은 풀어주는 것은 당연하다고 주장한다. 셋째, 하나님이 사랑과 공의라는 양 면을 갖고 있듯, 범죄와 처벌 사이에는 도덕적인 차이가 있다. 따라서 합법적인 사형은 도덕적 의미에서 살인이 아니다. 사형이라는 합법화된 사회적 보복이 정의를 행하고 범죄를 억제하는 기능을 성취한다면 사회적으로 유용한 것이다.

사형존치론은 서양에서는 희랍 철학자들의 형법과 관련된 견해 속에서 찾아볼 수 있다. 피타고라스(Pythagoras, BC 569년경-497년경)는 형벌제도를 통한 정당한 보복의 가능성을 주장했고, 플라톤(Platon, BC 428-348)은 형벌제도를 신의 명령으로 보았다.[22] 아리스토텔레스(Aristoteles, BC 384-322)는 범죄로 인해 발생한 불평등을 형벌로 조정할 수 있다고 보앉고, 사형제도를 인정하였다. 그는 형벌의 실체에 대한 이론을 확립하여 오늘날 형벌제도의 토대를 마련했다.23) 이 이외에도 홉스(Thomas Hobbes, 1588-1679), 몽테스키외(Baron Montesqu, 1689-1755), 루소(Rousseau, 1712-1778), 칸트(I. Kant 1724-1804), 헤겔(G.W.F. Hegel, 1770-1831), 밀(J. S Mill,1806-1873) 등은 사형존치론을 주장하였다.24) 기독교회의 역사적 시각에서 살펴보면 어거스틴(Augustine, 354-430)은 로마서 13:1-7을 논하면서 국가권력에 대한 복종과 정당한 형벌의 집행을 주장했으며, 토마스 아퀴나스(Thomas Aquinas, 1225-1274)도 공적인 사형집행을 정당한 것으로 간주했다. 종교개혁자인 루터(Martin Luther, 1483-1546), 쯔빙글리(Ulrich Zwingli, 1484-1531), 칼빈(Jean Calvin, 1509-1564)도 국가권력에 의한 사형집행에 대해 적극적이었다.25) 특히 루터는 디모데전서 1장9절을 해석하며 응보적 정의론을 주창하며 사형제도를 지지했다.26) 비교적 현대 신학자 가운데 월터 큐네트(W. Kunneth, 1901-1997)와 알트하우스(Paul Althaus, 1888-1966)는 살인자가 단지 인간적인 삶의 질서를 위반한 것이 아니라 살인자 스스로 하나님의 세상질서의 신성함을 해친 것으로 본다. 그래서 이들은 사형제도가 하나님의 세상 질서를 다시 회복하는 것으로 보았다. 왜냐하면 사형제도는 주관적인 속죄행위가 아니라 객관적 법질서의 복구이기 때문이다.

사형에 관한 존치론과 폐지론이 팽팽히 맞서있는 입장에서 독일신학자 틸리케(Helmut Thielicke, 1908-1986)는 개인의 생명을 빼앗는 국가의 권리 자체를 비판하며 찬반의 입장을 절충하려고 시도했고, 터프츠(Tufts University) 대학의 명예교수였던 휴고 베다우(Hugo Bedau, 1926-2012) 역시 비인간적이며 잔인하다는 이유를 들어 사형제도를 폐지한다는 것은 문제가 있다고 반론을 제기하며 대안적 방향을 모색하는 학자이다.27)

3. 사형제도에 대한 성경적 반성

사형제도에 대해 존치론자와 폐지론자들은 어떤 성경적 근거를 가지고 주장하는지 살펴보도록 하자.

(1) 존치론자의 입장

1) 창세기 4장10-11절[28]에 보면 살해된 자의 친척들은 흘린 피에 대한 보복을 하는 것이 의무로 규정되어 있다. 왜냐하면 흘린 피는 그에 상응하는 보복을 해 줄 것을 하나님께 호소하는 상징으로 표현되었기 때문이다. 하나님의 형상대로 지음 받은 사람을 죽이는 것은 하나님의 권위를 손상시키는 것이므로 범죄자를 사형에 처해야 한다는 것이다.

2) 구약 성경에서 사형에 대해 제일 먼저 언급된 부분은 하나님과 노아와의 언약 가운데 나타나는 것으로 본다.[29] 창세기 9장 6절은 노아가 대홍수에서 살아남아 방주에서 나왔을 때 하나님이 내리신 명령이다.[30] 존치론자들은 이 구절이 하나님께서 살인자에 대한 심판권을 인간에게 맡기시겠다는 의미로 본다. 곧 법적 재판과 형무관 제도를 시사하고 있는 구절로 해석한다. 또한 하나님의 형상을 가진 타인의 생명을 파멸시키는 자는 하나님께 폭력을 가하는 자이기 때문에 살인자는 반드시 자기가 가한 대로 보응을 받아야 한다고 주장한다. 총신대의 김정우 교수는 이에 대한 해석을 하나님께서 인간들에게 생명의 존엄성을 가르치기 위해, 살인자에 대해 법적 절차를 통한 사형제를 인준하셨다고 주장한다.[31]

3) 출애굽기 21장 23-4절에 보면 모세의 율법을 근본 원리로 들어 사형제도의 타당성을 주장한다.[32] 즉 구약의 동태보복법(lex talionis)이 현대 사회에서도 적용 가능한 정당한 법이라고 본다.[33] 이런 근거들을 통해 십계명 가운데 2-6계명은 하나님의 형상대로 지음을 받은 인간의 생명을

존중하시기 위한 하나님의 명령으로 해석하며, 그 명령을 어겼을 경우 처벌은 반드시 사형이어야 한다고 주장하고 있다.[34]

4) 신약에서는 로마서 13장 1-7절을 주 논거로 사용하는데, 4절에 기록되어 있는 칼을 삶과 죽음에 관하여 정부가 가진 권력으로 해석한다.[35] 존치론자들은 국가가 지닌 사형권을 국가의 고유한 권한으로 인정하고 있다고 본다. 스프라울(R. C. Sproul)에 의하면 성경적 의미에서 '칼의 힘'은 분명 죽일 수 있는 힘을 나타내는 관용적 표현이다.[36] 종교개혁자인 칼빈(J. Calvin)도 로마서 13장을 근거로 권세는 하나님의 명령이라고 하며 하나님에게서 오지 않는 권세는 없다고 주장 했다.[37] 그 뿐만 아니라 주권자들은 하나님의 일꾼으로서 선을 행하는 사람을 칭찬하며 악을 행하는 사람에게 하나님의 징조를 집행한다고 강조하고 불의한 집권자에게까지도 복종할 것을 주장했다.[38] 사형 존치론자들은 로마서에 나타난 말씀이 사형제도를 확실하게 인준하는 것은 아니지만 국가가 지닌 칼의 권위 속에 하나님이 허락하신 권한이 있음을 드러낸다고 본다.

(2) 폐지론자의 입장

1) 폐지론자들은 신명기 13장 5절에 나타난 말씀을 토대로 사형제도는 구약을 통해 하나님에 의해 요구된 법률적인 수단이 아니라고 본다.[39] 이러한 제도의 목적은 하나님과 이스라엘의 신실한 계약 관계를 형성한 선민으로서 성결한 책임에 있었다. 그리고 구약에는 사형집행에 대한 명확한 규정과 제한이 나타나 있다.[40] 구약성서 안에서의 사형제도는 하나님과의 계약 안에서 이스라엘 백성들을 대상으로 시행된 제도이다. 그러므로 구약성서에 나타난 사형의 의미는 유태인들의 신앙과 문화에 바탕을 둔 이스라엘 민족에게 국한된 것이라 볼 수 있기 때문에, 이러한 의미가 그리스도교적 형벌의 의미로 대체되어서는 안 되며 구약의 구절을 들어

사형에 대한 그리스도교적 견해를 표명할 수는 없다.

2) 신약의 경우는 특별한 경우를 제외하고 국가가 국가 권력의 범위 안에서 사형을 집행할 수 있는 권한을 인정하는 경우가 없다. 신약은 사형에 대한 새로운 규범을 제시하는 것이 아니라, 피의 보복을 원하는 성향에 근본적으로 의문을 제기한다. 즉 예수는 악을 극복하는 새로운 방법으로서 복수법에 근거한 폭력을 반대하면서 원수가 함께 어울려 살아가는 사랑과 용서의 윤리를 강조한다.[41] 또한 로마서 13장의 내용도 사도바울이 사형제도를 인정하려는 의도를 가지고 쓴 것이 아니다. 사도바울이 말하는 순종의 요구는 국가 공권력이 만약 선한 것을 추구하지 않을 때는 적용되지 않는 것이다. 따라서 로마서 13장에 대한 이해를 위해서 로마의 그리스도인들이 처한 특별한 역사적 상황에 대한 고려가 필요하다. 신약에서는 로마서 13장을 제외하고 사형 제도를 윤리적 문제로서 강조하여 이야기하지 않으며, 단지 사형제도의 존재만을 언급하고 있을 뿐이다. 예수 그리스도가 세상에 오심으로 더 이상 폭력에 의거하지 않고, 사랑에 의해서 원수와 친구가 하나가 되어 살아가는 공동체를 제시하였다. 그리스도의 십자가의 죽음은 끝없이 용서하시는 하나님의 사랑을 직접 보여준 사건이다. 신약성서는 사형 제도를 정당화하지 않고 있을 뿐만 아니라, 직접적으로 사형 제도를 금지하고 있지도 않다. 모든 이해타산을 초월하는 하나님의 정의는 인간적 정의의 보복논리를 배제한다. 그러므로 보복의 정의에 참된 평화가 있는 것이 아니라 사랑과 용서 속에서 참 평화와 희망이 있음을 말하고 있으며, 인간의 법률을 초월하는 사랑과 신앙을 강조하고 있음을 주장한다.

4. 한국교회에서의 사형제도에 대한 찬반 논쟁

그동안 한국 교회 내의 사형제도에 대한 논쟁을 요약하면 다음과 같다. 대표적으로 사형제도의 필요성을 역설한 그룹들은 한국기독교총연합회이고, KNCC(한국기독교교회협의회)와 기독교윤리학자들의 입장은 사형제 폐지를 찬성하는 쪽이 우세한 것으로 나타났다. 한국기독교총연합회 신학연구위원회가 주최한 세미나에 참석한 신학자들은 사형제도의 존폐 여부를 성경에 입각해 결정하기는 쉽지 않다는 입장을 밝히면서도 정상인의 인권보호를 위해 오히려 사형이 필요하다는 데 의견을 모았다. 최성규 목사는 성경 어디에도 사형제도를 폐지해야 된다는 말은 없다고 설교했고, 기조연설을 맡은 이종윤 목사는 사형을 폐기하여 획일적으로 모든 사람에게 적용하는 보편적인 법으로 만드는 것은 오히려 '반드시 죽어야 할 죄'에 대해 '반드시 죽으리라'고 선언하신 하나님의 심판에 대한 거역이라고 주장했다.[42] 조직신학자 이승구 교수는 '하나님의 형상을 손상시킨 죄'로 인해 사형제도가 필요하다는 논지를 펼쳤다. 이 교수는 "왜 하나님께서는 살인에 대해서는 이와 같은 극형을 명령하신 것일까? 그 이유는 인간은 하나님의 형상으로 지어졌기 때문이라는 것"이라며, 따라서 인간을 손상시킨 이는 하나님의 형상을 손상시킨 것이라고 주장했다.[43] 실천신학자 정일웅 교수는 사형제도는 범죄예방효과 뿐 아니라 생명존중의 상징성을 가지고 있다고 입장을 정리했다. 사형은 제도적 살인이라고 주장하는 소리는 사형수의 생명권만 생각하고 살해당한 자의 인권을 전혀 고려하지 않는 일방적인 주장이라고 강경한 입장을 밝혔다. 또한 정일웅 교수는 오히려 사형제를 존치함으로 생명의 귀중성에 대한 경각심과 교훈을 더하는 상징적인 의미는 분명히 있다고 강조했다.[44] 반면 구약학자 김정우 교수는 사형제도 존폐와 관련하여 신중론을 밝혔다. 김정우 교수는 모세의 율법에서 의도적인 살인죄는 사형으로서 그 죄 값을 갚아야 하며 이 과정에 있어서 엄밀하고도 공정한 법적인 절차가 요구됐다며 이 모든 사형과 관련한 성경본문들은 사형제를 찬성한 것처럼 보이지만 구약의 법을 세속 문화에서 부분적으로나마 적용하는 것은 어렵다고 말했다. 또 김정우 교수는 성경은 인간이 만든 제도에 대해 하나의 답만을 주는 책은 아니기에 우리는 성경 안에서 존치론과 폐지론의 근거를 모두 다 만들 수 있을 것이라고 설명했다. 교회사학자 이상규 교수는 사형제도에 대한 특별한 입장을 밝히지 않았으나 교부시대로부터 지금까지 교회는 사형제도를 인정하고 있음을 설명했다. 고신대 신원하 교수는 창세기 6장에 있는 노아의 홍수 본문을 사형제에 대한 성서적 근거로 보고 이 말씀이 모든 인류에게 보편적으로 주어진 명령이라고 주장했다. 이상과 같이 사형제 존치론 쪽에서는 사형에 대한 성서적 근거를 제시하면서, 성서를 권위 있게 수용해야 한다고 하면서 구약에 등장하는 심판과 공의의 하나님을 드러내어 강조했다.[45]

KNCC(한국기독교교회협의회)와 기독교윤리학자들은 사형제 폐지 찬성의 이유로 "인간 생명의 존엄성과 생명에 대한 하나님의 주권"을 주로 제시했다. 서울신대의 유석성 교수는 인간은 하나님의 형상으로 지음 받은 피조물로서, 인간의 생명은 고귀한 가치를 가지고 있으므로 인간 생명의 주인인 하나님으로부터 국가가 인간의 생명을 빼앗을 수 없다고 강조했다.[46] 감신대의 박충구 교수는 모든 인간은 그들이 어떠한 죄를 범했는가와 상관없이 하나님의 구원과 사랑의 대상인데, 사형제도는 사람이 하나님의 은총에 접근할 가능성을 박탈하는 제도라고 비판했다. 이들은 기독교적 관점에 따른 주장 뿐 아니라 사회학적으로 사형제도가 지닌 오판과 악용, 오용의 한계도 한목소리로 지적했다. 특히 군사독재정권 시절

인혁당 조작사건을 통해 억울한 사형이 이뤄진 점을 대표적인 사례로 제시했다. 신기형 목사(이한교회)는 미국에서는 백인보다 흑인을 사형시키는 비율이 높다며, 정의는 편파적이 되어서는 안 된다고 사형제 폐지 이유를 밝혔다. 기독교윤리학자들은 범죄 예방 효과가 낮다는 점과 생명경시 풍조에 대한 우려 등 사형제 존속으로 인한 다양한 문제들을 제기하고 있다. 장신대 노영상 교수는 사형제가 범죄자에게 경각심을 줘서 범죄율을 떨어뜨리는 효과를 낼 것이라고 생각하지만, 사형제 폐지국과 사형제 존치국의 범죄율에 대한 통계상 신빙성이 떨어진다는 사실이 드러났다고 강조했다. 한신대 강성영 교수는 사형제는 피해자에 대한 배려라고 하지만, 사형으로 피해자 가족의 상처가 치유되는 것은 아니다. 오히려 살인자를 사형해서 해결할 수 있다는 것은 생명경시 풍조를 조장할 수 있다고 보며, 죽임보다 살림의 문화를 지향해야 한다고 주장했다. 성공회대의 강원돈 교수는 사형 판결 과정에서 실수가 있을 수 있는데, 사형을 집행하면 판결의 잘못을 만회할 수 없으므로 하늘 아래 그 누구도 생명을 마음대로 결정할 수 없다고 보았다. 장신대 김은혜 교수는 하나님의 형상에 따라 창조된 인간에 대한 존엄성 때문에 인간은 어떤 죄를 지어도 법적으로 죽음의 결정을 할 수 없다고 주장했다. 호남신대 김형민 교수는 사람의 생명을 끊는 사형제는 기독교 정신이 아니며, 벌의 목적은 개인을 교화하고 사회에 편입하기 위한 것이지, 영원히 퇴출하는 것이 아니라고 주장했다. 감신대의 유경동 교수는 구약에서 생명을 죽이는 기능이 있는 것은 사실이지만, 성서의 일부분을 택해서 절대화하는 것은 기독교 정신에 위배된다고 보았다. 대부분의 기독교 윤리학자들은 성서의 핵심은 사랑이고 예수 그리스도의 정신은 타자를 살리기 위한 것이므로, 사형제로 한 생명에 종지부를 찍지 말고 사형을 넘어서 기독교정신으로 호소할 때 이 사회가 바뀔 수 있다고 주장했다.[47] 사형 폐지론자들은 사형제도 존치론자들이 성서 일부를 택해서 문자 그대로 절대화해서 구약에 나오는 사형을 오늘날 그대로 적용하려고 한다고 지적하며, 신약성서에 나타나는 예수님의 사랑과 용서의 정신에 따라 사형에 반대하는 것이 옳다는 주장이다. 즉 사형제도의 존치론이 강조하는 응보의 정의보다, 범죄자에게 회복의 기회를 제공하는 것이 기독교 정신에 부합한다는 것이다.

5. 나가는 글

사형제도 폐지가 옳은가? 아니면 사형제도 유지가 더 기독교적인가? 사형제도가 정당한 제도로서의 처벌인가, 아니면 부당한 제도로서의 살인 범죄인지의 여부를 필자가 위에서 간략하게 살펴보았듯이 성경은 사형제도의 존폐 문제에 있어서 흑백논리를 제공하고 있지 않다고 본다. 양진영이 동일한 성경을 가지고 해석을 달리하면서 평행선을 달리고 있다. 사형제도의 존치와 폐지에 대한 이론 중 어느 것이 합리적이고, 옳고 그른 것이지 성경은 인간이 만든 제도에 대해 하나만의 해답을 제공하지는 않는다. 한국교회 내에의 목회자, 신학자들 간에도 신학적 정체성에 따라 다양한 의견을 개진하고 있음을 알 수 있다. 우리는 모든 문제들에 대해 보응과 사랑의 양면성을 놓고 고민하고 있다. 창조의 질서로서 보응을 강조하는 입장은 사형제도의 존치를 주장한다. 왜냐하면 사형제도는 하나님의 공의를 실현하는 제도로 인권보다 더 중요하기 때문이다. 반면 인류의 구속주이신 주님이 이 땅에 오신 목적을 보면 우리를 사랑했기 때문인데, 사형제도를 통해서 죄를 묻는 근본취지가 사회로 부터 영원히 격리한다는 차원이라면 사형이라는 국가권력의 물리적인 폭력을 통한 인간의 생명을 앗아가는 법적인 처벌에 의하지 아니하고도 사형에 준하는 범죄를 저지른 범법자에 대한 죄를 얼마든지 물을 수 있다고 본다. 왜냐하면 인간의 생명은 오직 하나뿐이며 가장 존귀한 것이고, 따라서 피해자의 생명이나 범죄자의 생명의 가치에 그 경중이 있을 수는 없기 때문이다.

필자는 사형제 폐지론에 더 무게를 두고 싶다. 사람을 살리고 죽이는 일은 하나님께 달려 있는 것이기에 우리들은 아무리 극악한 사람이라 할지라도 인간이 만든 법으로 하나님께서 주신 생명을 합법적으로 죽일 수가 없다고 보기 때문이다. 인간은 하나님의 형상으로 지음 받았으므로 아무리 극악한 범죄를 저지른 사람이라고 할지라도 하나님의 말씀으로 변화될 수 있음을 인정하여야 한다. 이것을 인정하지 않는다면 우리의 신학함과 기독교의 필요성은 제기될 수 없을 것이다. 물론 사형제도 폐지에 대한 우려도 인정해야 한다. 사형제도의 옳고 그름에 대한 판단보다 하나님의 형상대로 지음 받은 인간의 생명을 소중히 여기고 존중할 수 있는 사회 문화와 풍토를 만들어 가는 것이 무엇보다 중요하지 않을까?

1) 국제엠네스티(Amnesty International)는 전 세계적으로 회원이 참여하는 시민단체이다. 국제엠네스티는 각국의 인권상황에 대한 조사를 바탕으로 캠페인 활동을 하며, 전 세계 160여 개국에 220만 명의 회원을 가진 세계 최대의 인권단체이다.
2) 〔온라인자료〕http://knsi.org/knsi/kor/center/view.php?c=1&m=3&no=8201, 2019년 7월 12일 접속. 아이린 칸(Irene Khan) 사무총장은 "최고형(사형)은 단순히 어떤 행위가 아니라, 국가에 의해 살인 당하는 사람들에 대한 신체적, 정신적인 테러로 이루 어진 법적 과정이다"라고 밝혔다. 세계 대부분의 국가는 사형 폐지를 향해서 움직이고 있다. 법적 혹은 실질적 사형폐지국은 142개국에 달한다. 세인트키츠네비스는 미국을 제외하고 2003년 이후 처음으로 사형을 집행한 국가가 되었고, 라이베리아는 강도, 테러, 납치죄에 대해서 사형제도가 도입되었다. 아이린 칸(Irene Khan) 사무총장은 "그렇지만 좋은 소식은 사형 집행이 작은 수의 국가에서만 이루어진다는 것이고, 이는 국제사회가 사형제도 없는 세계를 향해 나아나고 있다는 것을 보여 준다"고 밝히면서도 "반면 나쁜 소식은, 여전히 많은 나라에서 공식적으로 사형이 폐지되지 않아 수백 명씩 사형을 선고 받고 고통 받고 있다는 점이다"고 덧붙였다.
3) 화성연쇄살인사건은 1986년 10월 23일부터 1991년 4월 3일까지 경기도 화성시 일대에서 10여명의 여성이 무참히 살해된 희대의 비극이었다. 동원된 경찰 연인원만 205만 여명으로 단일사건 가운데 최다였고, 수사대상자 2만 1280명과 지문대조 4만116명 등 각종 수사기록은 지금도 깨지지 않고 있다.
4) 2019년 5월 26일 고유정이 제주특별자치도 제주시 조천읍에서 전 남편과 의붓아들을 살해하고 시신을 토막내어 유기한 혐의를 받고 있는 사건이다. 2020년 2월 20일 재판부는 고유정의 의붓아들 살해 혐의는 무죄를 선고한데 이어 무기징역을 선고했다.
5) 장대호는 지난 2019년 8월 8일 오전 8시께 서울 구로구의 자신이 일하던 모텔에서 객실 문을 열고 들어고 잠자고 있던 A씨(32·자영업)를 둔기로 살해한 혐의다. 장대호는 또한 같은 달 11일과 12일 사이 B씨의 사체를 훼손한 뒤 대용량 백팩과 가방 등에 담아 한강에 버린 혐의도 받고 있다.
6) 2001년 1월 19일에 천주교, 기독교, 불교 등 종교단체를 중심으로 '사형제도 폐지를 위한 범종교연합'이 결성되었다. 그리고 2001년 4월 27일에 '한국 기독교 사형제도 폐지 운동연합회'(대표회장 문장식 목사)가 출범되었다. 사형제도 문제는 정치권의 주요 관심사로까지 번져 2001년 11월에는 여야국회의원 155명의 발의로 '사형폐지에 관한 특별법'안을 정기국회에 제출한 바 있으나 회기 만료로 폐안 되었고, 2004년 17대 국회에서는 국회의원 299명의 3분의 2에 가까운 175명의 의원이 법안 발의에 동의를 했고, 2019년 10월 10일 세계 사형 폐지의 날을 맞아 이상민 더불어민주당 의원 대표 발의로 '사형제도 폐지 특별 법안'이 발의됐다. 해당 법안은 76명에 이르는 여야 의원들이 서명했다.〔온라인자료〕http://www.newspim.com/news/view/20191017001228, 2020년 3월 20일 접속.
7) 홍완식, 「사회적 쟁점과 법적 접근」 (서울: 건국대학교출판부, 2008), 320.
8) 신진규, 「형사정책」 (서울: 법문사, 1986), 560.

9) Jacques Ellul, 「무정부와 기독교」, 박건택 역 (서울: 솔로몬, 1994), 110–14; Palmer Robertson, 「계약신학과 그리스도」, 김의원 옮김 (서울: 기독교문서선교회, 1999)을 참고할 것.

10) (온라인자료)http://liebeami.blog.me/40101929369, 2019년 8월 18일 접속. 다음은 헌법재판소의 사형제도에 대한 결론이다. "사형제는 현행헌법이 예상하고 있는 형법의 한 종류로 생명권 제한에 있어 헌법상의 한계를 일탈했다고 볼 수 없다. 사형은 극악한 범죄의 대가를 치르게 해 정의를 실현하고 재범가능성을 영구히 차단해 사회를 지킨다는 공익적 목적을 가진 형벌이며 입법목적 달성을 위한 적합한 수단이다. 사형은 다수의 인명을 잔혹하게 살해 하는 등 극악한 범죄에 대해 한정적으로 부과되는 사형이 범죄의 잔혹함에 비해 과도한 형벌이라고 볼 수 없다."

11) 유석성, 「사형과 인간의 존엄」 (서울: 한들출판사, 2004), 14. 함무라비 법전은 기원전 18세기 바빌론의 제1왕조 6대 왕인 함무라비 왕위 재위기간(BC 1792–1750)에 만들어진 성문법이다. 이 법조문은 바빌로니아 국신인 마르둑(Marduk)의 신전에 조작되어 있다. 총 282조의 조문으로 되어 있고, 함무라비의 절대왕권 사상을 표현한 법전으로 동태보복법의 법조문이 나타나 있다.

12) C. Beccaria, 「범죄와 형벌」, 이수성 외 옮김 (서울: 길안사, 1995) 참고할 것.

13) 한인섭, "역사적 유물로서의 사형," 「사목」, 제 246호, 1999년 7월, 245; Gustav Radbruch, 「법철학」, 최종고 역 (서울: 삼영사, 1994), 228.

14) "2018년 사형현황,"(온라인자료)https://amnesty.or.kr/campaign/2018–death–sentence–executions/, 2019년 8월 16일 접속. 2018년 12월 31일 기준으로 법률적·실질적 사형제도 폐지국가는 142개국이며, 여전히 사형제도를 존치하고 있는 국가는 55개국이다. 존치 국가 중 실제로 사형을 집행한 국가는 23개뿐이다. 국제엠네스티 한국지부 김희진 사무국장은 "해가 갈수록 국제사회에서 사형존치국의 수가 줄어드는 것은 더 이상 인권과 사형제도가 양립될 수 없다는 단순한 원칙이 널리 받아들여지고 있다는 것을 의미한다"며 "한국 사회는 사형제도의 존폐와 관련해 지금 갈림길에 서 있다"고 말했다. 경제협력개발기구(OECD) 국가 중에서는 법적으로 사형제를 유지하고 있는 나라는 미국, 일본, 한국 3곳이다.

15) 이상혁, "왜 사형제도는 폐지되어야 하는가?," 「사목」, 제 270호, 2001년 7월, 34–5; 국제사면위원회한국연락위원회, 「사형의 이론과 실제」(서울: 까치, 1989), 128–52를 참조할 것.

16) 團蘇重光, 「사형폐지론」, 김희진 역 (서울: 한국사형폐지운동협의회, 2001), 307–9.

17) 위하력이란 범죄의 급부로서 형벌을 부과할 때 '잠재적 범죄자'인 다른 일반인들에게 위협이 가해짐으로써 그 범죄가 얼마나 억제되겠는지를 나타내는 개념이다. 사형제도의 찬반을 논할 때 사형제도의 존치를 찬성하는 측에서 드는 중요한 논거 중 하나가 바로 위하력이다. 강력범죄에는 강력한 형벌이 따라야 사람들이 강력범죄를 범할 생각을 감히 하지 않게 된다는 것. 반면 사형제도의 폐지를 찬성하는 측에서는 사형의 위하력을 부정하고 시작하는 경우가 많다.

18) 문장식, "사형은 왜 폐지되어야 하는가," 「사형제도 이대로 좋은가」, 총회사형제도폐지위원회 편 (서울: 쿰란출판사, 1996), 33–49.

19) R. H. Bainton, 「전쟁, 평화, 기독교」, 채수일 옮김 (서울: 대한기독교서회, 1986), 210.
20) K Barth, Church Dogmatics 3 (Edinburgh: T&T. Clark, 1961), 463. 예수 그리스도가 세상의 죄 때문에 돌아가셨고, 하나님은 예수 그리스도의 죽음을 마지막으로 모든 인간의 죄에 대한 심판을 끝내셨으므로 그리스도 이후 인간적인 형벌의 의미는 단지 교육적이고 사회복귀를 위한 수단일 뿐이며, 그 결과는 모든 죄인들에 대한 자비와 용서를 의미하는 것이기 때문이다.
21) Roger Hood, The Death Penalty: A Worldwide Perspective (Oxford: Oxford University Press, 2008), 71.
22) Platon, 「국가, 정체」, 박종현 옮김 (서울: 서광사, 2005), 353.
23) Aristoteles, 「니코마코스 윤리학」, 최명관 역 (서울: 창, 2008), 93.
24) 인간성 존중을 이유로 사형의 존치를 거부하는 계몽주의의 요구에 대해 오히려 칸트(I. Kant)와 헤겔(G.W.F. Hegel)은 사형제도를 지지하였다. 칸트와 헤겔의 근본 이론이 개신교 신학에 간접적인 영향을 주어 실제적으로 형이상학적 형벌이론이 나오게 되었다.
25) 종교개혁자들이 국가에 의해 행해지는 사형에 대해 비판하지 않았다. 이것은 아우구스부르크 신조(Confessio Augustana) 16조에 잘 기록되어 있다. "우리는 세상에 잇는 모든 정부와 또 세워진 모든 규칙과 법들이 다 선한 질서를 위하여 하나님이 제정하시고 인정하신 것이며......제국과 그 밖의 기존 법률에 따라 결정을 내리거나 선고하며, 무력으로 악행자를 벌하며......그리스도인들은 국가의 권위에 순종하며 죄짓지 않고 명령과 법을 이행할 수 있는 것은 다 지킬 수 밖에 없다." 이장식, 「기독교 신조사」 (서울: 대한기독교서회, 1990), 41.
26) 김길곤, "사형제도 존치 폐지 논쟁에 대한 성경적 고찰," 「고려신학」, 제18집 (2008): 99-100.
27) Hugo Bedau, Killing as Punishment: Reflection on the Death Penalty in America (Boston: Northeastern University Press, 2004), 78.
28) "이르시되 네가 무엇을 하였느냐 네 아우의 핏소리가 땅에서부터 내게 호소하느니라 땅이 그 입을 벌려 네 손에서부터 네 아우의 피를 받았은즉 네가 땅에서 저주를 받으리니"(창 4:10-11).
29) Wayne House, The Death Penalty Debate: Two Opposing Views of Capital Punishment (Dallas: Word Publishing, 1991), 35.
30) "다른 사람의 피를 흘리면 사람의 피도 흘릴 것이니 이는 하나님이 자기 형상대로 사람을 지으셨음이니라"(창 9:6). Norman L. Geisler, 「기독교윤리학」, 위거찬 역 (서울: 기독교문서선교회, 1991), 240.
31) 김정우, "사형제에 대한 성경신학적 관점," 「교회와 신앙」 (2005년 8월): 45.
32) "생명은 생명으로 눈은 눈으로 이는 이로 손은 손으로 발은 발로"(출 21:23-4).
33) 라틴어 lex talionis는 동태, 혹은 동태복수법, 동태보복법 등으로 번역이 되고 있다.
34) 이스라엘은 족장시대부터 공적 사형이 법적 절차를 따라 이루어졌다. 인간의 생명과 자유, 성적 질서, 종교적 순결성이 침해될 때 사형이 처해졌다. 따라서 구약성서에서는 고의적 살인(출 21:12,

레24:17, 민 35:16), 간음(레 20:10, 신 22:22, 겔 16:38), 근친상간(레 20:11), 짐승이나 남자들끼리의 성행위(출 20:18), 부모 폭행(출 21:15, 레 20:5, 신 21:18), 제사장 딸 음행(레 21:9), 우상숭배(출 22:19, 레20:1), 신성모독(레 24:15), 마술(출 22:17, 레 20:17), 거짓 예언자(신 13:5), 안식일을 더럽히는 것(출31:13) 등이 사형의 이유가 되었다. 사형집행의 방법은 보복자가 무기로 죽이는 것(신 19:12, 왕상 2:28), 돌로 쳐 죽이는 것(레 24:16, 민 14:10), 화형(수 7:25), 신체 절단(겔 16:40) 등이 있다. 박원기, 「신학윤리와 사회과학」 (서울: 대한기독교서회, 1998), 281-2.

35) "그러나 네가 악을 행하거든 두려워하라 그가 공연히 칼을 가지지 아니하였으니 곧 하나님의 사역자가 되어 악을 행하는 자에게 진노하심을 따라 보응하는 자니라"(롬 13:4).

36) R. C. Sproul, 「그리스도인의 윤리」, 편집부 역 (서울: 총신대 출판부, 2000), 60.

37) "위에 있는 권세들에게 복종하라"(롬 13:1). "권세를 거스리는 자는 하나님의 명을 거스름이니 거스르는 자들은 심판을 자취하리라"(롬 13:2)라는 말씀에 근거하여 사형 존치론 자들은 사형의 타당성을 주장한다.

38) J. Calvin, 「기독교 강요 4권」, 고영민 옮김 (서울: 생명의 말씀사, 2006), 598-632.

39) "그런 선지자나 꿈꾸는 자는 죽이라 이는 그가 너희에게 너희를 애굽 땅에서 인도하여 내시며 종 되었던 집에서 속량하신 너희의 하나님 여호와를 배반하게 하려하며 너희의 하나님 여호와께서 네게 행하라 명령하신 도에서 너를 꾀어내려고 말하였음이라 너는 이같이 하여 너희 중에서 악을 제할지니라"(신 13:5).

40) 예를 들어 도피성 제도를 통해서 과실치사나 우발적 살인자들의 생명이 보장받을 수 있었다. 이를 통해 볼 때 사형집행에 있어서도 기본적으로는 인간 생명 존중에 그 뿌리가 있었음을 발견할 수 있다. 그리고 재판의 목적은 처벌에 있는 것이 아니라 돌이키는데 있다. 에스겔 선지자는 하나님이 악한 사람들의 죽음에서 기쁨을 느끼지 않는다고 주장하면서 하나님께서 "내가 어찌 악인이 죽는 것을 조금인들 기뻐하랴 그가 돌이켜 그 길에서 떠나 사는 것을 어찌 기뻐하지 아니하겠느냐"(겔 18:23)라고 말씀하셨다.

41) 산상설교는 하나님의 심판은 완전한 자비이며, 모든 인간의 판단과 그로 인한 인간들의 모든 절대적인 요구들을 상대화시키고 있다.

42) 〔온라인자료〕http://www.christiantoday.co.kr/view.htm?id=163336, 2019년 8월 18일 접속. 사형제도 지지에 대해서는 신약성경에는 민 35:31,33의 말씀처럼 살인자를 죽이라는 직접적인 표현은 없다. 백부장이 구원을 위해 군인의 직업을 버리라든가 싸우는 군인제도를 폐지하라는 말씀은 없으며 예수님 뿐 아니라 바울도 전쟁을 하는 군인을 인정했다.

43) 이승구 교수는 노아 시대에 선언한 규례가 지금도 유효하여 고의로 살인한 자들에 대해서는 정당한 재판의 과정을 통해서 그 사실 여부를 정확히 판단한 후에 사형을 언도하고 시행하도록 하신 것이 하나님의 의도라고 결론 내릴 수 있다고 보았다.

44) 정일웅, "사형제도와 인간의 생명," 「신학지남」, 287호 (2006년 여름): 27-9.

45) "기독교 윤리학자들, 사형제 폐지 우세," 「복음과 상황」 (2006년 10월): 30-1.
46) 유석성, 「사형과 인간의 존엄」 (서울: 한들출판사, 2004)을 참조할 것.
47) 기독교윤리학자인 이인경 교수, 이혁배 교수, 이철 교수, 정경호 교수, 정원범 교수, 정종훈 교수, 한기채 교수 등은 기독교의 사랑과 생명 존엄의 원리에 따라 사형제 폐지가 기독교 정신에 부합하다고 보았다. "기독교 윤리학자들, 사형제 폐지 우세," 「복음과 상황」, 31.

12. 환경은 생명이다

1. 들어가는 글

환경의 문제를 왜 기독교에서 다루어야 하는가? 그 이유는 환경의 문제들이 생명에 관련된 문제들이기 때문에 기독교가 생명윤리를 지향하는 한 그 문제를 다루어야 한다. 오늘날 환경 문제는 인류가 직면한 가장 큰 문제 중에 하나로 꼽히고 있다. 우리가 환경문제를 논의할 때, 그 대상은 대체로 '오염,' '자원,' '인구증가,' 그리고 '종의 보호' 이상의 네 가지가 주된 이슈가 된다. 인류 문명의 발전은 그 과정에서 자원을 엄청난 속도로 고갈시켰고 막대한 오염을 만들어냈다. 땅, 물, 대기 모든 영역의 균형을 깨트렸고 오존층 파괴와 온난화, 해수면 변화 같은 지구적 환경의 부정적 변화를 만들어냈다. 오염문제는 그것이 수질오염이든, 공기오염이든 그 형태가 어떻게 나타나건 간에 인간과 인간이외의 종들 모두에게 그들의 삶을 파괴시키고, 중독의 위험을 가하기 때문에 급기야는 종 전체에 치명적인 결과를 초래하게 된다. 자원문제는 그것이 한정되어 있다는 데에서 기인한다. 그래서 한정된 양의 자원을 우리세대의 복리와 삶의 질을 만족시키기 위해서 전적으로 활용할 것인지, 아니면 우리 후세대에게도 우리가 누렸던 만큼, 아니 적어도 엇비슷한 정도의 자원을 물려주는 것이 온당한지의 문제가 대두하게 되는 것이다. 인구문제는 폭발적인 인구증가가 인류에게 번영과 안녕보다는 궁핍과 절대빈곤으로 치닫기 쉽다는 염려에서 생겨난다. 생명자체의 소중함을 내세워 무한정의 인구증가가 계속될 경우, 그와 관련된 소비문제의 대두로 말미암아 곧바로 자원의 고갈 문제가 일어나게 될 것은 자명한 사실이다. 마지막으로 종의 보존문제는 자연 자원이 재생 가능 여부에 상관없이 현존하는 세대와 미래 세대를 위해서 보호되어야 한다는 견해이다. 많은 종이 지구상에서 없어져 생물학적 다양성을 상실시키고 있고, 나아가 이제 인간 스스로에게 칼이 되어 돌아오고 있다. 이러한 상황은 희귀한 야생동식물과 그 서식지, 그리고 생태계 전반의 보호로 확대된다는 사실이다.

　이상의 환경문제를 구체적으로 다루는 데에는 여러 가지 방식들이 있을 수 있다. 필자의 관심은 그 중에서도 가장 설득적인 논변을 갖춘, 그러면서도 인간과 인간이외의 종들 전체가 공존할 수 있도록 만들어주는 그러한 이론적인 틀을 찾는데 있다. 현재 가장 설득력 있게 주장되고 있는 '자연중심주의,'(Ecocentrism) '생명중심주의,'(Biocentrism) '인간중심주의'(Anthropocentrism)의 입장을 살펴보고, 이를 토대로 하여 극복할 수 있는 대안으로 '하나님중심주의'(Theocentrism)를 제시하려고 한다.

　필자는 다음과 같은 구조로 글을 전개하고자 한다. 2장에서 환경 문제에 대한 성격은 무엇인지 먼저 생각하고, 3장에서 환경문제의 현 실태들을 살펴보고자 한다. 4장에서는 환경 문제에 대한 접근 방식을 알아보고, 이어서 기존의 이론들이 지닌 한계들을 보완, 극복할 수 있는 것으로 여겨지는 '하나님중심주의'(Theocentrism) 이론을 다루어보고자 한다. 5장에서는 환경 문제에 대한 원인과 이에 대한 기독교적 이해를 도모하고자 한다. 결론에서는 환경 문제에 대응하기 위한 간략한 제안을 제시한 후 환경 문제의 중요성을 다시 한 번 강조하여 환경이 생명임을 이야기 하고자 한다.

2. 환경 문제의 성격

'환경'이란 말은 오늘날 매우 폭넓게 여러 가지 의미로 다양하게 사용되고 있다. 일상생활 또는 실정법령상으로는 성장환경, 주변환경, 생활환경, 자연환경, 기업환경, 사회환경, 국제환경, 인간환경, 지구환경 등의 용어가 자주 쓰이고 있는가 하면 학문의 분과에서도 이 환경이란 말의 사용 예는 이루 다 헤아릴 수 없을 정도로 그 범위가 넓고 다양하다.[1]

먼저 환경에 대한 여러 가지 뜻과 의미가 있지만 토론토 대학의 헨리(J. Glynn Henry) 등 9명이 저술하여 현재 하버드 대학의 환경공학과에서 교재로 사용하고 있는 「환경과학과 공학」[2]에서 소개하는 정의를 소개하고자 한다. "환경이란 우리를 둘러싸고 있는 우리가 볼 수 있고, 들을 수 있고, 접촉할 수 있고, 냄새 맡을 수 있고 그리고 맛볼 수 있는 물리적, 생물적 서식기반"이라고 정의한다. 환경이란 말은 사회적, 경제적, 문화적 국면까지 포함하는 폭넓은 뜻을 갖고 있다.

환경오염과 생태계 파괴의 현상적 요인은 자연에 대한 집중적 이용과 착취, 인구의 팽창, 에너지의 집약적 사용 등이다. 그러나 우리가 보다 심층적인 측면에서 그것을 바라볼 때 공해의 발생과 생태계의 파괴는 그 성격상 여러 가지 의미와 측면을 지니고 있음을 알 수 있다. 전광식 교수는 환경문제의 성격을 다섯 가지로 설명하고 있다.[3] 첫째, 환경 문제는 창조질서에 관련된 문제이다. 환경오염과 생태계 파괴는 하나님의 창조세계가 그 고유한 질서와 조화를 잃는 것을 의미한다. 하나님께서 세상을 처음 조성하셨을 때 보시기에 '좋은' 세상이었는데 이제 그런 질서는 흐트러지게 되었다. 둘째, 환경 문제는 영적 문제이다. 환경오염 자체가 극심하게 되어 위기로 다가오게 된 것은 타락한 인간이 자기의 욕망 성취를 위해 자연을 수단으로만 남용했기 때문이다. 셋째, 환경 문제는 세계관문제이다. 환경 파괴의 현상적 요인은 산업화와 성장지상주의, 그리고 자연보호를 소홀히 한 인간의 자세 등에 있겠지만 모든 심층적인 요인은 세계관 문제에 있음을 볼 수 있기 때문이다. 즉 우리가 자연에게 갖는 태도가 무엇이냐 하는 것이다. 넷째, 환경 문제는 인간실존과 인류생존의 기반에 관한 문제이다. 환경오염의 주요대상인 물과 공기는 인간생존에 필수불가결한 것이다. 그것이 더 이상 취할 수 없는 것이 될 때 인간은 인간으로 존립할 수 있는 기반이 무너지게 되기 때문이다. 아울러 땅과 바다에서 생산되는 생산물의 오염도 인류생존에 중대한 위협이 된다는 것이다. 다섯째, 환경 문제는 국내 및 국제 사회의 총체적 구조문제이다. 환경오염은 단지 자연개발과 산업화에 기인한 것이 아니라 정치적이고 사회적인 복합요인을 지닌다. 세계 각국은 선진국이 되기 위해 경제발전과 산업발달을 경쟁적으로 추진하여 왔고, 자연파괴를 일삼아왔으며, 폭탄실험, 핵실험 등의 강행을 통해 환경파괴를 주도해 왔다. 결국 공해의 현상적인 성격은 사회의 총체적 구조문제이고, 국력, 정치, 경제, 국민의식 등 모든 것에 얽혀 있는 문제이다.

3. 환경문제의 실태

환경 문제의 실태는 지역적 환경 문제와 지구적 환경 문제로 나누어 살펴보고자 한다.

(1) 지역적 환경문제

1) 대기오염

대기오염이란 한 가지 이상의 대기오염 물질이 인간이나 생물체에 건강상, 그리고 재산상의 피해를 주는 것을 말한다. 세계보건기구에서 정한 대기오염의 정의는 대기 중에 인공적으로 배출된 오염물질이 존재하여 오염물량, 그 농도 및 지속시간이 어떤 지역의 불특정 다수인에게 불쾌감을 일으키거나 해당지역에 공중위생상 위험한 재해를 미치고 인간이나 식물, 동물의 생활에 해를 주어 도시민의 생활과 재산을 향유할 정당한 권리를 방해하는 상태를 말한다고 되어있다. 이러한 대기오염은 산업활동이나 소비활동으로 생긴다.[4] 대기오염의 원인은 공장의 가동, 운수교통의 활동, 일반 가정의 연료소비 등 사람들의 생활이나 활동에 따라 생기는 인위적인 것과 화산의 분연(噴煙)이나 사진(砂塵, 모래먼지) 등의 자연적인 것으로 나뉜다.[5] 이러한 대기오염으로 산성비, 스모그, 실내공기오염, 오존층파괴, 지구온난화, 산성안개[6], 빙실효과[7]등의 결과를 초래할 수 있다. 이러한 결과는 인간의 인체에 치명적인 손상을 입힐 수 있으며 만성질환의 원인이 될 수 있다. 특히 공업화와 높은 소비생활에 따른 화석연료의 대량소비는 대기오염을 가속화하는데, 특히 인구가 밀집한 대도시에서 더욱 심각한 양상을 보이고 있다. 대기오염은 단시일 내에 그 피해가 나타나지는 않지만 여러 대기오염은 노약자나 어린이들에게 폐질환이나 심장질환의 피해를 줄 뿐만 아니라 역사적 건물이나 유적지를 훼손하기도 한다. 또한 공장이나 자동차에서 배출되는 이산화황이나 질소산화물은 대기 중에서 습기와 화학반응을 일으켜 산성비가 되어 산림을 황폐화하고 호수나 하천에 서식하는 생물종을 멸종시킬 뿐만 아니라 농작물 수확량을 감소시킨다.

2) 수질오염

수질오염이란 물에 오염물질이 정상적인 농도를 넘게 포함되어서 인체나 동식물에 해를 입히는 현상을 말한다. 물이 천연적으로 가지고 있는 물리적, 화학적, 생물학 또는 세균학적 특성이 상호 연관된 자연적, 인위적인 요인에 의하여 분화함으로써 물이용 상의 지장으로 초래하거나 환경의 변화를 야기하여 수중생물에 영향을 주는 상태로 변화하는 것이다.

수질오염은 인체의 건강에 해를 입히고 각종 수인성(水因性) 전염병을 발생시킬 뿐 아니라, 플랑크톤이나 어패류, 다른 생물의 생장과 번식을 방해하기도 한다. 수질오염은 폐수량의 증가에 그 주요 원인이 있다.

3) 토양오염

토양오염이란 산업 활동에 의해 배출되는 폐기물, 농약, 중금속 등이 높은 농도로 축적되어 있는 것을 말한다. 토양오염의 주된 원인은 산업폐기물, 농약, 생활하수, 축산폐기물이며 산성비와 생활폐기물, 폐비닐도 그 원인이다. 토양이 오염되면, 특정유해물질에 의하여 농작물 생육이 저해되고, 먹이 연쇄를 통하여 오염물질이 인간으로 유입되어 해를 끼친다. 또한 산성비에 의하여 토양 내 산도가 증가하며 이에 따라 식물 생육이 저해된다.

식량증산을 위해 사용되는 살충제, 살균제, 제초제, 생장 조정제와 같은 1천여 종이 넘는 농지에 살포된 농약은 식물체의 표면과 조직 내에 잔류하거나 토양 중에 남아 있다가 다시 농작물로 이행되며, 강이나 호수에 유입된 농약은 수중생물의 먹이사슬을 통해 조류와 어패류 등에 점차적으로 농축된다. 이러한 맹독성 농약 및 잔류성 농약의 과다 사용으로 말미암아 토양 생태계가 근본적으로 파괴되고 있다. 어떤 이들이 '지구의 강간'이라고 칭하는 이것의 결과는 현재 많은 생물들이 널리 경험하고 있다. 세계적 독성화는 모든 생명, 모든 생물, 부자와 빈자를 막론하고 모든 사람들에게 영향을 미치고 있다.

(2) 지구적 환경문제
1) 지구 온난화 현상

지구를 싸고 있는 대기는 질소, 산소, 이산화탄소, 메탄, 오존, 수증기 등으로 이루어져 있는데, 이 가운데 이산화탄소, 메탄, 오존, 수증기 등을 '온실가스'라고 한다. 이산화탄소와 합성 화학물들이 온실 유리와 같은 작용을 하기 때문에 '온실가스'라고 명명된다. 온실 가스는 지구의 온도를 알맞게 유지해 주는 일을 하고 있다. 온실 가스는 태양에서 지구로 오는 열은 잘 통과시키지만, 지구에서 우주로 나가는 열을 흡수했다가 일정한 양을 다시 지구로 돌려보내 지구의 온도를 보호하고 유지시켜 준다. 이런 현상을 '온실 효과'라고 한다. 산업화가 진행되면서 석유와 석탄 같은 화석연료를 사용하고, 농업의 발전 및 인구증가로 인한 난개발로 숲이 파괴되면서 온실가스(이산화탄소, 메탄, 일산화질소 등)가 늘어나 대기층이 두꺼워지면서 태양열이 우주로 빠져나가는 양이 적어서 온도가 상승하는 현상을 '지구 온난화'라고 한다. 온실효과에 기여하는 기체들 중에서 가장 큰 부분을 차지하는 것은 이산화탄소인데, 무엇보다 광합성 작용을 통해 이산화탄소를 재흡수할 숲이 줄어드는 데 원인을 찾을 수 있다. 만일 온난화가 가속되어 그린란드나 남극의 빙하가 녹게 되면 해수면의 상승폭은 더 증가할 것이고, 이 같은 현상이 계속되면 대기의 열기관의 속도를 늦추게 되어 지구의 강우조절 메커니즘의 이상이나 이상기후로 인한 자연재해를 일으킬 수 있다.

2) 오존층 파괴

오존은 고도 20-40km 사이의 성층권에서 끊임없이 만들어지고 파괴되는데, 주어진 환경조건에서 형성되는 속도와 파괴되는 속도가 일정하여 언제나 동적인 정상상태를 이룬다. 그런데 이러한 정상상태가 염화불화탄소와 같은 기체들의 촉매작용에 의해 파괴될 수 있다. 오존층 파괴로 말미암은 자외선의 증가는 피부암이나 백내장 등을 유발한다. 식물도 자외선에 노출되어 기형이 나타나고 작물의 수확량도 줄어들고 있다.

3) 생물종 다양성의 감소와 소멸

현재 지구상의 생물종의 수가 얼마나 되는지는 정확히 알 수는 없지만 대략 3천만 종 정도로 추정되고 있다. 하지만 인구와 경제활동의 급속한 증가로 말미암아 생물종 다양성이 빠른 속도로 감소하고 있다. IPBES(생물다양성과학기구)가 2019년 5월 '생물다양성 및 생태계 서비스 평가' 공동보고서를 채택했다.[8] 이 보고서는 세계 50개국 과학자와 사회과학 전문가 150명이 작성하고 132개국 전문가 310명이 검토와 자문에 참여한 사상 최대 규모의 생물다양성 종합평가보고서이다. 1600년 이후 척추동물 680종, 가축화된 포유류 559종 멸종 종간 다양성뿐 아니라 동종의 유전적 다양성도 급격히 악화하여 지구에 존재하는 생물 800만 종 가운데 100만 종이 수십 년 내에 사라질 수 있다는 경고가 나왔다. 세계 각국의 전문가들이 생물다양성을 주제로 공동보고서를 내놓은 것은 2005년 유엔이 '새천년생태계평가보고서'를 낸 이후 14년 만이다. IPBES는 이번 보고서에서 "전 지구적으로 혁신적인 대안을 마련하지 못한다면 생물다양성의 급격한 감소와 생태계 서비스의 악화에 직면하게 될 것"이라고 경고했다. 보고서가 멸종 위기종으로 꼽은 생물 100만 종은 현존하는 동식물 전체 종의 8분의 1가량으로, 이중 50만 종 이상은 장기 생존을 위한 서식

공간이 충분치 않은 것으로 지적됐다. 문제는 종간 다양성뿐 아니라 동일한 종의 유전적 다양성도 급격히 악화되고 있다는 것이다. 다양성이 상실되면 그 만큼 환경변화에 취약해져 멸종위기에 더 몰리는 악순환이 이어진다. 보고서는 생물 멸종의 가장 큰 원인으로 도시화 등 인간의 토지 이용행태 변화에 따른 동식물의 서식지 감소라고 밝혔다. 이어 인간이 식물을 채집하고 동물을 사냥하는 행위가 두 번째 원인이며, 기후변화가 세 번째 위협요소라고 덧붙였다. 2000년 이후 지구상에서는 매년 650만 ha의 산림이 사라지고 있다. 이는 우리나라 전체 산림 면적에 해당하는 면적이다. 보고서는 "생태계의 급격한 변화로 멸종위기에 처한 생물종이 늘고 있다"며 "종의 멸종 속도가 지난 1000만년 동안의 평균보다 적어도 수십 배에서 수백 배 빠르다"고 지적했다.[9]

4. 환경문제의 접근방식

환경윤리학(Environmental Ethics), 혹은 생태윤리학(Ecological Ethics)에 대한 논의에는 세 가지 종류의 입장이 있다. 첫째, 생태학이나 유기적 자연관은 근본적으로 새로운 윤리, 다시 말하면 '자연중심주의'(Ecocentrism) 윤리의 전개가 불가피하다는 것이다. 둘째, 생태학적 방향 정의와 생태학적인 인식을 가지고 종래의 도덕 공동체의 범위를 보다 확대한 규범 윤리 이를테면 '생명중심주의'(Biocentrism) 윤리의 전개가 요구된다는 입장이다. 셋째, 우리의 도덕적 의무와 권리에 대한 보다 신중하고 합리적인 '인간중심주의'(Anthropocentrism) 윤리가 요청된다는 입장이다. 세 종류의 입장을 살펴본 후 필자는 기존의 이론들이 지닌 한계들을 보완, 극복할 수 있는 것으로 여겨지는 '하나님중심주의'(Theocentrism) 이론을 살펴볼 것이다.

(1) 자연중심주의(Ecocentrism)

자연중심주의 입장은 자연 속에 내재하는 '본질적 가치'를 주장하고 있다. 따라서 이 입장에서는 인간만이 아니라 자연 현상 역시 존중받아 마땅하며, 인간은 자신뿐만 아니라 자연환경에 대해서도 도덕적 의무를 가진다고 주장한다. 그러나 이 입장을 주장하는 이들은, 대체로 그 입장을 체계적으로 제시하거나 정당근거에 의해 옹호하기보다는 기존 윤리설의 한계를 지적하거나 새로운 윤리를 암시하는 정도로 그치고 만다. 많은 학자들이 이러한 윤리학이야말로 진정한 윤리학이라고 말하고 있기는 하나 어떤 철학자도 아직 그것을 체계적으로 진술하거나 옹호하는 데 성공하지 못하고 있다.

(2) 생명중심주의(Biocentrism)

생명중심주의 입장은 전통적인 윤리이론들을 개조하고 수정함으로써 새로운, 특히 생태학적인 가치들과 의무들을 받아들일 수 있는 그런 새로운 규범윤리를 발전시키자는 것이다. 즉, 생명중심주의는 목적 추구 능력을 지닌 개체적인 생명체는 내재적 가치를 가짐으로서 도덕적 행위자가 이들에 대해 도덕적으로 의무를 지니게 된다는 이론이다. 이 이론은 슈바이처의 '생명에의 경외' 사상을 보다 체계적이고 정교한 형태로 발전시켰으며, 폴 테일러(Paul W. Taylor)는 자신의 저서 「자연에 대한 존중」(Respect for Nature: A Theory of Environmental Ethics)을 통해 설명한다. 이 책은 생태중심주의적인 윤리를 철학적으로 가장 정교하게 발전시킨 책 중의 하나라고 할 수 있다. 생태중심주의자로서 테일러는 인간과 다른 피조물 사이에 존재하는 도덕적 관계를 체계적이고도 포괄적으로 논의하고 있다. 테일러는 이 관계를 모든 생명의 내재적인 가치에 기초하는 것으로 보았다. 테일러에 의하면, 모든 생명체가 그 자체의 선을 소유하고 있다고 보는 것은 의미 있는 일이다. 테일러는 그것을 자연에 대한 생태중심적인 조망이라고 불렀다. 그는 만일 생태중심적인 조망이 채택된다면 모든 생명체가 내재적인 가치를 소유하고 있다고 보는 견해야말로 자연을 바라보는 유일한 관점이라고 주장했다. 테일러는 다음과 같이 주장한다. 첫째, 인간이 지구 공동체의 일원이듯이 다른 피조물도 지구 공동체의 일원이다. 둘째, 인간은 다른 피조물과 마찬가지로 상호의존적인 체계 속에 살아가는 필수적인 요소이다. 셋째, 모든 유기체는 그 자체의 방식으로 그 자체의 선을 추구하는 독특한 개체라는 의미에서 목적론적인 생명의 중심이다. 넷째, 인간은 본질적으로 다른 피조물보다 우월하지 않다. 요컨대, 생태중심주의는 인간이 자신의 복지가 근본적으로 전체의 복지에 의존해 있다는 것을 이해해야만 한다고 가르친다. 다시 말해서, 인간은 많은 종들 가운데 하나로 자신을 인식해야만 한다는 것이다.[10] 자연에 대한 존중은 궁극적인 도덕적 태도로서 자연에 대한 생명중심적 (biocentric) 관점으로 지지되거나 이해 가능한 것으로 설정된다.

생태중심주의는 전체 생태계가 도덕적으로 고려해 볼 만한 가치가 있다는 견해이다.[11] 리차드 영(Richard A. Young)은 생태중심주의를 이렇게 설명한다. "생태중심주의는 전체 생태계가 모든 의미와 목적과 가치와 윤리의 궁극적인 준거점이라고 가르친다. 지구의 생태계는 모든 생명의 원천이며 지탱자이기 때문에 그 자체로 가치를 인정받아야 한다. 생태중심주의는 지구상의 모든 것이 인간의 이익을 위해서 존재한다는 사실을 강하게 부인한다. 대신에 지구상의 모든 것은 전체를 위해서 존재한다는 사실을 강조한다. 이러한 견해는 자연 속에 있는 모든 것들에게 궁극적인 가치를 부여한다."[12]

(3) 인간중심주의(Anthropocentrism)

인간중심주의는 인간을 중심에 두고 실재를 보는 방식이다. 우주 만물이 인간의 가치와 인간의 관심에 의해 판단된다. 그것은 인간을 가치와 의미와 윤리와 권리와 사회의 향방을 주관하는 최종적인 권위로 인식한다. 세속적인 형태의 인간중심주의는 인간을 신격화한다. 그렇기 때문에 인간이 자연을 조작하거나 남용하는 것을 막을 만한 더 높은 권위가 없다. 물론 모든 형태의 인간중심주의가 다 똑 같은 것은 아니다. 기독교의 인간중심주의는 여전히 하나님을 우주의 주권자로 인정한다는 점에서 세속적인 그것과 다르다. 그러나 그럼에도 불구하고 인간을 지배자로 우주의 중심에 둔다는 점에서는 별 차이가 없다. 인간중심주의는 인간사회에 너무나 뿌리깊이 박혀 있어서 인간이 자신을 우주의 중심에 두는 것이 얼마나 자기파괴적인 것인가를 인식하지 못하는 데에 문제의 심각성이 있다.

인간중심주의 입장은 자연에 대한 인간의 의무와 책임을 설명하기 위해서 별다른 생태윤리학이라는 것이 필요한 것은 아니며, 자연에 대한 우리의 도덕적인 권리와 의무는 전통적인 인간중심적 윤리 이론에 의해서도 만족스럽게 설명될 수 있다는 입장이다. 즉, 인간의 가치관과 경험 면에서 세상을 해석하거나 존중한다는 입장이다. 인간중심적인 환경이론은 자연에 대한 우리의 도덕적 의무는 결국 인간 모두가 인간 상호간에 대해 지니고 있는 제반 의무에서 도출된다고 주장한다. 이러한 입장을 취하는 이들에 따르면, 우리가 지구환경을 다루거나 그 곳에 거주하는 인간 이외의 존재들을 취급함에 있어서 어떤 제한이나 제약을 부과하는 까닭은 바로 우리가 인간의 권리를 존중해야 하고, 인류의 복지를 보호, 증진해야 하기 때문이라는 것이다. 그리고 인류 속에는 제3세계의 모든 인간뿐만 아니라 앞으로 태어날 미래세대의 모든 인간까지도 포함되는 것이 마땅하다고 한다.

(4) 하나님중심주의(Theocentrism)

하나님중심주의는 하나님이 모든 가치의 중심이며 만물이 하나님과의 관계에서 가치를 갖고 있다는 견해이다. 따라서 하나님중심주의는 인간과 자연이 모두 하나님을 위해서 존재하며 또 하나님의 목적을 위해 섬겨야 한다고 가르친다. 리차드 영(Richard A. Young)은 이렇게 말한다. "하나님중심주의는 하나님이 우주의 중심이며 하나님만이 우주의 통일된 원리일 뿐만 아니라, 모든 의미와 목적과 가치와 윤리의 원천이며 지탱자라고 가르친다. 그리고 하나님이라는 무한한 준거점이 없이는 가치의 근거가 무너지고 생명이 계속되어야 한다는 이유가 사라지게 된다."13) 그리스도인들은 인간중심주의자가 아니며 되어서도 안 된다. 또한 그리스도인들은 성경적 원리들에 충실하기 때문에 생태중심주의를 무조건적으로 수용해서도 안 된다. 앞에서 살펴본 바와 같이 생태중심주의에도 불가피한 모순이 있기 때문이다. 인간이 다른 피조물과 상호 연관되어 있는 것은 틀림없지만, 인간은 하나님의 형상과 관련하여 나머지 피조물과는 다른 독특함이 있다는 사실도 인정해야만 한다. 그래서 빈센트 로시(Vincent Rossi)는 "인간중심주의에 대한 참된 그리스도인의 대답은 생태중심주의가 아니라 하나님중심주의가 되어야 한다. 하나님중심주의는 인간에게 지구를 지배하거나 파괴할 수 있는 자격증을 주지 않고 하나님의 형상으로서의 인간의 본질에 관한 기독교의 통찰력을 보존하는 견해이다"라고 말했다.14)

하나님중심주의의 생태학적 의미는 인간중심주의나 생태중심주의의 그것을 뛰어 넘는다. 리차드 영(Richard A. Young)은 하나님중심주의의 특징들을 다음과 같이 몇 가지로 요약해 놓았다.15) 첫째, 하나님중심주의는 윤리적 딜레마를 해결한다. 그것은 인간에게 가치를 정할 수 있는 절대적인 권리를 주지 않는다. 둘째, 하나님중심주의는 인간의 독특함을 인정하면서도 인간중심주의의 오만함에 빠지지 않는다. 인간은 창조라는 가족 내에서 겸손한 청지기로서 하나님을 섬기는 사명을 부여 받았기 때문이다. 셋째, 참된 청지기직은 하나님중심주의 안에서만 이론적 근거를 갖는다. 청지기적인 관점에서 보면, 하나님은 우주의 주인이시고 인간은 하나님의 종들이다. 넷째, 하나님중심주의는 창조에 대한 하나님의 의도를 드러내기 때문에 생태 문제를 해결하는 데에 도움이 된다. 인간은 하나님의 뜻대로 모든 피조 공동체가 작동하도록 청지기로 부름 받았다. 다섯째, 하나님중심주의는 모든 피조물의 존재 이유를 제공한다. 모든 하나님의 피조물은 하나님께서 의도하신 대로 살아야 할 권리가 있다. 여섯째, 하나님중심주의는 인간중심주의와 생태중심주의 어느 쪽에도 치우치지 않으면서 그 단점들에 빠지지 않고 그 두 가지 모두를 포함할 만큼 포괄적이다. 인간중심주의는 자연을 무시하는 경향이 있고, 생태중심주의는 인간을 무시하는 경향이 있다. 그러나 하나님중심주의는 인간과 자연의 필요에 모두 민감하다. 일곱째, 하나님중심주의는 한 분이신 창조주가 우주를 하나의 통일된 전체로 만드셨다는 것을 믿기 때문에 생명에 대한 전체론적인 관점을 갖게 해 준다. 만물은 인간이 하나님에 대해서 어떤 개념을 갖고 있는가에 의해서 해석될 뿐만 아니라, 그것들이 하나님에 의해서 창조되었다는 것에 의해서도 관련되어 있다. 따라서 하나님중심주의야말로 생태학적인 개념에 부합한다고 볼 수 있다.

하나님중심주의는 현대의 세속적 가치관의 틀을 깨뜨린다는 점에서 매우 의미심장하다. 자연뿐만 아니라 인간도 우주의 중심일 수 없다. 하나님은 자연을 인간의 수단적이고 도구적인 목적으로만 창조하지 않으셨다. 또한 인간을 자연의 수단적이고 도구적인 목적으로 창조하지도 않으셨다. 인간에게는 가치를 입법화할 수 있는 권위가 주어져 있지 않다. 그렇기 때문에 환경을 훼손해서는 안 된다. 그리고 자연도 인간의 숭배를 받아야 할 대상이 아니다. 하나님만이 가치와 목적과 의미와 권리와 윤리를 결정할 권리를 갖고 계신다. 그것을 인정할 때에 비로소 인간은 우주적인 질서 안에서 제자리를 찾을 수 있게 되고, 그 제자리를 찾아야만 그들 자신을 발견하게 되고, 또 전체의 의미를 발견하게 된다. 하나님중심주의는 피조물에게 존재의 기본적인 질문들에 대한 해답을 제시해 줄뿐만 아니라 환경 문제에 대한 희망을 주는 지혜를 제공한다. 그리고 그것은 생태계 위기를 해결할 수 있는 실제적인 틀을 제공해 준다.

생태계의 문제는 다차원적인 접근이 필요한 복잡한 문제이다. 하나님, 인간, 자연에 대한 관점, 그리고 개인, 기업, 정부의 입장, 후진국, 개발도상국, 선진국의 입장이 얽혀져 있는 다차원적인 문제이다. 그리고 생태문제는 자연이나 환경 보전의 문제에 그치는 것이 아니라 사회정의의 문제도 관련되어 있다. 사실 빈곤의 문제야말로 우리 모두가 풀어야 할 당면한 사회생태학적 문제이다. 그렇기 때문에 신학적인 입장만 해도 생태 문제를 해결하기 위해서는 다양한 논의가 필요하다.

5. 환경 문제에 대한 기독교적 이해

여기서는 환경 문제에 대한 원인과 이에 대한 기독교적 이해를 도모하고자 한다. 환경 문제에 대한 원인으로는 첫째, 잘못된 성경 해석에서 온 가치관 때문이다. 유대 및 기독교적 가치관에서 창세기 1장 28절의 전통적 해석에 따라 자연은 지배의 대상이 되었다. 이러한 사고가 자연에 대한 인간의 오만을 뜻하고, 오늘날의 생태계 위기에 상당한 역할을 담당했다고 할 수 있다.[16] 산업혁명 이래 급격히 산업과 과학 기술이 발전하면서 당시 서구의 가치관에 잘못된 해석이 상당한 영향을 미쳤다는 것은 부정하기 어렵다. 둘째, 근세 서구 철학의 사상 체계를 들 수 있다. 근세 이후 서구 철학은 정식과 물질이라는 데카르트의 이분법적 사고방식이 자연탐구에 적용되어 인식 주체와 대상의 분리가 이루어지고, 인식 대상은 주체에 종속되기 때문에 이러한 사고방식은 결과적으로 자연 경시의 원인이 되었다. 이로써 인간은 자연을 대상화 하면서 그것을 이용물로 생각하여 정복의 대상으로 삼게 되었다. 서구 근세 철학의 지적 기초는 이성에 대한 믿음이다. 그래서 근세 서구 철학은 인간 이성의 신뢰로 말미암아 인간 사회는 끝없이 발전할 것이라는 사상을 만들어 냈다. 이것은 서구 사회의 비약적 발전에 정신적 토대가 되었지만, 다른 한편으로는 환경과 자연 파괴를 가속화시켰다. 셋째, 산업화와 무분별한 개발이다. 산업화는 생산에 필요한 천연 화석을 연료나 원료로 사용함으로써 채광, 원료 채취 등으로 자연 환경을 훼손하고, 상품 생산 과정에 수반되는 오수 및 매연 등으로 오염을 야기시켰다. 이것들은 재생 불가능한 산업 쓰레기를 남김으로 지구 환경을 파괴하는 데 직접적 역할을 해왔다.[17] 또한 최소의 지출과 노력으로 이익을 극대화 하려는 인간의 탐욕은 환경에 부정적인 결과를 낳게 되었다.

　태초에 하나님께서 남자와 여자를 창조하시고 그들에게 주신 복은 "생육하고 번성하여 땅에 충만하라 그리고 땅을 정복하라 바다의 물고기와 하늘의 새와 땅에 움직이는 모든 생물들을 다스리라 하시니라"(창 1:27-8)였다. 하지만 단순한 성경 일부분의 해석과 그의 그릇된 남용으로 오랜 기간 인간은 그들의 욕심과 탐욕을 채우는 데 적용시켜 왔다. 즉 정복과 지배라는 개념을 다른 피조물에 대한 무분별한 파괴와 착취를 벌여왔고 그 결과 현재 지구는 위기에 처하게 되었다. "여호와 하나님이 땅의 흙으로 사람을 지으시고"(창 2:7) 하나님은 사람을 흙으로 지으셨다. 그리고 이 것은 사람과 자연과의 연계성을 증거한다. 모든 창조를 마치신 후 "심히 좋았더라"(창 1:31)고 말씀하신 이유도 마지막으로 자신의 형상대로 사람을 지으신 다음 사람과 그 나머지 피조물의 조화로움을 보시고 기뻐하셨음을 의미한다. 다시 말하면 하나님이 사람에게 부여해주신 정복하고 다스리는 복은 사람과 다른 모든 피조물 간의 연계된 조화로움 속에서 그 의미를 찾을 수 있는 것이다. 하지만 이것을 무조건적인 절제와 극단적인 보호의 관점으로 접근하는 것은 바람직하지 않다. 하나님께서 사람에게 부여하신 절대적인 권한은 창조 목적에 맞게 관리하는 청지기의 역할을 의미한다.[18] 이 역할은 과학의 발달로 비롯된 자원의 과도한 사용과 이로 인한 고갈과 환경오염, 폭발적인 인구 증가와 주거지 및 농경지 확보를 위한 자연 파괴 등으로 조화와 거리가 먼 부자연스러운 행위를 막고 적절하게 경영하는 방향으로 접근하는 것이다. 즉 환경문제는 구약 성서적으로는 하나님의 창조세계를 지키고 보존하는 것에서부터 신약 성서적으로는 예수 그리스도의 죽음과 부활로 이어지는 인간생활의 실제적인 삶뿐만 아니라 전체적인 창조세계까지 포함이 되는 것을 전제로 한다.

　창조주 하나님께서 인간의 삶의 환경을 완벽하게 조성하여 주시고 최대한의 행복을 누리며 살도록 은혜를 주신 것은 6일 동안의 창조 과정을 통하여 분명히 알 수 있다. 그 중에서도 문화명령은 인간이 어떻게 자연환경 속에서 행복의 삶을 영위할 수 있을 것인가 그 원리와 방법을 잘 가르쳐 준다. 이 두 가지 명령은 인간 창조의 목적과 의의를 분명히 가르쳐 주는 하나님의 계시이다. 그 명령의 수령자는 개인과 신앙공동체를 모두 이야기하는 것이다. 위의 두 명령을 중심으로 하여 인간은 어떻게 하나님의 뜻대로 살아 그 분을 영화롭게 하는 삶을 살 수 있을까 하는 숙제를 해결해야한다. 그것은 우선 우리를 둘러싼 자연 환경 속에서 어떻게 자연을 인식하여 어떻게 자연을 관리하며 자연과 더불어 공생할 수 있는가를 깨닫는 것이라고 생각한다. 왜냐하면 자연은 인간 삶의 조건이자 행복이기 때문이다.

6. 나가는 글

우리 인류의 삶의 터전인 환경은 하나님께서 창조하시고 이를 우리 인간이 다스리게 하셨다. 환경을 관리하고 지켜나가야 하는 하나님께서 주신 인간 본연의 사명이 있다. 하지만 우리 인류는 이를 망각하고 환경파괴를 자행해 왔다. 하나님의 뜻을 거스른 이런 인간의 환경 파괴의 행위들이 자행됨에 따라 인류 존속의 심각한 해가 되는 문제들이 자연을 통해 우리에게 경고 하고 있으며, 그에 대한 대가들이 우리 눈앞에 펼쳐지고 있다. 우리는 이를 개선해야 한다. 만약 하나님의 뜻을 거스르는 환경파괴의 행위들을 개선해 나가지 못한다면 이 대가는 하나님의 주권아래 있는 자연을 통해 다시 우리 인간에게 돌아올 것이다. 그렇기에 그릇된 남용으로 오랜 기간 인간은 그들의 욕심과 탐욕을 채우는 무분별한 파괴와 과도한 착취를 멈춰야 하고, 잘못된 소비를 멈춰야 한다. 우리는 오염된 환경을 정화해 나가는 작업들을 해야만 한다.

필자는 하나님 중심주의적인 이론을 지지하는바 기독교적 과제를 다음과 같이 제안한다. 1) 환경의식화이다. 첫째 과제는 인간 중심적 자연 이해를 극복하는 것으로서, 자연이 죽으면 인간도 죽는다는 운명공동체 의식을 고양시키는 것이다. 둘째 과제는 자연의 연약함을 인식하고, 그에 대해 돌봄의 책임감을 느끼는 것이다. 셋째 과제는 미래세대에 대한 현세대의 책임감도 포함하는 것이며, 넷째 과제는 환경문제에 대한 생각과 일상적 실천 사이의 갭을 극복하는 것이다. 2) 자족의 가치관이 필요하다. 인간은 항상 더 많이 소유하고 더 많이 소비하기를 원하는데 이러한 인간적 한계를 뛰어넘어 자족의 가치관을 소유해야 한다. 3) 금욕과 절제의 덕을 실천해야 한다. 4) 지속 가능한 소비생활과 실천이 중요하다. 지구 자원의 유한성과 자연의 정화능력의 한계를 염두에 둔 소비로서 환경보전과 경제성을 조화시키려는 소비행태로 나아가야 한다.

그러므로 생태계 회복을 위한 교회의 책임은 매우 막중하다. 책임 실천을 위한 출발점은 환경교육이다. 교회의 환경교육은 근본적인 접근을 해야 한다. 교회 안에서 특강, 설교, 환경, 성경공부, 구역예배, 비디오 시청 등을 통하여 생태계 문제의 심각성과 실천 내용을 교육하는 것이 기본이 된다. 아울러 친환경적 교회생활이 뒤따라야 한다. 교육은 말로만 되는 것이 아니다. 교회나 교인이 실제로 실천해야 한다. 교회에서 교인들과 시민들에게 기독교적 정신과 가치관에 입각하여 환경보전의 중요성을 설득하고 개인적인 실천을 촉구해 나가야 한다. 생태계의 파괴로 인하여 생존의 위협을 박고 있는 현실에 대해 사람들이 경각심을 갖지 않고 옛 습관을 그대로 유지하는 것은 그들이 인간 중심적인 가치관을 버리지 않고 청지기적 사명을 망각한 채 살고 있다는 증거이다. 이제 교회는 복음을 전하는 동시에 창조 신앙을 사회에 정착시킴으로써 생명의 문화를 일구어 이 세계에 정의, 평화, 창조 질서의 보전을 이루어야 한다. 대부분의 교회는 회원이 될 수 있는 사람들로 하여금 대게 제자도반을 통하여 훈련 기간을 거치도록 요구한다. 이 시간에 그리스도인들로 하여금 환경을 보살피고 하나님의 모든 피조물의 생명을 존중할 자신들의 책임을 느끼게 하는 이상적인 기회를 마련해 주어야 한다. 그리스도인이 되는 것이 개인적으로 거룩하고 영적으로 순결한 생활을 하는 일을 훨씬 넘어선다는 사실을 알려 줄 필요가 있다. 우리는 그리스도인이 되려면 몸을 바쳐 사회 정의를 위하여 일해야 한다는 사실을 그들이 깨달을 수 있도록 도와야 한다. 그런 맥락에서 환경문제에 대하여 많은 시간을 들여 가르치고 함께 실천해 나갈 때 교회는 사회에 대한 영향력은 물론이고 생명을 중요시 하는 기독교적 가치관을 실현할 수 있을 것이다.

1) 영어 'Envioronment'의 의의를 살펴보면 다음과 같다. 접두사 EN+어간 VIRON+명사형 접미사 MENT로 이루어져 있는데 여기의 접두사 EN은 그리스어로는 영어의 'within' 또는 'In'을 뜻하고, 불어와 영어로는 'to restrict,' 즉 'encircle—에워싸다' 또는 'enclose—둘러치다'는 뜻을 갖고 있다. 어간 'viron'은 다시 영어의 'to turn' 또는 'to change'의 의미를 가진 'veer'에 명사형 접미사 'on'이 붙어 이루어진 말로서 우리말의 '원,' '환,' '고리'에 해당하는 'circle' 또는 'ring' 을 의미하는 것이다. 다시 말하면 '환경'(Environment)은 어떤 사물을 둘러싸고 있는 "환형(環形)의 고리"를 뜻한다. 국어사전에 의하면 환경(環境)이란 말의 뜻을 1) 주위의 사물 또는 사정, 2) 거주하고 있는 주의의 외계, 3) 생활체를 둘러싸고 그것과 일정한 접촉을 유지하고 있는 외계라고 풀이하고, 공학에서는 '장치나 구성물의 기능에 영향을 미치는 자연조건, 조작조건, 기타조건의 집합'이라고 덧붙이고 있다.

2) J. Glyn Henry, Gary W. Heinke, Environmental Science and Engineering (New Jersey: Prentice Hall, 1989), 2.

3) 전광식, "환경문제에 대한 성경적 고찰," [온라인 자료] http://cyw.pe.kr/xe/a26/306883, 2020년 3월 20일 접속.

4) 이순규, 「알기 쉬운 공해추방 상식」 (서울: 성바오로출판사, 1991), 87.

5) 인위적인 오염물질은 연료의 연소, 가열용융, 소성 등의 열처리, 원자력을 이용한 핵에너지의 발생, 화학반응 및 물리적 공정 및 자동차·항공기 등의 이동오염원에서 발생되고 배출된다. 가장 주된 원인은 연료의 연소 시 발생하는 여러 오염물질들에 의한 것이다. 이 중 일산화탄소와 이산화질소, 아황산가스, 탄화수소 등이 가장 높은 비율을 차지한다. 특히 이산화황(SO_2)의 경우 다른 대기오염물질과 반응하여 추가적인 2차 오염물질을 만들어내므로 특히 중요하다.

6) 안개가 낀 날 대기 중에 확산되지 못하고 매연 등의 물질들이 농축되어 남아있는 상태이고, 심한 날에는 기침과 목이 붓는 등의 호흡기 질환을 유발할 수 있다.

7) 탄산가스, 유황산화물, 연기, 먼지 등의 증가는 태양광선이 땅에 이르는 것을 방해한다. 따라서 지구는 아이스박스 같은 상태가 되며 기온이 내려가게 되는 효과를 빙실효과라고 한다. 반대말은 온실효과이다.

8) IPBES(생물다양성과학기구)는 세계 132개국이 참여하는 과학기구인 '생물다양성과 생태계 서비스에 관한 정부 간 과학정책기구이다.

9) "지구 생물 100만종 수십년 내 사라진다," http://www.newspenguin.com/news/articleView.html?idxno=529, 2020년 3월 13일 접속.

10) Paul W. Taylor, Respect for Nature: A Theory of Environmental Ethics (New Jersey: Princeton University Press, 2011), 99-100.

11) Richard A. Young "Environmental Ethics," Religious Studies Review, vol.23 (1997): 246.

12) 윗글, 124.

13) Richard A. Young, Healing the Earth: A Theocentric Perspective on Environmental Problems

and Their Solutions (Nashville: Baptist Sunday School Board, 1994), 128.
14) 윗글, 158.
15) 윗글, 129-131.
16) 장현오, "생태 및 환경문제에 관한 윤리학적 고찰," 「철학논총」, 13집 (1997): 377.
17) 김균진, "자연환경은 하나님의 집이다." 「기독교사상」 (2005년 4월), 38.
18) 청지기는 성서에서 보았을 때 환경 문제에 대해서 가장 적절하게 표현한 단어이다. 왜냐하면 그것은 인간관계의 양면, 한쪽으로는 하나님에 대한 관계와 다른 한쪽으로는 창조물에 대한 관계를 압축해서 보여주기 때문이다. 하나님의 청지기로써 인간은 하나님에 대해 의무가 있으며, 그 동료 창조물들에 대해 책임을 진다. 성서 전체에서 청지기와 청지기도에 대한 직접적 언급은 26차례 언급된다. 구약성서에서 이 단어는 '종'을 가르치는데 이는 명령을 받아 그것을 수행하는 사람이며, 결정을 내릴 능력이 있으며, 지시에 따라 일을 처리할 수 있는 사람을 의미한다. 보통 왕이나 지배자인 소유주 혹은 주인은 이 사람을 믿고 신뢰한다. 창세기 43장과 44장의 요셉과 같은 경우가 이와 같은 경우이다. 요셉은 바로 왕 다음으로 높은 인물이다. 다니엘이 감당했던 역할도 이 의미에 가깝다고 볼 수 있다. 누가복음 12:42-48의 비유에서 '청지기'와 '종'은 상호 교환적으로 쓰인다. 예수는 그 의무를 수행하는데 있어 신실한 자를 칭찬하시고 태만한 자를 꾸짖으셨다(눅 12:45-48). 무릇 많이 받은 자에게는 많이 찾을 것이다(눅 12:48). 신약성서에는 이런 역할에 대한 다양한 뉘앙스를 가진 가르침들이 많이 들어 있다. 예를 들어 우리는 하나님의 비밀을 맡은 청지기(고후 4:1)와 하나님의 가족 안에서 은혜의 청지기(엡 3:1-2)가 되도록 부름 받는다. 베드로는 "만물의 마지막"을 강조하는 종말론적 차원을 더한 후에(벧전 4장), 우리가 "하나님의 각양 은혜를 맡은 선한 청지기"가 되어야 함을 상기시킨다.

5부
사회적 이슈를 돌파하자

13. 인권과 기독교

1. 들어가는 글

　인권(Human Rights)은 어느 누구나 예외 없이 모든 인류에게 적용되어야 할 매우 중요한 개념이다. 인간은 인간이라는 그 이유만으로 존중되어야 하고 가치를 인정받아야 한다. 인권은 사회뿐만 아니라 성서에서도 반드시 지켜져야 할 매우 중요한 개념으로 언급하고 있다. 그러기에 교회는 인간이 사회 속에서 존중받고 인간답게 살 수 있도록 노력해야 할 의무가 있다. 그러므로 인권은 기독교윤리의 중심주제이며, 교회에게 주어진 아주 중요한 실천과제이다.[1] 그럼에도 불구하고 인권은 기독교 공동체에서 오랫동안 잊혀져 온 것이 사실이다. 그러다가 제2차 세계대전 중 나치 독일이 저지른 유대인 대학살인 홀로코스트(Holocaust)를 경험하면서 교회는 인권의 중요성을 인식하고 교회의 실천과제로 수용하기 시작했다. 그러나 인권에 대한 교회의 사회적 책임을 실현하는 것이 쉽지는 않다.[2]
　인권이란 용어는 토마스 페인(Thomas Paine, 1737-1809)의 저서 「인간의 권리」에서 처음 사용되어 졌다.³⁾ 인권은 오랜 역사를 지니고 있지만 현대적 의미의 인권사상은 근대 서구의 사회운동 및 정치적 투쟁을 통해 생성되었다.⁴⁾ 사람들이 인권을 요청하게 된 실제적 배경은 각종 불법에 대한 경험을 통해서이다. 그동안 세계 각처에서 종교, 사상, 문화, 정치, 경제개발 등을 명분으로 많은 불법들이 자행되어 왔다.⁵⁾ 세계사회를 가만히 들여다보면 인간의 기본권이 보편적으로 인정받고 있는 듯 보이지만 실상은 그렇지 않다. 각종 뉴스나 언론을 보면 세계사회 곳곳에서 어김없이 사회가 당면한 주요 쟁점 가운데 하나는 인권 문제이다. 매년 국제 앰네스티(Amnesty International) 연례보고서는 표현의 자유를 억압당한 구체적인 사례와 함께 고문과 부당대우를 당한 이들의 사례를 담고 있다. 국제 엠네스티 살릴 셰티(Salil Shetty) 사무총장은 "독재자라 하더라도 지도자 개인을 축출하는 것만으로는 장기적인 변화를 이끌어내기에 부족하다. 각국 정부는 국내외에서의 표현의 자유를 존중하고, 진심으로 국제적 책임을 다해야 하며, 법 앞에 정의와 자유, 평등을 보장하는 제도와 구조를 만드는 데 투자를 아끼지 말아야 한다"고 밝혔다.⁶⁾ 우리사회에도 인권을 둘러싼 논쟁들이 사회적으로, 정치적으로, 종교적으로 끊임없이 제기되고 있다.⁷⁾ 한국사회에서의 인권에 대한 국제적 시각 중의 하나는 국가보안법이다. 국제 앰네스티 아시아태평양 국장 샘 자리피(Sam Zarifi)는 한국의 국가보안법에 대해 "오랜 시간 남용되어온 국가보안법의 오용을 막는 유일한 방법은 이를 폐지하거나, 국제인권법과 기준에 맞도록 전면 개정하는 것뿐이다"라고 주장하고 있다.⁸⁾ 특히 북한 사회의 인권은 우리사회뿐 아니라 국제사회의 핫이슈가 되어 있다.⁹⁾

교회는 각종 인권에 대한 관심을 두고 불법적이고 비인간적인 상황 속에서 기본권마저도 침해당하고 고난 받는 이웃들의 구체적인 문제해결을 위해 노력해야만 한다. 필자는 이러한 세계사회가 당면한 주요 문제 가운데 하나인 인권을 인식하고, 이 글을 진행하기 위해 2장에서 현대사회에서 풀어가야 할 과제인 인권에 대한 개념, 가치, 기능을 살펴보고, 3장에서 성서에서 바라보는 인권에 대한 개념을 통해 인권의 기독교적 이해를 도모하고자 한다. 4장에서 교회가 실천할 수 있는 방안에 대하여 논하고, 결론에서는 인권이 증진될 때 비로소 교회는 세상의 희망이 됨을 인정받을 수 있을 것이라는 사실을 강조하고자 한다.

2. 현대사회의 과제: 인권

(1) 인권이란 무엇인가?

인권이란 문자 그대로 사람의 권리이다. 인권은 사람이 사람으로서 존엄성을 갖고 살아가는데 필요한 최소한의 것이다.[10] 인권은 국가나 사회가 마음대로 빼앗을 수도 없고 줄 수도 없는 인간 존재 자체에 기반을 둔 가장 근원적인 것이다.[11] 인하대학교 법학과 정태욱 교수는 "인권은 민족, 신앙, 신분 등에 의한 차별 없이 모든 이들에게 인정되는 보편적인 가치이다. 인권은 어떤 자격에 따르는 속성이 아니라 인간 그 자체에 부여되는 속성이다"라고 정의한다.[12] 콜롬비아 법대 교수였던 루이스 헨킨(Louis Henkin, 1917-2010)은 "인권은 개인의 복지, 존엄, 자아실현을 위한 필수적인 조건이며 정의와 평등의 공동의식을 반영하는 이익"이라고 규정하였다.[13] 미국 덴버대학교에서 인권을 연구하는 미셸린 이샤이(Micheline Ishay) 교수는 인권은 누군가에 의해 우리에게 주어지는 것이 아니라, 억압의 현장에서 인간의 존엄과 자유, 평등, 박애의 정신을 현실에 실천하고자 하는 의지와 노력이 축적된 것이라고 하였다.[14]

1948년 12월 10일 유엔에서 세계인권선언문이 공표된 이후 인권은 인간의 보편적 존엄과 가치실현을 위해 필요한 윤리적이고 법적인 기초로 인정되었다.15) 세계인권선언문은 전문 가운데서 다음과 같이 선언한다. "모든 인류 구성원은 천부의 존엄성과 남에게 넘겨줄 수 없는 권리를 가지고 있으며 세계의 자유, 정의 및 평화의 기초는 바로 이 사실을 인정하는데 있다"16) 우리나라 현행 헌법도 "모든 국민은 인간으로서의 존엄과 가치를 가지며 행복을 추구할 권리를 가진다"(헌법 제10조)고 하여 분명하게 인간존엄성을 최고의 헌법적 가치로 규정하고 있다.

인권의 이념적 근거는 인간의 존엄성이다.17) 이 인간의 존엄성이 의미하는 것은 첫째, 평등함이다. 각 개인의 존엄성은 타인과 차별될 수 없다. 한 개인의 인격이 타인 혹은 집단의 목적을 위해 희생되어 질 수 없다. 둘째, 차별성이다. 각 개인의 존엄성은 우주 속에서 인간만이 갖는 특별한 자리를 인정하는 것이다. 성서는 인간이 다른 피조물과는 분명히 구별된 존재임을 말한다.18)

(2) 인권의 세 가지 개념

세계인권선언문 제30조는 다음과 같다. "이 선언에서 말한 어떤 권리와 자유도 다른 사람의 권리와 자유를 짓밟기 위해 사용될 수 없다. 어느 누구에게도 남의 권리를 파괴할 목적으로 자기 권리를 사용할 권리는 없다." 이는 인권과 인간 존엄의 해석을 종교, 철학, 윤리의 전통에 위임한다는 의미로서 교회는 이에 대한 해석학적 과제를 지니고 있다. 인권의 일반적인 요소는 자유, 평등, 참여의 세 가지 개념을 지니고 있다. 첫째, 인권의 기본요소는 자유이다. 자유는 인간의 자연적 본성으로서 개인이나 국가가 임의로 처리할 수 없는 것이다. 이는 인간의 기본적 권리이다. 둘째, 인권의 기본요소는 평등이다. 평등은 개인이나 집단을 차별하는 곳에서 요청된다. 후버(W. Huber)는 평등사상의 성서적 근거를 황금

률(마 7:12)과 침례(갈 3:26)에서 찾았다.[19] 셋째, 인권의 기본요소는 참여이다. 참여하는 신앙은 본회퍼(D. Bonhoeffer)의 주장대로 '타자를 위한 존재'에 근거한다. 기독교는 일찌감치 참여를 이웃사랑과 형제애의 한 모습으로 이해되고 강조되어 왔다.[20] 이러한 세 가지 개념들은 서로를 견제하고 보충하는 기본원리를 형성한다.

(3) 인권의 가치

인권이 가지는 가치는 다음의 다섯 가지로 요약할 수 있다. 첫째, 인권의 가치는 생명의 가치를 포함한다. 이 생명의 가치는 인권과 관련된 모든 일에 있어서 가장 필수적인 것이다. 생명권은 누구도 타인의 생명을 해쳐서는 안 된다는 것이며 적극적으로 생명이 침해당하지 않도록 보호해야 한다는 뜻을 담고 있다. 생명권은 모든 기본권의 전제가 되는 원초적인 기본권이다. 만약 생명권이 보장되지 않는다면 다른 기본권은 무의미하기 때문이다. 둘째, 인권의 가치는 자유권을 포함한다. 인류의 역사는 자유의 역사라 할 정도로 인간의 자유는 인간생활의 기본적인 욕망이었다.[21] 근대적 인권으로서 가장 근원적인 기본권인 자유권은 국가가 국민의 기본권을 침해하지 않도록 요청하는 방어적인 권리이다. 셋째, 인권의 가치는 평등권을 포함한다. 인간 역사에서 평등은 기본적인 생활 속의 명제이며, 평등의 실현은 국가와 사회의 과제이다. 물론 이 평등은 절대적 평등을 의미하는 것이 아니라 상대적 평등을 의미한다. 넷째, 인권의 가치는 연대책임을 포함한다. 연대책임은 인간의 아픔을 이해하고 감정을 이입하는 것뿐만 아니라 그 아픔의 원인을 분석하여 확인하고 분명한 입장을 취하는 것이다. 이 연대책임은 불공평한 자원배분, 사회적 방임, 부정, 부패, 폭력, 고문 등에 기인하여 초래되는 모든 문제들에 대한 것을 포함한다. 다섯째, 인권의 가치는 사회적 책임이다. 사회적 책임은 고통

받는 자들을 위해 대변하고 그들 편에 서서 그들의 주장을 옹호하는 역할을 수행하는 것이다.[22]

(4) 인권의 기능

현대사회의 인권의식에 결정적 영향을 준 프랑스 혁명의 인권사상은 자유(Liberty), 평등(Equality), 박애(Fraternity)였는데 이것은 이후의 인권운동과 인권 개념에 핵심적인 구조를 제공해 주었다.[23] 그러나 자유, 평등, 박애의 사상을 인권 개념으로 구체화 했을 때 어떤 권리로 설명할 수 있는가가 문제이다. 자유권과 평등권은 나름대로 쉽게 설명되고 이해되지만, 박애를 권리로 설명하기는 쉽지가 않다. 박애는 안정된 삶을 요구하는 것인데, 이것은 안정과 복지 및 사회적 혜택과 연결된 인권 개념으로 발전하였다. 사회적 안정과 물질적 소유를 포함하는 이 인권 개념은 공동체의 부와 혜택에 '참여' 권리로 설명되기도 했으며, '연대성'으로 설명되기도 했다. 독일의 신학자 투르츠 렌토르프(Trutz Rendtorff, 1931-2016)는 프랑스 혁명을 통해 선언된 인권의 세 가지 기본 개념(자유, 평등, 박애)이 기독교 기본신앙의 구조와 일치하는지를 검토하여 인권에 대한 기능을 설명하고 있다.[24] 첫째, 인권은 자유권이다. 인권은 추상적 개념이 아닌 한 개인으로서의 시민의 구체적 자유를 말한다. 둘째, 인권은 생명권이다. 생명권은 인간 존엄한 삶의 보존과 기본적 욕구충족을 요구하는 것이다. 셋째, 인권은 평화권이다. 인권 실현은 평화 없이는 불가능하다. 모든 인권에 대한 노력은 평화정착을 위한 노력임을 잊어서는 안 된다.[25]

3. 성서와 인권

(1) 구약성서의 인권
1) 창조기사에 나타난 인간의 존엄성

성서에 나타난 인간창조는 다른 피조물 창조와는 분명히 달리 하나님의 독특한 방법이다. 인간이 하나님의 형상대로 창조되었다는 사실은 어떤 의미를 지니는 것인가? 이는 인간은 지적이고 인격적이며 자유의지를 가진 영적 존재라는 사실과 하나님과 대화와 교제의 대상이 된다는 사실을 의미한다(엡 4:23-4, 골 3:10).[26] 그러나 그보다 더 중요한 의미는 인간은 생활의 모든 면, 즉 정치적, 경제적, 사회적 혹은 사적인 모든 생활에 있어서 '하나님 앞에서' 살아야 한다는 데 있다. 폰 라드(G. Von Rad, 1901-1971)는 창조기사에 나타난 인간이해의 특징을 다음과 같이 설명한다. 첫째, 인간은 하나님의 선행적 합의에 의해 창조되었다. 다른 피조물을 창조하는 장면들을 보면 선언하는 말씀으로 창조되었지만, 인간 창조는 다른 피조물과 분명히 달랐다. "우리의 형상을 따라 우리의 모양대로 우리가 사람을 만들고...."(창 1:26)라는 것은 하나님 자신의 특별한 결의에 따라 만들어졌다는 것이다. 둘째, 인간은 하나님의 형상대로 창조되었다. "우리의 형상을 따라 우리의 모양대로...."(창 1:26) 만드심으로 하나님의 형상을 가진 특별한 존재가 되게 하셨다. 창세기 5장에서도 이 사실을 다시 기록하고 있다. "하나님이 사람을 창조하실 때에 하나님의 형상대로 지으시되"(창 5:1) 하나님의 형상은 인간이 다른 사람과 사귐 속에서 바로 반영하게 된다. 그러기에 인간 공동체의 사회적 권리는 개인의 권리만큼이나 중요하게 받아들여져야 한다. 국가나 사회가 개별적인 인간의 존엄성과 권리를 존중하고 보호해야 하는 것처럼 개인으로서의 인간은 사회와 인류공동체의 유익을 항상 염두에 두고 행동해야 한다. 즉 인간은 상호 관계 속에서 참으로 인간이 되는 것이다. 셋째, 인간에게 땅을 정복하고 다스리라는 축복의 사명을 주셨다. 인간을 창조하신 하나님은 그들에게 복을 주시며 이르시되 "하나님이 그들에게 복을 주시며 그들에게 이르시되 생육하고 번성하여 땅에 충만하라 땅을 정복하라 바다의 고기와 공중의 새와 땅에 움직이는 모든 생물을 다스리라"(창 1:28)고 하셨다.[27] 그러므로 하나님의 형상으로 창조된 인간은 하나님의 목적과 뜻에 부합하도록 자연을 관리하고 다스려야한다. 하나님의 창조는 피조물과 인간의 관계에 있어 인간이 피조물을 관리하고 다스려야 한다는 것이며, 인간이 다른 피조물이나 인간으로부터 지배를 받는다는 것을 의미하지 않는다. 어떤 사람은 태어날 때부터 통치자로 태어나고, 어떤 사람은 섬기는 종으로 태어났다는 논리는 피조물로서 인간에 대한 성서의 이해와 결코 부합되지 않는다. 하나님의 다스림은 독재자의 억압적인 다스림과 달리 약한 것들을 세워주고 세상에 정의와 평화를 실현하는 데 초점이 맞추어져 있다.

이와 같이 인간의 본성은 하나님의 형상을 가진 자로서 인간의 기본권은 하나님에게 직결되어 있다. 이런 면에서 보면 인권은 인간의 권리이기 이전에 인간을 지으신 하나님의 권리임을 인식해야 한다.

2) 출애굽 사건과 인권

성서에 나타난 또 하나의 인권은 이스라엘 백성이 겪었던 불법과 고난의 역사 속에서 찾아볼 수 있다.[28] 출애굽 사건은 죄로 고난 받는 자신의 백성들을 구하시는 구원의 직접적인 동기이다. 출애굽 사건은 하나님께서 직접 자기 백성을 애굽 왕 바로로부터 구원하신 사건이다.[29] 그리고 하나님께서 구원받은 백성에게 삶의 지침으로 십계명을 주셨다. 이 십계명은 대부분이 금지명령으로 선포되어 있다. 이는 하나님께서 이스라엘과의 새로운 관계를 규정하시려는 뜻이 담겨 있는 것이다. 십계명은 인권 사상의 구조와는 다르지만 내용적인 면에서는 하나로 정리할 수 있다. 십계명의 안식일 계명(출 20:8-11)은 유엔세계인권선언의 신앙의 자유를 향유할 권리(제18조)와 휴식과 여가의 권리(제24조)로, 부모공경의 계명(출 20:12)은 노후보장에 대한 권리(제25조)로, 살인금지 계명(출 20:13)은 생명과 안전에 대한 권리(제3조)로, 간음금지 계명(출 20:14)은 결혼의 자유권(제16조)으로, 도적질 금지 계명(출 20:15)은 노예금지(제4조)와 재산의 소유권(제17조)으로, 위증금지 계명(출 20:16)은 법의 보호를 받을 권리(제8조)와 공정한 재판권(제10조)으로, 이웃에 대한 탐심금지의 계명(출 20:17)은 사생활의 보호권(제12조)과 사회적 안전보장권(제22조)으로 비교 가능하다.[30]

3) 희년과 인권

레위기 25장은 희년에 관한 규례를 담고 있다. 희년의 규례는 고대 어떤 사회에서도 그 유래를 찾아보기 힘든 매우 독특한 사상이다. 이는 경제 분배의 정의를 통한 사회정의 실현의 원형을 보여 주는 제도이다. 동시에 오직 하나님만이 이 땅의 주인이시며 여호와만이 이 땅의 주권이 있음을 깨닫게 해 주는 제도이다. 희년의 법은 함께 구속 얻은 형제 사이의 근본적 평등과 대단결을 확보하는 방법으로 경제적 사회복지 보장제도로 제시되고 있다. 희년은 노예에게 사면을 선사했고, 가난한 자들이 빚으로 감당할 수 없었던 토지와 경제적인 부채에 대해 사면해 주었다.[31] 이 희년 법은 가진 자들의 토지 소유의 무한한 팽창을 금지하고, 빚으로 잃었던 집을 되찾고, 무겁고 괴로운 부채에서 해방되고, 절망적인 노예상태에서 벗어나 자유와 평등을 향유하는 사회를 이룩하는 것을 목표로 삼고 있다. 그러므로 희년 법은 자유와 평등을 향한 인권 보장을 지향하고

있는 사회적인 법이라 할 수 있다.[32]

(2) 신약성서의 인권

1) 예수 그리스도와 인권

성서에 나타난 인권사상이 예수 그리스도를 통해서 어떻게 실천되었는가? 이에 대해 알아보기 위해서는 예수 그리스도가 지닌 인간관에 대해 살펴보면 분명히 드러난다. 예수님은 인간을 피조물 가운데 가장 소중한 존재로 인정하셨다. 마태복음에 보면 이러한 예수님의 인간관이 분명히 드러나 있다. "사람이 만일 온 천하를 얻고도 제 목숨을 잃으면 무엇이 유익하리요 사람이 무엇을 주고 제 목숨을 바꾸겠느냐"(마 16:26) 잃어버린 양, 잃어버린 동전, 돌아온 탕자의 비유 등은 한 생명을 정말 소중히 여기시는 예수님의 사상을 엿볼 수 있다. 마가복음 5장에 보면 돼지 2,000여 마리를 희생하면서까지 귀신들린 청년을 고쳐주신 사건을 이야기하고 있다. 이 사건을 보면 예수님이 수많은 물질보다도 인간의 생명을 얼마나 소중하게 생각하시는지 알 수 있다.

예수님은 오늘날의 인권선언이라 할 수 있는 이사야 61장을 인용하면서 출애굽 사건을 통해 드러난 하나님의 해방 사건이 신약 시대에도 지속적으로 연속성이 있음을 선포한다. "주의 성령이 내게 임하셨으니 이는 가난한 자에게 복음을 전하게 하시려고 내게 기름을 부으시고 나를 보내사 포로된 자에게 자유를, 눈먼 자에게 다시 보게 함을 전파하며 눌린 자를 자유케 하고 주의 은혜의 해를 전파하게 하려 하심이라"(눅 4:18-19). 예수님의 사역의 첫 주제는 가난한 자, 포로된 자들과 눈먼 자들, 눌린 자로 대표되는 사회적 약자들이다. 이들은 로마에 의한 지배와 팔레스타인 자체 내의 종교적 체제의 이중적 억압 속에 있던 사회적 약자들이다. 이들은 인간으로서 당연히 누려야할 권리들을 누리지 못한 채 사회적 평등권을 유린당하고 있었다. 사회적 약자들의 인권에 대해 예수님은 깊은 관심을 가지시고 이들의 자유와 해방을 위해 선포하시고, 자신이 이 땅에 온 목적을 분명하게 말씀하셨다. 하나님이 인간에게 주신 선물 가운데 가장 귀중한 것은 인간의 존엄이기에 어떤 이유로도 인권의 침해는 부당한 것임을 선포하신 것이다.[33]

마태복음 9장 35절에 보면 예수님은 모든 마을을 두루 다니며 회당에서 가르치시고 하늘나라의 복음을 선포하셨고, 또 병자와 허약한 사람들을 고치셨다.[34] 이는 예수님은 해방의 영성을 가지고 하나님 나라의 복음을 전하고 있는 것이다. 예수님은 인간들이 죄와 질병, 죽음의 공포에서 벗어나 살기를 원하신다. 그러기에 예수님은 "수고하고 무거운 짐 진 자들아 다 내게로 오라 내가 너희를 쉬게 하리라"(마 11:28-9)고 선포하셨다.[35] 마태복음 5장과 누가복음 6장에 나타난 산상설교에서도 예수님의 사역은 자유와 해방을 강조하고 있음을 알 수 있다.

예수님은 마가복음 10장 45절에서 이 세상에 오신 목적이 섬김을 받으려고 한 것이 아니라, 도리어 섬기려 하고 목숨을 많은 사람들의 대속물로 내어 주려는 것이라고 말씀하고 있다. 요한복음 13장에 보면 예수님은 손수 제자들의 발을 씻기셨다. 예수님이 보여주신 섬김의 철학은 마태복음에 좀 더 인권적인 선언으로 구체화된다. "이방인의 집권자들이 저희를 임의로 주관하고 그 대인들이 저희에게 권세를 부리는 줄을 너희가 알거니와 너희 중에는 그렇지 아니하니 너희 중에 누구든지 크고자 하는 자는 너희를 섬기는 자가 되고 너희 중에 누구든지 으뜸이 되고자 하는 자는 너희 종이 되어야 하리라"(마 20:25). 예수님이 추구하는 정신과 삶은 인간의 자유권과 평등권이 이 땅위에 실현되어야 함을 보여주는 것이다. 예수님이 수많은 사역 속에서 사람들의 질병을 고쳐주며 치유의 기쁨과 함께 그들에게 새로운 삶을 살도록 하신 사역의 초점은 그들 모두가 하나님의 형상을 지닌 존재라는 사실 가운데서의 사역임을 간과해서는 안 된다.

2) 바울과 인권

성서에 나타난 인권사상이 바울을 통해서는 어떻게 실천되었을까? 바울은 다음과 같이 인간 죄의 현실을 고발하고 있다. "의인은 없나니 하나도 없으며 깨닫는 자도 없고 하나님을 찾는 자도 없고 다 치우쳐 한가지로 무익하게 되고 선을 행하는 자는 없나니 하나도 없도다"(롬 3:10-2). 결국 인간은 자신의 죄로 말미암아 하나님 앞에서 하나님이 부여하신 존엄성을 상실했다. 그렇다면 인간은 자신의 권리를 완전히 상실하고 만 것인가? 바울은 예수 그리스도를 통해 인간의 권리는 회복될 수 있다고 믿었다. "그는 보이지 아니하시는 하나님의 형상이요 모든 창조물 보다 먼저 나신 자니"(골 1:15). 이런 의미에서 인간의 존엄성은 예수 그리스도를 통해 회복될 수 있는 것으로서 그것은 전적인 하나님의 선물이다.[36] 또한 바울은 모든 인간의 평등성과 통일성에 대해서도 이야기 한다. "우리가 유대인이나 헬라인이나 종이나 자유자나 다 한 성령으로 침례를 받아 한 몸이 되었고 또 다 한 성령을 마시게 하셨느니라"(고전 12:13). 바울은 이 선언을 통해 모든 인간관계의 속박을 그리스도 안에서 새로운 인간 존재로 승화시켰다.[37] 바울은 유대인이나 헬라인이나 종이나 자유자나 남자나 여자 없이 '다 그리스도 예수 안에서 하나'라고 선언한다. 즉 그리스도 안에서 어느 누구도 예외 됨이 없이 모든 사람을 향한 하나님의 사랑과 하나님 앞에서의 모든 자의 평등성(갈 3:26-28)을 선언한다.[38]

4. 교회의 실천 방안

앞서 살펴본 것처럼 인권은 사회에서 교회가 책임져야 할 아주 중요한 과제임이 틀림없다. 따라서 교회는 인권문제에 대해 효율적으로 대응하고 실천해 나갈 필요가 있다. 이에 교회는 사회가 직면하고 있는 인권에 대한 문제들을 성서에 근거하여 적절하게 이해하는 작업과 직접적이고 현실적인 실천 방안을 세워야 할 것이다. 이를 위해서는 각 분야에 나타나고 있는 인권문제에 대한 철저한 분석이 선행되어야 한다. 필자는 인권의 범위가 광범위하고 또한 이번 논고의 지면의 한계로 철저한 분석까지는 이루어내지 못했지만 복음주의를 지향하는 우리가 사회적 책임을 자각하고, 이 땅에 좀 더 하나님의 의와 평화가 이루어지도록 노력해야만 한다. 이에 필자는 다음과 같은 노력을 기울일 것을 제안한다.

1) 인권에 대한 가치관 정립이 필요하다. 일반적으로 인권이라 하면 인간이 인간으로서 누려야 할 권한을 말한다. 구체적으로 보면 자유와 민주, 종교, 결사, 시위 등등 사회생활의 모든 영역에서 마음대로 표현하며 살아가는 것을 이야기하는 것이다. 그런데 이는 하나님께서 우리에게 주신 특별한 은혜이며 축복이다. 왜냐하면 하나님께서 우리 인간들을 창조하실 때 자신의 형상을 닮도록 하셨기 때문이다. 우리는 '진리가 자유케 하리라'하신 예수님의 말씀대로 모든 것에서 자유해야 한다. 인권은 개인이든 사회든 국가든 어느 누구도 침해할 수도 없고, 탄압할 수도 없다. 그럼에도 불구하고 인권에 대한 잘못된 가치관을 가짐으로 세계 각 도처에서 인권이 유린되고 짓밟히고 있다. 이럴 때 인권에 대한 성경적 가치관의 정립으로 인권은 신성불가침에 관한 문제임을 인식시켜야 할 것이다.

2) 인권에 대한 교육이 필요하다. 인간의 보편적 가치인 인권에 대한 올바른 성서적 이해와 이에 대한 교육은 절대적으로 필요하다. 아무리 강조해도 지나치지 않은 인권에 대한 교육을 교회교육의 중심가운데 하나로 삼고 교육해 나가야 한다.

3) 각종 인권 문제를 해결하기 위해 하나님 나라의 의를 실현해야 한다. 이를 위해 첫째, 고통을 받는 이들과 함께할 뿐만 아니라 고통의 원인을 제거하기 위한 노력들이 필요하다. 하나의 이론으로만 알고, 감정적으로만 이해하는 것이 아닌 실제적으로 사회적 약자들이 그들의 존엄성을 실현할 수 있도록 행동하는 양심이 필요하다. 둘째, 그동안 이분법적 사고로 등한시 되어왔던 기독교인의 사회적 책임을 강조해야 한다. 셋째, 사회의 법과 제도가 강제력에 의해 유지된다는 사실을 직시하면서 교회는 사회적 약자 편에 서도록 노력해야 한다.

4) 인권문제를 바라보는 시각의 변화가 필요하다. 교회와 그리스도인들은 하나님의 백성들이다. 인권문제는 인간적인 세계관이 아닌 성경적 세계관으로 바라보고 해결해야 한다. 인권에는 보수, 진보가 따로 있을 수 없다. 교회와 그리스도인들이 성경으로 돌아와 인권문제를 바라보고 하나님의 말씀을 믿고 기도할 때 응답이 있을 것이다.

5) 교회 간의 연합과 연합된 기구들과의 협력이 절대적으로 필요하다. 세계화라는 엄청난 변화 속에서 인권 운동 역시 격변하고 있다. 국제인권 운동 진영에서는 민중의 생존권 문제, 냉전이데올로기의 지속과 민주화 과제, 인종 및 종족 간의 전쟁, 경제적, 사회적, 문화적 분야의 인권, 빈곤 및 질병의 문제, 테러, 안보와 전쟁 문제를 해결하기 위해 적극적으

로 활동하고 있다. 한국사회에서 대두되는 인권 문제로는 국가보안법 철폐, 양심수와 장기수 석방, 평화통일문제, 의문사와 양민학살 사건과 오판 등의 진실규명, 부정부패 척결, 사법권의 독립과 수사공정, 감청과 감시 문제, 현행법 개폐와 제도 개선, 노·사·정 문제, 구조조정에서 파생된 문제, 실직 및 실업자 문제, 외국인 노동자 인권문제, 장애자 및 노인 문제, 동성애 문제 등이 있고, 이에 대한 인권수호와 개혁의 과제를 안고 인권단체들이 노력하고 있다.[39] 교회는 혼자서의 힘으로 이 엄청나고 막중한 과제들을 실현해 나가기가 쉽지 않다. 그러므로 교회 간에, 연합된 기구들과의 협력을 통해 효율적으로 대처해 나가야 한다.

인권을 수호하기 위해 노력하는 비정부기구(NGO)는 다음과 같은 것들이 있다. 국제적십자사, 국경 없는 의사회, 국경 없는 기자회, 국제 빵재단, 옥스팸 등의 국제인도주의 단체들이 고통 받고 있는 사람들의 실상을 알려 직접 돈을 모으고, 정부기구에 압력을 행사해 구호활동을 하고 있다. 국제인권단체로는 국제엠네스티, 국제법률가위원회, Human Rights Watch, Free TIBET, Free Burma, FIDH, OMCT, ARITICLE 19와 에큐메니칼 국제문제위원회(CCIA) 등이 자발적 참여, 캠페인, 대정부 로비, 언론홍보 등을 통해 세계에 호소하고 국제사회의 참여를 이끌어 내고 있다. 한국의 인권단체로는 인권연대, 국가인권위원회, 한국기독교교회협의회 인권위원회, 한국기독교총연합회 인권위원회, 한국기독교보수교단협의회 신앙인권위원회, 한국인권재단 등 진보, 보수 할 것 없이 현안 문제를 해결하기 위해 활발하게 활동하고 있다.[40]

5. 나가는 글

이상으로 인권에 대한 개념, 가치, 기능을 살펴보고, 성서에서 바라보는 인권에 대한 개념을 통해 인권의 기독교적 이해를 도모함과 아울러 교회가 실천할 수 있는 방안에 대하여 논하였다. 현재 한국사회는 여러 가지 인권에 대한 문제를 안고 있다. 분단과 독재 권력의 산물인 국가 보안법, 양심수와 정치범을 통제하는 수단인 보안 관찰법, 노조의 합법적인 활동문제, 사형제도 뿐만 아니라 새로운 문제로 떠오르고 있는 외국인 노동자 문제, 동성애자 및 성 전환자에 대한 처리 문제 등 수많은 인권문제가 우리 사회의 과제로 남아있다.

그동안 기독교는 신앙과 세상을 이분법적으로 나누어 교회와 관련된 일은 거룩하고 그렇지 않은 것은 세속적이라 하여 사회 전반의 현상들에 관여하지 않았고, 결국 복음의 가치를 상실하고 말았다. 이러한 현상은 보수적인 교회일수록 더 심했음을 우리는 알고 있다. 그러므로 내세복음에만 매달려 사회적 영향력을 약화시키고 사회적 책임을 등한시 한 과거에 대해 깊이 반성할 필요가 있다. 사회적으로 고통당하는 약자들도 예외 없이 하나님이 지은 하나님의 형상을 지닌 가장 존귀한 존재임을 인식해야 한다. 인권이 증진될 때 비로소 교회는 세상의 빛과 소금이 되라는 예수님의 말씀을 실현하는 것이고, 세상의 희망이 됨을 인정받을 수 있을 것이다.

각종 어둠이 사회에 밀물처럼 덮고 있지만 그렇더라도 보다 나은 사회가 분명히 이루어질 것을 믿고 그곳을 향해 어렵지만 한발 짝 내디디며 사회적 책임을 완수하는 교회가 필요하다. 깊은 어둠일수록 새벽이 가까웠다는 신호임을 인식하고 하나님의 정의와 사랑이 이 땅에서 실현되도록, 천하보다 귀한 사람이 사람답게 살 수 있는 사회를 만들도록 교회가 감당해야 한다. 이것은 교회와 그리스도인들의 절대적인 사명이다.

세계인권선언

전문

인류가족 모두의 존엄성과 양도할 수 없는 권리를 인정하는 것이 세계의 자유, 정의, 평화의 기초다. 인권을 무시하고 경멸하는 만행이 과연 어떤 결과를 초래했던가를 기억해보라. 인류의 양심을 분노케 했던 야만적인 일들이 일어나지 않았던가?

그러므로 오늘날 보통사람들이 바라는 지고지순의 염원은 '이제 제발 모든 인간이 언론의 자유, 신념의 자유, 공포와 결핍으로부터의 자유를 누릴 수 있는 세상이 왔으면 좋겠다'는 것이리라.

유엔헌장은 이미 기본적 인권, 인간의 존엄과 가치, 남녀의 동등한 권리에 대한 신념을 재확인했고, 보다 폭넓은 자유 속에서 사회진보를 촉진하고 생활수준을 향상시키자고 다짐했었다.

그런데 이러한 약속을 제대로 실천하려면 도대체 인권이 무엇이고 자유가 무엇인지에 대해 모든 사람이 이해할 수 있도록 하는 것이 가장 중요하지 않겠는가?

유엔총회는 이제 모든 개인과 조직이 이 선언을 항상 마음속 깊이 간직하면서, 지속적인 국내적 국제적 조치를 통해 회원국 국민들의 보편적 자유와 권리신장을 위해 노력하도록, 모든 인류가 '다 함께 달성해야 할 하나의 공통기준'으로서 '세계인권선언'을 선포한다.

- **1조:** 모든 사람은 태어날 때부터 자유롭고, 존엄하며, 평등하다. 모든 사람은 이성과 양심을 가지고 있으므로 서로에게 형제애의 정신으로 대해야 한다.
- **2조:** 모든 사람은 인종, 피부색, 성, 언어, 종교 등 어떤 이유로도 차별받지 않으며, 이 선언에 나와 있는 모든 권리와 자유를 누릴 자격이 있다.
- **3조:** 모든 사람은 자기 생명을 지킬 권리, 자유를 누릴 권리, 그리고 자신의 안전을 지킬 권리가 있다.
- **4조:** 어느 누구도 노예가 되거나 타인에게 예속된 상태에 놓여서는 안 된다. 노예제도와 노예 매매는 어떤 형태로든 일절 금지한다.
- **5조:** 어느 누구도 고문이나 잔인하고 비인도적인 모욕, 형벌을 받아서는 안 된다.
- **6조:** 모든 사람은 법 앞에서 '한 사람의 인간'으로 인정받을 권리가 있다.
- **7조:** 모든 사람은 법 앞에 평등하며, 차별 없이 법의 보호를 받을 수 있다.
- **8조:** 모든 사람은 헌법과 법률이 보장하는 기본권을 침해당했을 때, 해당 국가 법원에 의해 효과적으로 구제받을 권리가 있다.
- **9조:** 어느 누구도 자의적으로 체포, 구금, 추방을 당하지 않는다.
- **10조:** 모든 사람은 자신의 행위가 범죄인지 아닌지를 판별받을 때, 독립적이고 공평한 법정에서 공평하고 공개적인 심문을 받을 권리가 있다.
- **11조:** 범죄의 소추를 받은 사람은 자신을 변호하는 데 필요한 모든 것을 보장받아야 하고, 누구든지 공개재판을 통해 유죄가 입증될

때까지 무죄로 추정될 권리가 있다.
- **12조**: 개인의 프라이버시, 가족, 주택, 통신에 대해 타인이 함부로 간섭해서는 안 되며, 어느 누구의 명예와 평판에 대해서도 타인이 침해해서는 안 된다.
- **13조**: 모든 사람은 자기 나라 영토 안에서 어디든 갈 수 있고, 어디서든 살 수 있다. 또한 그 나라를 떠날 권리가 있고, 다시 돌아올 권리도 있다.
- **14조**: 모든 사람은 박해를 피해, 타국에 피난처를 구하고 그곳에 망명할 권리가 있다.
- **15조**: 누구나 국적을 가질 권리가 있다. 누구든지 정당한 근거 없이 국적을 빼앗기지 않으며, 자기 국적을 바꾸거나 다른 국적을 취득할 권리가 있다.
- **16조**: 성년이 된 남녀는 인종, 국적, 종교의 제한을 받지 않고 결혼할 수 있으며, 가정을 이룰 권리가 있다. 결혼에 관한 모든 문제에 있어서 남녀는 똑같은 권리를 갖는다.
- **17조**: 모든 사람은 혼자서 또는 타인과 공동으로 재산을 소유할 권리가 있다. 어느 누구도 자기 재산을 정당한 이유 없이 남에게 함부로 빼앗기지 않는다.
- **18조**: 모든 사람은 사상, 양심, 종교의 자유를 누릴 권리가 있다.
- **19조**: 모든 사람은 의사표현의 자유를 누릴 권리가 있다.20조모든 사람은 평화적인 집회 및 결사의 자유를 누릴 권리가 있다.
- **20조**: 모든 사람은 평화적인 집회 및 결사의 자유를 누릴 권리가 있다.
- **21조**: 모든 사람은 직접 또는 자유롭게 선출된 대표자를 통해, 자국의 정치에 참여할 권리가 있다. 모든 사람은 자기 나라의 공직을 맡을 권리가 있다.

- **22조:** 모든 사람은 사회의 일원으로서 사회보장을 받을 권리가 있다.
- **23조:** 모든 사람은 일할 권리, 자유롭게 직업을 선택할 권리, 공정하고 유리한 조건으로 일할 권리, 실업상태에서 보호받을 권리가 있다. 모든 사람은 차별 없이 동일한 노동에 대해 동일한 보수를 받을 권리가 있다.
- **24조:** 모든 사람은 노동시간의 합리적인 제한과 정기적 유급휴가를 포함하여, 휴식할 권리와 여가를 즐길 권리가 있다.
- **25조:** 모든 사람은 먹을거리, 입을 옷, 주택, 의료, 사회서비스 등을 포함해 가족의 건강과 행복에 적합한 생활수준을 누릴 권리가 있다.
- **26조:** 모든 사람은 교육받을 권리가 있다. 초등교육과 기초교육은 무상이어야 하며, 특히 초등 교육은 의무적으로 실시해야 한다. 부모는 자기 자녀가 어떤 교육을 받을지 '우선적으로 선택할 권리'가 있다.
- **27조:** 모든 사람은 자기가 속한 사회의 문화생활에 자유롭게 참여하고, 예술을 즐기며, 학문적 진보와 혜택을 공유할 권리가 있다.
- **28조:** 모든 사람은 이 선언의 권리와 자유가 온전히 실현될 수 있는 체제에서 살아갈 자격이 있다.
- **29조:** 모든 사람은 자신이 속한 공동체에 대해 한 인간으로서 의무를 진다.
- **30조:** 이 선언에서 말한 어떤 권리와 자유도 다른 사람의 권리와 자유를 짓밟기 위해 사용될 수 없다. 어느 누구에게도 남의 권리를 파괴할 목적으로 자기 권리를 사용할 권리는 없다.

1) 손규태, "에큐메니칼 운동의 사회 윤리적 과제에 대해," 「개신교 윤리사상사」 (서울: 대한기독교서회, 1998), 456.
2) 철학자 아른트 폴만(Arnd Pollmann)은 인권에 대해 부정적 시각을 피력하고 있다. 첫째, 인권을 '유럽중심주의'로 판단한다. 인권은 유럽의 전체주의가 물려준 유산이라 보고 있다. 둘째, 인권은 '제국주의'의 일종이다. 유엔을 통해 추진되어 온 인권정책을 제국의 욕망을 확장시키는 서구제국주의자들의 간계라고 보고 있다. 셋째, 인권은 '반다원주의'이다. 유엔에서 결의된 인권규약들은 세계의 다양성과 다원성을 위협한다. 넷째, 인권은 '개인주의'이다. 인권은 각 개인의 차이를 무시하고 통일된 서구중심의 법문화를 만들어가는 시도이다. 다섯째, 인권은 '종이호랑이'라고 비판한다. 인권침해는 줄어들지 않고, 인권의 이름으로 인권을 침해하고 있다. 인권선언과 규약들은 공허한 종이일 뿐이다. 김형민, 「하나님의 권리와 인간의 권리」 (성남: 북코리아, 2011), 19-20.
3) 이봉철, 「현대 인권사상」 (서울: 아카넷, 2001), 13.
4) 오늘의 인권 개념은 고대에서 현대에 이르기까지 장구한 세월을 거쳐 사상적 발전과 사회운동 및 정치적 발전을 통해 인류가 획득한 산물이다. 오늘날 '인권'이라고 불리고 있는 것은 17세기 영국의 '권리선언'에 의해 준비되어, 1776년의 '버지니아 권리장전'에 의해 강령적인 원칙으로 정식화 되었다. 유럽 대륙에서는 프랑스 혁명 때인 1789년 8월 26일 '인간 및 시민의 권리'가 선언되고, 이 선언이 1791년의 혁명헌법의 구성 요소가 되었다. 그러나 이것은 명백하게 반교회적 경향의 관철을 나타내는 것이었다. 그 결과 필연적으로 교회와 신학에 의한 인권의 적극적 수용은 대단히 어렵게 되었다. 한국인권재단 엮음, 「한반도의 평화와 인권 I」 (서울: 도서출판 사람생각, 2002), 35.
5) 인권이 요청되는 구체적이고 역사적인 삶의 자리도 중요하다. 이를 위한 연구자들로는 철학자 슈바이들러(W. Schweidler), 몰트만(J. Moltmann), 후버(W. Hiber), 호네커(M. Honecker), 헤켈(M. Heckel) 등을 들 수 있다. W. Huber, 「인권의 사상적 배경」, 주재용 외 역 (서울: 대한기독교서회, 1992)를 참조할 것.
6) [온라인자료]http://amnesty.or.kr/4157/, 2019년 7월 16일 접속.
7) 한국에서의 민주화와 인권 운동을 중심으로 한 기독교사회 운동에 대한 자료는 다음의 책을 참고하면 좋다. 김명배, 「한국기독교 사회운동사」 (서울: 북코리아, 2009)
8) [온라인자료]http://amnesty.or.kr/campaign/, 2019년 7월 15일 접속. 정부 통계에 따르면, 1948년에서 1986년 사이 '국가보안법'으로 정치수 230명이 사형을 당했고, 고문을 당한 이들도 수천 명에 달한다. 이들을 기소하고 재판하기 위해 강제자백이 이루어졌고, 수년 이상의 징역형이 선고되기도 했다. 1990년대 후반 경제위기 시기에는 실직에 항의하는 노동자들을 상대로 '국가보안법'이 적용되었다. 일례로 1998년 상반기에는 400명 이상이 국가보안법 혐의로 구속되고 조사를 받았다. 국제 앰네스티와 국제사회는 한국이 안보에 대한 우려하고 있으며, 모든 국가가 국가안보를 유지할 권리가 있음을 인정하고 있다. 그러나 동시에 '국가보안법'이 시민적·정치적 권리를 온전히 실현하는 것을 가로막고 있다는 국제사회의 지적도 이어지고 있다. 당사국의 시민적·정치적 권리에 관

한 국제규약(한국은 1990년 1월 당사국이 되었다.) 이행 여부를 감시하는 유엔 전문 기구인 자유권위원회는 1992년, 1999년, 2006년에 걸쳐 거듭 "국가보안법이 시민적·정치적 권리 이행을 가로막고 있다"고 지적하고 개정 또는 폐지를 권고해 왔다. 특히 국가보안법 7조와 관련해서는 자유권규약과 부합하도록 '긴급한 조치'를 취해야 한다고 권고했다. 프랑크 라 뤼(Frank Ra Rue) 유엔 의사표현의 자유 특별보고관은 2011년 인권이사회에 올린 보고에서 국가보안법 제7조가 "모호하고 공익 관련 사안에 대한 정당한 논의를 금하며 오랜 기간 인권, 특히 의사표현의 자유에 대한 권리를 심각하게 침해한 긴 역사"가 있기에 이 조항을 삭제할 것을 한국 정부에 요청했다. 국가인권위원회도 2004년 8월 23일 국가보안법이 '사상과 양심의 자유, 표현의 자유'를 침해한다며 국가보안법의 폐지를 공식적으로 지지했다.

9) 북한 인권에 대한 자료들은 다음의 책들을 참고하면 좋다. 최성철, 「북한 인권론」, (서울: 국제인권옹호 한국연맹, 1999); 허만호, 「북한의 개혁. 개방과 인권」, (서울: 명인문화사, 2009).

10) Michael Freeman, 「인권: 이론과 실천」, 김철효 옮김 (서울: 도서출판 아르케, 2005), 272. 인간이 살아가는 데 가장 필수적이고 기본적인 요소들, 즉 생명, 생존, 생각, 신체에 대한 자기결정 등은 어느 하나라도 부족하면 인간으로 존재한다고 할 수 없는 것들이다.

11) 호남신학대학교 해석학연구소, 「인권의 이념과 해석학」 (서울: 한들출판사, 2008), 5.

12) 윗글, 115.

13) Louis Henkin, The Age of Rights (New York: Columbia University Press, 1992), 2.

14) Micheline Ishay, The History of Human Rights (CA: University of California Press, 2008), 47.

15) 김형민, 「하나님의 권리와 인간의 권리」, 22.

16) 이부록, 「세계인권선언」, 조효제 옮김 (서울: 프롬나드, 2012), 15; 조효제, 「인권을 찾아서」 (서울: 한울아카데미, 2011)를 참조할 것.

17) 인간은 인간이라는 사실 때문에 존엄성을 갖고 있다. 여기서 '왜' 인간이라는 사실 때문에 인간은 존엄하고 인권이 보장되어야 하느냐? 하는 질문은 허용될 수 없다. 인권은 다른 근거가 필요 없는 그 자체로서 타당한 것이다. 우리에게 허용되는 질문은 '인간이 무엇인데 인간은 인간이라는 이유만으로 인권을 당연한 권리로 주장하는가?'이다. 그 답은 인간을 무엇이라고 규정하든 그것은 문제가 될 수 없다. 정신적인 존재인 인간은 무조건 권리가 보장 되어야 한다. 그러므로 우리는 인권의 근거를 인간 이외의 더 높은 곳에서 찾아야 한다. 인간은 우연히 스스로 태초부터 있는 존재가 아니다. 성서는 인간이 하나님의 피조물이라고 가르친다. 성서는 인간이 어떤 존재인가 하는 것을 신과의 관계 속에서 파악하고 있다. 인간의 가치와 존엄성은 인간이 맺고 있는 하나님과의 특별한 관계 때문에 주어진 것이다.

18) 김형민, "인권 이념의 발전과 기독교," 「신학이해」, 23집 (2002): 137-8.

19) "그러므로 무엇이든지 남에게 대접을 받고자 하는대로 너희도 남을 대접하라 이것이 율법이요 선지자니라"(마 7:12). "너희가 다 믿음으로 말미암아 그리스도 예수 안에서 하나님의 아들이 되었으

니"(갈 3:26).
20) 호남신학대학교 해석학연구소, 「인권의 이념과 해석학」 (서울: 한들출판사, 2008), 22-4.
21) 자유권은 근대자연법론의 사상적 영향 아래 미국의 버지니아 권리장전(1776년)과 프랑스의 인권선언(1789년)을 통해 헌법상 기본원리로 자리 잡았다. 버지니아 권리장전 제1조는 "모든 사람은 태어날 때 자유롭고 독립한 일정의 생애를 가진다"고 되어 있고, 프랑스 인권선언 제1조도 "인간은 자유롭게 그리고 권리에 있어 평등하게 태어나 존재한다"고 규정하고 있다.
22) 고명석, 「인권과 사회복지」 (서울: 대왕사, 2011), 52-62.
23) 한국인권재단 엮음, 「한반도의 평화와 인권 I」, 39-40.
24) 김형민, "T. 렌토르프의 윤리신학과 인권," 「신학이해」, 20집 (2000): 226.
25) 윗글, 227-8.
26) "오직 심령으로 새롭게 되어 하나님을 따라 의와 진리의 거룩함으로 지으심을 받은 새사람을 입으라"(엡 4:23-4). "새사람을 입었으니 이는 자기를 창조하신 자의 형상을 좇아 지식에까지 새롭게 하심을 받는 자니라"(골 3:10).
27) G. Von Rad, 「구약성서신학」, 허혁 옮김 (왜관: 분도출판사, 1996), 51.
28) W. H. Schmidt, 「구약성서입문」, 차준희 역 (서울: 대한기독교서회, 2001), 167.
29) "애굽 사람이 종을 삼은 이스라엘 자손의 신음을 듣고 나의 언약을 기억하노라 그러므로 이스라엘 자손에게 말하기를 나는 여호와라 내가 애굽 사람의 무거운 짐 밑에서 너희를 빼어내며 그 고역에서 너희를 건지며 편 팔과 큰 재앙으로 너희를 구속하여 너희로 내 백성을 삼고 나는 너희 하나님이 되리니 나는 애굽 사람의 무거운 짐 밑에서 너희를 빼어낸 너희 하나님 여호와인줄 너희가 알지라"(출 6:5-7).
30) 김형민, "인권 이념의 발전과 기독교," 144.
31) 강성열, 「구약성서와 오늘의 삶」 (서울: 한국장로교출판사, 1999), 157.
32) 이종록, "제의와 쉼, 그리고 삶, 온전한 사회적 쉼을 실현하기 위하여," 「신학과 사회」, 9 (2005): 257-90을 참조할 것.
33) 예수님의 사역 가운데 차별을 금지하는 사역을 조망해 보면 다음과 같다. 첫째, 간음하다 현장에서 잡힌 여자 문제(요 8:1-11)를 다루시면서 간음죄를 남녀 모두에게 동등하게 처벌하지 않고 여자에게만 내리는 그 당시의 여성차별에 대해 도전하셨다. 둘째, 삭개오의 기사(눅 19:1-10)를 보면 그가 지닌 신앙이나 심성은 아랑곳없이 외형으로 나타나는 직업으로 인해 사회적 차별을 받고 있었는데 예수님은 삭개오를 직접 찾아가 그가 지켜온 삶을 인정하므로 이웃과 함께 생활을 영위할 수 있도록 기회를 제공하셨다. 셋째, 예수님 당시 저주의 병인 문둥병(막 1:40-4)으로 환자의 삶이 총체적으로 파괴되었는데, 문둥병자는 규례를 깨고 예수님 앞에 나왔고, 예수님은 이 문둥병자의 나옴을 허락하시고 치유하셨고, 그의 사회적인 위치를 회복시켜 주셨다. 넷째, 성서는 유대인들에게도 지역적 차별이 있었음을 이야기 하고 있다.(요 4:1-42) 사마리아 사람과 유대인들의 관계는 상

종하지 않는 것이 관례였다. 그러나 예수님은 수가성에서의 한 여인을 만나 동등한 관계에서의 대화를 통해 사회적 관계형성을 이루어 내셨다. 남궁선, "기독교 인권담론 형성을 위한 예수의 사역 고찰," 「韓榮論叢」, 13 (2009): 139–45.

34) "예수께서 모든 성과 촌을 두루 다니사 저희 회당에서 가르치시며 천국복음을 전파하시며 모든 병과 약한 것을 고치시니라"(마 9:35).

35) 이정희, 「상담자 예수」 (서울: 그린, 1992), 57–61.

36) 김형민, 「하나님의 권리와 인간의 권리」, 87.

37) H. D. Betz, Galatians (Philadelphia: Fortress Press, 1989), 189.

38) 김경희, "갈라디아 3장 27–28절을 통해 본 원시 기독교의 평등의 비전," 「신약논단」, 7 (2000): 48–82를 참조할 것.

39) 한국인권재단 편, 「21세기의 인권 I, II」 (서울: 한길사, 2000)을 참조할 것.

40) 정부 국가인권위원회의 역할과 사명은 매우 중대하다. 국가인권위원회는 2007년 5월 국가인권정책 기본계획을 수립하여 제1차 기본계획(2007–2011)에 이어 2012년 3월 30일 제2차 국가인권정책기본계획(2012–2016)을 발표하였다. 정부는 제2차 기본계획을 통해 학교폭력으로부터 아동, 청소년의 인권보호, 여성장애인의 모성보호, 최저임금 근로자의 권리 보호, 결혼이주여성의 안정적 법적 지위 보장, 다문화가정 학생 맞춤형 교육지원, 사회적 차별 시정을 위한 법 및 제도 개선, 건강보험의 보장성 강화, 국제인권기준에 대한 교육 및 홍보 등 67개 신규과제를 제시했다. 이어서 2018년 8월 7일 제3차 국가인권정책기본계획(2018–2022)을 발표하였다. 제3차 기본계획은 지난 2016년 1월부터 26개 정부 부처 및 기관이 2년여의 협의를 거쳐 수립하였으며, 제3차 국가인권정책기본계획은 헌법과 국제인권규범에서 인정되는 권리 분류를 따라 8개 목표를 증심으로 과제를 구성했고, 주요 내용으로는 ① '모든 사람의 생명·신체를 보호하는 사회'를 위한 인신구속제도 개선 및 피고인·피의자의 권리 보호, 범죄피해자 보호, 안전사고 예방 및 재난 관리의 국가책임 구축 ② '모든 사람이 평등한 사회'를 위한 차별금지 법제 정비, 성별 임금차별 해소, 장애인 고용개선 및 차별·비하 정보 모니터링 ③ '모든 사람이 기본적 자유를 누리는 사회'에서 양심적 병역거부자를 위한 대체복무제 검토, 인터넷상 표현의 자유 보장, 평화적 집회시위 보장 강화, 정보통신기술 사회에서의 사생활·개인정보 보호 ④ '모든 사람이 정의 실현에 참여하는 사회'에서 군장병의 인권보호와 공직 내 여성 대표성 강화, 장애인·저소득층·지역인재의 공직 진출 기회 보장 ⑤ '모든 사람이 더 나은 미래를 추구하는 사회'를 위해 비정규직 차별철폐 및 일·생활 균형 근로 문화 확산 등 노동권과 식수·농축수산물 안전관리, 저소득층 주거지원 등 적절한 생활수준에 관한 권리, 치매 대응 및 국가지원 강화, 생활소음 및 미세먼지 대응 등 주거권과 보건·환경권, 무상교육의 점진적 확대와 교육환경 개선 등 교육권 등에 관한 정책 ⑥ '모든 사람이 동등한 권리를 누리는 공정한 사회'에서는 폭력이나 학대로부터의 여성, 아동, 장애인, 노인 등의 보호 및 지원, 이주민의 사회통합 지원제도 활성화, 북한이탈 주민에 대한 정착 지원 강화 등 ⑦ '인권의식과 인권문화를 높여가는 사

회'에서는 국제인권규범의 이행과 인권교육 ⑧ '인권친화적 기업 활동을 위해 함께 노력하는 사회'에서는 기업이 인권을 존중하도록 함으로써 기업의 인권침해를 예방하는 정책 등이 있다.(온라인자료)http://www.lawleader.co.kr/news/articleViewAmp.html?idxno=901, 2020년 1월 20일 접속.

14. 양극화에 대한 반성

1. 들어가는 글

한국사회는 지금 '양극화'라는 재난의 현장에 있다. '1대 99'로 대변되는 사회 양극화 현상은 지구촌의 최대 화두가 되었으며 한국사회 뿐 아니라 이미 한국교회 내부까지 침투하여 심각한 문제를 불러일으키고 있다.[1] 사회는 양극화가 심화되면서 여러 가지 부작용을 낳고 있는데, 갈등과 분열에 휩싸이고, 사회통합을 저해하는 요인으로 작용하고 있다. 날이 갈수록 극심해져 가는 사회의 양극화 흐름 속에서 20%의 중대형교회와 80%를 차지하고 있는 개척교회와 미자립 교회의 한국교회 양극화 문제는 사회 문제 못지않게 심각하다. 교회조차 부익부 빈익빈 논리가 통하는 이 시대에 양극화 현상을 해결할 수 있는 대안을 모색하는 것이 절실한 시점이다. 양극화란 삶의 모든 영역에서 발생하는 빈부격차와 그것으로 인해 발생하는 사회적 반목 현상이다.[2] 예컨대 양극화는 집단을 상위집단과 하위집단의 둘로 나눌 때 양 집단의 집락성이 더 커지는 것을 가리킨다.[3] 공동체적 일체와 연대가 무너져 버린 상태를 의미한다. 즉 하나 됨을 해치는 모든 종류의 차별이 양극화 현상이다.[4] 양극화는 경제, 이념, 교육 등 사회 양극화로 확산되었고, 이러한 현상은 이제 교회 안에까지 퍼져 심각한 위기를 맞고 있다. 이러한 양극화라는 거대한 도전과 위기 앞에서 한국교회가 할 일이 무엇인가? 도전과 위기의 시대에 한국교회가 새로운 사회를 책임 있게 형성할 수 있는 하나의 주체로 서서 제 역할을 다할 수 있는가? 그리스도인은 이 문제에 대해 두 가지 태도를 취할 수 있다. '도피' 아니면 '참여'다. 도피는 세상의 괴로운 부르짖음에 마음을 닫아 버리는 것이고, 참여는 긍휼의 마음으로 세상을 돌아보고 세상을 섬기느라 하나님의 사랑이 일어나는 것을 느끼는 것이다.[5] 양극화라는 무거운 도전에 도피할 것인가? 아니면 참여할 것인가?

필자는 다음과 같은 구조로 글을 전개하고자 한다. 우선 2장에서 한국교회에 현존하는 양극화의 현실을 살펴보고자 한다. 한국교회의 양극화는 신학적인 측면에서 진보와 보수의 갈등이 현존하고 있고, 구조적인 측면에서 보면 인적, 물적 자원의 갈등과 불균형으로 더 심각한 수준에 이르렀다. 이런 현실을 살펴보고, 3장에서는 구약과 신약에 기초한 고찰을 통해 교회의 양극화가 근대 이후에 나타난 문제가 아님을 밝히고자 한다. 4장에서는 사회와 교회의 최대 위기로 부각된 이 양극화 문제를 해소하기 위해 바른 방향성을 다각적으로 제시함으로서 한국교회의 위기를 타파하고 한국교회가 새로운 희망이 될 수 있음을 제시하고자 한다.

2. 한국교회의 양극화 현황

세계 100대 교회 중 절반 이상이 한국교회라는 자부심이 넘쳐나고 있지만, 이런 대형교회의 아성만큼 교회는 부패하고 있다는 자조 섞인 비판에 우리는 깊이 반성할 필요가 있다. 한국 교인 10명 중 8명이 교회 양극화 문제를 심각하게 받아들이는 것으로 나타났다. 한국기독교목회자협의회가 글로벌리서치에 의뢰하여 조사한 결과 77.1%가 양극화 현상을 시급히 해결해야 될 문제로 인식하고 있다고 응답했다.[6] 한국교회의 빠른 성장은 한국사회의 자본주의적 성장과정과 밀접하게 연관되어 있다. 70년대부터 시작된 성장지상주의, 대형화 추구는 결국 교회를 양극화 시켰을 뿐만 아니라 교회 안에서도 자본과 힘의 논리가 지배하는 결과를 가져왔다. 이런 현실은 목회를 영혼치유보다 경영마인드에 기초한 기업논리에 따르게 했고, 또한 교회의 대형화는 교회를 신앙공동체나 메시야 공동체로서가 아니라, 하나의 자본주의 시장으로 이해하는 길을 열었다.[7] 독일의 하이델베르크 대학의 명예교수인 테오 순더마이어(Theo Sundermeier) 박사는 교회의 대형화 추구는 잘못된 선교이해에서 시작된 것이라고 지적했다.[8] 성경은 교회가 교회답기를 원한다. 예수님은 "너희는 세상의 소금이니 소금이 만일 그 맛을 잃으면 무엇으로 짜게 하리요. 후에는 아무 쓸데없어 다만 밖에 버리워 사람들에게 밟힐 뿐이니라." 너희는 세상의 빛이라 산 위에 있는 동네가 숨기우지 못할 것이다"(마 5:13-14)라고 말씀하셨다. 그리스도인은 소금과 빛이요, 산 위의 도시라는 것이다. 그러므로 '교회가 세상을 바꾸어야 한다'고 독일의 신약성서 학자인 게르하르트 로핑크(Gerhard Lohfink)는 주장한다.[9] 기독교적 관점에서 그리스도인은 하나님의 의도에 의해 세상을 만드는 자임을 알아야 한다.[10]

우선 한국교회에 있어서의 양극화는 신학적인 측면에서 진보와 보수의 갈등이 현존하고 있다. 초기복음이 전파되면서 신앙적인 영혼구원과 사회참여와 같은 이슈에 대한 신학적인 관점이 서로 다른 양극화로 나타났다. 보수적인 신학과 신앙은 개인의 구원을 중시하였고, 진보적인 신학과 신앙은 사회구원을 주장하여 구원을 이해하는 그 방식에서 분명하게 나타났다. 특히 교회가 외형적 모습을 중시하며 그 숫자적으로 성장을 강조하는 오늘날의 목회신학에서 잘 드러난다. 이러한 한국교회의 보수와 진보 진영의 양극화는 복음화와 인간화, 영혼구원과 사회구원 등의 신학적 담론뿐만 아니라 국가권력에 대한 태도에서도 양분되어 있었다. 이런 태도는 1970년대부터 심화되기 시작했다. 보수진영은 근대화 정책, 도시의 팽창, 농어촌의 붕괴로 도래된 사회적이고 정치적인 불안에 고통받는 사람들을 수용하면서, 대규모 복음화 대회 등을 통해 급성장할 수 있었다. 1973년 5월의 빌리 그래함(Billy Graham) 한국 전도대회, 1974년 대학생선교회(CCC)가 주관한 '엑스플로 74' 등은 한편으로 한국교회의 놀라운 성장 잠재력과 보수진영의 세력을 과시하는 계기가 되었다. 한국교회의 이른바 진보진영은 '한국기독교교회협의회'(KNCC)와 '세계교회협의회'(WCC)의 배경 속에 도시산업선교, 도시빈민선교, 인권운동, 재야 민주화운동 등을 중심으로 한 '인권과 민주화'를 내용으로 하는 사회적 참여의 신학이었다.[11] 한국교회의 보수와 진보 진영 사이의 신학적 갈등과 교회의 분열은 '세속화 신학', '토착화 신학,' '정치신학,' '해방신학' 등 서구 진보신학운동의 중심이었던 세계교회협의회와 영혼구원, 복음전도를 초점으로 한 복음주의 진영 사이의 갈등과 대립이 한국에서 재현되었다는 점에서 서구신학의 대리전으로 보기도 한다. 보수든 진보든지 간에 한국교회에 대한 신학적 비판은 한국교회의 물신숭배, 기복주의, 혼합주의, 반지성주의, 윤리의식의 이중구조, 교파주의, 개교회주의 등 이른바 신학적 주제들과 관계된 문제를 중심으로 전개될 수 있다. 물론 신학적 비판이 윤리적, 사회적 비판과 전적으로 다른 시각에서 제기되는 것은 아니다. 이 비판은 마치 동전의 앞뒤처럼 서로 뗄 수 없는 관계에 놓여 있다. 단지 신학적 비판은 윤리적, 사회적 문제의 현상보다는 그것의 근본을 문제 삼는다는 점에서 보다 중요함을 인식해야만 한다.

　진보와 보수의 신학적 양극화 근저에는 또 다른 양극화가 있다. 신학의 깊이와 논쟁이 심화되면서 신학이 마치 사역의 거침돌이 되는 것처럼 말하는 목소리들이 점차로 높아지고 있다. 신학을 알면 알수록 여러 가지 대립적이고 비판적인 내용 때문에 목회에 지장을 초래하게 되고 방해요소가 된다는 것이다. 따라서 고루한 신학적인 논쟁이나 흑백논리식의 비판이 없어야 목회자나 교회가 추구하는 방법대로 교회를 운영해 나감으로써 교회성장을 이룩할 수 있다는 것이다. 이러한 신학의 양극화와 교회성장 관계는 교단중심의 신학사조가 정체성에 따라 양상을 달리하면서 자신들이 걸어온 길을 반추해 보면서 일어났다. 이 움직임은 전통적인 보수신앙을 계승하려는 정통주의, 한국적신학을 추구하는 자유주의 토착화신학, 자유주의적인 종교신학을 지향하는 민중신학과 이 시대에 새로운 모델을 제시하려는 복음주의 신학의 네 가지 방향으로 전개되었다.[12] 바로 여기에 이론적인 신학과 실천적인 목회 사이에 첨예하게 대립하는 양극화 현상이 있다.

　또한 한국사회의 소득 양극화는 갈수록 심화되고 있다.[13] 한국의 소득 양극화 수준(2018년 기준)은 경제협력개발기구(OECD) 회원국 36개국 중 30위로 최하위권이다. 특히 양극화된 소득격차로 인한 빈부격차는 확대되고 있어 사회통합의 최대 장애요인이 되고 있다.[14] 한국교회의 양극화는 해방과 전쟁을 통해 정치적, 경제적, 사회적 혼란과 불안, 급속한 산업화와 도시화의 과정에서 나타난 교회의 급속한 성장으로 파생된 대형교회와 소형교회 사이의 인적, 물적 자원의 구조적인 양극화이다. 최근에는 소형교회에서 대형교회로의 수평적인 교회이동이 가속화되면서 교회의 양극화가 더 심각한 지경에 이르고 있다.[15] 채수일 교수는 한국교회의 빈부 양극화는 목회자의 계급적 양극화와 직결되어 있고, 대다수의 한국교회 목회자들의 사례금은 최저 생계비에도 못 미친다고 지적했다.[16] 교회 규모와 목회자 생활비의 비례관계는 교회의 성숙보다 성장을 지향하게 하고, 목회자들의 계급적 양극화를 심화시킨다. 한국 목회자의 하위 20%는 불과 일천만원 이하의 낮은 연봉을 받고 있는 반면에 상위 10% 중에는 터무니없이 높은 연봉을 받아가는 목사들이 적지 않다는 사실이다. 한 대형교회 담임목사가 6억 원을 받았고, 지방 소도시 교회 담임목사가 2억 원의 연봉을 받은 곳도 있다.[17] 이러한 양극화의 중심에 있는 목사들은 결국 탐욕을 숨기는 것이다. 선지자 이사야가 탐욕스러운 목자들을 서슴지 않고 '개'라고 단언한 경고(사 56:10-12)를 받아들여 참된 제자의 길을 걷는 모습이 필요하다고 본다.

특히 교회의 맘몬 숭배의 증상으로 드러나는 대형교회의 교회세습과 담임목사직 성직매매 등의 부패들은 양극화의 대표적인 부작용으로 드러나고 있다.[18] 교회 세습이 잘못된 것이라는 공감대가 있음에도 일부교회는 여전히 변칙적인 방법으로 세습을 시도하고 있다. 교회 세습에 대한 당당함은 한국의 교회들이 얼마나 심하게 변질되었는지를 보여주는 것이다. 세습에 대한 기법도 갈수록 발전하여 부자세습, 교차세습, 증여세습 등 다양하기까지 하다는 사실은 우리의 현주소를 말한다.[19] 교회 세습에 대한 배경과 원인을 살펴보면 첫째, 가족주의, 세습자본주의, 생존욕구, 무한경쟁이라는 사회문화적 원인이 있다. 둘째, 담임목회 지상주의, 성장지상주의, 개교회 중심주의, 성직자 중심주의, 비민주적 권위주의라는 교회적 원인을 들 수 있다, 셋째, 신학적 원인으로 신학의 부재와 왜곡된 신학을 들 수 있다. 이 배경에는 탐욕이 강력한 동기임을 알아야 한다.[20] 한국교회의 세습은 중세 성직 매매의 아류라는 인식이 절대적으로 필요하다.

미래목회포럼의 16차 정기포럼(주제: 한국교회 양극화 현상, 그 대안을 찾다)에서 남재영 목사는 담임목사직 성직 매매는 전체는 아니지만 중대형교회 부목사들을 일정액의 돈을 주고 담임목사로 내보내는 식으로 진행된다고 주장했다. 예전에는 대형교회들이 부목사들의 교회 개척을 지원했지만, 이제는 은퇴하는 목회자들에게 돈을 주고 자립된 교회의 후임으로 내보내는 경우가 많아졌다. 이런 현상은 담임목사직 성직매매의 공급원은 중소형 자립교회이지만, 그 수요자는 대부분 대형교회 부목사라는 성직매매의 수요와 공급의 메커니즘을 만들어 왔다. 교회 양극화 뒤에 대형교회와 중소형교회를 낀 이런 메커니즘은 한국교회의 양극화를 지속적으로 유지할 수 있는 동력이 되고 있다. 이러한 한국교회의 양극화 문제는 경제성장논리와 궤를 같이해 온 한국교회 성장이 낳은 탐욕의 산물이다.[21] 그러나 교회는 서로 경쟁관계가 아닌 하나님 나라 확장을 위한 동반자적 관계임을 인식하고 서로 협력하고 섬겨야 한다.[22]

한국교회의 두드러진 특징 가운데 하나는 교인들의 수가 기하급수적으로 증가해왔다는 사실이다. 한국교회의 양적 성장은 개교회 대형화를 강력히 추구해온 그릇된 교회성장론의 결과이다. 이러한 교회의 모습은 우선 숫자의 증가만을 꾀하는 양적 성장에 비례해서 신앙의 내용을 바르게 채워가야 하는 질적 성숙이 후속적으로 뒤따라와야 함을 강조하고 있다는 사실이다. 랄프 윈터(R. Winter)는 그리스도인의 영적 성장인 질적 성장(Internal Growth)을 강조한다. 질적 성장은 신앙적인 면에서의 깊이와 발전을 뜻한다. 서로 간에 사랑의 교제와 정의, 평화, 복음화, 해방, 자유, 양극화 해소 등 하나님의 뜻을 이 땅에 실현하는 것에 민감해져 복종하는 것을 말한다.[23] 이제 한국교회는 교회확장이나 적극적 사고방식에서 비롯된 물량적 거대주의나 성공지향적 기능주의의 목회 성향에서 벗어나야만 한다.[24] 한국교회의 기본적인 신앙은 매우 높고 지난 몇 십년간 강화되는 경향이 있지만 교회에 대한 사회적인 신뢰도는 매우 낮고 과거보다 더욱 악화되고 있다는 사실을 깊이 인식하고 이를 개혁해 나가는 열정과 실천이 필요한 때이다. 한국교회는 잘못된 극단적 이원론의 세계관을 버리고 삶의 모든 영역에서 하나님의 주권 사상을 강조해야 한다. 하나님의 나라는 이 땅위에서 분리되어 내세에 가는 곳이 아니라 바로 이 땅위에서 종말론적으로 실현되어가는 과정임을 주장해야 한다. 양극화라는 위기 앞에 교회는 이 세상을 도피하거나 적당하게 사는 것이 아니라 성경적 기독교 세계관에 근거한 문화의 변혁자로서 사는 크리스천의 삶을 말해야 한다.[25]

3. 양극화에 대한 신학적 반성

양극화는 성경 안에서 이미 야기되었던 문제이다. 물론 성경이 이 문제에 대한 정확한 개념을 설명하고 있지는 않다. 그러나 구약과 신약 공동체 속에서 부의 분배나 경제적 모습을 담고 있는 성경구절을 통해서 양극화에 대한 고찰을 시도할 수 있다. 그렇다면 성경은 양극화에 관해 어떤 이해를 제공하고 있는가? 이 이해를 위해 구약성경과 신약성경에 나타난 물질과 부의 개념과 양극화에 대해 다루고자 한다.

구약은 부와 재산을 포함한 모든 만물이 하나님으로부터 나온 것임을 분명히 하고 있다. 인류의 역사는 하나님께서 온 우주 만물을 창조하시고 인간에게 피조물들을 다스리고 관리하는 청지기직을 수여함으로써 시작되었고, 인간은 하나님께서 허락하신 경제적인 활동을 통해 땅의 물질과 재물을 획득하고 그것들을 누리면서 살게 되었다. 족장시대에 들어서면서 하나님의 부르심과 축복의 언약이 아브라함이라는 한 사람과 그의 후손들에게 주어지게 되는데 그 증거로 큰 부와 물질이 주어지게 된다.[26] 그리고 출애굽 한 이스라엘 백성들은 가나안 땅에 들어가서 땅을 정복하여 분배 받게 되는데 이 모든 것이 하나님께서 그들에게 주신 것들이었다. 이스라엘 백성들이 가나안 땅에 정착했던 초기에는 토지가 각 지파와 가족들에게 골고루 분배 되었으며 그 누구도 사유재산을 소유할 수 없었다. 그러므로 초기 이스라엘은 계급이 없는 사회였음에 틀림없다.[27] 그러나 시간이 흐르면서 이스라엘의 경제체제는 변화를 가져왔다. 이스라엘 백성과는 달리 가나안 원주민들은 토지를 사유재산으로 여기고 축적하며 상품으로 매매하였는데 이러한 풍습이 가나안에 정착한 이스라엘 사회에 영향을 미치게 되었다.[28] 아울러 왕정시대는 왕으로 하여금 광대한 사유지를 확보하도록 하였을 뿐만 아니라 왕 주위의 관리들은 봉토를 받게 되는 결과를 낳음으로 대부분의 관리들은 오히려 농부들의 궁핍한 상황을 이용하여 많은 땅을 취득했다.[29] 결국 이스라엘 사회의 평등적인 경제공동체는 붕괴되어 갔다. 이러한 부의 불평등한 분배와 소수에 대한 부의 집중 현상은 구약성서 시대의 양극화의 문제를 가져오게 되었다. 점점 이스라엘 백성들에게 세상의 모든 물질과 부가 하나님의 소유라는 창조주 신앙은 희미해졌고 더 많은 부의 축적을 위한 불법과 악행들을 저지르게 되었다. 힘과 권력이 있는 자들이 자신들의 재산과 부의 축적을 위해 매우 불의하고 악한 방법들을 사용했다. 그 결과로 인해 가난한 자들은 불평등하고 부조리한 사회의 구조 속에서 극심한 고통을 당하며 살아야 했다. 하나님께서는 이러한 이스라엘의 모습을 묵과하지 않으시고 이사야, 예레미야, 미가 등 선지자들을 통해서 강력한 경고와 심판의 메시지를 전하셨다.[30] 양극화는 예언자들이 주목한 가장 긴급한 의제들 중 하나였고, 양극화는 나라의 멸망을 초래할 수 있는 가장 심각한 사회질병이라고 진단하였다.[31] 구약성경은 부의 독점과 수탈을 통해 야기된 양극화된 사회의 모습을 해결하기 위해 가난하고 약한 자들에게 긍휼과 자선의 필요성(출 22:25-6, 레 19:9-10, 신 15:7-8)을 강조하고, 부의 정의로운 분배를 위해 희년법(레 25:8-55)을 제시하여 사회와 경제의 구조가 개혁되어야 함을 주장한다.[32]

신약성경의 양극화 문제를 이해하기 위해서는 먼저 신약성경이 지닌 물질관에 대한 이해가 선행되어야 한다. 신약성경은 돈과 재물을 어떻게 이야기하고 있는가? 신약성경에는 물질적 부에 대한 부정적 측면이 자주 언급되어 있다.[33] 예수께서는 재산이자 소유, 곧 부 그 자체를 부정하지는 않았지만, 부가 가져올 수 있는 영적 위험성과 기만성에 대해서는 계속 경고하셨다.[34] 그렇다면 그 원인은 무엇일까? 첫째, 하나님 나라의 특징과 믿음은 이 세상의 재물을 초월하기 때문이다. 예수님은 "너희는 하나님과 재물을 겸하여 섬길 수 없느니라"(눅 16:13)라고 선언하셨다. 인간은 창조주 하나님을 섬기든지 아니면 피조물 중의 어느 하나를 섬길 수밖에 없는 존재로 지음 받았다.[35] 이것은 하나님 나라의 백성들과 예수님을 따르는 자들이 가져야 하는 가장 기본적인 원칙이다.[36] 둘째, 부와 물질을 소유하게 되면 하나님을 신뢰하기 보다는 자신들이 가진 것들을 의지하여 하나님과 멀어질 수 있는 위험을 내포하고 있기 때문이다.[37] 그래서 재산에 희망을 두지 말고 하나님께 희망을 두라고 권면하며(딤전 6:17), 돈이나 재물에 대한 탐심을 물리칠 것(눅 12:15)과 돈을 사랑해서는 안 된다는 경고(히 13:5)가 주어지고 있는 것이다.[38] 셋째, 차별적인 부의 문제 때문이다. 구약성경에 나타났던 부의 분배의 문제와 양극화된 경제사회의 구조는 예수님 시대의 상황에도 동일하게 나타났다. 이러한 문제로 인해 신약성경의 저자들은 물질과 부자에 대해서 부정적이고 비판적인 시각을 이야기한다. 이러한 비판적인 시각은 부자와 나사로의 비유(눅 16:19-25), 가난한 자에 대한 축복과 부자에 대한 화 선언(눅 6:20-25), 야고보가 부한 자들에게 주는 경고(약 5:1-6), 부자가 되기를 원하는 자들을 향한 무서운 경고(딤전 6:9-10)를 통해서 확인할 수 있다.

신약성경은 양극화 문제를 해결하기 구약성경과 마찬가지로 자선이나 구제를 강조한다. 그러나 신약성경의 자선은 재산분배와 긴밀히 연결되어 있으며 개인적 차원의 자선과 더 나아가 공동체적 자선으로 확장되어 나타난다.[39] 영생의 문제로 고민하던 부자청년에게 예수님께서 제시했던 해결책이 "네 소유를 팔아 가난한 자들에게 주라"(마 19:20-22)는 것이었다. 야고보는 헐벗은 형제와 자매에게 양식과 쓸 것을 함께 나누어 주는 행위를 통해서 행함(약 2:15-17)을 강조하였다. 바울은 예루살렘 교회가 극심한 기근으로 인해 큰 곤경에 처하게 되었을 때 이방교회 공동체에게 예루살렘교회를 재정적으로 도와줄 것을 요청하였다.(고후8:1-2)[40] 이렇게 신약성경은 양극화된 사회구조 속에서 야기된 불균등한 분배와 가난에 대한 문제를 철저하게 인식하고, 이 문제의 해결을 위해서 개인적이고 동시에 공동체적인 차원에서 적극적이며 현실적인 대안을 분명하게 제시하고 있음을 알 수 있다.[41]

현대 기독교 지성을 대표하는 복음주의자인 존 스토트(John Stott, 1921-2011) 박사는 빈곤이라는 가혹한 현실 앞에 냉정한 통계에 근거해 공정하고 합리적으로 접근할 것과 정서적인 반응을 통해 분노를 느끼며 접근해야 함을 역설한다. 청년실업, 장기실업, 주택공급의 소홀함, 불충분한 학교교육 기회, 소외감 등 사회 곳곳에 팽배한 양극화 모습에 대해 성경적인 가치관을 갖고 그들과 함께하는 실천이 필요하다고 강조한다.[42] 성경에 드러난 가난에 대한 책임은 가난한 사람들 자신보다 사회의 잘못이기 때문에 우리는 그들에 대한 사회적 책임이 있음을 알아야 한다.[43] "가난한 자들은 너희와 항상 함께 있으니"(막 14:7)라는 말씀은 가난을 묵인하는 것이 아니라 가난한 자들과 아낌없이 나누도록 권고하기 위한 것이다. 그 결과 "너희 중에 가난한 자가 없게"(신 15:4) 하시려는 것임을 알아야 한다. 바울이 빌립보 교인들에게 말한 것처럼 주고받는 일에서 협력 관계에 있음을 알고 나누는 일에 집중해야 한다. "빌립보 사람들아 너희도 알거니와 복음의 시초에 내가 마게도냐를 떠날 때에 주고받는 내 일에 참여한 교회가 너희 외에 아무도 없었느니라"(빌 4:15). 이 말씀은 '상호책임'(Mutual Responsibility)과 관련한 탁월한 본문이다.44) 우리에게 주어진 자원을 자발적으로 나눔으로써 양극화가 사라지는 공동체가 있다면 그것은 예수의 새로운 사회이다. 그 사건은 성경에 나타난 오순절 후 예루살렘에서 일어난 일이었다. 하나님 나라의 이상을 예시하도록 부름 받은 공동체인 교회는 물질적 가난이라는 양극화의 악을 근절하는 일과 영적 가난이라는 선을 개발하는 일에 관심을 갖고 실천해야 한다. 그러므로 우리는 성경이 주는 이러한 가르침을 따르고 순종할 때 양극화 문제가 해결되어 가는 것을 경험하게 될 것이다. 이미 성경적 원리를 가지고 종교개혁자 칼빈(J. Calvin)은 하나님 나라와 세상나라를 분리하지 않고 현실사회와 이상사회를 조화시키는데 신학 및 정치사상의 목표를 두었다. 그는 '사회 형평사상' 즉 반독재사상과 반독점 균분사상을 통해 하나님의 통치가 지배되는 사회를 실현시키기 위해 수행해 나갔다. 즉 하나님의 사랑과 자비를 통해 약자들을 일으켜 세우고, 하나님의 공의를 통해 독점 독재하는 불의한 자들을 꺾어버리는 질서와 형평의 수립이다. 양극화를 줄이고, 상호소통, 사회질서, 형평이 구현되는 국가가 하나님이 원하는 세상이었다.45)

한국의 기독교는 미국식 자본주의와 결합하면서 일등주의, 성공주의, 세속주의, 상업주의, 금전만능주의라는 비정상적인 모습으로 변질되었다. 가난한 심령보다 풍요로운 물질을 선호할 뿐 만 아니라 남을 짓밟고 남의 것까지 챙겨가고 있다. 돈을 사랑하는 것이 악의 뿌리(딤전 6:10)라는 사도 바울의 예언이 오늘 우리시대에 그대로 적중되고 있다. 그러므로 부에 대한 인식을 바로 잡고 부의 독점 현상을 부추겨온 기독교가 본연의 모습으로 돌아가는 것이 무엇보다 시급하다.[46] 유엔미래보고서는 하루 2달러로 생활하는 사람들의 수는 세계인구의 거의 절반이라고 보고하며 글로벌 파트너십을 통해 빈부격차를 줄이기 위해서는 글로벌 윤리에 기반을 둔 규정과 자유시장의 장점을 이용하는 전략이 필요하다고 역설한다.[47] 교회도 재산을 최소화하고 스스로 가난해져야 한다. 사회 안에서 교회는 서로 상생과 나눔의 공동체를 꿈꾸고 기도해야 한다. 나눔의 행동은 기독교인과 타종교인을 구별하는 차별적 행동이자 기독교인의 상징이다. 우리가 누리는 모든 것을 세상과 이웃에게 나누며 섬기는 나눔의 가치는 양극화 문제 해결을 위한 중요한 방향을 제시해 준다.[48] 물질관에 대한 혁명 없이는 희망이 없음 알고 서로 나누는 파트너십이 필요하다.

4. 양극화 해소를 위한 실천

한국교회는 양극화문제에 대해 이렇다 할 대책을 마련하지 못하고 있다. 양극화문제에 대한 문제의식은 누구나가 가지고 있지만 누가 섣불리 나서서 그에 대한 책임을 지기 어려워하기 때문이다. 따라서 양극화 해소의 출발점은 목회자들의 운동에서부터 시작해야 한다. 삶 속에서의 실천이 담보되어야 한다. 기독교의 핵심가치는 '하나님 앞에서 모든 사람이 형제자매'라는 것이다. 종교, 인종, 성별, 빈부격차 등에 상관없이 모든 사람은 하나님 앞에서 형제자매이다. 예수가 공생에 동안 보여주신 이 같은 정신과 가치는 어떤 형태의 차별이나 착취도 용인하지 않는다. 그러나 오늘 한국교회는 예수가 보여주었던 가치와 정신을 외면하고 있다. 지금

한국사회와 한국교회는 전례 없는 전환기적 몸살을 앓고 있다. 이러한 급격한 변화는 기존의 가치체계를 송두리째 뒤흔들고 있고, 그 밑바탕에는 인간의 이기심, 즉 탐욕이 있다. 인간의 탐욕이 양상을 띤 이러한 경제위기는 일부 계층이 전체 부의 상당부분을 독점하면서 양극화가 더욱 심화되고 있다는 사실이다. 이러한 양극화 문제는 탐욕에 대한 경고이자 인간이 골고루 잘 살아갈 수 있는 세상을 만들어야 한다는 하나님의 강력한 메시지가 담겨있음을 알아야 한다.

한국교회의 양극화 해소는 한국기독교가 당면한 가장 우선적인 사회적 책임이다. 한국교회는 사회적 책임에 대한 인식이 매우 부족하다. 교회로 교회되기 위한 가능성은 교회의 사회적 책임과 섬김을 위해 공공성 구현을 강조해야 한다.[49] 지난 한국교회 역사에 신앙의 공공성을 간과했던 신학대학교에서 교육되어 배출된 목회자들과 그들에게 이원론적 신앙교육을 받은 성도들로 한국교회는 가득 차 있기 때문이다. 급격한 시대 변화로 인한 교회의 패러다임 변혁은 이미 생존을 위한 필연적 사실이 됐다. 기존의 목회 패러다임들은 시대변화에 대한 적응력을 상실했으며, 교회도 장기적 침체기 내지는 쇠퇴기로 접어들게 됐다. 그러므로 한국교회는 사회적 책임을 다시 재인식하고 지구촌의 화두가 되어버린 양극화에 대한 해결을 위해 새로운 패러다임 변혁이 절실하다. 이미 1982년 6월 그랜드 래피즈에서 개최된 '복음전파와 사회적 책임관계협의회(CRESR)'는 복음 전파와 사회적 책임을 강조했다. 양극화로 인한 재난이 도래된 한국교회는 자교회 중심이 아닌 연합을 통한 섬김과 봉사의 기독교 정신의 변혁과 실천으로 한국 교회의 양극화의 재난 문제를 해결해야 한다.

한국교회는 지금까지 교회의 양극화현상을 정당화하는 지독한 세속화의 길을 걷고 있는 중이다. 한국교회가 양극화를 해소하는 방법은 간단하다. 한국교회가 세속화의 길에서 떠나 성경이 말씀하는 바 여호와의 길로 돌아서면 된다. 앞에서 살펴본 것처럼 성경은 양극화가 하나님께서 미워하시는 바며, 이 땅에 양극화를 해소하기 위한 공평과 사랑, 섬김이 하나님의 뜻임을 선포하고 있다. 교회의 양극화 해소를 위해 먼저 교회의 대형화와 권력화의 모습을 버리는 구조적 변화로부터 출발해야 할 것이다. 그리고 교회가 다양한 자원과 인프라를 활용해 나눔운동을 실천해야 한다. 교회의 섬김의 나눔은 조건 없는 나눔이 돼야 한다.[50] 교회 양극화 해소는 교회 내부적 개혁으로부터 시작하는 감동적인 모델을 제시해야 한다. 교회가 희생해서 남을 돕겠다고 하면 훨씬 더 큰일을 해낼 수 있다. 경제적 양극화뿐만 아니라 상대적 빈곤을 느끼는 심리적 양극화를 줄이는 것은 교회만이 할 수 있는 일이다. 이에 필자는 양극화 해소를 위한 실천 사항으로 몇 가지 제안하고자 한다.

첫째, 영적회개에 대한 인식이다. 교회가 분열과 대립으로 서로 사랑하지 못한 것에 대한 철저한 회개가 우선 필요하다. 예수 그리스도의 피 흘려 세우신 교회는 사람들의 교회가 아니라 주님의 교회이다. 한국교회가 반목과 질시, 인간적 욕심과 비신앙적 결정으로 인하여 분열된 것에 대하여 회개하고, 원수까지도 사랑하라 말씀하신 예수님의 말씀에 순종하여 세상을 향하여 화합과 섬김, 나눔의 본보기가 되어야 한다.

둘째, 교회의 사회복지 프로그램 운영이다. 사회복지 프로그램이 사회봉사 프로그램과 다른 점은 그 활동이 일회적이 아니라 지속적이라는 것이다. 봉사보다 책임의 의식을 강조하고, 정부의 지원을 받는 공공복지적 성격이 가미된 것이다. 많은 교회들이 이미 사회복지 프로그램을 운영하고 있고 이를 통해 교회성장과 이웃사랑을 동시에 실천하고 있다. 사회복지프로그램의 유형으로는 도시락배달 및 무료급식, 지역아동센터, 문화교실, 재가복지사업, 어린이집, 노인요양시설, 노인대학, 독서실운영, 정보화교실, 쉼터 등이 있다. 그리스도의 사랑을 전파하는데 힘쓰지 않으면 한국교회는 큰 재난을 맞게 될 것이다.

셋째, 지역사회와 함께 하는 교회이다. 우리의 주변에는 현재 전 인구의 5%에 해당하는 장애인과 결식아동, 소년, 소녀 가장 등등, 교회의 손길을 필요로 하는 사람들이 많다. 교회는 지역사회의 필요를 따라 그들과 함께해야 한다. 하나님이 원하시는 교회는 세상에서 분리된 기관이 아니라 세상 속에 참여하는 교회이다. "너희는 세상의 소금이니 소금이 만일 그 맛을 잃으면 무엇으로 짜게 하리요 후에는 아무 쓸데없어 다만 밖에 버리어 사람에게 밟힐 뿐이니라"(마 5:13)라는 예수님의 말씀을 가슴 깊이 새기며, 지역사회와 함께하는 교회가 되어야 한다.

넷째, 교단총회들이 미자립 교회나 농어촌교회를 돕는 것처럼, 교회는 취약계층과 도서지역에 삶의 질 향상을 위해 지원에 나서야 한다. 교회가 빈곤 문제에 귀를 기울이고, 빈곤한 자들 곁으로 가야 한다. 도시교회와 농어촌교회와의 상생을 통해 양극화의 한 그늘로 자리 잡은 농어촌교회를 해결해야 한다. 농어촌교회와 형제교회를 맺거나 교역자들을 초청하여 세미나를 개최하고 농수산물 직거래, 농어촌 봉사활동, 시설확장 지원들을 통해 농어촌의 교회를 돕는 것이 도시교회와 농어촌 교회의 양극화를 해결하는 또 하나의 방안이 될 수 있다.

다섯째, '분가 선교'도 하나의 대안이 될 수 있다. 목사 개인이 개척하는 형태보다는 기성교회가 일정한 숫자가 되면 자기 몸을 나누는 방식으로 하는 선교는 한국교회가 나아갈 대안적인 길이며 서로 건강하게 상생할 수 있는 길이 된다. 분당우리교회의 이찬수 목사가 대형교회를 포기하고 10년 이내 교회 몸집을 줄이고, 교인의 절반 혹은 4분의 3이 교회를 떠나 분가하여 약한 교회를 돕겠다고 선언하였다. 그리고 650억에 매입한 교회 교육관을 사회에 환원하겠다는 선언은 매우 환영할만한 일이다. 한국교회의 양극화 문제 해결을 위해서는 대형교회의 역할이 크다. 대기업이나 사회지도층에게 요구되는 높은 도덕적 의무인 노블레스 오블리주 (noblesse oblige)가 대형교회 목회자와 교인들에게도 절실하게 요구된다.

여섯째, 교회의 인적, 물적 자원의 나눔이다. 양극화에 대한 독소적 성질은 하나님 나라의 결단과 함께 해소될 수 있다. 교회가 사회를 위한 선도적이고 선응적 노력에 대해 더 진지하게 고민하고 실천하여 나눔의 리더로서 사랑의 공동체를 구현해야 한다.[51] 그것은 우리사회에 인색한 기부문화의 정착이고 실천이다. 목적 없이 무상으로 증여하는 하나님의 은혜를 본받아 우리의 잉여재화를 거룩하게 나누는 것이 필요하다.[52]

일곱째, 교회 패러다임의 변화가 절대적으로 필요하다. 성장 중심이 아닌 성숙 중심과 삶의 중심, 지역사회 중심으로 변화해야 한다.

마지막으로 대 사회적 이미지를 바꾸도록 노력해야 한다. 모든 영역이 결국은 하나님의 주권 하에 있음을 깨닫고 하나님의 정의와 사랑을 구체적으로 펴나가야 하는 것이 신앙인의 책무일 것이다. 특히 한국사회에서의 기독교와 사회의 관계는 부정적이고 대립적인 측면이 강했던 것이 사실이다. 이를 극복하기 위해 기독교와 교회의 공공성, 사회와의 연대감이 동시에 강조되어야 한다.[53]

5. 나가는 글

존 스토트는 오늘날 교회가 직면한 가장 큰 비극은 양극화라고 주장한다.[54] 우리는 교회 양극화 해결 없이 한국교회에 미래가 없다는 문제의식을 갖고 적극적인 교회 양극화의 해결이야 말로 교회의 교회다움 회복을 가져올 수 있음을 직시해야 한다. 그동안 한국 교회를 주관해 온 성장제일주의 가치관과 패러다임을 대신할 새로운 가치 체계의 도입이 시급하다. 지금이야말로 성장주의가 초래한 영적 폐허 속에서 새로운 교회의 꿈을 꾸어야 할 때다.55) 한국교회는 양극화라는 재난의 현장에서 반드시 '누가 내 이웃인가'라는 질문과 더불어 '우리는 이 가난한 사람들에게 어떤 이웃이 될 것인가'라는 질문을 던지고, 또 반드시 어려운 이웃에 대한 관심과 사랑으로 응답해야 한다. 지금 이 순간 고통 받고 있는 사람이 우리의 이웃이며, 고통 받는 이유가 무엇이 됐든 그를 돕는 것이 이웃 사랑이다. 한국교회는 양극화가 동반하는 단절과 소외를 감싸주어야 한다.56) 그리고 한국 교회는 개 교회의 이름이 아니라 예수 그리스도의 이름으로 구제해야 한다. 그동안의 한국 교회는 예수 그리스도보다 자기 교회의 중요성을 더 부각하였고, 이것이 바로 한국교회의 우상이었음을 인지할 필요가 있다.

양극화 현상은 경쟁을 부추겨, 성공하는 사람은 살아남고 실패하는 사람은 죽음으로 막 내리는 두 가지 길만 보이는 듯하다. 교회도 날로 비만해지는 대형 교회와 갈수록 빈곤해지는 빼빼한 개척 교회 두 종류로 나눠지는 것 같다. 비만한 교회는 재정의 많은 부분을 자기를 치장하는 데 소진하는 바람에 이웃에게 유익을 주고 세상을 변화하는 능력은 아예 없거나 있어도 미비하다. 반대편에는 교인들 숫자가 너무 적고 헌금 액수도 지나치게 적어 자립할 수 없는 교회들이 있다. 영양실조를 견디다 못해 결국 교회를 팔아넘기거나 아니면 대형 교회에 빌붙어 연명하는 비참한 교회들도 적지 않다. 이들 외에 날씬하고 건강한 튼튼한 교회를 찾아보기 매우 어렵다. 성경이 이야기하고 이 시대에 필요한 교회는 자기 몸 추스르기도 벅찬 비대한 교회도 아니고, 힘없고 연약해서 남에게 의지하지 않고는 생존할 수 없는 작은 교회도 아니다. 작더라도 건강하고 활력 넘치는 교회를 원한다. 암 조직처럼 스스로 수많은 혈관을 만들어, 주변 건강한 세포의 양분을 착취해 자기만 배불리는 교회가 아니다. 건강한 교회는 건강한 세포처럼 자라나다가 새로 태어나는 다른 후배 교회에게 예수 그리스도의 신앙과 정신을 유산으로 물려주고 사라진다. 교회들도 생로병사가 있다. 자연의 이치를 따라 성장하고 결실을 나누다가 더 이상 새 시대에 응답할 기운을 잃게 되면 후배 교회들에게 못 다한 역사의 소명을 남겨 주고 영예롭게 퇴장하는 교회는 석양의 아름다움처럼 고상한 여운을 남긴다. 대형 교회를 창립했던 카리스마 있는 지도자들이 은퇴하면서 막대한 종교 권력을 세습하는 것이나, 재정난에 허덕이다가 돈 받고 교회를 파는 것이나, 다 철학과 원칙을 상실한 우리 시대 교회들의 추잡한 군상이다. 껍데기 신자를 천박한 프로그램으로 달래는 이벤트를 그치고, 제자의 길이요 십자가와 부활의 신앙을 실천하는 교회를 회복해야 한다. 이것은 성공 신화로 무장한 대형 교회도 아니고, 불확실한 비전으로 신자를 실망시키는 연약한 교회도 아니다. 회복되는 교회는 비전과 철학이 분명한, 건강한 교회다. 건강한 교회는 소유를 팔아 가난한 사람에게 나누고 빈털터리가 되어 맨몸으로 주를 따르는 제자 공동체다. 자기를 부인하고 무슨 일이든 하인처럼 묵묵히 수행하는 종들의 공동체다. 주님의 고난과 배신당함과 죽음을 감수하고서라도 주를 따르겠다는 사람은 부자든 가난한 사람이든, 노인이든 소년이든, 남자든 여자든 차별 없이 동참할 수 있는 열린 교회가 될 때 교회는 양극화를 극복하고 사회의 새로운 희망이 될 수 있다. 그러므로 교회는 인류가 함께 생존하는 새로운 공동체, 나눔의 패러다임을 만들어가는 데 앞장 서야한다. 양극화에 대한 해소 방안을 교계, 교단 그리고 교회가 실천해 나갈 때 한국 교회의 위기를 타파하고 한국사회에 한국교회가 새로운 희망이 될 수 있을 것이다. 성경은 하나님의 공의와 사랑의 원리 안에서 소외된 자, 약자를 위해서 헌신하라고 지속적으로 권면하고 있다.

"너희는 이 세대를 본받지 말고 오직 마음을 새롭게 함으로 변화를 받아 하나님의 선하시고 기뻐하시고 온전하신 뜻이 무엇인지 분별하도록 하라"(롬 12:2).

1) 이 시대의 사회구조는 1이 모든 특권과 이익을 누리고 차지하는 위험한 구조로 재편되어 가고 있다. 1은 근소한 차이인 2 혹은 그 이하와는 비교도 될 수 없는 어마어마한 힘과 지위, 돈을 획득하게 된다. 그래서 이 사회는 이미 파레토 분석(Pareto Analysis)인 20:80 사회를 지나 1:99의 사회로 내몰리고 있다. 교회 내에서도 이러한 사회현상을 정확하게 직시하거나 대안을 제시하지 않고 있을 뿐 만 아니라 교회 내에도 이미 1:99의 룰이 만연되어 있다. 결과만능주의, 성공제일주의의 논리로 신앙적 역기능을 초래하여 오류를 범하고 있다. 결국 교회도 점점 더 정보와 스피드를 가진 소수가 전체를 지배하고 이끌어 가게 될 것이다.

2) 경제적인 소득의 양극화가 결국은 교육, 건강, 주거, 문화, 정보 등에서의 양극화를 가져왔고, 이 것들은 사회적 반목과 갈등을 초래한다.

3) 한국사회는 IMF 외환위기 이후 경제위기를 극복하는 과정에서 사회양극화 해소를 위한 노력을 기울여 왔으나 사회양극화 현상은 심화되고 있다. 특히 외환위기를 경험한 직후인 2000년의 절대 빈곤율은 경상소득 기준으로 1996년 3.1%에서 2000년 8.2%, 2003년에는 10.4%로 증가하였다. 여유진 외, 「빈곤과 불평등의 동향 및 요인 분해」 (서울: 한국보건사회연구원, 2005)를 참고할 것.

4) 김회권, "성경으로 보는 양극화 문제," 「성서마당」, 제8권 (2006. 5): 9.

5) John Stott, 「현대 사회 문제와 그리스도인의 책임」, 정옥배 옮김 (서울: IVP, 2014), 24-5.

6) 김경원, "기독교 시각에서 본 세대 갈등과 양극화, 대안," 「신앙세계」 (2012년 6월): 42.

7) 성공신화가 교회를 주관하면, 교회가 추구하는 지상 목표는 성장이 된다. 그러면 결국 교회의 모든 사역은 이 목표를 성취하기 위한 방편으로 동원된다. 이 목적을 달성하기 위해 교인은 물론이고 하나님의 말씀과 성령까지 도구화된다. 교회는 하나님의 말씀을 대중의 기호와 욕구와 취향에 맞추어 상품화한다. 교인들을 영적 필요를 가진 소비자로 취급하고 그들을 최대한 끌어 모으기 위해서 모든 사역이 소비자 중심으로 전락한다. 자연히 복음의 효율성과 대중성, 시장 점유율을 중시하는 자본주의적인 가치관이 교회를 지배하면서 복음은 심각하게 변질될 수밖에 없다. 박영돈, 「일그러진 한국교회의 얼굴」 (서울: IVP, 2014), 40.

8) Theo Sundermeier, 「선교신학의 유형과 과제」, 채수일 역 (서울: 대한기독교서회, 1999), 37.

9) Gerhard Lohfink, 「예수는 어떤 공동체를 원했나」, 정한교 역 (서울: 분도출판사 1985), 114.

10) James Davis Hunter, 「기독교는 세상을 어떻게 변화 시키는가」, 배덕만 옮김 (서울: 새물결플러스, 2014), 16.

11) 한국교회 진보진영의 사회참여를 위한 신학적 담론은 YMCA의 '책임사회론,' 크리스천 아카데미의 '인간화와 중간집단 교육,' '도시산업선교 운동' 등이다. 이들 운동들은 대부분 세계교회협의회(WCC)를 중심으로 한 '세속화 신학,' '혁명의 신학,' '해방신학' 등의 에큐메니칼 운동과 신학의 영향이었다. 그 외에도 독일 고백교회의 '바르멘 신학선언,' 디트리히 본회퍼(D. Bonhoeffer) 신학 등이 소개되었고, 브라이덴슈타인(Breidenstein), 위르겐 몰트만(Juergen Moltmann, 1975년 방한), 구스타포 구띠에레츠(G. Gutierrez), 제임스 콘(James Cone, 1979년 5월 방한), 대만 출신 신학자 송(C.

S. Song, 1972년 4월 방한) 등의 신학자들이 한국교회 진보진영의 사회참여의 신학화에 자극을 주었다. 특히 브라이덴슈타인은 하비 콕스(Harvey Cox)의 '세속화 신학,' 리처드 쇼울(Richard Shawl)의 '혁명의 신학,' 위르겐 몰트만의 '희망의 신학,' 본회퍼의 신학 등을 소개하는 동시에 산업사회의 근로자, 도시 빈민을 돕기 위한 구체적인 접근방법 및 전략 등을 지도하였다. '희망의 신학'으로 이미 세계적 명성을 얻은 위르겐 몰트만은 1975년 처음으로 한국을 방문, '민중의 투쟁 속에 있는 희망'이라는 제목의 강연 등을 통하여 당시 고난 받던 그리스도인들에게 희망을 주었고, 민중의 운명과 자유와 통일을 위해 투쟁하면서 민중신학을 막 탄생시키고 있던 한국의 신학자들은 그에게 깊은 감동을 주었다.

12) 정정일, 「신학과 교회성장」 (서울: 생명의 양식, 2007), 147.
13) 최영민, 「양극화논쟁」 (서울: 풀빛, 2015), 34.
14) 정종성, "하나님 나라의 양극화 해소 모델," 「기독신학저널」 (2008): 132.
15) 한국교회 경쟁력 보고서를 보면 2004년 대비 69.7%의 교회가 연간 예산이 5천만 원에서 3억 원사이라고 보고했다. 특히 주의해야 할 것이 31%의 교회가 연간 5천만 원 이하라는 사실이다. 교회성장연구소 교회경쟁력연구센터 편, 「한국교회 경쟁력 보고서」 (서울: 교회성장연구소, 2006), 202.
16) 채수일, "한국교회에 대한 선교신학적 비판," 「시대와 민중신학」 (2002, 7): 14.
17) 신성남, 「어쩔까나 한국교회」 (서울: 신앙과지성사, 2014), 255.
18) 이진구, "개신교와 성장주의 이데올로기," 「당대비평」 (2000년 가을): 225-8 참고.
19) 신성남, 「어쩔까나 한국교회」, 124-5.
20) 배덕만 편집, 「교회 세습 하지 맙시다」 (서울: 홍성사, 2016), 17-27.
〔온라인자료〕 http://blog.naver.com/PostView.nhn?blogId=dan11&logNo=30137061052, 2019년 9월 27일 접속.
21) 한국기업의 최초의 브랜드이며 최장수 브랜드인 활명수는 1897년 세상에 나와 지금까지 80억 병을 판매했다. 창업성공신화인 동화약품은 창업초기부터 유통경로 구성원들과 동반자 관계를 설정하여 시대를 뛰어넘는 경영전략으로 위기를 극복해 왔고, 쌍방의 장기적인 이익을 추구하는 원원전략을 구사해왔다. 이익을 추구하는 기업도 동반자관계를 섬겨왔는데, 영적공동체를 추구하는 교회가 동반자관계인 교회들을 버리고 경쟁관계 속에 있다는 사실은 한국교회의 현주소를 말하는 것이다. 예종석, 「활명수 100년 성장의 비밀」 (서울: 리더스북, 2016), 39.
22) Ralph Winter, "Quality or Quantity," Critical Issues in Missions Tomorrow, ed. Donald McGavran (Chicago: Moody Press, 1972), 178.
23) 교회성장은 양적 성장과 질적 성장의 조화가 필요하다. 이 둘은 별개의 독립적인 것이 아니라 서로 보완적인 것이다. 초대교회의 모습(행 6:7, 9:31, 16:5)은 이런 사실을 우리에게 명확히 보여주고 있다. 변종길, "무엇이 성경적인 교회성장인가," 「목회와 신학」 (1993년 7월): 35.

24) James W. Sire, 「기독교 세계관과 현대사상」, 김헌수 역 (서울: IVP, 2007), 67.
25) "아브람에게 육축과 은금이 풍부하였더라"(창 13:2).
26) Herman Hendrickx, 「성서로 본 평화와 폭력」, 이헌주 역 (서울: 분도출판사, 1988), 18-9.
27) 이혁배, 「한국사회의 분배구조에 대한 기독교 윤리적 평가-부의 분배를 중심으로」 (서울: 한신대학교 출판부, 1993), 9.
28) Ernst Wurthwein, 「책임」, 황현숙 역 (서울: 대한기독교서회, 1991), 135-6.
29) 사 5:8, 렘 8:21-2, 미 2:2-3, 3:1-3.
30) 김회권, "성경으로 보는 양극화 문제," 11. 이사야는 공평과 정의가 무너져 버린 이스라엘과 유다 사회를 향해 야훼 신앙으로 복귀하라고 촉구한다(사 5:1-7).
31) 희년법은 부나 소득의 축적에 대한 제도적 제한이다. 가난한 계층을 희생시켜 상류계층을 부유하게 만드는 사회적이고 경제적인 과정을 중단시키는 것이 목적이다. 이혁배, "기독교윤리적 관점에서 본소득양극화," 「신학사상」, (2008년 가을): 238.
32) 김득중, 「신약성서의 경제윤리」 (서울: 한들출판사, 1998), 11.
33) 김종걸, "가난에 대한 기독교적 이해," 「실천하는 신학」 (안성: 수도침례신학교출판부, 1997) 참조. 어리석은 부자의 비유(눅 12:16-21)와 부자 관원의 이야기(마 19:16-30; 막 10:17-31; 눅 18:18-30)는 재물이 가져올 영적 위험성에 대해 잘 보여주고 있다.
34) John White, The Golden Cow, Materialism in the twentieth-century Church (Illinois: IVP, 1979), 49.
35) 그 대표적인 예로 자신의 모든 것을 버리고 주님을 따랐던 베드로와 야고보와 요한(눅 5:1-11), 예수님을 만난 이후 자신의 재산의 절반을 가난한 자들에게 내어 놓고 속여 빼앗은 재물에 대해서 네 갑 절 갚겠다고 고백했던 삭개오(눅 19:1-8), 그리고 그리스도를 위하여 자신에게 유익했던 모든 것을 잃어버리고 배설물로 여겼던 바울(빌 3:7-8)을 생각할 수 있다.
36) Thomas E. Schmidt, "Hostility to Wealth in the Synoptic Gospels," Biblical Literature, Vol 109 (Spring, 1990): 136.
37) 김득중, 「신약성서의 경제윤리」 (서울: 한들출판사, 1998), 13-14.
38) 이혁배, 「한국사회의 분배구조에 대한 기독교 윤리적 평가 -부의 분배를 중심으로」, 28.
39) Martin Hengel, 「초대교회의 사회경제사상」, 이정희 역 (서울: 대한기독교서회, 1981), 65.
40) John Stott, 「현대 사회 문제와 그리스도인의 책임」, 347-55.
41) 위글, 335-7.
42) Robert Holman, Poverty: Explanations of social Deprivations (London: Martin Robertsons, 1978)의 책을 참고할 것.
43) John Stott, 「살아있는 교회」 (서울: 한국기독학생회출판부, 2014), 109.
44) 원성현, "칼빈의 사회형평사상과 현대의 양극화 문제," 「교회사학」, 제1권 (2010, 8): 294-5.

45) 권오문, 「성인에게 길을 묻다」 (서울: 브라운 힐, 2012), 239-41.
46) 박영숙, 「미리가본 2018년 유엔미래보고서」 (서울: 교보문고, 2015), 224-5.
47) 안계정, "한국사회의 양극화 문제 해소를 위한 한국교회의 역할에 대한 연구," 「기독교사회윤리」, 29집 (2014): 306.
48) 문시영, 「교회의 윤리개혁을 향하여」 (서울: 대한기독교서회, 2016), 325. 최근 공공신학과 사회윤리에 대한 관심은 교회를 교회되기 위한 우리의 가능성이고 책임임을 알아야 한다.
49) 안용성, "성경으로 보는 양극화 문제," 「성서마당」, 제8권 (2006, 5): 24.
50) 강철희, "한국 기독교인의 나눔 행동에 관한 관찰," 「목회와 신학」 (2010년 10월): 40.
51) 차정식, 「예수, 한국사회에 답하다」 (서울: 새물결플러스, 2012), 112.
52) 이장형, 「글로벌시대의 기독교윤리」 (서울: 북코리아, 2012), 13.
53) John Stott, 「균형잡힌 기독교」 (서울: 새물결플러스, 2011), 13. 이 책에서 존 스토트는 지성과 감성, 보수와 진보, 형식과 자유 그리고 복음전도와 사회참여라는 주제를 가지고 그리스도인들에게 불필요한 양극화 현상을 논하고 있으며, 그리스도인들이 양극화를 피할 것을 호소하고 있다.
54) 박영돈, 「일그러진 한국교회의 얼굴」, (서울: IVP, 2014), 43.
55) 임성빈, "사회양극화에 대한 성경적 관점," 「목회와 신학」 (2006년 5월): 131.

15. 다문화 사회와 이주자

1. 들어가는 글

전 세계적으로 인적, 물적, 문화적 교류가 활발하게 이루어지면서 새로운 문화의 유입이 증가하고 있다. 또한 한 사회 내에서도 기존의 문화가 분화하고 다양한 하위문화들이 등장하면서 문화적 다양성이 증가하고 있다. 이처럼 민족, 인종, 언어, 종교 등 다양한 문화적 배경을 가진 집단이 공존하는 사회를 다문화사회라고 한다. 이미 전 세계 인구의 약 3% 사람들이 국경 넘어 낯선 곳에서 이주자로서 살아가고 있다.[1] 이로 인해 이미 세계는 도처에서 이주자, 즉 다문화사회가 지닌 현실적인 문제를 놓고 싸움을 벌이고 있다. 인명을 살상하는 테러만이 문제가 아니라 테러의 원인이 되는 사회계층 간 갈등 조장이 더 큰 문제가 되고 있다. 이것은 각자의 이익과 연결된 첨예한 문제이다. 그 현실적인 문제 가운데 좋은 사례가 영국과 유럽연합(EU)의 브렉시트(영국의 EU 탈퇴) 협상이다. "영국과 유럽연합의 브렉시트 협상이 본격적으로 시작된 가운데 양측이 상대국 이주민들의 지위를 놓고 팽팽한 기 싸움을 벌이고 있다. 테리사 메이

(Theresa May) 영국 총리가 2017년 6월 26일 자격 요건이 되는 영국 내 유럽연합 시민에 대해 '정착 지위'(settles status)를 부여하겠다고 제안하자, 유럽연합은 보다 확실한 권리 보호가 필요하다고 지적했다. 영국 내무부는 이날 제안서를 통해 향후 설정될 '마감일'을 기준으로 영국에 들어와 5년 연속 거주한 유럽연합 시민들에 대해 정착 지위를 주고 영국인과 동등한 권리를 보장하겠다고 밝혔다. 정착 지위를 취득한 유럽연합 시민은 영국 안에서 보건복지, 교육, 연금, 수당 등 그동안 누린 혜택을 영국인과 다름없이 계속 받을 수 있다. 영국 내 유럽연합 시민 약 320만 명이 대상이 될 것으로 추정된다. 데리사 메이 총리는 브렉시트 이후 영국 내 유럽연합 시민이 처할 상황에 대한 우려를 이해한다며 합법적으로 영국에 머물고 있는 유럽연합 시민들에게 떠나라고 요구하는 일은 없을 것을 제시하면서 유럽연합 역시 브렉시트가 실현되더라도 유럽연합 회원국들에 사는 영국인 약 100만 명에 대해 같은 수준으로 권리를 보장해 주길 바란다고 강조했다."[2] 결국 내국인과 외국인이 함께 살아가기 위해서 이주자에 대한 지위와 배려의 문제가 정치적으로 타협을 하고 있는 것이다.

이런 세계화와 다원화의 흐름 속에서 한국 사회에서도 다문화사회의 특징이 많이 나타나고 있다.[3] 우리나라는 특히 외국에서 들어와 사는 이주자들이 주된 요인이 되어 나타나는 다문화적 변화가 두드러지고 있다. 우리 사회는 단일민족이라는 전통 가운데 수천 년을 살아왔는데 이제는 다문화 사회의 도래를 받아들일 수밖에 없는 현실에 직면해 있다. 이제까지 한국교회는 외국인 선교사들을 통해 형성되었고, 나름 성공적인 토착화 과정을 겪어왔다. 그러나 이제는 반대로 다문화 시대를 맞이하여서 교회가 이러한 세계화의 추세 가운데 이주자에 대해 적절히 대응해가야 하는 시대를 맞이하고 있다. 과연 교회는 이러한 시대적인 요구 앞에 어떻게 대처하며, 이주자들을 어떤 방법으로 껴안아 가야 할지 고민해야 한다. 현재 한국사회에서 이주자들은 성경이 이야기하는 가난하고 소외된 사람들로 상징된다고도 볼 수 있을 것이다. 그리고 이주자 문제는 성경에서도 나타난 사회적 문제이다. 그러므로 교회가 세계화와 다원화 사회에서 이제는 이주자 문제를 방관해서는 안 되고, 그들과 함께 더불어 가는 사회를 만들어 가는 데 교회가 앞장서야 한다.

이에 필자는 다음과 같은 구조로 연구를 진행할 것이다. 2장에서 이주자에 대한 개념을 정의하고 한국사회의 이주자 현실을 살펴보고자 한다. 한국사회는 이주자들의 증가로 다문화 사회가 도래하면서 많은 사회문제들이 생겨나고 있다. 외국인 노동자, 결혼이주 여성, 증가하는 외국 유학생, 새터민 등 한국 다문화사회의 성격은 복합적이다. 또한 이주노동자들의 노동환경 개선과 인권, 불법체류와 관련한 문제, 이주여성들의 결혼 그리고 양육과 교육의 문제 등도 존재한다. 3장에서는 구약과 신약에도 이미 문제되었던 이주자에 대해 성경이 어떻게 이야기하는지 살펴보고자 한다. 4장에서는 한국사회의 뜨거운 문제로 부각된 이주자 문제를 해소하기 위해 이주자 사회통합을 위한 교회의 역할을 다각적으로 제시함으로써 한국사회에 한국교회가 새로운 희망이 될 수 있음을 제시하고자 한다. 이어서 결론에서 전체 논의를 요약하고 이주자에 대한 교회의 사명을 강조하며 결론을 맺으려고 한다.

2. 한국사회의 이주자 현실

다양한 문화와 인종적 배경을 지닌 사람들이 한 사회나 국가에 공존하면서 출현한 '다문화,' '다문화주의'라는 용어는 요즘 어디서나 쉽게 들을 수 있게 되었다.[4] 글로벌화 된 국제사회의 진행과 함께 이주의 물결은 한국사회의 인적 구성에 급격한 변화를 가져왔다.5) 지원 단체와 정부는 이주자의 문제를 푸는 해법으로 '다문화'를 채택하였고, 정부, 학계, 이주노동운동 진영을 망라하여 '다문화,' '다문화주의,' '다문화가족'에 대해서 우리사회의 다양한 분야에서 관심을 가지게 되었다. 이에 그 용어도 폭넓게 사용되기 시작하였다.6) 일반적으로 한국에서의 다문화가정은 우리와 다른 민족 또는 다른 문화적 배경을 가진 사람들이 포함된 가정을 총칭하는 용어이다. 대한민국은 단일민족 국가라는 민족주의가 타 국가에 비해 강해서, 다문화가정은 오랜 세월동안 혼혈 가정으로 불리며 소외되었다. 한국사회는 단일민족이라는 자부심을 오랫동안 지녀왔기에 이주자들의 유입이 생소하게 느껴졌고, 그들을 위한 법과 제도를 마련하는 것에 매우 소극적이었다.7) 그러나 전 세계적 변화에 따른 새로운 현상으로 부각되고 있는 이주자 문제, 즉 다문화는 그 정도에 따라 차이가 있을 뿐 사회를 구성하는 근본적 성격이며, 새로운 현상은 아니다.8) 다시 말해서 다문화라는 것은 한 사회에서 언제나 존재해 왔지만 지배적인 세력이나 가치관에 의해서 실현되지 못한 다양한 문화적 차이에 대한 인식을 가리킨다.9) 한국에서 다문화의 중요성이 논의되는 것은 우리 사회가 이미 다문화사회로 진입했기 때문이다. 그럼에도 불구하고 급격한 산업화로 인한 세대 간의 단절을 경험한 우리 사회는 세계적인 흐름 속에서 다인종, 다민족을 이해하고 가족으로 받아들이는 연습이 미흡하였다. 이제는 외국인근로자, 결혼이민자, 새터민, 난민, 재외동포, 다문화가정 자녀 등에 대한 권리 존중과 사회적 존재로 새롭게 인식해야 할 때가 된 것이다. 무엇보다도 이주자들을 경제적, 사회적 도구로만 볼 것이 아니라, 정치, 경제, 사회, 문화적 배경과 그에 따른 권리를 가진 사회적 존재로 새롭게 인식해야 할 때이다.

　유엔경제사회국(UNDESA: United Nations Department of Economic and Social

Affairs)이 2019년 현재 세계 인구가 77억 1천 5백만 명이라는 '2019 세계 인구 전망 보고서'를 발표했다. 세계에서 인구가 가장 많은 나라는 중국으로 14억 3천만 명이며, 중국에 이어 인도가 13억 6천 600만 명, 미국이 3억 3천 200만 명 순이다.[10] 한국은 5천 130만 명으로 28위를 차지했다. UNDESA는 세계 인구가 2023년에는 80억 3천만 명에 달할 것으로 전망했고, 2037년에는 90억 명을 넘어서고, 2055년에는 100억 명을 넘어설 것이라고 예상했다.[11] 전 세계의 이주민은 약 2억 명 이상으로 우리는 이미 세계적인 이주의 시대 한 가운데에 살고 있다.[12] 한국도 예외는 아니다. 법무부는 '2019년 출입국·외국인정책 통계연보'를 통해 2018년 국내 체류 외국인이 236만 7,607명으로 집계됐으며 체류 외국인이 우리나라 총인구에서 차지하는 비중은 4%로 크게 늘었다고 밝혔다.[13] 이주를 받아들이는 우리나라의 입장에서 본다면 이주노동자들을 필요로 하는 산업현장과 외국여성들을 삶의 동반자로 받아들이는 남성들의 증가가 가장 크다고 볼 수 있다. 또한 전국적으로 인구의 고령화가 빠르게 진행되고 있는 현실이다. 한국은 이미 저출산, 고령화의 시대에 접어들었다. 2005년 출산율은 1.08명이었으며, 2018년 기준 출산율은 0.98명으로 최저치를 기록했다.[14] 인구전문가들은 출산율을 1.8%수준까지 끌어올린다고 하더라도 가임여성 수가 너무 부족하여 결국 인구는 줄어들 것으로 본다. 이러한 추세대로라면 2050년에는 인구의 20% 이상이 노인이 되는 전형적인 초고령화 사회와 함께 1천만 명의 인구가 부족할 것으로 내다보기도 한다.[15] 아울러 세계화의 가속화 속에서 외국인 유입은 되돌릴 수 없는 현실이 되었다.[16] 이에 정부는 인구구조의 고령화 대응 정책의 일환으로 이민자 수요를 확대하는 방향으로 추진하고 있다. 정부의 제1차 외국인정책 기본계획(2008-2012)은 적극적인 이민 허용을 통한 국가 경쟁력 강화, 이민자의 사회통합, 인권 보호 등을 핵심 정책 목표로 제시하였고, 제2차 외국인정책 기본계획(2013-2017)은 국가와 기업에 필요한 해외 인적자원 확보, 미래 성장 동력 확충을 위한 해외 유학생 유치 등을 핵심 정책 목표로 제시하였다.[17] 제3차 외국인정책 기본계획(2018-2022)은 이민자의 자립과 참여로 통합되는 사회, 국민과 이민자가 함께 만들어가는 안전한 사회, 인권과 다양성이 존중되는 정의로운 사회 등을 핵심 정책 목표로 제시하였다.[18]

한 나라에서 이주민 비율이 2.5%가 넘으면 다문화사회라고 한다.[19] 이 같은 수적인 현상으로만 볼 때 한국사회는 이미 다문화사회 '성숙기'에 진입했다고 볼 수 있다. 우리나라가 세계화를 본격적으로 받아들이면서 인종, 국적, 계급, 계층이 다른 여러 집단이 서로 다른 문화를 갖고 함께 살아가는 다문화사회가 되어 좋든 싫든 다문화주의를 받아들일 수밖에 없고, 이미 그 안에서 살아가고 있는 상황이다. 이제 한국사회는 다문화주의로 인하여 야기되는 문화 충돌과 갈등은 사회적 조정이 필요한 수준으로 증폭되고 있다. 그러므로 이제는 단일 문화적 사고방식에서 벗어나 다문화에 대처하는 변화된 패러다임이 필요한 시기이다.[20] 이미 외국인들이 국내 인구의 4%를 초과하여 전형적인 다문화사회가 된 한국사회 속에서 정부 및 여러 단체들이 외국인을 위한 복지와 다문화 현상에 대해 발 빠르게 움직이는 반면 여전히 교회와 교계는 그 반응 속도가 느리다. 교회가 사회의 변화에 대처하고 대안을 제시하며 선도하는 것이 아니라 도리어 국가 기관이 하는 일을 충분히 따라 가지도 못하는 상황에 있는 것이 사실이다.[21] 그나마 몇몇 사역자들과 선교 단체들이 이주노동자들과 함께 현장에 뛰어들고 이주자들과 관련된 사역에 선구적인 일들을 감당해주고 있는 것은 다행이라 생각한다. 그러나 여전히 교단적인 차원과 범교회적 차원에서 이러한 이주자 사회에 대한 대처나 이와 관련된 구체적이고 장기적인 계획들이 미비하다. 이렇게 급속도로 움직이는 사회의 이주 현상 앞에서 교회와 교단은 교회 안의 이주자 현상에 대한 대처 방안과 이를 발판으로 한 전략적 정책을 수립해야 한다. 박흥순은 이주자의 문제를 '지구화, 신자유주의, 자본의 이동, 디아스포라, 정체성'과 같은 복합적이고 다각적인 측면에서 접근해야 설명이 가능하다고 주장한다.[22] 이제 다문화, 다인종, 다언어 사회에 접어들게 된 한국사회에 교회도 이에 걸맞게 이주자의 정체성을 확립해 주고 이들이 하나님의 백성으로서 살아가며 추구해야 할 사명과 역할을 지도해 주어야 할 뿐만 아니라 꾸준한 관심과 지원을 아끼지 말아야 한다.[23] 그렇다면 한국사회에서의 이주자 현실은 어떠한가? 한국사회에서의 이주자를 유형별로 구분해 보면 외국인 노동자, 결혼이주여성, 외국유학생, 새터민 등으로 구분할 수 있고, 이에 따른 이주노동자들의 노동환경과 인권 및 불법체류, 출산, 양육, 교육 등의 문제들이 상존하고 있다.[24]

(1) 외국인 노동자

2018년 12월 기준, 국내에서 경제활동을 하는 외국인 근로자 수는 103만 9,871명이다. 장기적으로 국내 체류 외국인 수가 증가한 것과 더불어 체류 외국인뿐만 아니라 외국인 노동자 수가 증가하는 것을 확인함으로서 글로벌 세계의 도입이 더욱 강화되었다는 것을 알 수 있다.[25]

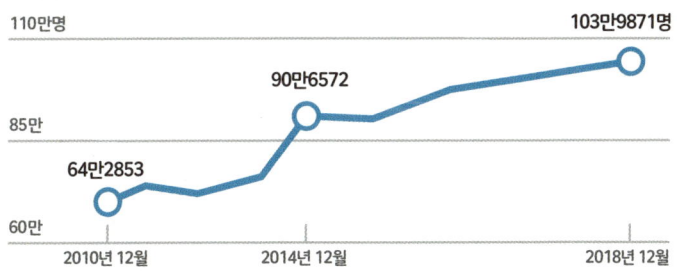

(2) 결혼이주 여성 [26]

한국 사회의 이주노동자와 결혼이민자의 수가 급증하면서 다문화 가정의 수도 함께 증가하였다. 90년대 초에는 한·중 수교 이후 중국동포와 중국 한족의 결혼이주가 활발한데 이어 1990년대 중반 이후 필리핀, 태국, 몽골 등으로 국적이 확대되었고, 최근에는 베트남, 몽골, 우즈베키스탄 출신 등으로 국적도 다변화 경향이 드러나고 있다. 2018년 12월말 통계에 따르면 국내 거주 여성 결혼이민자는 159,206명이었으며 재중동포와 중국(58,706명), 베트남 (42,460명), 일본(13,738명) 출신이 다수 거주하고 있다.[27] 이러한 다문화 가정의 증가는 코시안이라 불리는 이주아동들의 증가와도 연관이 된다.

(3) 외국 유학생

2014년 8만 명대를 유지하던 국내 외국 유학생 수가 2018년 14만 명을 넘어섰다. 어학연수, 교환학생 등을 제외하고 학위과정(학사·석사·박사)만 따져도 8만 6036명에 이른다. 중국인이 6만 8537명으로 가장 많았고, 베트남(2만7061명), 몽골(6768명), 우즈베키스탄(5496명), 일본(3977명), 미국(2746명) 등이 뒤를 이었다. 출신국가는 181개 나라로 사실상 전세계 거의 모든 나라에서 온다고 봐야한다.[28]

(4) 새터민

「북한이탈주민의 보호 및 정착지원에 관한 법률」 제2조 1호에 따르면 "군사분계선 이북지역(이하 '북한'이라 한다)에 주소, 직계가족, 배우자, 직장 등을 두고 있는 사람으로서 북한을 벗어난 후 외국 국적을 취득하지 아니한 사람을 말한다"라 하여 '북한이탈주민'을 정의하고 있다. 그러나 2005년 1월 10일부터 통일부는 순화된 의미로 새터민('새로운 터전에서 삶을 시작하는 사람'이라는 뜻)이라는 용어로 사용하고 있다. 2019년 12월 기준 탈북민 숫자도 33,523 명이다.[29]

(5) 이주노동자들의 노동환경과 인권

2017년 4월 국제앰네스티 한국 지부가 주요 정당 후보에 보낸 〈8대 인권 의제 질의〉 중 '이주노동자 권리 보호'에 관한 3개의 질문이 있었다. 첫째, 사업장 변경을 이유로 비자 연장·갱신을 제한받는 고용허가 개정, 둘째, 농축산업 부문 노동자에 근로시간 및 휴식 기준을 예외로 한 근로기준법 63조 폐지, 셋째, 강제노동 금지, 단결권 보호, 단체교섭권 적용 등 국제노동기구(ILO) 4대 핵심 협약 비준이다. 돌아온 답변을 보면 외국인 이주노동자들의 노동 3권과 인간다운 삶의 보장이 실현되는 것은 쉽지 않은 일인 것처럼 보인다.[30] 이주노동자들에 대한 불법적인 파견근로도 논란이 되고 있다. 현행 고용허가제에서 이주노동자들은 작업장을 마음대로 바꿀 수 없고, 사업주도 자신의 마음대로 이주노동자들을 다른 곳으로 보낼 수 없게 하고 있다. 사업장 무단이탈이 발각되면 해당 이주노동자는 미등록체류(불법취업)로 적발되어 강제추방 당할 수도 있다. 한국 산업의 3D 업종에 종사하면서도 여러 불이익을 당하는 이주노동자 및 이주아동 인권 문제와 이주민에 대한 편견은 문화적 갈등과 함께 여러 가지 사회 문제를 야기할 수 있다. 그러나 이주자들도 인간으로서 누릴 수 있는 권리를 보장 받아야 하는 인간이다.[31]

(6) 이주자 불법체류

2016년 12월 말 기준으로 불법체류자는 209,000명으로 전체 체류외국인 195만 명중 10.7%를 차지했다. 2019년 8월 기준으로 국내에 있는 불법체류 자는 398,000여명으로 전체 체류외국인 중 15.5%였다.[32] 불법체류자들에 대한 이미지는 범죄와 관련하여 상당히 많이 조성되어 있다. 국내 불법체류자의 범죄 사건은 축소 보도된다고 생각하는 한국 사람이 많다.33) 이러다보니 고국에서 저학력자로 제대로 교육받지 못하고 와서 사고를 잘 친다는 인식도 한 몫 한다. 애먼 피해자를 늘리지 않기 위해서는 이들의 귀국에 대해 체계적인 관리와 가이드 등 불법행위를 저지르는 고용주들에 대한 철저한 척결이 요구된다.

(7) 이주자들의 결혼과 양육, 교육

이주자들 중에는 결혼 후에 화목한 가정을 이루고 자녀를 키우며 방과 후 외국어 강사로 활동하는 등 성공적으로 적응하는 경우도 있지만, 많은 경우에는 언어소통의 문제, 문화적 차이, 경제적 어려움, 가족 간 갈등, 지원체계 부족 등 복합적인 요인 때문에 어려움을 겪고, 또 자녀교육 측면에서도 문제를 겪고 있다. 또한 상당수의 이주자 자녀들은 부모의 낮은 사회·경제적 지위, 언어·문화·교육방식의 차이 등으로 양육과 학교교육에서 문제를 보이고 있다. 이주자 자녀들의 문제를 그대로 방치해 둔다면, 정체성 혼란과 학업성취도 저하, 학교 중도탈락률 증가 등의 문제가 생길 수 있고, 장기적으로는 교육기회 박탈로 인한 빈곤의 대물림, 계층 간 갈등 문제 등의 문제가 대두되어 사회 통합에 심각한 장애요인이 될 수 있다. 따라서 이주자 및 그 가족의 안정적인 한국생활 정착과 사회통합을 위한 장기적 관점의 지원과 동시에 다문화사회에 대한 사회적 준비가 필요하다.34)

결국 이주자들에 대한 일시적이고 처방적인 시혜성 복지정책만으로는 이들에 대한 문제를 해결할 수 없다. 이들에게 교육기회를 넓혀 스스로 빈곤탈출을 도와주고 학령기 아동 청소년기뿐만 아니라 영유아 및 성인기의 교육문제를 해결할 수 있는 전생애적 접근이 필요하다. 이에 교회는 이 문제에 대해 적극적인 의지를 갖고 도와주어야 한다.

3. 이주자에 대한 성경적 고찰

성경에서는 이주자들에 대해서 어떻게 보여주고 있는지 알아보자.

(1) 구약의 이주자

김의원 교수는 외국인을 의미하는 주된 용어로 구약에서 일시적으로 거주하는 단기체류자를 의미하는 노크리(נכרי)와 오랫동안 거주하는 장기체류자를 의미하는 게르(גר)를 들어 설명한다.[35] 단기체류자를 의미하는 노크리(נכרי)는 "낯선, 다른"이란 의미에서 유래되어 "외국인, 이방(여인)"을 뜻한다. 여기에는 두 가지 의미가 있다. 하나는 이스라엘 문화에 동화하려는 의향이 없이 일시적으로 머물러 사는 외국인을 의미한다.[36] 이스라엘에 잠시 머물면서 물건을 수입하여 팔던 상인들을 가리킨다. 또 다른 의미는 우상 숭배의 풍습을 지닌 다른 민족들로 이스라엘에 머물면서 이방종교나 문화의 영향을 끼치는 점이다[37]. 장기체류자를 의미하는 게르(גר)는 '나그네' 혹은 '이방인'(렘 22:2), '타국인'(민 19:10)등으로 다양하게 사용되었다. 나그네는 이스라엘 초기 역사에서 이스라엘 사람들과 함께 애굽을 탈출하였던 잡족들과 가나안 땅에 정착하면서 거주하던 가나안 사람들을 뜻하였고, 때로는 외국에서 피난 온 사람들을 뜻하기도 한다.[38] 구약에 나타난 나그네의 신분은 첫째, 여러 이유에서 타향에 정착하였기에 땅을 소유할 수 없는 자들을 뜻한다. 전쟁이나 기근으로 혼자 또는 가족과 함께 다른 거주지로 옮겨와서 체류하게 된 자들이다(창 47:9; 출18:3; 신 26:5). 둘째, 생계를 유지하기가 어려워 배려와 보호를 받아야 했던 가난한 사람들을 뜻한다. 그들은 품꾼으로 삶을 영위하며 살던 가난한 자들이었다(레 25:55; 신 24:14-5). 셋째, 이스라엘 공동체의 구성원이지만, 이스라엘 남자와 여자, 남종과 여종이 논의된 뒤에 언급되었다. 그들은 이스라엘 백성들과 동일한 법규를 준수하여야 할 의무를 가졌다.[39] 나그네가 되는 이유는 경제적인 것(룻 1:1; 왕상 17:9; 창 26:1)과 전쟁(사 16:4; 대하 30:25)이다. 유윤종 교수는 오늘날 이주민과 관련된 가장 적합한 단어는 게르(גר)라고 본다.[40] 나그네는 외국인 이주민으로 한정하지 않는다. 그리스도인들도 하나님께 대하여 이 땅에 거주하는 나그네들이다. 그러므로 나그네로서의 삶의 의미를 깨닫고 사는 사람들이라면 타지에서 건너와 이 땅에 사는 사람들을 배려해야 한다.[41] "너희는 나그네를 사랑하라 전에 너희도 애굽 땅에서 나그네 되었음이니라"(신 10:19).

구약성경은 이스라엘 백성이 이주민의 삶을 살았다고 기록한다(창 11:28; 신 26:5; 겔 16:3; 출 12:40-1).[42] 역대기의 계보들을 살펴보면 이스라엘 사회 안으로 수용된 이방인 아내들과 첩들을 기록하고 있다. 이들은 이집트인, 아랍인 등 여러 종족들을 포함한다.[43] 이스라엘 백성과 히브리 사람들이 이주자들이었고 나그네였다는 구약성경의 증언은 우리시대의 이주자들에 대한 올바른 인식을 위해서 매우 중요한 단서를 제공한다.[44] 구약 룻기는 귀환한 이주자의 책으로 알려져 있다. 모압 여인 룻이 이국 땅인 이스라엘 베들레헴에 와서 어려움을 극복하고 보아스와 결혼하여 행복하게 산 과정을 담은 스토리이다. 이주자로서의 룻은 다윗 왕가의 조상이 되었다는 신데렐라의 이야기로 다문화 사회를 새롭게 만들어 가는 이야기이다. 여기서 다윗 왕조의 조상을 룻과 연결시켜 이주자 가정이 유다 왕실의 기원임을 강조하고 있다.[45] 룻은 이주민으로서 낯선 환경과 경제적 어려움을 탓하지 않고 새로운 환경에 적응해 가는데 이는 나그네를 선대하라는 하나님의 말씀을 실천한 이웃의 도움이 있었기에 가능했다.⁴⁶⁾ 따라서 이주자들에 대한 교회의 배려와 관심 그리고 지원은 반드시 해야만 하는 과제임이 분명하다.

(2) 신약의 이주자

신약성경에서 이주민을 나타내는 단어로는 에트노스(ἔθνος), 헬렌(Ελλην), 파로이코스(παροικος)가 있다. 이 가운데 신약에서 이방인을 나타내는 단어들 중 외국인의 의미로는 대부분 에트노스(ἔθνος)를 사용한다.⁴⁷⁾ 예수님의 사역을 보면 사복음서에 이주자(이방인)에 대한 분명한 강조를 하시고 있음을 볼 수 있다. 마태복음은 부활하신 예수님은 지상명령을 통해서 이주자 사역의 중요성을 강조하신다. "그러므로 너희는 가서 모든 민족을 제자로 삼아 아버지와 아들과 성령의 이름으로 침례를 베풀고 내가 너희에게 분부한 모든 것을 가르쳐 지키게 하라 볼지어다 내가 세상 끝 날까지 너희와 항상 함께 있으리라 하시니라"(마28:19-20). 예수님께서 유대인에 대한 선교를 시작으로 이방인들에 대한 복음의 사역을 확장해 나가셨던 것을 본문을 통해 볼 수 있다. 지극히 작은 자를 섬기는 것이 바로 주님을 섬기는 것이라고 강조(마 25장)하는 말씀에 주목해 본다면 이주자를 위해서 많은 성경적 가르침이 존재한다는 사실을 인식해야만 한다.⁴⁸⁾ 마가복음은 그리스도께서 공생애 초기부터 이방인 지역을 선교의 대상으로 삼으셨음을 보여준다. "유대와 예루살렘과 이두매와 요단강 건너편과 또 두로와 시돈 근처에서 많은 무리가 그가 하신 큰일을 듣고 나아오는지라"(막 3:8). 이 본문은 예수께서 유대와 예루살렘과 이두매만을 선교하신 것이 아니라, 요단강 건너편과 두로와 시돈의 이방지역까지 선교하셨음을 말한다.⁴⁹⁾ 예수께서는 유대인을 포함한 이방인 선교에 적극적이셨음을 알 수 있다.⁵⁰⁾ 예수님의 선교 중심지는 이방인과 유대인이 함께하는 다인종 사회인 갈릴리였다. 예수님은 갈릴리를 중심으로 헬라화 된 도시들과 유대인의 마을을 오가며 선교의 일을 하셨다. 이런 의미에서 예수님의 사역이 애초부터 이방민족을 배제한 채 추진된 것이 아니었음을 파악하게 된다. 예수께서는 다인종 사회였던 갈릴리 지역을 선교적 가능성이 더 큰 곳으로 보셨다. 이주자들이 많이 섞여 살았던 갈릴리 지역은 정치, 경제, 문화, 종교적으로 볼 때는 소외된 지역이었지만, 하나님 나라 운동으로 볼 때는 중심지였다.[51] 누가복음 10장에 나오는 선한 사마리아인의 비유를 보면, 그 당시 유대인들이 왕래하기도 꺼려했던 사마리아인이 진정한 이웃으로 등장한다. 또한 요한복음 4장에서도 예수께서는 사마리아 여인에게 먼저 다가가셔서 말을 건네시고 복음을 전하셨다. 예수님이 선택해서 제자 삼은 열두 제자들의 구성원을 살펴보면 무식자, 극단적 경건주의자, 종말론자, 독립혁명가, 반민족적 매국노, 파렴치한 배신자 등 전혀 어울릴 수 없는 반대 입장의 사람들이 함께한다는 사실은 이해하기 힘들다. 그럼에도 불구하고 그러한 다양성에서 나오는 힘이 얼마나 큰지 알 수가 있고, 이런 다양한 모습은 작은 하나님의 나라 모습 그 자체이다. 이러한 다양한 예수님의 제자들의 모습은 다문화사회에 이주자와 더불어 살아가는 우리들에게 의미심장하게 다가온다.[52] 한편 사도행전의 교회는 다문화의 특성을 가진 교회로 출발 하였다(행 2:1-47). 사도바울도 자신의 소명이 이방인을 위한 것임을 확신했다.[53] 사도행전 6장에 나오는 예루살렘 교회는 문화적배경이 서로 다른 사람들이 모여 드리는 교회이다. 신약성경에 나타나는 예수님과 바울의 이방인 사역에 대한 확신, 그리고 다문화적인 공동체인 초기 기독교 공동체의 모습을 통해서 우리는 복음이 이주민을 포함한 모든 민족을 향해 열려 있음을 알 수 있다. 초기 기독교의 공동체는 다문화를 가로지르는 모습을 잘 드러내고 있고, 예수님 역시 경계를 가로지르는 모범을 우리들에게 보여 주셨다.[54] 신약성경에 나타난 초기 기독교공동체 구성원은 피부색, 인종, 계급, 성별에 관계없이 모두가 다 동일한 '하나님의 가족'이라고 말한다.[55] 편협한 배타주의나 민족주의를 넘어설 수 있는 관점은 초기 기독교 공동체가 예수 그리스도 안에서 하나라는 인식의 전환에서 비롯된다.

위에서 살펴본 대로 구약과 신약은 이주자들에 대한 동일한 관심과 사랑을 언급하며 강조하고 있다. 이에 한국사회에서 이주자들이 자율적인 주체와 대등한 관계로서 살아가도록 한국교회가 공동체의 새로운 가족으로 받아들여야 한다.[56]

4. 이주자 해결을 위한 교회의 실천 방안

이주자의 공존의 문제는 전 세계의 사회적 쟁점이 되었다. 이러한 이유는 국가와 영토의 경계를 넘어서는 탈영토화가 급속도로 진행되고 있기 때문이다.[57] 그러나 이주 문제는 국제적 기준도 없을 뿐더러 전 세계 이주자의 인권을 감시하는 국제기구도 없는 것이 현실이다.[58] 이주자들과 함께하는 다문화사회 속에서 이주자들의 문제를 해결하기 위해 교회는 어떤 역할을 감당해야 할까? 21세기 이전에는 대부분 양적인 측면을 강조하는 성장 위주의 교회가 많았다. 그러나 21세기에 들어 사회적인 문제와 더불어 교회의 양적인 성장보다 질적인, 즉 건강한 교회를 지향하는 움직임이 나타나고 있다.[59] 그렇다면 교회가 이주자들과 함께하는 통합 사회의 방향은 어떻게 나아가야 할까? 노영상 교수는 다문화 사회 통합의 방향성에 대해 고찰하면서 예전 미국의 모델인 '멜팅 포트 모델'(melting pot model)과 캐나다의 모델인 '샐러드 볼 모델'(salad bowl model)의 문화통합 모델을 소개한다.[60] 이어서 이 두 가지 모델이 지닌 단점들을 극복하는 모델로서 '문화상호교류주의 모델'(interculturalism model)을 제시한다.[61]

문화상호교류주의 입장은 동화와는 다른 개념으로 지배적인 문화가 작은 문화를 흡수하고 그 흔적을 지워버리는 것이 아니라, 각자 문화의 특수성을 가지고 상호작용하는 사회를 말하는 것이다.

우선 한국 사회가 이제 이주자들과 함께 각자 문화의 특수성을 가지고 상호작용하는 사회로 정착하기 위해서는 다양한 문화를 이해하고 존중하는 의식 제고가 절실하다. 김태환은 한국사회의 이주자 문제 해결을 위해 이민정책의 방향을 다음과 같이 제시했다. 첫째, 배제, 동화의 프레임 이중성을 '사회통합'의 상위프레임으로 바꾸자. 둘째, 이민자를 잠재적 국민으로 포용하자. 셋째, 정책대상을 이민자 전체로 재인식하자. 넷째, 문화다양성, 차이를 인정하고 과감히 수용하는 공동체를 만들자. 이처럼 민간 정책가도 이주자 증가와 더불어 함께하는 사회를 만들기 위해 정책을 제안하고 노력하고 있다.[62] 한국사회는 이주민 200만 명 이상의 이주민 나그네가 우리 이웃으로 자리 잡고 있다. 참으로 엄청난 변화이다. 다문화는 세계화라는 말로 바꾸어도 좋을 것이다. 세계화와 다문화 나아가 다민족 사회로의 변화는 우리가 사는 이 시대를 가장 잘 설명할 수 있는 단어임이 분명하다. 이제 이주민을 모르면 미래가 없다는 의식이 필요한 시점이다. 그러므로 이주자와 함께하는 시대에 한국교회의 패러다임을 바꾸는 것은 선택이 아닌 필수임을 분명히 해야 한국교회에 미래가 있다. 미국의 과학철학자 토마스 쿤(Thomas Samuel Kuhn)은 자신의 저서 「과학혁명의 구조」에서 패러다임의 변화를 말한다. 만약 패러다임을 바꾸어야 할 때에 바꾸지 못하면 기업은 도태되고 망한다는 논리이다. 그래서 코닥과 같은 아날로그 필름을 만든 회사가 사라졌고 모토로라나 노키아 같은 세계적인 기업도 조용히 흔적을 감추었다. 남은 것은 패러다임을 바꾼 사람과 기업만이 미래의 주인이 된다는 논리이다.[63] 이러한 논리는 기업이나 세상사에서만 적용되는 것이 아니다. 패러다임의 변화를 이루어야 할 공동체는 교회도 예외가 아니다. 교회는 오히려 더 빠르게 바뀌어야 한다. 바뀌지 못하면 교회는 망할 수도 있고 문을 닫을 수도 있다. 그것은 역사의 가르침이다. 중세의 교회가 그랬고, 유럽의 교회가 그렇다. 그리고 이제 한국교회가 그 차례가 되었다. 지금 우리는 그 시험대에 서 있는 것이다. 지금 바꾸지 못하면 우리에게 미래는 존재하지 않는다. 성공의 목회에서 철저히 주변부 교인들로 취급하던 이주자, 나그네들을 우리 교회의 주인으로 아니 하나님 나라의 주인들로 섬겨야 한다는 패러다임의 변화를 이루어야 우리가 산다.

한국사회에서 이주자 가정의 어려운 점은 자녀교육 문제가 가장 높았고, 다음으로 언어문제, 경제문제 그리고 한국인의 편견으로 드러났다.[64] 그러기에 이주자 문화를 받아들이려는 열린 자세가 절실한 시점이다. 이에 필자는 패러다임의 변화를 이루어 갈 교회의 실천 방안으로 다음과 같은 것들은 제시한다.

첫째, 교회가 이주자들의 문제를 돕기 위한 네트워크를 구성해야 한다. 교회 지도자들이 이주자들을 위한 정책 방향을 제시할 필요가 있다. 국내 이주민 통합을 위한 한국교회 역할은 그동안 교회 안에서의 '하나됨'만 강조해 왔다면 이제는 교회가 사회 속에서의 이주자와 내국인의 '통합'으로 발전되어야 한다. 교회가 지역 행정기관과 대학 및 이주민 관련 단체들과의 네트워크 협력을 통해 보다 실제적인 이주자 지원책을 만들 것을 제안한다.[65] 둘째, 이주자들과 함께하기 위해서는 교회 구성원들에게 타문화권에서 온 이주자들 역시 한국인이라는 인식을 고취시키는 일이 필요하다. 이들에 대한 차별과 멸시, 천대 등은 결국 이주자들을 우리와 같은 공동체의 일원으로 보지 않는 데서 비롯된 것이다. 이주자들과 소통하며 사는 의식의 변화와 교회변혁이 필요하다.[66] 셋째, 교단이 앞장서서 이주민들의 유형과 지역적 특성을 분석하여 이주민 지원을 위한 '지역별 이주자교회'를 구성하는 것을 제안한다. 이주민들이 각 국가별로 모여 거주하는 지역에 '지역별 이주자교회'를 세워 특성화된 지원을 해야 한다. 넷째, 이주자가정은 사회적 약자에 속한다. 대부분 가난한 나라에서 온 연고로 차별을 받고 있다. 이에 교회는 사랑과 배려, 관용을 최대한 활용하여 차별을 받고 있는 그들의 대변자가 되어주고, 눈물을 닦아주는 위로의 사역을 감당해야 한다. 아울러 저들이 미처 알지 못하는 행정적인 서비스도 안내해 줄 것을 제안한다. 다섯째, 이주자들의 언어소통에 대한 역할을 제안한다. 교회의 인적 자원을 활용하면 얼마든지 교회가 도울 수 있는 분야다. 지자체마다 외국인을 위한 한글 프로그램을 운영하고 있긴 하지만 생활 속에서 말벗이 되어주면 의사소통만 아니라 정서적 안정에도 큰 도움을 줄 수 있고, 사회의 일원으로 참여케 하는데 크게 기여할 것이다.[67] 여섯째, 이주민을 위한 인프라 구축이 필요하다. 외국인을 상대로 통역, 법률상담, 의료지원 등을 담당할 수 있는 인적 자원 양성을 제안한다. 이제 한국사회에서 나와 타자의 경계는 애매해졌으며 우리 자신에 대한 진정한 이해를 위해서는 무엇보다 타자, 즉 이주자에 대한 인식이 필수적이라는 관점이 필요하다. 국내 거주 외국인은 더 이상 외국인이 아니라 우리와 다른 문화권에서 온 이웃이다. 이제 차별이 아닌 차이를 인식하고 더불어 살아가는 시각을 정립할 때이다. 한국사회에 이주자 가정이 증가한다는 것은 교회 사역의 영역이 확장되고, 복음 전파의 대상이 더욱 넓혀진다는 것과 일맥상통한다.[68] 이주자들에게 복음을 전하고 사회적 책임을 다함으로써 더불어 함께하는 사회를 만들어 간다면 한국교회는 미래의 한국사회에 희망이 될 수 있을 것이다.[69]

5. 나가는 글

이주는 어느 나라의 특정한 지역 현상이 아니라 이미 보편화 된 세계적 현상이다.[70] 이주의 시대라고 불릴 만큼 이주자 문제는 지구공동체의 보편적인 의제가 되었다. 교통수단의 발달, 인터넷 등의 대중매체의 발달로 인하여 세계는 점점 좁아지고 있다. 글로벌화 된 세상에서 이주자들이 점점 많아지는 것은 어쩌면 당연한 추세일지도 모른다. 한국사회의 일원으로 편입되고 있는 이주자들을 이해하는 것은 공존과 소통을 지향하는 지금의 시대정신을 위해서는 필수적이다. 이러한 당연한 추세에 대하여 과연 교회는 어떠한 자세를 취하며 지내왔는가? 성경에는 이주자에 대한 언급과 그들을 대한 태도가 분명히 나와 있다. 그리고 그러한 나그네들을 결코 홀대하지 말 것을 명하고 있다. 그러나 한국의 교회는 지난 날 눈부신 성장과 발전을 거듭해 왔음에도 불구하고 이러한 시대의 흐름을 제대로 읽지 못했던 것 같다. 외국의 많은 사람들이 우리나라에 들어와 살고, 나름의 고충을 안고 있었지만 정작 한국은 '부흥'이라는 명목 아래 그들을 외면하고 있지는 않았던가? 이러한 이주자에 대한 논의의 핵심에는 복음을 통한 영혼구원의 논리만이 아니라 급변하는 세계에 대한 기독교적 책임이 필요하다는 요구가 담겨있음을 직시해야 한다.[71] 이러한 변화된 시대에 직면한 문제들을 외면하면 목회는 방황할 수밖에 없다. 다양하고도 많은 이주자들이 들어오고 있는데, 한국 교회는 더 이상 그들을 방관해서는 안 된다. 특히 위에서 살펴보았듯이 이주자들의 삶은 상당히 비참한 것을 알 수 있었다. 그렇다면 이제는 그러한 이주자들을 어떻게 이해하고 품고 같이 갈 것인가? 외국으로 나가는 선교도 중요하지만 자국으로 들어오는 사람들에 대한 나눔과 동행, 소통 그리고 선교도 그에 못지않게 중요하다. 다문화 사회에 진입한 한국사회는 이주자들과의 다양한 접촉과 거주를 통해 여러 가지 형태의 정체성이 존재한다는 인식전환이 무엇보다 필요하다. 한국교회와 그리스도인들이 이주자들의 벗으로 살아간다는 것은 지금까지 지니고 있었던 사고방식과 가치관을 수정하고 성경에 근거한 실천을 결단하는 일이다. 그러므로 한국교회가 이제는 이러한 이주자들에 대해 위에서 제안한 구체적이고도 실제적인 도움을 그들에게 주어 하나님 나라의 동반자로서 그들과 함께 가야할 것이다.

1) David Bartram 외 2인, 「개념으로 읽는 국제이주와 다문화사회」, 이영민 외 5인 옮김 (서울: 푸른길, 2017), 4.
2) 장일현, "메이 브렉시트 후에도 EU시민 英거주권 보장," 〔온라인자료〕http://news.chosun.com/site/data/html_dir/2017/06/24/2017062400255.html, 2019년 6월 27일 접속.
3) 조원탁 외 5인, 「다문화사회의 이해와 실천」 (파주: 양서원, 2014), 21-2.
4) '다문화'라는 용어는 90년대 중후반에도 일부 지원 단체에서 사용하기는 했지만 정부 정책과 이주노동운동 진영에서 광범위하게 사용되기 시작한 것은 2005년경으로, 국제결혼이주여성의 수가 급격하게 증가함에 따라 결혼이주여성의 처우가 중요한 사회적 이슈로 다루어지게 된 것과 관련이 깊다. 다문화주의(multiculturalism)의 개념은 철학적 기반, 정치적 지향, 방법론 등에 따라 의미하는 바가 다양하다. 이에 대한 자세한 개념은 조원탁 외 5인, 「다문화사회의 이해와 실천」, 11-29를 참조하라. 주의 깊게 읽을 관련된 자료는 다음과 같다. B. Barry, Culture and Equality: An Egalitarian Critique of Multiculturalism (Cambridge: Harvard University Press, 2001); W. Kymlicka, Multiculturalism: Success, Failure and the Future (Washington, DC: Migration Policy Institute, 2012).
5) 장훈태, 「선교적 관점에서 본 다문화사회」 (서울: 대서, 2011), 87.
6) 김범수, 「다문화 사회복지론」 (파주: 양서원, 2007), 61.
7) 이정은 외 2인, 「다문화사회와 철학」 (서울: 도서출판 자유문고, 2017), 22-3.
8) Marco Martiniello, 「현대사회와 다문화주의」, 윤진 역 (서울: 도서출판 한울, 2002), 21-2.
9) 정상준, "문화적 다양성과 다문화주의," 「외국문학」 43호 (1995 여름): 81.
10) 〔온라인자료〕https://news.joins.com/article/23576935, 2020년 3월 14일 접속.
11) 조던, "세계 인구 2023년 80억 돌파," 〔온라인자료〕https://brunch.co.kr/@jordan777/688, 2019년 6월 24일 접속.
12) 박찬식, 정노화 편, 「21C 신유목민 시대와 이주자 선교」 (서울: 기독교산업사회연구소, 2008), 20. 기독교산업사회연구소의 박찬식 소장은 오늘의 시대를 신유목민 시대(New Nomad Era)라고 언급하고, 이미 41개 국가에서는 인구의 20% 이상이 이주민으로 구성되어 있다고 주장했다.
13) 법무부 출입국, 「외국인정책 통계월보」 (2019년 1월). 출신국 별로는 중국이 49.6%로 이민 인구의 절반을 차지하고 있으며, 베트남(7.3%), 미국(6.8%), 일본(4.9%)으로 국내 체류외국인의 현재 연평균 증가율(8.4%)을 유지할 경우, 2030년에는 300만 명을 상회하여 전체인구의 5.8%에 해당할 전망이다. http://www.moj.go.kr/(법무부 홈페이지) 참조할 것.
14) 2018년 출생통계(확정) 보도자료, 〔온라인자료〕http://kostat.go.kr/portal/korea/index.action, 2020년 3월 13일 접속.
15) 박천응, 「이주민 신학과 국경 없는 마을 실천」 (안산: 국경없는 마을, 2006), 43-4.
16) 김우선, "다문화 사회와 한국교회의 역할," 「신학전망」 167호 (2009): 17.

17) 이민정책연구소, "제2차 외국인정책 기본계획(2013-2017) 확정," [온라인자료]http://ibii.kr/80177243808, 2019년 6월 24일 접속.

18) "제3차 외국인정책 기본계획," [온라인자료]http://www.immigration.go.kr/immigration/1609/subview.do, 2020년 3월 19일 접속.

19) 우선 다문화에 대한 이해를 돕기 위해 다문화와 관련된 용어들을 정리해 보면 다음과 같다. 첫째, 코시안(Kosian)은 Korean과 Asian을 합친 말이다. 혼혈아 등의 차별적 언어를 해소하기 위해 1996년 안산이주민센터에서 처음 사용한 용어이다. 코시안은 보통 외국인 노동자와 한국인 사이에서 태어난 국제결혼 2세, 한국에 거주하는 아시아 이주노동자의 자녀를 가리킨다. 둘째, 이주민(Immigrant)은 이주노동자를 포함하여 유학생, 결혼이민자, 재중동포, 난민, 귀화자, 입양자, 국내 출생 이주노동자 자녀 등을 한국의 국민으로서 받아들인다는 인식적 차원에서 이들을 총칭하는 용어다. 행정자치부에서도 2007년 2월부터 지역 3개월 이상 거주 외국인에게 주민으로서의 지위를 부여하고 있다. 셋째, 다문화가정(Multicultural Family)이란 국제결혼을 통해 형성된 가족을 가리킨다. 다문화가정은 국제결혼 가정, 외국인근로자 가정 그리고 새터민 가정으로 분류하고 있다. 넷째, 다문화 교회(Multicultural Church)는 어떤 한 민족 그룹(racial group)이 교회 전체 출석교인의 80%를 넘지 않는 교회라고 정의할 수 있다. 이 외에도 다문화와 관련된 용어를 이해하기 위해서는 다음의 책을 참고하라. 김범수, 「다문화사회 십계명」 (서울: 리북, 2010), 25-49.

20) 노영상, 「미래교회와 미래신학」 (서울: 장로회신학대학교출판부, 2009), 339.

21) 박천응, "다문화 이주민 선교 패러다임 전환과 당면과제," 「교회와 신학」 70호 (2007 가을): 58.

22) 박흥순, "이주여성의 현존과 대안적 성서해석," 「다문화사회와 해석학」 14집 (2011): 113.

23) 박흥순은 이주자의 정체성과 관련하여 '정신의 탈식민화'를 주장한다. 박흥순, 「지역교회 다문화를 품다」 (서울: 꿈꾸는 터, 2013), 59-64를 참조할 것.

24) 한국사회에서 살아가는 이와 같은 이주자들은 고향이나 본국을 떠나서 낯선 곳에 머물고 살아간다는 의미에서 '디아스포라'(diaspora)의 시각을 갖게 된다.

25) 오지은, "외국인 노동자 100만 시대," [온라인자료]http://blog.naver.com/longlife10/220977951604, 2019년 6월 25일 접속.

26) 흔히 사용하는 용어인 '이주여성'은 여성이주노동자, 여성결혼이민자, 성매매 종사 외국인 여성을 모두 포함하는 광범위한 표현이므로, 결혼을 통해 이주한 여성들은 국제결혼 이주여성이라는 표현을 쓸 수밖에 없는데 이럴 때는 국제결혼 이주남성이라는 표현의 문제가 생긴다. 따라서 '결혼이주여성'이라는 용어를 채택하였다.

27) "결혼이민자 현황," [온라인자료] http://www.index.go.kr/potal/main/EachDtlPageDetail.do?idxcd=2819, 2020년 3월 20일 접속.

28) "외국인 유학생 14만명 시대," [온라인자료]http://www.hani.co.kr/arti/society/schooling/888015.html, 2020년 3월 30일 접속.

29) "북한이탈주민 최근현황,"〔온라인자료〕https://www.unikorea.go.kr/unikorea/business/NKDefectorsPolicy/status/lately/, 2020년 3월 22일 접속. 최근 북한 핵실험과 장거리미사일 발사 등으로 남북한 간 군사적 긴장관계가 높아지고 있고, 태영호 북한 영국 공사 등 북한 고위급 인사의 망명도 늘어나고 있어, 경찰청에서도 주요 탈북인사의 등급을 가, 나, 다급으로 구분하여 24시간 밀착경호를 하는 등 핵심탈북인사들에 대한 신변보호를 강화하고 있다. 또한 보호대상자는 지방자치단체별로 지정되어 있는 거주지보호담당관으로부터 거주지 편입과정에서부터 주민등록, 생계급여 지급, 의료급여 대상자 지정 등 사회보장제도의 편입과 증명서 발급과 같은 각종 행정지원 업무를 지원받을 수 있다. 아울러 새터민들에게 남한 사회에 적응과 정착을 위한 주거문제는 매우 중요한 문제가 된다.

30) 정부는 매년 이주노동자 도입 규모를 결정하며, 고용허가를 받고 입국한 이주노동자는 최장 4년 10개월까지 체류할 수 있다. 한국 정부로부터 '성실 근로자' 인정을 받으면 비자 만료 뒤 출국했다가 3개월 뒤에 재입국할 수 있다. 그러나 '성실 근로자' 제도는 이주노동자가 되레 고용주의 횡포에도 고분고분할 수밖에 없는 족쇄가 되기도 한다.

31) 대한예수교장로회총회전도부, 「외국인 노동자선교와 신학」 (서울: 한들출판사, 2000), 177.

32) 법무부이민정보과, "체류 외국인 현황."〔온라인자료〕http://www.index.go.kr/potal/main/EachDtlPageDetail.do?idx_cd=2756, 2020년 3월 27일 접속.

33) 그 예로 양주 여중생 살인 사건, 조선족 오원춘에 의해 수원 토막살인 사건이라는 미증유의 끔찍한 살인사건이 벌어져 사회적 공분이 더욱 가열되었다.

34) 권미경, "다문화사회의 교육문화 과제 탐색: 여성결혼이민자의 체험에 관한 질적 연구" (박사학위논문, 동아대학교대학원, 2006), 3.

35) 박찬식, 정노화 편, 「21C 신유목민 시대와 이주자 선교」, 64. 이주민과 관련된 구약연구 동향을 보려면 다음의 논문을 참조하라. 강성열, "구약성경의 이주민 신학과 한국사회의 다문화 가정," 「한국기독교신학논총」 62집 (2009년): 5-33

36) 강성열 외 3인, 「다문화 사회와 한국교회」 (서울: 한들출판사, 2010), 19. 느헤미야 시대에 예루살렘에 거주하던 두로 사람들을 들 수 있다(느 13:15-7).

37) 솔로몬이 이방여인을 사랑하면서 마음을 여호와에게서 돌이킨 일을 들 수 있다(왕상 11:1-4).

38) Christians van Houten, 「너희도 이방인이었으니: 구약법에 나타난 이방인」, 이영미 옮김 (오산: 한신대학교출판부, 2008), 21. "이스라엘 땅에 와서 유다에 사는 나그네들"(대하 30:25).

39) 박찬식, 정노화 편, 「21C 신유목민 시대와 이주자 선교」, 66.

40) 박찬식, 정노화 편, 「다문화 사회와 이주자 선교」 (서울: 기독교산업사회연구소, 2009), 155.

41) 박찬식, 정노화 편, 「21C 신유목민 시대와 이주자 선교」, 68-70. "너는 이방 나그네(게르, גֵּר)를 압제하지 말며 그들을 학대하지 말라 너희도 애굽 땅에서 나그네였음이라"(출 22:21).

42) 김은혜 외 6인, 「이주민 선교와 신학」 (서울: 한국장로교출판사, 2011), 44-5.

43) 역대상 4:8, 7:14을 참조할 것.
44) 박흥순, 「지역교회 다문화를 품다」 (서울: 꿈꾸는 터, 2013), 92.
45) 정준호, 「다문화 사회를 위한 새로운 성경해석」 (대구: 계명대학교출판부, 2015), 81-2.
46) 박찬식, 정노화 편, 「다문화 사회와 이주자 선교」, 97.
47) 박아람, "다문화 사회에서의 교육목회에 관한연구" (석사학위논문, 장로회신학대학교대학원, 2008), 45.
48) 박흥순, 「지역교회 다문화를 품다」, 14.
49) 이두매는 예루살렘 남쪽의 유다의 소국가였으며, 요단강 건너편지역은 데카폴리스(데가볼리)라는 이방인 지역을 의미하며, 두로와 시돈은 페니키아 해안지역의 도시들로서 이방인 지역이다.
50) 노영상, 「마가복음에 피어오른 구원무지개」 (서울: 쿰란출판사, 2007), 239-40.
51) 박천응, 「이주민 신학과 국경 없는 마을 실천」 (안산: 국경없는 마을, 2006), 233.
52) 양재훈, 「공존, 성서의 눈으로 보는 다문화사회」 (서울: 열린출판사, 2011), 90-2.
53) "내가 이방인인 너희에게 말하노라 내가 이방인의 사도인 만큼 내 직분을 영광스럽게 여기노니"(롬 11:13).
54) 차정식, 「예수, 한국사회에 답하다」 (서울: 새물결플러스, 2015), 292-8.
55) 김은혜 외6인, 「이주민 선교와 신학」, 47.
56) 성경에 다문화의 삶, 상황, 현실을 담은 이야기가 가득하다는 사실을 12명의 인물을 중심으로 저술한 다음의 책은 우리에게 도전이 된다. 김혜란, 최은영, 「성서에서 만나는 다문화 이야기」 (대전: 대장간, 2013).
57) 박흥순, 「지역교회 다문화를 품다」, 23.
58) 김현미, 「우리는 모두 집을 떠난다」 (서울: 돌베개, 2014), 229.
59) 박찬식, 정노화 편, 「다문화 사회와 이주자 선교」 (서울: 기독교산업사회연구소, 2009), 17.
60) 멜팅 포트 모델은 은유적 표현으로서, 다른 문화와 인종과 종교에 속한 사람들이 연합하여 다문화 사회로 발전함을 뜻한다. 이것은 미국의 유토피아적 비전과 연결되어 있는데, 다양한 인종들이 공의로운 공동체로 혼합되는 이상적인 과정을 은유한 것이다. 또한 로마에 가면 로마법을 따르라는 말처럼 이주자들이 그 이주한 문화에 동화되는, 계속적인 통합을 말한다. 그러나 큰 집단에 작은 집단이 흡수되는 것을 뜻하면서, 백인의 문화를 제외한 다른 문화를 무시하면서 백인 우월주의에서 벗어나지 못하고 있다. 캐나다에선 문화 모자이크 모델로 소개되는 샐러드 볼 모델은 다문화주의의 입장으로 문화적 집단이 분리된 모습으로 존재함과 동시에, 그들의 문화적 관습 등이 유지되어야 한다고 주장한다. 다시 말해서 단일한 문화로 통합되는 것이 아니라 각각의 문화적인 특이성이 유지된다고 말한다. 윗글, 21-2.
61) 윗글, 23.
62) 김태환, 「다문화사회와 한국 이민정책의 이해」 (서울: 집사재, 2016), 298-319.

63) Thomas Kuhn, 「과학혁명의 구조」, 홍성욱, 김명자 옮김 (서울: 까치, 2013)을 참조할 것.
64) 김갑성, "한국 내 다문화가정의 자녀교육 실태조사 연구," 「청소년문화포럼」, 18호 (2008): 25.
65) 호남지역 목회자들이 '호남지역다문화선교회'를 조직해 다양한 활동을 펼치고 있다. 다문화 세미나, 다국어예배, 한글학당, 서예교실, 다문화도서관, 다문화상담소, 쉼터, 컴퓨터교실, 아이 돌보미 센터, 다문화 대안학교, 직업교육프로그램, 다문화사역자 양성과정, 각종 문화축제, 이주민의 문화 충격 완화를 위한 한식학교, 공방 등이 이에 해당된다. 서희연, "미전도 지역선교와 이주자 선교," 「목회와 신학」, (2013년 7월): 94-5.
66) 장훈태, 「선교적 관점에서 본 다문화사회」, 127.
67) 이주자 가정의 신부들은 대부분 어린 나이여서 임신 및 육아에 대한 상식이 거의 없다. 그렇다고 한글로 된 임신육아 정보는 도움이 되지 못한다. 그들의 모국어로 된 책자를 준비하여 선물로 주는 것도 좋을 방안이 될 것이다.
68) 한국교회는 이주자들의 지원에 있어서 이미 다양한 기관들이 프로그램을 갖고 접근해 왔다. 대표적인 교회 및 기관들을 소개하면 다음과 같다. 거암교회, 국제민간교류협회희년선교회, 나섬 공동체, 벗들의 집, 베들레헴 어린이집, 서울 조선족교회, 순복음 노원교회, 온누리교회 등이다. 김은미 외 2인, 「다문화사회, 한국」(서울: 나남, 2009), 369-70.
69) 강남중앙교회는 2016년 1월 17일 교회 창립 40주년 기념행사의 일환으로 강남구 다문화가정 초청행사 및 선물 전달식, 사랑의 콘서트를 진행했다. 이날 행사는 해마다 지역사회에 빛과 소금의 역할을 감당하며 헌신과 수고를 아끼지 않았던 의미를 되새기고 지역과 함께 함께 하는 교회의 사명을 실천하고자 기획됐다. 초청 행사는 강남구청장에게 겨울파카 300벌, 생필품 200세트, 겨울용 부츠 100개, 지원금 등 약 4,000여 만원어치의 현물을 전달했고, "이주민에 대한 이해와 교회의 역할"이란 주제로 서울대 성상환 교수의 다문화 인식개선 특강을 통해 이주자들에 대한 교회의 역할을 강조했다.
70) 구성모 외 6인, 「다문화 선교」(서울: 기독교문서선교회, 2015), 11.
71) 박충구, "다문화사회 이행기에 선 한국교회," 「신학과 세계」, 66 (2009): 203.

6부
복음주의가 답이다

16. 포스트모더니즘과 복음주의

1. 들어가는 글

칼 마르크스(Karl Marx)와 엥겔스(F. Engels)가 1848년 공동 집필한 「공산당선언」 서두에 보면 "지금 유럽에 하나의 유령이 출몰했다. 그것은 다름 아닌 공산주의이다"라고 쓰여 있다. 그로부터 1세기 반이 지난 1981년 10월 프랑스의 유력 일간지 르몽드(Le Monde)지는 동일한 헤드라인 기사로 르메르(G.-G. Lemaire)의 칼럼을 실으면서 "지금 유럽에 또 하나의 유령이 출몰했다. 그것은 다름 아닌 포스트모더니즘이다"라고 보도하였다.[1] 오늘날 우리 세계와 문화는 현대와 현대사상의 기초가 붕괴되고, 포스트모던이라는 새로운 시대에 진입되어 있다. 현재는 합리적인 사유와 과학의 시대를 특징짓고 있는 낙관주의적 사유체계를 벗어나 탈근대적 시대를 꾀하는 현대후기시대이다. 포스트모더니즘은 1960년대 미국에서 시작된 일종의 지성적 문화운동으로서, 모더니즘에 대항하여 일어나 21세기에 영향을 미치는 새로운 정신적 사조이다. 포스트모더니즘이란 용어는 건축, 문학, 예술, 영화, 과학, 종교, 철학, 사회이론, 신학 등 등 다양한 분야에서 사용되고 있으며, 하나의 현상이 아닌 여러 현상을 나타낸다. 즉, 사회, 정치, 경제, 문학, 예술, 기술, 영화, 과학, 종교, 철학 등에 비슷한 특징을 가지고 나타나기 시작한 예술적이고 사회적이고 철학적인 현상을 가리켜 포스트모더니즘이라고 지칭한다. 따라서 포스트모더니즘에 대한 통일된 정의를 내리기가 쉽지 않다.[2]

포스트모더니즘은 개별성, 특수성, 다양성을 용인하는 다원주의를 표방한다.[3] 포스트모던한 사고를 종교에 적용시키면 그것이 바로 종교다원주의가 된다. 그것은 후기 현대의 자유주의 신학이다.[4] 현재 우리가 사는 세계는 '정말 종교가 필요한가?,' 과연 성경대로 '구원을 주는 유일한 길이 예수 그리스도 뿐인가?'라는 질문을 제기한다. 필자는 그 어느 것보다도 종교다원주의는 현대 세계에서 기독교가 직면한 가장 어렵고 보편적인 문제라고 본다. 그러므로 포스트모더니즘은 복음적 기독교에 있어 큰 도전과 위기인 동시에, 복음증거를 위한 새로운 기회이다. 그동안 연구되어 왔던 포스트모더니즘은 좀 더 포괄적인 기독교적인 관점이나 종교신학적인 측면에서의 연구가 이루어졌고, 복음주의 신학 역시 역사적이거나 교리적인 측면에서의 연구가 선행되어 왔다.

그러기에 필자는 다음과 같은 구조로 연구를 진행하고자 한다. 우선 2장에서 모더니즘의 특징을 알아보고자 한다. 그리고 3장에서 포스트모더니즘의 본질과 특징은 무엇이며, 현대주의와 어떻게 구별되는가? 4장에서 복음주의 신학의 배경과 역사를 살펴보고, 5장에서 복음주의 신학 특징이 무엇인지 살펴보고자 한다. 결론에서는 이 시대사상인 포스트모더니즘에 대한 이해와 복음주의 신학의 과제를 제시하고자 한다.

2. 모더니즘의 특징

포스트모더니즘은 모더니즘을 떠나서는 생각될 수 없다.[5] 포스트모더니즘의 본질과 성격을 파악하기 위해서는 그 출현 배경이 되는 모더니즘에 대한 논의가 선행되어야 한다. 모더니즘은 구식이란 개념과 대립되는 것으로, 중세와 구별되는 정신적인 다름을 뜻한다. 서양 철학사에서 신화(Myth)에서 철학에로의 변화였던 시기를 제1의 계몽으로 말한다면, 제2의 계몽은 중세의 종교적 도그마와 타율로부터 이성이 잠깬 모더니즘이다.[6] 모더니즘은 전통, 절대, 객관, 지속의 특성을 함유하고 있으며, 그 중심축에는 인간 이성이 있다. 따라서 인간을 역사의 주인공으로, 인간의 합리적 이성을 진리의 척도로 간주하는 현대 정신의 길을 열었다.

모더니즘의 정신은 다음과 같이 요약할 수 있다. 첫째, 모더니즘의 정신은 합리적 주지주의다. 주지주의에서는 데카르트(Rene Descartes, 1596-1650)의 사유하는 존재로서의 인간이 강조된다.[7] 현대는 인간 자율성에 근거한 인간중심적 시대, 즉 이성 중심의 시대, 합리주의의 시대이다.[8] 현대를 지배하는 이성적 사고는 합리주의적 비판을 통해 지식의 확실한 토대를 마련하려 했다. 그 대표적인 인물이 데카르트였다. 그는 인간 이성을 '참과 거짓을 분간할 줄 아는 능력'으로 규정하고, 인간 이성에 절대적 신뢰를 두었다.[9] 둘째, 모더니즘의 정신은 현세만 인정하는 내재주의이다. 모더니즘에서는 중세시대의 신화적이고, 신비적이고 초월적인 영역을 모두 거부하고 제거한다. 신화적이고, 신비적이고 초월적인 영역을 거부하고 제거하면 남는 것은 현세뿐이다. 모더니즘은 초월을 부정하고 가시적인 현세만이 영원하며 자족하다고 확신한다. 그 결과 초자연적인 세계를 다루는 종교나 미적 차원의 예술 등은 미신이나 개인적인 취향으로 간주했다.10) 셋째, 모더니즘의 정신은 합리적 도덕주의이다. 대표적 학자로는 임마누엘 칸트(I. Kant, 1724-1804), 알브레히트 리츨(A. Ritschl, 1822-1889) 등을 들 수 있다.11) 초도덕적이고 초합리적인 요소를 배제하면 남는 것은 합리성과 도덕뿐이다. 그래서 칸트는 종교를 이성의 한계 내에 두고자 했다.12) 이들은 도덕으로서의 종교를 주장했다. 넷째, 모더니즘의 정신은 과학주의이다. 모더니즘은 16, 17세기 과학혁명과 더불어 시작되었다고 해도 과언이 아니다. 폴란드의 천문학자 니콜라우스 코페르니쿠스(Nicolaus Copernicus, 1473-1543), 이탈리아의 천문학자이며 물리학자인 갈릴레오 갈릴레이(Galileo Galilei, 1564-1642), 독일의 천문학자인 요하네스 케플러(Johannes Kepler, 1571-1630), 영국의 물리학자인 아이작 뉴톤(Issac Newton, 1643-1727) 등이 이룩해낸 과학적 업적들은 전통적인 우주관과 사유방식 자체를 변화시켰다. 중세시대 과학의 목표는 이성과 신앙 위에서 창조세계의 질서를 이해하는 것이었다. 그러나 모더니즘에 이르러 유기체적이고 생명체적인 우주이해가 기계론적인 세계이해로 대치되었다.13) 다섯째, 모더니즘의 정신은 낙관적 진보주의에 대한 믿음이다. 고대에서의 역사의 진행은 반복적인 것으로 해석하는 순환론이 지배적 견해였다. 그러나 모더니즘에서는 역사의 진행을 발전적인 것으로 해석하는 진보론이 대세를 이룬다. 즉 인간의 자율성과 이성적 능력을 극대화시킴으로, 모든 면에서 미래는 현재보다 나아질 것이라는 확실한 믿음이 있었다.14) 또한 현대 과학과 기술의 발달은 삶의 질을 향상시켰으며, 진보가 불가피하다는 낙관주의적 전망을 확산시켰다.15) 결국 모더니즘은 진보에 대한 믿음의 시대이다.

3. 포스트모더니즘의 특징

포스트모더니즘은 지난 서구 사회의 문화와 삶과 사고를 지배해온 모더니즘에 대한 반동으로서 미국에서 1960년대부터 나타나기 시작해서 전 세계적으로 확산되고 있는 일종의 지성적 문화운동이다. 건축 비평가들이 포스트모던이라는 말을 처음으로 사용하기 시작했는데, 이는 1960년대까지 유행하던 사각형 형태의 건축양식에 대한 반발로 나온 것으로서 건축물에 대해서 쓴 말이다. 그러나 이제 포스트모던이란 말은 우리 문화의 거의 모든 분야에 걸쳐서 사용되고 있다.[16] 포스트모던이란 개념은 학자에 따라 여러 주장이 있다. 포스트모더니즘은 과거의 사회, 정치, 예술, 문학, 종교, 윤리, 철학이 급격한 사회변화로 인해 혼란에 빠지자 모더니즘을 대신하면서 시작되는 새로운 시대의 가능성을 암시한다. 또는 현대화를 낙관적으로 바라보지는 않는 입장과 새로운 시대에 대한 시각을 가리키기도 하고, 서구 문화가 직면하게 된 단절을 나타내기도 한다.[17]

그렇다면 모더니즘을 뒤로 하고, 광범위하면서도 급속도로 그리고 부드럽게 인간 사회 전반에 걸쳐 새로운 시대를 표방하는 포스트모더니즘이 등장하게 된 배경은 무엇인가? 포스트모더니즘의 사상적 배경을 살펴보면 다음과 같이 요약할 수 있다. 첫째, 모더니즘에 대한 반성이다. 계몽주의, 과학주의, 급격한 산업화 등으로 모더니즘이 이루어낼 유토피아가 눈앞에 있는 듯 보였지만, 이에 대한 사상이 처참하게도 1,2차 세계대전, 유대인 대학살, 월남전 등을 통해 좌절되었다. 즉, 포스트모더니즘은 제 1,2차 세계대전을 거치면서 서구 문명의 광기를 목격하게 되고, 서구의 이성 중심주의를 반성하면서 등장하게 되었다. 결국 모더니즘이 내세운 합리적 자아가 아니라 욕망적 자아가 개인과 사회집단을 지배하게 됨을 인식하게 된 것이다. 둘째, 막스 웨버(Max Weber, 1864-1920)를 통해 이미 도구적 합리성이 가져올 역기능에 대해 예견하고 증명되었지만, 막스 호르크하이머(Max Horkheimer, 1895-1973), 테오도어 아도르노(Theodor Adorno, 1903-1969), 헤르베르트 마르쿠제(Herbert Marcuse, 1898-1979) 등이 현대산업사회 비판을 통해 인간 이성이 이기적 욕망을 성취하기 위한 도구적 합리성(instrumental rationality)에 불과함을 지적하였다.[18] 그들은 합리성을 내세운 모더니즘을 경고하기 위해 비판철학을 집필하였다.[19] 셋째, 산업화가 가져온 환경오염과 생태계 파괴가 심화되었고, 기계기술문명의 발달이 가져온 인간의 비인간화 현상이 모더니즘이 아닌 새로운 사상을 요구하게 되었다.[20] 넷째, 전통적이고 정형화된 것이 아닌 새로운 것에 대한 요구가 극대화되어, 이제는 비규격적이고 비합리적인 것에 매력을 느끼기 시작했고, 이에 따라 각 분야에 거쳐 비합리성이 표출되었다. 결국 포스트모더니즘은 근대사회에서 파생된 문제점과 한계성을 극복하고자 하는 주된 요인과 인간의 심리 및 사회 현상의 변모에 따라 시대와 문명이 변해가는 부차적 요인으로 말미암아 그것을 대하는 태도를 바꾸는 것에서 발생한 것이다.[21]

볼프강 벨쉬(Wolfgang Welsch)가 지적했듯이 포스트모더니즘을 한마디로 규명하기 어렵지만 그럼에도 불구하고 포스트모더니즘이 지니고 있는 특징을 정리하면 다음과 같다. 첫째, 포스트모더니즘의 특징은 장 프랑수아 리오타르(Jean-François Lyotard, 1924-1998)나 자크 데리다(Jacques Derrida, 1930-2004) 등이 주장한대로 해체주의를 표방한다. 그것은 전통적인 로고스 중심의 형이상학을 해체하고, 실존주의의 실존이나 구조주의의 구조를 비판한다. 모든 시대와 상황에 동일하게 적용되는 보편성은 없다. 즉 보편적으로 일반화 되어왔던 체계, 세계 전체를 설명하는 거대담론(메타 이야기)을 부정한다.[22] 영국의 문학비평가인 테리 이글턴(Terry

Eagleton)에 따르면 보편적인 진리나 의미에 대한 논의는 아무 의미가 없다.[23] 즉, 진리, 의미, 가치, 기준은 있을 수가 없고, 감각적이고 쾌락적인 것이 바람직한 가치로 추앙받는 시대이다. 가치의 기준은 그냥 내게 옳은 것이 된다.[24] 이런 점에서 포스트모더니즘은 전통적 가치관을 의심하고 비판하며 해체하려고 시도하고, 탈구조와 탈중심을 주장한다.[25] 둘째, 포스트모더니즘의 특징은 모더니즘의 상징이라고 할 수 있는 이성과 논리의 절대성에서 벗어나 비합리주의 내지 탈합리주의를 표방한다. 포스트모더니즘을 주장하는 프랑스 철학자들은 현대 해체주의의 선구자인 니체(F. Nietzsche, 1844-1900)를 자신들의 사상적 선조로 여긴다. 니체는 신의 죽음과 더불어 인간이 스스로 운명의 주인이 되는 초인의 도래를 외쳤다. 그가 죽었다고 선언한 신은 기독교적 신이기도 하지만 근대적 합리주의의 종말을 선언한 것이다. 다시 말하면 니체의 선언은 절대정신의 종언과 현대사상의 기초가 되는 인간 이성의 해체를 말한다. 철학의 영역에 있어서 포스트모더니즘을 부르짖고 있는 프랑스 철학자들인 자크 라깡(Jacques Lecan, 1901-1981), 펠릭스 가타리(Pierre-Félix Gauttari, 1930-1992), 질 들뢰즈(Gilles Deleuze, 1925-1995)는 니체의 초인 사상을 도입하여 인간 이성보다 욕망, 충동, 감성을 중요시하고, 합리적 자아가 아닌 욕망적 자아를 앞세우며 모던적인 것에 대한 총체적인 부정을 시도했다.[26] 셋째, 포스트모더니즘의 특징은 다의성, 상대성, 복수성을 표방한다. 말하자면 어떤 것에 한 가지 의미만 찾고 부여하는 것이 아니라 다양한 의미를 찾고 부여한다. 또 의미의 절대화를 거부하고 그것의 상대성을 내세운다. 모더니즘이 인간 이성의 합리성에 입각한 총체적 진리와 가치와 통합화를 주장한 반면, 포스트모더니즘은 이러한 총체성, 전체와의 조화를 거부한다. 넷째, 포스트모더니즘의 특징은 탈인간화를 주장한다. 더 이상 인간이 세계무대의 중심이 아니라는 것이다. 모더니즘 시대에 있어서 자연은 인간의 생존과 발전을 위한 개발의 대상이었지만, 포스트모더니즘에서는 자연도 인간과 똑같이 주체성과 생존권을 갖는다고 주장한다. 생태철학자인 한스 요나스(Hans Jonas, 1903-1993)는 1979년에 「책임의 원칙」을 출간하면서 전통윤리학의 근저에 있는 인간중심주의를 비판하고, 생태중심주의(Ecocentrism) 입장을 취하면서 미래세대에 대한 현대인의 책임을 강조했다.27) 다섯째, 포스트모더니즘의 특징은 탈정치화와 탈역사화를 부르짖는다. 특히 서방세계에 베일로 가려졌던 소련의 실상이 알렉산드르 솔제니친(Aleksandr Isayevich Solzhenitsyn, 1918-2008)의 작품「수용소군도」가 1970년 발표되면서 공산주의 사회의 단면이 드러났고, 중공 역시 사회의 실상이 드러나면서 자본주의뿐만 아니라 공산주의 역시 좌익계 학생운동의 타도 대상이 되어버렸다. 이로써 더 이상 정치나 역사에 대한 관심이 배제되면서 포스트모더니즘은 탈정치, 탈역사화를 주장한다.28)

포스트모더니즘의 이러한 상황 속에서 복음주의 신학은 이 시대의 정신과 삶을 주도해야 하며, 미래교회와 신학을 책임져야 할 중차대한 과제를 지니고 있다. 그러므로 복음주의 신학은 자유주의 신학으로 몸살을 앓고 있는 이 시대에 세속적 정신이나 신비주의를 타파하고, 이 시대의 문화를 하나님 말씀에 입각해 조명하면서 구체적인 역사의식을 갖고 하나님나라를 선포해야만 한다. 이에 복음주의 신학의 과제를 제시하기에 앞서 복음주의 신학의 배경과 특징을 살펴보고자 한다.

4. 복음주의 신학의 배경과 역사

복음주의(Evangelicalism)는 그것이 지니고 있는 개념의 다양성 때문에 분명한 정의가 쉽지 않다. 복음주의는 일정한 신앙체계를 의미하기도 하고, 신앙체계를 지키려는 운동을 의미하기도 한다. 복음주의의 정의 문제는 또 다른 하나의 연구 과제로서 보다 깊은 연구가 필요한 만큼 필자는 이 논문에서 복음주의에 대한 정의 문제를 조명하지 않고, 지금까지 우리 침례교단과 학교가 지향하는 의미의 '복음주의', 즉 그것은 '성경이 증거하는 대로의 복음을 역사적 사실로 믿고 지키려는 운동'으로 규정하고 논의를 전개하고자 한다.

복음주의는 어느 시대를 막론하고 복음을 선명하고 명료하게 선포하는 신학적 입장이다. 복음주의의 핵심은 믿음으로만 구원을 얻는다는 것이다.[29] 「오늘의 기독교(Christianity Today)」 편집 고문인 칸쩌(Kenneth Kantzer, 1917-2002) 박사는 복음주의라는 용어는 마틴 루터(Martin Luther)가 1520년 처음 사용했다고 주장했다.[30] 마틴 루터는 초대교회 시대의 이단인 에비온파(Ebionites), 노스틱(Gnostics), 아리우스(Arius) 등에 의해서, 그리고 중세 로마교회에 의해서 가려졌던 복음의 본질을 재발견한 복음주의 운동의 창시자이다.[31] 복음주의의 근원은 종교개혁이지만 그 이후 17세기 독일의 경건주의, 18세기 영국의 웨슬리 운동과 미국의 청교도운동, 19세기의 대각성 운동, 20세기 초 근본주의 교리수호 운동을 통해 역사적 흐름을 찾아볼 수 있다.[32] 종교개혁의 중심 주제들인 '오직 성경,'(sola scriptura) '오직 은총,'(sola gratia) '오직 믿음'(sola fide)의 원리는 복음주의 정체성의 중심을 이루고 있다. 종교개혁은 복음주의의 표준이 되었다. 17세기에 정통주의 개신교가 생명력 있는 신앙을 상실하고 형식화, 교리화로 되자, 이러한 현상을 극복하고자 경건주의가 발생했다.[33] 경건주의의 근본 목적은 형식과 교리에서 벗어나 생동감 넘치는 그리스도인의 경험을 회복하는 것이다. 따라서 경건주의는 종교적 감정과 경험을 강조하는 것이 특징인데, 복음주의가 종교적 경험을 강조하는 것은 경건주의 운동의 전통을 계승한 것이다. 18세기 복음주의적 부흥운동은 청교도 운동의 토대 위에 세워진 것이며, 복음주의가 신앙의 체험적 측면을 강조하게 된 것은 청교도운동의 영향이다.34) 19세기 초 찰스 피니(Charles Finney, 1792-1875) 등의 주도로 미국에서 일어난 대각성 운동은 교회와 국가의 분리를 통해 종교의 자유를 누리게 함으로 복음주의를 19세기 미국 교회의 지배 세력으로 부각시켰다.35) 결국 복음주의에 근본 토대와 기반을 형성한 역사적 원천은 종교개혁, 경건주의, 청교도운동 및 대각성운동이라 볼 수 있다.

이러한 역사적 배경 가운데 복음주의의 전체적인 역사를 기술하는 것은 방대한 작업임을 인지하고, 필자는 주로 미국의 현대 복음주의의 역사를 간략하게 기술함으로써 복음주의 신학의 이해를 도모하고자 한다.

미국의 현대 복음주의의 형성에 있어서 가장 중요한 논제는 근본주의와의 관계성이다. 근본주의와 복음주의를 구분하는 것은 매우 중요하다.36) 근본주의는 다양하게 해석되지만 20세기 초 자유주의와 현대주의의 도전으로부터 성서적이며 전통적인 기독교 신앙을 보존하기 위해 미국에서 일어난 신앙운동이다.37) 그리고 제2차 세계대전 이후 근본주의 신학의 교리적 축소주의와 방법적 편협주의에 불만을 나타내고 보수 신학을 학문적으로 방어하기 위해 복음주의 신학이 등장하게 된다. 즉 복음주의 신학은 자유주의 신학을 반대하고 근본주의 신학의 결핍을 보완하자는 신학이다. 근본주의와 복음주의 모두 성서의 권위를 전적으로 인정하며 정통주의의 기본교리들에 대한 입장은 동일하다. 그러나 사회적 관심에 대해서는 근본주의가 폐쇄적이고 분리적인 입장이나, 복음주의는 개방적이다. 그리고 복음주의 신학은 둘로 나눌 수 있다. 하나는 복음주의(Evangelicalism)인데, 이것은 복음적인 교리를 강조하는 입장이다. 또 다른 하나는 신복음주의(New Evangelicalism)인데, 이것은 복음적인 실천을 강조하는 입장이다.

마틴 마티(Martin Marty)는 미국 신학의 흐름을 논할 때 미국 기독교신자의 상당부분을 차지하는 근본주의는 매우 중요하다고 주장한다.[38] 근본주의는「근본적인 것들」(The Fundamentals)이 출판되던 기간인 1910년에서 1915년 사이에 시작된 것으로 본다. 그 이전에는 복음주의자와 근본주의자가 구분되지 않았다.[39] 근본주의자란 말은 1920년 침례교잡지 와치먼 이그재미너(The Watchman Examiner)의 편집자 커티스 로스(Curtis L. Laws)가 근본 교리를 위해 전쟁을 치를 각오가 된 사람들인 침례교 보수파를 가리키면서 처음 사용했다.[40] 근본주의는 20세기 초반 들어 조직되었다. 1910년 미국 북 장로교회 총회는 근본주의자들의 영향력에 의해 성경의 영감, 무오성, 그리스도의 동정녀 탄생, 그리스도의 대속적 죽음, 육체적 부활, 기적으로 요약되는 다섯 가지 교리를 기독교의 본질적 신앙으로 선언했다.[41] 그것은 1916년과 1923년 총회에서 재확인되었다.[42] 한편 침례교단에서는 북침례교회의 라일리(William B. Riley, 1861-1947), 남 침례교회의 모리스(Frank Morris), 캐나다 침례교회의 쉴즈(Thomas T. Shields, 1873-1955)의 주도로 1919년 세계 기독교 근본주의 협회(World's Christian Fundamentals Associations)가 필라델피아에서 창립되었고, 이들은 1923년에 침례교 성서 연합(the Baptist Bible Union)을 만들었다. 그리고 이것이 모체가 되어 1932년 근본주의 침례교단(the General Association of Regular Baptist Churches)이 설립되었다. 또한 디한(M. R. DeHaan, 1891-1965), 왈부어드(John F. Walvoord, 1910-2002), 버스웰(J. O. Buswell, Jr., 1895-1977)이 주축이 되어 미국 독립 근본주의 교회(the Independent Fundamental Churches of America)가 창립되었다. 그리고 기성 교단의 신학교들이 자유주의 신학교들에게 넘어가면서 각 교단 내의 보수주의 세력은 소규모의 성서대학을 설립하였는데, 이것은 근본주의의 확장에 크게 공헌하였다. 시카고의

무디 성서대학(Moody Bible Institute), 르우벤 토레이(R. A. Torrey, 1856-1928)가 설립한 로스엔젤레스 성서대학, 스코필드(Cyrus Ingerson Scofield, 1843-1921)가 설립한 필라델피아 성경학교, 채퍼(Lewis S. Chafer, 1871-1952), 윌리엄 그리피스 토마스(W.H.G. Thomas, 1861-1924) 등이 공동 설립한 달라스(Dallas) 신학교, 일리노이주의 휘튼대학(Wheaten College) 등을 들 수 있다.43) 이러한 근본주의 운동은 1920년대에 절정을 이루었으나 1925년 근본주의가 진화론자와의 논쟁에서 패배하면서 급격히 약화되기 시작했다.44)

한편 근본주의의 반지성주의적인 경향과 사회 문제에 대한 무관심에 입장을 달리하는 부류들로 인해 근본주의 자체 내에 분열이 일어났다. 이들은 1943년에 복음주의협의회(National Association of Evangelicals)를 만들어, 분파적이며 반지성적인 근본주의와는 성격을 달리하는 신복음주의 운동을 일으켰다.45) 같은 해 칼 맥킨타이어(Carl McIntire, 1906-2002)를 중심으로 한 근본주의자들은 미국교회협의회(the American Council of Churches)를 결성하게 되었고, 1948년에는 WCC에 반대하는 국제기독교협의회(the International Council of Christian Churches)를 결성한다. 복음주의 신학의 형성은 헤롤드 옥켄가(Harold Ockenga, 1905-1985), 윌리엄 아이어(William W. Ayer), 로버트 리(Robert G. Lee), 스테븐 페인(Stephen W. Paine, 1908-1992) 등이 주동이 되어 1942년 발족한 복음주의협회(N.A.E.)와 1952년에 조직된 세계복음주의협회(W.E.F.)를 통해서 이루어졌다. 특히 20세기의 복음주의의 가장 대표적인 인물은 빌리 그래함(Billy Graham, 1918-2018)이다. 1950년대부터 빌리 그래함 복음전도대회는 대형 전도집회의 시대를 열면서 수많은 영혼들을 그리스도에게로 인도했다. 빌리 그래함은 지속적으로 미국 사회의 가치관의 혼란은 복음적인 원칙으로 돌아갈 때만 해결될 수 있다고 강조했다. 1920년대 근본주의가 패배한 이후 언론들은 보수적인 기독교에 대해서 어떤 관심도 보이지 않았지만, 빌리 그래함에 의해 보수적인 기독교가 대중의 관심의 대상이 되기 시작했다. 그는 1957년의 뉴욕 매디슨 스퀘어 가든에서 열린 대집회에서 진보적인 교단은 물론 초교파적인 지원 속에 부흥집회를 성공적으로 마쳤다. 이 사건은 현대 복음주의 역사에 있어서 매우 중요하다. 근본주의의 가장 중요한 특징은 비타협적이며, 분리주의인데, 이 기준에 의하면 빌리 그래함은 근본주의의 가장 중요한 원칙을 저버린 것이다. 빌리 그래함의 생각은 순수성을 보존하는 것보다 복음을 전하는 것이 더욱 중요하며, 정통교리를 지키는 것보다 형제끼리 사랑하는 것이 더 중요하다고 생각했다. 이때부터 복음주의는 근본주의와는 달리 복음을 전하기 위해서는 전통적인 기독교에 충실하면서도 진보적인 단체와도 손을 잡는 유연성을 갖는 집단으로 부각되기 시작했다.[46] 침례교 내에서의 운동은 1950년의 성서침례회의 창립과 1979년 극보수적인 논쟁가 제리 팔웰(Jerry Falwell, 1933-2007)이 이끄는 '도덕적 다수'(Moral Majority)결성을 통한 정치적 영향력의 행사 등이 있다.[47] 20세기 후반에 들어서면서 1966년 휫튼 선언(Wheaton Declaration), 1970년 프랑크푸르트 선언(Frankfurt Declaration), 1974년 로잔 언약(Lausanne Covenant), 1975년 서울 선언(Seoul Declaration) 등이 기존 복음주의 운동에 사회적 책임을 강조하며 영혼구원과 사회구원이 분리될 수 없음을 주장했다.[48] 70년대는 미국의 복음주의의 부흥기이다. 70년대부터 80, 90년대를 이어 오면서 미국의 복음주의자들은 더 이상 분파주의자들이 아니다. 복음주의자들은 기독교 진리의 절대성에 대한 열정을 그대로 유지하면서 새로운 시대에 적응하기 위하여 자신을 새롭게 변형시켜 미국의 언론, 정치, 대중문화, 학문 등의 영역에서 자신들의 목소리를 분명히 드러내는 막강한 세력이 되었다.

5. 복음주의 신학의 특징

이처럼 복음주의는 다시 한 번 미국의 사회, 정치, 문화, 가치관 등에 영향력을 주는 보수주의적 세력으로 괄목할 만한 성장을 했다. 그 중심에는 지속적으로 자신들의 정체성 확립을 위해 노력을 해왔던 일관성 있는 복음주의의 신학적 노력이 있었다고 본다. 칼 조지(Carl F. George)가 지적한대로 미래교회는 메타교회, 즉 다가오는 미래의 구조에 적응하여 스스로 변화하는 열린교회이다.[49] 복음주의 교회는 이런 의미에서 메타교회를 지향하고 있다고 본다.

앞서 언급한대로 복음주의에 대한 정의에 따라 복음주의의 특징이 다르겠지만, 모든 복음주의가 공통으로 내세울 수 있는 복음주의의 특징이 무엇인지 간략하게 살펴보고자 한다. 물론 교리적인 측면에서 접근하거나 성서의 무오성에 대해 언급하자면 상당한 연구와 많은 지면이 요구되므로, 우선 복음주의가 근본주의 입장에서와 달리 내세우고 지속적으로 강조해 왔던 부분들을 살펴보고자 한다.

헤롤드 옥켄가(Harold Ockenga, 1905-1985)의 「오늘의 기독교 (Christianity Today)」(1960)에 게재된 글을 보면 복음주의의 특징을 다음과 같이 요약할 수 있다. 첫째, 복음주의는 복음주의적 열심과 지성적 학문성을 결합했다.[50] 근본주의가 성경을 비판적으로 연구하는 것을 반대하지만, 복음주의는 성경에 대한 최근의 학문적인 연구들을 진지하게 다루고자 노력한다.[51] 복음주의 신학자들은 신학적 연구를 통해 변증학을 발전시키고, 교육과 학문을 촉진하는 제도를 만들었다.[52] 둘째, 복음주의는 복음의 사회적 적용을 강조했다. 근본주의가 사회 참여를 독약으로 취급하여 사회도피주의를 이룬 반면, 복음주의자들은 이런 태도를 비판하고, 복음적 메시지를 사회에 적용했다. 셋째, 복음주의는 개인의 영혼구원뿐 아니라 세속문화를 하나님의 의와 정의의 문화로 변혁시키는 비전을 가지고 있다.53)

복음주의는 역사 속에서 다양한 신학적 전통들을 창조적으로 수용해 왔다. 하지만 복음주의 역사를 통해 지속적으로 강조해 온 특징들을 보면 다음과 같다. 첫째, 복음주의는 성경이 최고 권위임을 믿는다. 즉 성경이 하나님의 계시에 대한 인간의 증언인 동시에 성경이 바로 하나님의 계시 자체임을 믿는다. 그러므로 성경은 전통과 이성과 경험보다 훨씬 더 높은 신앙과 삶의 최고의 권위이다. 둘째, 복음주의는 무엇보다 십자가를 믿음으로 주어지는 중생의 개인적인 체험을 강조한다. 도널드 블로쉬(Donald G. Bloesch, 1928-2010)는 복음주의 신학의 특성을 그리스도의 십자가와 그리스도의 대속적 죽음을 통한 구원의 교리라고 주장하고, 제임스 오르(James Orr, 1844-1913)는 복음주의 신앙의 본질을 인간이 죄책과 죄악의 세력으로부터 하나님의 은혜 안에서 성결과 축복의 상태로 회복시키시는 하나님의 섭리로 이야기한다. 셋째, 복음주의는 복음 전도의 긴박성을 강조한다. 복음주의는 그리스도인들 모두에게 '모든 족속으로 제자를 삼으라'는 예수 그리스도의 명령에 순종해야할 전적인 책임이 있으며, 복음전도는 교회가 가장 긴급하게 감당해야할 사역임을 주장한다. 넷째, 복음주의는 전도와 아울러 사회봉사의 중요성을 함께 강조한다. 다섯째, 복음주의는 하나님의 말씀을 체험하고 실천할 것을 강조한다.54)

6. 나가는 글 및 제언

정통을 추구하는 신학일수록 현시대의 도전에 대해 적절하게 응답해야 한다. 기독교의 근본 교리에 대한 신앙과 죄의 회개, 중생을 강조하는 미국의 복음주의 교회들은 성장하고 있다.55) 그 이유는 옛것만 고집하는 것이 아니라 성도들의 영적 요구를 충족시켜 주기 때문이라고 본다. 그러므로 복음주의 신학은 현 시대인 포스트모더니즘을 바로 이해하고 이에 대한 대안을 제시해야 한다.

그렇다면 종교다원주의와 해체주의 그리고 뉴에이지 운동으로 몸살을 앓고 있고, 진리, 가치와 의미가 퇴색되어 시대를 이끌 정신과 사상이 없어져버린 이 포스트모더니즘 시대에 복음주의 신학의 과제는 무엇인가? 첫째, 무엇보다도 성경이 하나님의 말씀으로 철저히 인정되고 고백되며 선포되어야 한다. 성경이 인간에게 계시된 하나님의 말씀이 아닌 또 다른 종교 경전 중의 하나로, 역사적 사실이 아닌 신화로 받아들이는 신학은 더 이상 존재 의미가 없다.56) 과학적 검증을 받지 않은 모든 것들을 거부하는 이 시대에, 하나님의 초월성과 절대주권, 성경의 절대권위를 믿고 이 시대를 향해 더 적극적으로 선포해야만 한다. 둘째, 구속사적인 세계관이다. 역사에 대한 이해에 있어서 생성소멸의 우주적 과정이 아닌 구원의 장으로 이해하고 선포해야 한다. 역사를 하나님의 구속의 장으로 재발견해야 한다. 역사의 진행은 구속을 성취하기 위한 진행이다. 예수 그리스도의 신성과 대속적 죽음, 믿음으로 인한 구원의 체험을 믿고 선포해야 한다. 구속사적인 성경해석을 놓아서는 안 된다. 셋째, 자유주의 신학이 사회 복음주의로, 근본주의가 사회 도피주의로 잘못 갔다면, 복음주의는 복음의 사회적 적용을 강조해야 한다. 넷째, 초대 교회 당시 혼합주의 영이 영지주의자의 영이었다면 현대 후기 시대는 종교다원주의, 뉴에이지 운동, 해체주의가 사람들을 미혹하고 있다. 이에 복음주의는 영을 분별하는 은사와 함께 성경적 영성의 회복을 강조해야 한다. 성경적 영성이란 성령의 인도하심 가운데 그리스도를 닮는 것이다.57) "사랑하는 자들아 영을 다 믿지 말고 오직 영들이 하나님께 속하였나 분별하라 많은 거짓 선지자가 세상에 나왔음이니라"(요일 4:1). 다섯째, 포스트모더니즘은 향락과 이기주의가 난무하고, 쾌락이 바람직한 가치로 추앙받는 시대이다. 이에 복음주의는 도덕성 회복을 강조하고 실천해야만 한다. 특히 물질적 부요와 세상적 편안을 위해 모든 것들이 도구화되는 시대일 뿐만 아니라 성의 개방으로 인한 타락은 극에 치닫고 있다. 복음주의가 성결적 삶을 회복하지 못한다면 교회와 사회의 미래는 보장이 없다.

앞에서 필자는 복음주의를 '성경이 증거하는 대로의 복음을 역사적 사실로 그대로 믿고 지키려는 운동'으로 규정하고 논의를 전개했다. 2009년 5월 20일 골수암으로 별세한 선교학의 거장 랄프 윈터(R. Winter) 박사는 "한국 교회는 미국 복음주의의 실수를 되풀이해서는 안 된다"고 언급하며, '미국의 복음주의는 결점도 많고 완전한 해석도 아니다'고 미국 복음주의의 오류를 지적했다.[58] 성경에 근거한 기독교가 참된 것이지 복음주의에 근거한 기독교를 성경과 동일시해서는 안 된다고 주장한 윈터 박사의 주장에 필자는 전적으로 동감한다. 특별히 복음주의 신학은 교회를 위한 신학이어야 한다. 신학과 교회가 따로 있을 수 없다. 신학의 사명은 교회가 필요로 해야 하고 또한 교회가 나아갈 방향을 제시해주어야 한다. 교회를 의식하지 않고 교회와 단절된 신학은 문제가 있다. 이런 면에서 포스트모더니즘 시대에 성경적 복음주의 신학과 운동은 어느 때보다도 절실히 필요하다. 역사적 복음주의 신앙의 전통과 유산을 공유하면서 한국교회 안에 올바른 복음주의 신학과 운동을 펴 나가는 것은 무엇보다도 교단과 신학교도 필요하다고 본다. 여기에는 신학자, 목회자의 거듭남과 영적갱신이 우선되어야 한다.

1) K. Marx, F. Engels, 「공산당 선언」, 강유원 옮김 (서울: 이론과 실천, 2008); 전광식, "포스트모더니즘에 대한 기독교 세계관적 비판," 「통합연구」, 22집 (1994.6): 26. 공산주의가 인위적이고, 정치적이며 교조적이라면, 포스트모더니즘은 누구 한사람에 의해 고안된 인위적인 것도 아니며, 정치적, 교조적이지도 않으며 훨씬 부드러우면서도 광범위하게 인간 삶의 전반에 걸쳐 영향을 끼치고 있다.
2) 볼프강 벨쉬(Wolfgang Welsch)는 포스트모더니즘을 한마디로 지칭하기 어렵다고 이야기한다. 전광식, "포스트모더니즘에 대한 기독교 세계관적 비판," 27; Wolfgang Welsch, 「우리의 포스트모던적 모던 1,2」, 박민수 옮김 (서울: 책세상, 2001)을 참조할 것.
3) 과학주의가 붕괴되어 법칙적 일반화를 부인하고 사회, 경제, 정치, 과학, 철학, 사상, 문화, 예술, 종교에 이르기까지 다양성을 용인한다.
4) 종교다원주의는 힉(John Hick), 니터(Paul Knitter) 등에 의해 서구 자유주의 종교신학 운동으로 전개되고 있다.
5) 리오타르(J. Lyotard)는 모더니즘(modernism)과 포스트모더니즘(postmodernism)을 연속성과 상이성의 관점에서 접근한다. 포스트모더니즘이란 불연속성과 연속성이 교차하는 개념이다. 불연속성이란 모더니즘의 한계를 극복하고 뛰어넘는다는 의미이다. 좁은 의미로는 전통을 허물어버린다는 해체주의(deconstructionism)의 뜻을 가진다.
6) 전광식, "포스트모더니즘에 대한 기독교 세계관적 비판," 27. 모더니즘은 르네상스(Renaissance) 시대를 시작으로 종교개혁- 16,17세기의 신과학의 발달과 계몽주의- 17,18세기의 신고전주의- 19세기 초 낭만주의- 19세기 산업혁명과 불란서 대혁명을 거쳐 20세기 초엽까지의 사상을 가리킨다.
7) 모더니즘은 데카르트적 인식론이 철학의 중심에 서있다. 그것은 견고한 토대 위에서 사상을 전개하려는 것이었다. 데카르트의 코기토(cogito)는 그동안 믿음의 대상이었던 하나님의 말씀과 교회의 전통에 대한 권위의 상실 시기에 시작되었는데, 그것은 어느 일정한 형태에 묶여 있던 정신이 자율성을 획득하려는 사건이었다. 이전에 정신은 세계와 전통에 대하여 의존적이었으나, 이제 세계를 대상화하고 객체화함으로 정신은 주체로서 모든 사물과 현상을 판단하고 해석하는 자리로 옮겨간 것이다. "모더니즘과 포스트모더니즘의 대립과 갈등,"(온라인자료) http://cafe.naver.com/modernth.cafe?iframe_url=/ArticleRead.nhn%3Farticleid=107, 2009년7월5일 접속.
8) 박만, 「최근신학 연구」(서울: 나눔사, 2002), 228. 데카르트적 합리주의는 과학적 합리성을 수용한다.
9) 박철호, 「데카르트 방법서설」(서울: 주니어김영사, 2008)을 참조할 것.
10) 박만, 「최근신학 연구」, 230.
11) 칸트에 의하면 인간에게는 형이상학적 인식의 형태 이외에 도덕적 의식의 영역이 있다. 인간은 누구나 도덕적 의무들을 의식하고 있고, 그 도덕적 의무들은 무엇은 해야한다와 무엇은 해서 안된다로 구분될 수 있다. 칸트는 인간의 도덕적 의식을 분석해 볼 때, 인간에 대한 도덕적 정언 명령이 존재하는 한, 그것은 하나님의 존재성을 뜻한다고 본다. 칸트에게 있어서 종교는 인간을 구속하

는 도덕적 법칙들을 하나님에 의해 주어진 명령이라고 인식하는 것이다. 리츨은 인간 사유의 본질에 관한 이와 같은 칸트의 분석을 토대로 기독교의 의미를 해석했다. 리츨의 기본적인 대전제는 하나님은 도덕적 의식을 통해서 이해되어지기 때문에 기독교는 이론적인 지식과는 분리되어야 한다는 것이다. 하나님은 결코 합리적으로는 인식되지 않는다. 따라서 기독교 신앙은 형이상학적인 성격을 띠는 것이 아니고 오히려 도덕적이고도 윤리적인 성격을 띤다. "알브레히트 리츨의 윤리신학," 〔온라인자료〕http://kcm.kr/dic_view.php?nid=38892, 2009년7월6일 접속; 이신형, 「리츨신학의 개요」 (서울: 한국장로교출판사, 2004)를 참조할 것.

12) I. Kant, 「이성의 한계 안에서의 종교」, 신옥희 옮김 (서울: 이화여자대학교출판부, 2001)를 참조할 것.

13) 세계를 고정된 불변의 법칙에 따라 움직이는 객관적 실재로 보는 이해는 뉴턴(Issac Newton)에게 확실히 드러난다. Fritjof Capra, The Turning Point (New York: Simon Schuster, 1982), 59-61.

14) 문석호, 「현대신학의 이해」 (서울: 솔로몬, 2000), 39-41.

15) 이성에 의한 삶의 점진적 합리화를 통한 낙관적 진보주의 대한 믿음은 역사의식에 대한 약화를 가져왔고, 역사의 진보가 이루어지지 않았을 경우 근본적인 위기에 빠질 수밖에 없다. Douglas John Hall, Thinking the Faith: Christian Theology in a North American Context (Minneapolis: Fortress Press, 1991), 145-196참조할 것.

16) 포스트모던 사회란 사회문화의 각 분야에서 변형된 형식과 의식이 지배하는 사회이고, 이질성과 다양성이 강조되고 미래에 대한 예측이 불가능한 사회, 구체적인 나와 너가 모두 존중 받는 사회, 상이한 담론의 주체가 수행하는 다양한 언어게임이 허용되는 사회, 개별적인 시민단체들이 영향력을 발휘하는 사회이다. 김영한, "포스트모더니즘 신학과 종교다원주의," 「철학과 신학」, Vol.1, No.1 (1997): 191-214.

17) 포스트모더니즘은 라틴어의 전철 '포스트'(post)와 근대를 의미하는 'modern'의 결합어이다. 포스트모더니즘은 '후기 현대성', '탈근대' 이성 중심주의에서 확립한 진리와 의미 구조를 해체한다는 뜻에서 '해체주의,' '구조주의'와의 연관성 때문에 '후기구조주의,' '포스트 구조주의' 등의 다양한 용어로 불린다. 라틴어 전철 'post'는 일반적으로 '이후'(after)란 의미를 지닌다. 말 그대로 설명하자면 포스트모더니즘이란 근대 이후의 사상, 사유체계, 생각의 구조, 문화 사조 등을 의미한다고 할 수 있다. 그러나 문제는 post가 지니는 다양한 의미에 따라 근대 이후의 사유의 구조가 매우 판이하게 이해된다는 데 있다. 리오타르(J. Lyotard)에 의하면 post에는 적어도 세 가지 의미가 들어 있다. 첫째, 이후(after), 둘째, 반대(opposite), 셋째, 넘어서(beyond)이다. 포스트모더니즘을 이 세 가지 의미에 따른 흐름을 가지고 이해를 한다면 첫째, 포스트모더니즘은 근대 이후의 사유체제로 받아들이는 것이다. 둘째, 포스트모더니즘은 근대 사유체제와 반대되는 사조를 가리킨다. 셋째, 근대 사유체제를 한편에는 수용하면서 그것이 지니는 문제를 극복하는 사유체제, 수용과 극복이란 의미로 이해된다. 신승환, 「포스트모더니즘에 대한 성찰」 (서울: 살림, 2003), 100이하를 참조할 것.

18) 프랑크푸르트 학파인 이들은 관리사회(管理社會)의 문화라든가 지배적인 실증주의에 날카로운 비판을 가했다. 그들은 전통이론이 실증성과 종속을 요구함으로써 현실을 은폐하고, 현실 속에서 안주하며 인간의 행복과 해방을 목표로 하지 않았다고 비판한다. 이러한 원인은 이성의 형식화에 있다고 본다. 문현병, 「프랑크푸르트 학파의 사회비판이론」(서울: 동녘, 1993) 참조할 것. 백승균, "프랑크푸르트학파의 평가적 이해," 「교수아카데미총서」, Vol.3 (1993): 198-206.

19) Max Horkheimer and Theodor W. Adorno, Dialectic Enlightenment (New York: The Seabury Press, 1972), xiii.

20) 독일의 철학자 한나 아렌트(Hannah Arendt, 1906-1975)는 자신의 저서 「인간의 조건」에서 과학만능주의에 함몰된 인간의 위기를 고발했다. 김영한, 「21세기와 개혁신학 I」 (서울: 한국장로교출판사, 1998), 26.

21) 전광식, "포스트모더니즘에 대한 기독교 세계관적 비판," 28-9.

22) 이진우, "장 프랑수아 리오타르, 탈현대의 철학," 「포스트모더니즘과 포스트구조주의」 (서울: 현암사, 1992), 19.

23) 포스트모더니즘 시대에서는 가족, 성(sex), 나이, 질서 등 모든 것이 무시되고, 윤리와 도덕의 절대적인 규범이 무너진다. 이혼, 혼전 관계, 혼외 관계, 동성애가 허용된다. 남녀 관계에 있어서 전통적인 절대규범이 통하지 않는다. 전통적인 규범 윤리가 아니라 상황 속에서 가장 인간적인 판단에 기초한 행동인 상황윤리가 포스트모더니즘의 윤리로 등장한다. 윤리와 도덕에 있어서 단 한가지의 기준만이 있는 것이 아니라, 상황에 따라서 여러 가지의 기준과 윤리적 지침이 있을 수 있다고 주장된다. 박만, 「최근신학 연구」, 237-8.

24) Howard A. Snyder, 「21세기 교회의 전망」, 박이경, 김기찬 역 (서울: 아가페, 1996), 132.

25) 해체주의적 포스트모더니즘의 철학적 토대를 마련한 사상가는 푸코(Michel Foucault), 데리다(Jacques Derrida), 로티(Richard Rorty) 등이 있다. 김욱동, "미셸 푸코, 지식 그리고 권력," 「포스트모더니즘과 포스트구조주의」 (서울: 현암사, 1992), 152-174; J. Derrida, Speech and Phenomena (Evanston: Northwestern University Press, 1973); J. Derrida, Margins of Philosophy (Chicago: University of Chicago Press, 1982) 참조할 것.

26) 김상환외 엮음, 「라깡의 재탄생」 (서울: 창작과 비평사, 2002); Ronald Bogue, 「들뢰즈와 가타리」 (서울: 새길, 1995); Michael Hardt, 「들뢰즈의 철학사상」, 이성민, 서창현 옮김 (서울: 갈무리, 1996)을 참조할 것.

27) Hans Jonas, The Imperative of Responsibility: In Search of an Ethics for the Technological Age (Chicago: The University of Chicago Press, 1985); Hans Jonas, 「기술 의학 윤리」 (서울: 솔, 2005); 양해림, 「한스 요나스가 들려주는 환경이야기」 (서울: 자음과 모음, 2008)를 참조할 것.

28) 전광식, "포스트모더니즘에 대한 기독교 세계관적 비판," 31-2.

29) John Scott, "The Evangelical View of Authority," Bulletin of Wheaton College 45 (February

1968), 1. 복음주의자란 성경의 절대적이고 유일한 권위와 그리스도의 대속에 대한 믿음을 고백하는 사람들이다.

30) Kenneth Kantzer, 「현대신학의 동향」, 햇불성경연구소 옮김 (서울: 햇불, 1997), 43.

31) 에비온(Ebionites)파는 그리스도의 신성을 부인했고, 노스틱(Gnostics) 이단은 그리스도의 인성을 부인했으며, 아리우스(Arius)는 그리스도의 신성과 삼위일체를 부인하여 복음을 변질시켰다. 그리고 325년 니케아 신조(Nicea Creed)가 형성된 이후 중세 천년을 경과하는 동안 로마교회가 주장한 인간 공적론에 의해 복음은 변질되었다. 김영한, 「21세기와 개혁신학 I」 (서울: 한국장로교출판사, 1998), 290-1.

32) 이 운동의 대표적인 지도자들인 휘필드(George Whitefield, 1714-1770), 감리교의 웨슬리(John Wesley, 1703-1791), 탁월한 설교가였던 영국 침례교의 스펄전(Charles Haddon Spurgeon, 1834-1892), 미국의 찰스 피니(Charles Finney, 1792-1875), 디 엘 무디(Dwight Lyman Moody, 1837-1899) 등은 성서의 절대적 권위, 중생, 체험, 성결한 삶 등을 기독교 신앙의 핵심으로 강조했다. Richard Quehedeuix, The Young Evangelicals (New York: Harper & Row, 1974), 3.

33) 17세기 말 필립 스페너(Philip Spener, 1635-1705)의 경건주의 운동은 철저한 회개와 살아있는 믿음을 강조했다. 이들은 성경의 권위를 강조하고, 믿음을 생활에 실천하였다. 이 운동의 지지자들은 아우구스트 프랑케(August Hermann Francke, 1663-1727), 진젠도르프(Yeaf Nicholas Zinzendrof, 1700-1760) 등이다.

34) 이러한 흐름의 공통점은 모든 복음주의가 신학적으로 프로테스탄트 정통 교리에 토대를 둔다는 것이다. 그것은 성서의 궁극적 권위, 예수 그리스도의 초자연성, 오직 하나님의 은총과 신앙에 의한 구원, 회심을 통한 헌신적인 삶이다.

35) 찰스 피니(Charles Finney, 1792-1875)는 복음에 의한 사회변화를 강조하며 사회개혁을 부르짖었다. 미국의 사회개혁 운동은 애국심과 반카토릭주의와 결합해 더 강력한 힘을 얻게 되었다. 그러나 19세기 후반에는 사회변혁에 대한 열정은 잃어버리고 복음을 철저히 개인적인 것으로 이해하면서 중생체험과 성결한 삶 등만 강조하기 시작했다. 이런 흐름을 주도한 대표적인 인물은 디 엘 무디(Dwight Lyman Moody, 1837-1899)다. 박만, 「최근신학 연구」, 129.

36) Deane William Ferm, 「현대신학의 흐름」, 김주한 옮김 (서울: 전망사, 1992), 153.

37) 근본주의는 성서의 축자영감설, 무오성을 강조하고, 자유주의 신학을 배격한다. 목창균, 「현대신학 논쟁」 (서울: 두란노, 1997), 243-4.

38) Martin E. Marty, A Nation of Behavers (Chicago: University of Chicago Press, 1976), 80.

39) 「근본적인 것들」은 1910년부터 1915년까지 총 12권이 출판되었는데, 몰간(G. Campbell Morgan), 워필드(Benjamin B. Warfield), 오르(James Orr), 토레이(R. A. Torrey), 피어슨(A. T. Pierson), 어드만(Charles Erdman) 등 저명한 보수주의 학자들이 공동 작업을 했다. 이들은 성경의 영감과 권위, 그리스도의 동정녀 탄생과 신성, 초자연적 이적과 속죄의 죽음, 육체적 부활과 승천을 기독교 신앙의

근본 원리들로 간주했다.

40) George M. Marsden, Fundamentalism and American Culture (New York: Oxford University Press, 1980), 169.

41) 이 시기의 대표적인 근본주의 학자는 그래샴 메이첸(J. Gresham Machen, 1881-1937)이다. 그는 1923년 자신의 주요 저작인 Christianity and Liberalism을 통해 자유주의 신학을 비판했다.

42) 1923년 총회 이듬해인 1924년에 자유주의자들의 주도로 '어번 선언'(the Auburn Affirmation)이라고 불리는 문서가 150명의 서명과 함께 출판되었는데, 그것은 총회가 어떤 교리를 정할 수 있는 권리를 가지고 있지 않다는 것과 총회가 선언한 다섯 개의 교리를 정면으로 부정하는 것이었다. 이 어번 선언을 둘러싸고 논쟁이 계속 되면서 장로교는 분열되기 시작했다. 목창균, 「현대신학 논쟁」, 246.

43) 김의환, 「도전받는 보수신학」, (서울: 생명의 말씀사, 1996), 94.

44) 테네시주 데이턴의 고등학교 생물교사 스콥스(John Scopes)는 학생들에게 진화론을 가르치는 것을 금하고 있는 테네시 주의 법령을 위반했다는 혐의로 고발당했다. 국방상을 역임한 유명한 변호사요 교회 장로인 윌리엄 제닝스 브라이언(William J. Bryan, 1860-1925)이 근본주의 입장을 변호했고, 스콥스를 위해 무신론자 클래런스 대로(Clearence Darrow, 1857-1938) 변호사가 나섰다. 진화론이야말로 신의 존재와 성경의 권위를 무시하는 파괴적 가설이라고 주장한 브라이언의 열변은 재판을 승리로 이끌었다. 그러나 언론과 여론은 근본주의를 비난했으며, 이 재판의 여파로 근본주의자들은 일반 대중들로부터 과학에 무지하다는 불신을 받게 되면서 세력이 급격히 약화되었다. 목창균, 「현대신학 논쟁」, 247.

45) 미국복음주의협회는 옥켄가(Harold Ockenga, 1905-1985), 카알 헨리(Carl Henry, 1913-2003), 빌리 그래함(Billy Graham, 1918-2018) 등에 의해 성장했다. Bernard Ramm, 「복음주의의 흐름」, 권혁봉 옮김 (서울: 생명의 말씀사, 1985), 189-93.

46) "현대복음주의 운동의 현황,"〔온라인자료〕http://blog.daum.net/vorgott/17004390?srchid=BRhttp%3A, 2009년8월6일 접속.

47) 제리 팔웰(Jerry Falwell)은 기독교 단체들이 '시민권 운동'에 가담하는 것을 두고 '종교는 사람들을 교회로 이끄는 게 본분인데 현실 정치에의 참여는 그 본연의 역할을 약화시킨다'는 이유로 반대의사를 분명히 했지만, 1973년 낙태 합법화(대법원 판결)를 계기로 '현실 정치에의 참여'를 결심하게 되고, '도덕적 다수'(Moral Majority)를 통해 정치적 영향력을 드러낸다. 특히 1980년 초 레이건 정부를 탄생시키는데 지대한 영향을 주면서 새로운 도약을 하게 된다. 박만, 「최근신학 연구」, 133; Falwell an Autobiography (Lynchburg: Liberty House Publishers, 1997), 381-408을 참조할 것. 제리 팔웰의 신앙과 철학을 이해하려면 다음의 책이 도움이 된다. Jerry Falwell, Building Dynamic Faith (Nashville: World Publishing, 2005).

48) 풀러신학교의 선교학 교수인 도날드 맥가브란(D. McGavaran, 1897-1990)에 의해 주도된 1966년 휫튼 선언(Wheaton Declaration)은 71개국 958명의 대표가 참여했다. 이 선언에서는 예수 그리

스도의 유일성, 절대성을 인정하고 성경이 신앙과 행위의 척도임을 고백하고, 보편주의와 혼합주의를 경고하고, 사회적 책임에 대해 강조했다. 로잔세계복음화 운동은 1974년 약 150개국 2,700여명의 복음주의 대표자들이 모여 빌리 그래함의 주도로 세계복음화에 대한 언약서를 발표했다. 로잔언약(Lausanne Covenant)은 성경의 권위, 인간의 죄성, 그리스도의 대속적 죽음, 복음의 우선성, 복음화에 있어서의 연합, 균형잡힌 사회봉사를 강조하고 있다. 이 모든 선언들은 복음주의 학자들이 인본주의적으로 흘러가는 자유주의 선교동향에 도전하면서 성경에 기초한 전통적 선교의 내용을 다시금 밝혔던 대회들이었다. 김영한, 「21세기와 개혁신학 I」, 299-300.

49) Carl F. George, The Coming Church Revolution (Grand Rapids: Fleming H. Revell, 1994), 26.

50) 버나드 램(Bernard Ramm), 토마스 오든(Thomas C. Oden), 제임스 패커(James Packer), 칼 헨리(Carl Henry), 데이비드 웰즈(David Wells) 등은 대표적인 신학자들이다.

51) Deane William Ferm, 「현대신학의 흐름」, 153; 김의환, 「도전받는 보수신학」, 100. 1942년 들어 시작된 복음주의 신학회(Evangelical Theological Society)는 대부분의 복음주의 신학교의 교수들의 호응을 받아 학구열을 촉진하고 있다.

52) 복음주의 변증학은 전통적인 변증학과 전제주의적 변증학으로 구분된다. 전통적인 복음주의 변증학자로는 스튜어트 해킷(Stewart Hackett), 노르만 가이슬러(Norman Geisler), 뮬린스(Mullins), 올리버 부스웰(James Oliver Buswell), 존 스타트(John Stott), 몽고메리(John Warwick Montgomery) 등이 있고, 전제주의적 복음주의 변증학자로는 칼 헨리(Carl F. Henry), 버나드 램(Bernard Ramm), 제임스 패커(James Packer), 프란시스 쉐퍼(Francis Schaeffer), 에드워드 카넬(Edward Carnell), 코넬리우스 반틸(Corneus Van Til) 등이 있다. 조성노, 「최근신학개관」, (서울: 현대신학연구소, 1993), 436-8.

53) "현대복음주의의 흐름,"(온라인자료)http://blog.daum.net/vorgott/16968352, 2009년7월14일 접속.

54) 박만, 「최근신학 연구」, 135-7. 이에 대한 자료로 다음의 책을 참고하면 좋다. Ray S. Anderson, "Evangelical Theology," The Modern Theologians: An Introduction to Christian Theology in the Twentieth Century (Oxford: Basil Blackwell, 1989).

55) 로버트 슐러(Robert Schuller, 1926-2015) 목사가 설립한 캘리포니아 가든 그로브(Garden Grove)에 있는 수정교회(Crystal Cathedral), 제리 폴웰(Jerry Falwell, 1933-2007) 목사가 세운 버지니아 린치버그(Lynchburg)에 있는 토마스 로드 침례교회(Thomas Road Baptist Church), 토미 바넷(Tommy Barnett) 목사님이 사역하는 아리조나 피닉스(Phoenix)에 있는 제일교회(First Church) 등이 대표적인 교회들이다.

56) 김영한, 「21세기와 개혁신학 II」, (서울: 한국장로교출판사, 1998), 196. 복음주의는 성경의 무오성과 구원의 확신에 기초하여 근본주의가 선언한 5대 항목인 성경무오, 그리스도의 신성, 동정녀탄생, 대속적 죽음, 육체적 부활과 재림을 신학의 기반으로 삼는다.

57) Donald G. Bloesch, The Future of Evangelical Christianity (New York: Doubleday &

Company, 1983), 131.

58)「목회와 신학」(2009. 6) 김명혁, "고 랄프 윈터 박사님에 대한 추모의 글"을 참조할 것.

17. 공공성과 신학적 책임

1. 들어가는 글

　예수 그리스도의 십자가와 부활에 기초한 그리스도인과 교회는 공적 진리(public truth)의 타당성을 보여 주어야 한다. 이것은 기독교신앙의 공공성의 문제이며, 공적신앙(public faith)의 문제이다. 2천년 교회의 역사가 공공성에 기초한 진리와 신앙에 관해 이야기하고 있고, 성경은 지속적으로 신앙의 공공성에 대해 가르치고 있다. 한국교회가 놀랄만한 양적 성장이 이루어졌다고 자랑할지 모르지만, 지금은 교회가 감소되고 있으며 사회에 대한 영향력은 물론 자정능력을 상실한 지 오래다. 기독교의 사회적 역할과 영향력의 감소로 말미암아 한때 공공 영역에서 주도적으로 수행되었던 역할이 이제는 사적 영역으로 감소되는 경향이 나타났다.[1] 한마디로 한국교회는 위기 가운데 있고, 그 한국교회가 직면한 위기는 공공성의 위기이다. 즉 공적 영역과 공적 삶에 대한 관심의 부족이다.[2] 공적신앙의 부재가 가져온 위기라고 진단할 수 있다.
　그렇다면 분열되는 세상, 분열시키는 교회에 대안은 없는 것일까? 그러므로 극단적 이기주의로 치닫는 사회와 교회의 모습을 반성해 봄에 있어 공공철학과 기독교의 공공성이 지니는 의미는 매우 크다 하겠다.3) 공공철학은 시민의 입장에서 생각하고 판단하고 행동하고 책임지는 철학이다. 공공철학은 한 개인이 일방적으로 자신의 인생관, 세계관, 가치관을 천명하거나 자기 경험을 서술하는 '사적인 철학'이 아니고, 시민들이 서로 자기, 타인 그리고 이 세계를 밝히는 철학이다. 그러므로 먼저 '공공성이란 무엇인가?'라는 문제를 규명하고자 하는 철학이다. 공공철학의 목표는 공공철학적 지식을 탐구하는 데 그치는 것이 아니라, 철저히 의식화하여 삶의 구체적인 문제를 해결하는 통합 실천에 있다.4) 서구에서 공공성에 대한 학문적 관심은 1950년대 이후 한나 아렌트(Hannah Arendt, 1906-1975), 월터 리프먼(Walter Lippmann, 1889-1974), 라인홀드 니버(Reinhold Niebuhr, 1892-1971), 로버트 벨라(Robert Bellah, 1927-2013), 위르겐 하버마스(Jürgen Harbermas) 등의 걸출한 철학자, 사회학자, 신학자 등에 의해 일어났다.5) 기독교의 공공성은 아무리 강조해도 지나치지 않다. 기독교는 이미 신앙 안에 공공성이 본성상 강조되어 있다. 루터란 신학자인 마틴 마티(Martin Marty)는 사회에 대한 적극적 참여와 대안을 제시하여 사회를 향한 기독교의 공공성을 강조한다.6) 최근 들어 국내 신학계에서 신앙의 공공성에 대한 관심이 높아지고 있으며 이에 대한 연구 또한 활발하게 이루어지고 있다는 것은 매우 고무적인 일이다.7) 이상훈의 막스 스택하우스(Max L. Stackhouse, 1935-2016) 이해에 따르면 공공신학을 "공적인 차원의 논의들이나 사회의 여러 영역들에 관련된 문제들을 다루는 신학적 시도로서 비기독교 전통들이나 자연과학, 사회과학, 역사과학 등과 더불어 비판적인 대화를 추구하는 신학"이라고 정의하였다.8) 문시영의 막스 스택하우스 이해에 따르면 공공신학에 대한 두 가지 통찰을 제공하는데, "기독교신앙이 본질적으로 공적이라는 점과 기독교신앙이 공공의 문제

들에 대해 관심을 가지고 참여해야 한다는 의미에서 사회윤리학적 특성을 지니고 있다"는 것이다.9)

이 글의 목적은 현대 철학자 하버마스의 공론장(public sphere) 개념을 통해 공공철학에 대해 알아보고, 현대 신학자 가운데 폴 틸리히(Paul Tillich, 1886-1965)와 라인홀드 니버(Reinhold Niebuhr, 1892-1971), 본회퍼(D. Bonhoeffer, 1906-1945)가 제시한 기독교의 공공성에 대한 실체를 살펴봄으로 한국사회에서의 갈등과 불화가 아닌 상생과 화해를 도모하여 개인과 사회를 위해 더불어 살아가는 공동체를 제시하는 데 있다. 이에 필자는 2장에서 하버마스의 공론장 개념을 통해 공공철학의 이해를 도모하고자 한다. 공론장이란 사회구성원간의 합리적 토론을 통해서 사회적 합의를 도출하는 담론적 공간을 의미하는데, 이 개념은 하버마스에 의하면 무엇보다도 공론에 근접하는 어떤 것이 형성될 수 있는 사회적 삶의 영역을 의미한다. 하버마스의 공론장 이론은 인간의 합리적 이성과 인간사회의 계몽 가능성과 합리적 사회건설에 대한 철학적 기초를 제공해준다는 점에서 의의가 있으며, 또한 사회의 다원화로 인한 가치의 대립 및 사회적 합의기능이 결여된 한국사회에 시사하는 바가 크다고 평가할 수 있다. 3장에서는 기독교 신앙의 공공성의 신학적 기초를 성경적으로 살피고, 20세기의 탁월한 개신교 신학자들 중에 폴 틸리히, 라인홀드 니버, 본회퍼의 이론을 근거로 밝혀보고자 한다. 아울러 이들의 입장을 계승한 최근의 신학자들의 입장을 소개하고자 한다. 4장에서는 사회의 영향력은 물론 자정 능력마저 상실한 한국교회가 가야 할 공공성 방향을 제시함으로써 한국사회에 한국교회가 새로운 희망이 될 수 있음을 제시하고자 한다.

2. 하버마스의 공론장

필자는 독일의 사회철학자 위르겐 하버마스(Jürgen Harbermas)의 공론장 개념을 살펴봄으로 공공성이 무엇이며, 왜 공론장에 주목해야 하는지 아울러 교회가 어떻게 적용할 수 있는지를 살펴보고자 한다.[10] 공적인 영역의 의미로 사용된 'res publica'라는 단어는 근대 이후 공적인 의견을 주고받으면서 여론을 형성하는 공간적인 의미로 좁혀지게 된다. 'res publica'는 로마시대 철학자 키케로가 그리스어 'politeia'를 번역 한 후 일반적으로 사용된 단어이다. 'res publica'는 플라톤(Platon)이나 아리스토텔레스(Aristoteles)의 국가(polis)와 유사한 개념이다. 하버마스는 이를 공개된 토론장이라는 의미의 '공론장'(public sphere)이라는 개념으로 이야기한다.[11] 역사적으로 보면 플라톤의 「공화국」(The Republic)에서의 철학적인 담론도 공동 삶의 모든 영역에 대한 토론을 포함하고 있다.[12]

근대사회에서 살펴보면 하버마스의 공론장은 국가권력, 시장경제제도, 공공담론의 실천 등과 관련하여 민주적 실천이 가능한 문화영역을 대상으로 하는 개념이다. 하버마스는 공공성의 가치를 시민사회와 연결지어 강조하고 있다. 우리가 이해하는 공공성 개념은 17세기 후반 영국을 중심으로 나타나기 시작했다.[13] 하버마스에 의하면 17세기 후반기 영국과 18세기 프랑스에서 비로소 고유한 의미에서의 여론을 말할 수 있다는 점에서 '공론장'을 하나의 역사적 범주로 다루고 있다.[14] 공공성은 자본주의 발전과정에서 국가와 시민사회가 분리되기 시작하면서 그 사이에서 여론이 형성되는 사회적 삶의 영역이다.[15] 그는 유럽 중세 말과 18세기 사이에 자본주의 발흥이 시민사회를 발달시키고, 국가 권위와는 독립된 공공성격을 띠는 합리적 토론의 장이 창출됐다고 본다. 그러나 점차

사기업과 국가가 공공영역을 차지하여 공공영역이 쇠퇴하고 있음을 주장하며, 시민사회가 왜곡되지 않고 방해 받지 않는 합리적인 토론 문화의 장을 구축하고자 했다.[16] 철학가, 예술가, 부르주아 등이 참여하여 자율적인 소모임을 창설하고, 정치적 공공문제 또는 전체 사회의 공론을 조성하였다.[17] 하버마스는 공론장의 특징을 '공개성'과 '접근가능성'으로 설명한다. 공론장이란 자율적 토론과 공개적인 논증을 통해 합의를 도출하는 영역이다.[18] "특정한 집단이 명확하게 배제되는 공론장은 불완전한 것만이 아니라 오히려 그것은 공론장이 아니다."[19]

하버마스는 부르조아 법치국가의 공론이 본래의 비판적 기능을 상실하고 자본주의 체제와 관료국가를 옹호하는 이데올로기로 전락했다는 점을 지적한다.[20] 하버마스는 공공여론이 형성되고 유지되는 장으로서의 특정한 공공 영역과 실천을 의미하는 개념으로서 매우 규범적 의미에서의 공공 개념을 주장한다.[21] 이 범주의 가장 흔하게 사용되는 의미는 공중(公衆), 공개성(公開性), 발표하다와 연관된 의미이다. 공공성의 주체는 여론의 담지자로서 공중이고, 여론의 비판적 기능과 연관된 것이 공개성이다.[22] 공중이 공동체의 관심사항들에 대해 의사소통할 때 공중은 시민이 논의하는 공중으로 확립될 수 있다. 그는 공공의 개념을 확장하면서 사회해방의 대안으로서 '의사소통행위이론'의 규범적 개념을 통해 민주적 공공 여론의 유지와 담론 형성의 중요성을 제시한다. 하버마스는 인간 이성의 합리성의 한계를 파악하고 일상의 의사소통 구조를 분석하여 언어의 유효성에서 합리성의 근원을 찾았다.[23] 의사소통행위이론은 일상적 의사소통의 실천 자체에 담겨있는 이성의 잠재력을 발굴해 내야 한다고 하버마스는 주장한다.[24] 의사소통행위이론은 사회구성원의 종합적이고 포괄적인 상호이해를 추구한다. 하버마스가 의도한 공론장은 억압과 지배로부터 자유로운 의사소통이라는 개념이다. 하버마스가 의사소통적 자유라는 개념을 통해 재구성하고자 하는 것은 이성을 공공적으로 사용할 자유의 이념이다.[25] 비판을 위해 필요한 이 합의는 구속되지 않고 지배에서 자유로운 의사소통에서 발견될 수 있는 이상적인 조건들 아래서 도달할 수 있다.[26] 하버마스는 공공성이란 공론장을 통해 비판하고 경합하여 다듬어진다고 보고 공적인 토론의 공정한 절차와 과정을 중요시 했다. 하버마스의 공론장 개념을 통한 비판적 능력은 당사자들 간의 의사소통을 가능케 해 준다.[27] 제약이나 구속이 없는 의사소통 상황 속에서의 의사소통 행위의 가능성은 규범적 근거가 될 수 있다.[28] 그는 의사소통에 의한 여론 형성을 강조하였다. 왜곡되지 않고, 자기성찰과 의사소통적 상호작용을 통하여 서로 반대되는 견해를 재정의 할 수 있는 길이 열린다고 하며, 방해 받지 않는 시민적 의사소통에 의한 점진적 구조변동을 가장 중요하게 여겼다.[29] 공론장은 한때 자유주의 법치국가의 조직원리로서 나폴레옹 이후 독일이 최초의 선구자였다.[30]

하버마스는 부르조아 공론장이라는 역사적 현상에 대해 이야기하는 것이 아니라 제약 없는 담론들의 충돌이 필요하다는 것을 역설하는 것이다. 따라서 담론을 방해하는 어떤 배제된 목소리도 포함해야 함을 말하고 있는 것이다. 이러한 입장에서 하버마스는 기독교의 공공성을 장려하며 기대한다. 그는 오히려 공론장의 내용이 균질화 되는 것을 우려하고, 기독교가 공공성의 끊임없는 구축 과정에 핵심적 역할을 수행한다고 본다. 과학적 이성에 기초해 종교가 사라질 것이라는 계몽주의자들의 예측과는 달리 종교적인 열정과 영향력은 더 증대되었다. 헌팅턴(Samuel P. Huntington, 1927-2008)이 20세기 후반에 들어와 종교가 다시 부활했다고 한 말은 탈세속화의 시대를 뒷받침한다.[31] 하버마스는 탈세속화된 세계화 시대에도 종교가 여전히 영향력을 행사하기에 사회의 공적인 문제에 대해 해결 방안을 찾을 때 종교, 기독교를 간과하는 것은 심각한 잘못이라는 사실을 지적한다. 독일에서는 특별히 독일의 저명한 윤리학자인 후버(Wolfgang Huber)가 하버마스의 영향을 받아 교회의 사회적 책임과 공적 역할, 그리고 신학의 공적 역할에 대해서 폭넓게 분석했다.

하버마스는 사회비판적 해석학을 통해 자기이익이나 권력구조의 이익을 비판하고 사회적 이해들의 가면을 벗기는 일을 시도한다.[32] 이러한 그의 시도는 기독교 신학과 학제간 해석학 사이의 관심이다. 하버마스는 전통들 속에는 사회적 강제나 인식론적 왜곡이 있을 수 있기에 사회적 비판이 필요하다고 주장한다.[33] 우리가 속한 공동체가 어떤 구조를 가졌으며 가져야 하는지를 질문해야 한다. 그 비판의 공론화 되는 개념이 공론장이다. 이와 같은 비판적 작업은 폭로적 성격을 지니고 있다. 그는 이러한 공론장에서의 담론과 비판은 사회이론과 실천을 통합시킨다고 본다. 인간의 본래적인 관심과 인식과 더불어 실천과 결합되어야 한다는 것이다. 하버마스는 이러할 때 사회에 초연하고 무관한 인식이 아니라 인간의 성숙과 해방에 관심을 가진 인식을 실제 행동으로 실천할 때 인간과 사회의 병폐를 치료하며 역사를 발전시킬 수 있다고 주장한다.[34] 공정한 절차와 공공선의 추구에 초점을 맞추는 성숙한 사회가 태동될 수 있다.[35] 이러한 흐름에 동조하여 신학의 보편적인 성격을 강조하는 신학자들이 나타나게 되는데, 고든 카우프만(Gordon Kaufman, 1925-2011), 데이비드 트레이시(David Tracy), 스탠리 하우어워스(Stanley Hauerwas) 등이 등장하여 신학의 보편성과 공공성에 대해 강조한다.[36]

서양철학에서의 공공성은 각 시대와 철학자에 따라 다르게 규정되어 왔지만 하버마스는 시민사회의 상호작용에 초점을 맞추어 토론문화의 장을 구축했으며, 합리적 사회건설에 대한 철학적 기초를 제공해 주었고, 공공성의 형성에 기독교의 역할을 무시하지 않았다. 이러한 하버마스의 공론장 개념은 특히 사회의 다원화로 인한 가치의 대립 및 사회적 합의기능이 결여된 한국사회에 시사하는 바가 크다고 본다. 아울러 우리는 기독교가 지닌 전통들을 비판적으로 유지하면서 공론장에 참여하므로 공공성을 발전시켜야 한다.

3. 기독교 공공성의 신학적 기초

복음을 훼손시키지 않고 어떻게 세상과 소통할 수 있을까? 복음의 진수를 일반대중들에게 어떻게 합리적으로 제시하고 설명할 수 있을까? 그것은 복음의 공공성을 통해 가능하다. 복음이 공공성을 지녔다는 말은 누구에게든지 열려있다는 것이고, 세상을 향해 하나님의 사랑을 실천해야 한다는 것이다.

먼저 공공성의 성경적 개념을 살펴보면 창세기에 등장하는 아담의 타락 기사는 하나님의 형상으로 만들어진, 즉 공공성으로 만들어진 피조물들이 공공성을 어떻게 상실하고 있는지를 묘사하고 있다. 인간의 타락이란 공공성의 파괴를 의미한다. 따라서 아담의 타락 사건은 하나님의 공공성에 대한 도전이고 인간 세계의 공공성에 대한 도전이다.[37] 이어서 출애굽기는 이스라엘을 이집트의 노예상태에서 구원하는 공공성 회복 사건을 이야기하고 있다. 신약에서의 공공성은 무엇보다 예수 그리스도의 출현이다. 인류가 하나님의 형상이라는 공공성을 파괴하고 지은 죄가 하나님의 사랑의 의지로 구원되는 공공성의 실현이 예수 그리스도의 출현과 십자가 사건이다. 그리스도의 성육신 사건은 공공성 회복을 위한 사건이다. 인간의 죄와 탐욕으로 파괴된 하나님의 형상, 즉 공공성을 회복하는 것이 바로 십자가 사건이다. "그는 보이지 아니하는 하나님의 형상이시오 모든 피조물보다 먼저 나신이시니"(골 1:15). 초대교회 성도들은 공공성 회복을 위해 나눔의 생활을 실천하였다. "믿는 무리가 한마음과 한 뜻이 되어 모든 물건을 서로 통용하고 자기 재물을 조금이라도 자기 것이라 하는 이가 하나도 없더라 사도들이 큰 권능으로 주 예수의 부활을 증언하니 무리가 큰 은혜를 받아 그 중에 가난한 사람이 없으니 이는 밭과 집 있는 자는 팔아 그 판 것의 값을 가져다가 사도들의 발아래 두매 그들이 각 사람의 필요를 따라 나누어 줌이라"(행 4:32-5)

예수의 공생애 사역을 통해 드러난 가르침(마 5:13-16, 막 9:50, 눅 14:34-35)은 신앙의 공공성을 이야기하고 있다. 그러기에 예수의 산상설교에 나타나는 팔복(마 5:3-10)을 인간 내면성의 문제로서만 아니라 사회가 공동체적으로 추구해가야 할 신앙과 신학으로 이해해야 한다. 사도바울은 모든 인간은 예수 그리스도의 십자가 위에서의 죽음과 부활에 의해 죄로부터 해방되었다는 점에서 노예도 자유인도, 그리스인도 유대인도 차별 없이 평등하며, 교회가 그 메시지를 세상에 전하는 사명을 갖는다고 가르쳤다. 교회는 닫힌 사적 영역이 아니라 만인에게 개방된 공공 공간으로 이해되어야 한다.[38] 결국 바울도 공공성을 이야기하고 있다.

이러한 성경적 공공성의 개념을 신학적 기초로 세우고 실천한 사람들이 폴 틸리히(Paul Tillich, 1886-1965), 라인홀드 니버(Reinhold Niebuhr, 1892-1971), 디트리히 본회퍼(Dietrich Bonhoeffer, 1906-1945) 등이다.

폴 틸리히는 복음이 삶의 전체성을 변형하는 본성과 능력을 가지고 있다고 믿는 신학자이다. 그는 신앙의 중심을 하나님과 인간 세계의 모든 영역들에 충실하게 연결시킨다.[39] 그는 도덕의 학문을 윤리라고 정의한다.[40] 노영상의 틸리히 이해에 의하면, 그는 도덕을 정의하면서 다음과 같이 설명한다. "도덕은 자기통합(self-integration) 개념과 연관한다. 자기통합이란 영을 가진 자아가 이 세계에 참여하여 공동체 속에서의 자신의 인격완성을 드러내는 것이다"[41] 그의 윤리 사상은 변혁의 이론에 의해 설명되는데, 변혁의 기초는 하나님의 사랑이고, 이 변혁은 성령의 능력에 의한 것이다. 그는 은혜와 사랑이 있는 자리가 예수 그리스도임을 주장하며 윤리의 종착지로 '하나됨'(reunion)을 강조한다. 틸리히는 신학의 방법으로 상관의 방법(method of correlation)을 제안한다. 틸리히는 상관의 방법을 초기 사상에서부터 후기까지 의식적으로 사용했다. "나의 조직신학은 상관의 방법을 사용하고 있다. 다소 차이가 있을 수 있을지 모르지만 항상 의식적으로 상관의 방법을 사용해 왔다"[42] 상관의 방법은 기독교 신앙의 내용을 실존적 질문과 신학적 대답을 통해 상호의존적 관계로 설명하는 것이다.[43] 인간의 질문과 신의 답변은 서로 상관관계에 있다.[44] 상관의 방법은 변증법적 과정을 거쳐 통일로 간다는 사실을 우리는 간과해서는 안 된다. 틸리히는 자신의 상관관계 방법을 통해 지금까지 신학이 사용해 온 초자연적인(supernaturalistic) 방법과 자연주의적(naturalistic) 방법, 이원론적(dualistic) 방법의 단점을 극복하는 새로운 신학 방법론이라고 보았다.[45] 그의 상관관계 신학의 핵심은 인간은 소외되었고, 그에 대한 대답은 하나님은 사랑이라는 것이다.[46] 틸리히는 궁극에서 사랑과 정의, 그리고 정의가 '하나됨'을 이룬다고 말한다. 결국 신학은 소외된 자들에 대한 사랑과 정의가 실현되어야 하는 공공적 성격이 종국의 모습임을 이야기 하고 있다.

라인홀드 니버는 기독교신앙을 사회적 측면에 적용하는 것을 과제로 삼았던 사회윤리학자요 변증학자였다. 그는 복음과 세상이 서로 만나는 지점은 인간 속에 있다고 보고, 신학적 인간학에 집중하였다. 그의 인간 이해는 종교개혁 사상과 르네상스 사상의 통합이라고 표현할 수도 있다.[47] 이런 인간관에 근거해 사회윤리를 전개해 나갔다. 종교개혁 사상은 기독교 전통 안에서 발전을 도모했다는 점에서 르네상스 정신과 공통되는 측면이 있지만 사회적인 덕행이나 정치적인 정의의 표준이나 구조를 제시하거나 지지하지 않았다. 그리고 르네상스의 오류는 인간의 자유와 힘을 과대평가한 것이다. 니버는 인간의 한계와 피조물로서의 성격을 강조하면서 책임감 결여와 무정부화가 야기될 수 있는 위험을 지적한다. 니버의 인간관은 피조물의 유한성을 인정한다. 인간의 본성 중에 의존성, 연약성, 불완전성 등이 나타나는 것은 인간이 유한하다는 증거이다.[48] 하지만 자체가 악한 것으로 보지는 않는다.[49] "이성적 인간 혹은 자연적 인간은 어느 한 쪽이라도 선하다고 생각한다. 인간이 구원을 받기 위해서는 인간을 자연의 무질서로부터 마음의 조화로 끌어올리는 것이 필요하다"[50] 니버의 인간이해는 현실주의적 인간이해다. 현실주의는 감상적이거나 개인윤리의 연장선상에서 사회문제를 해결하는 것이 아니라 정치적, 도덕적 차원에서 논의할 수 있다는 것이다. 사회의 악한 구조 앞에서 개인은 무력하기에 사회적 해방이 필요함을 역설했다.[51] 이러한 현실주의가 사회와 교회를 위한 니버의 신학을 만들었다. 니버는 사회적 현실과 이상적 간격에 대해 근본적인 질문을 던졌고, 사회에 대한 분석을 통해 인간에게 더 높은 도덕적 수준을 주장한다. 그는 신학에서 얻은 통찰력을 정치, 국제관계, 인권, 경제제도와 같은 영역에 적용했다.[52] 니버는 원리로서의 정의와 실천으로서의 사랑을 동시에 강조했다. 사회 구조의 문제에 정의라는 현실을 이루어나가기 위해서는 기독교적인 행위자 중심의 책임윤리가 강조될 필요가 있다. 니버의 사회윤리가 우리에게 주는 의미는 유토피아적 환상과 교조주의적 환상을 극복하고, 인간 이해를 바탕으로 한 행위자 중심의 책임윤리를 갖고 더불어 살아가는 공공성의 사회를 우리에게 제시하고 있다는 것이다. 니버의 이러한 현실주의적인 입장은 미국의 가톨릭 신학자인 마이클 노박(Michael Novak, 1933-2017), 데니스 맥캔(Dennis P. McCann) 등이 적극적으로 수용하면서 기독교이상주의와의 전쟁을 선포한다.[53]

본회퍼는 신앙과 행동, 개인적 경건과 책임이 일치된 삶을 살았던 선구자였다. 그는 평화의 실현을 위해 나치정권에 항거하다가 처형된 순교자이다. 그는 신학이 사변적 신학이 되어서는 안되고, 신학이 공공의 영역에서 책임으로 나타난다고 믿고 실천한 신학자였다.[54] 본회퍼는 나치의 박해로 옥중에 갇혀서 그동안 교회와 신학이 자신들만이 이해할 수 있는 형이상학적 언어로 표현함으로써 공공성의 영역에서 완전히 벗어났다고 보고, 성서적 개념들을 비종교적 언어로 해석하는 것이 필요하다고 보았다.[55] 그는 그리스도를 공동체로서 존재하는 그리스도라 하여 평화를 실현하기 위해 공동체성을 강조하였고, 평화를 실천하기 위하여 책임적인 기독교인의 신앙적 결단과 행위가 필요하다고 역설하였다. 책임적인 기독교인은 모든 자기주장을 거부하고, 증오와 악행 앞에서 고통당함을 통해 선으로 악을 극복하고 하나님의 평화를 이룬다.[56] 이는 제자도의 삶을 수반하는 '값비싼 은혜'임을 주장한다. 즉 제자로 사는 순종을 요구하는 삶이다.[57] 제자도는 세상의 직접성들과의 단절을 필요로 한다.[58] 선행으로 표현된 신앙만이 진실한 신앙이다. 본회퍼에게 있어서 그리스도는 타자를 위한 존재이다. 이에 근거하여 교회가 다른 사람들을 위해 존재할 때만이 교회는 교회가 될 수 있다. 교회가 자신의 영역을 지킬 수 있는 길은 자신을 위해서가 아닐 때 가능하다. 그렇지 않으면 교회는 그냥 종교단체가 되고 만다.[59] 마찬가지로 그리스도인의 본질도 타자를 위한 존재라는 사실을 잊어서는 안 된다.[60] 그러므로 그는 그리스도를 따르는 행위를 강조하며, 신앙도 따름과의 연관에서 이해했다.[61] 그는 옥중에서 제자 에버하르트 베트게(Eberhard Bethge, 1909-2000)에게 쓴 편지들을 모은 책 「저항과 복종」에서 교회가 타자를 위한 교회가 되기 위해서는 모든 재산을 팔아 가난한 사람에게 주어야 한다고 주장했다.[62] 교회의 사회적 영향력, 즉 공공성을 강조한 것이다.

이러한 신학적 흐름 가운데 신학과 신앙의 공공성에 관심을 지닌 최근의 대표적인 신학자들을 소개하면 다음과 같다.

20세기 후반의 현대신학의 거장 중 하나인 판넨베르그(Wolfhart Pannenberg, 1928-2014)는 인간의 모든 제도들은 하나님 나라를 증언하는 한시적 기능이며, 교회는 세상의 희망인 하나님 나라의 전조(前兆)라는 것을 변증하고자 한다.63) 그는 기독교 신앙의 근거를 맹목적 결단이 아닌 지성적 통찰로 접근하여 오늘날 세상에서 공공성의 성격을 갖는 것으로 본다.64) 브라질의 신학자 야콥센(Eneida Jacobsen)은 기독교 신앙의 공공성에 대한 담론은 매우 다양하다고 주장한다.65) 기독교신학의 공공성을 보여주고 교회의 공적 역할을 강조한다는 공공신학의 일반적 용례는 광범위하게 수용되지만, 이 개념을 명확하게 정의하는 데는 너무나 다양한 방식이 있어 사실상 쉽지 않다. 일반적으로 공공신학의 기원은 로버트 벨라(Robert N. Bellah, 1927-2013)에 의해 시작되었고, 마틴 마티(Martin Marty)가 공공신학(public theology)이란 용어를 처음 사용했다.66) 예언자적 복음주의자인 짐 월리스(Jim Wallis)는 신앙 공동체는 공적 영역을 지배하려 들 것이 아니라 공적 영역에 가르침과 영감을 주려고 노력해야 한다고 주장한다. 공동선에 얼마나 효과적으로 기여하는지를 판단하는 기준은 누가 교리를 더 잘 이해한다거나 종교를 더 열렬히 추종하는가가 아니라, 누가 더 참된 삶을 사는가, 누가 다른 사람들의 필요를 채우고 있는가, 누가 이웃 사랑의 의미를 실천하고 있는가이다. 그는 복음은 가난하고 억압 받는 자들을 노골적으로 편애한다는 사실을 잊어서는 안 된다고 역설한다.67) 프린스턴대학교 교수인 종교사회학자 로버트 우스노우(Robert Wuthnow)는 공공성이 결여된 영성은 참된 영성이 아니며, 이러한 영성은 사회의 도전 속에서 살아남을 수 없다고 보았다.68) 프린스턴신학교의 은퇴교수인 막스 스택하우스(Max L. Stackhouse, 1935-2016)는 기독교의 소통과 공공성의 함양에 대해 관심을 갖고 강조했다.69) 스택하우스는 기독교 신앙은 윤리적인 진정성을 갖추고 신앙의 보편성이 확보돼야 한다고 설명한다.70) 문시영은 공공성을 강조하는 교회의 모습을 'ecclesia publica'로 사용할 것을 제안했다.71) 김병권은 2007년부터 거론된 한국에서의 공공신학이 이론적 측면에 국한되어 있다는 것으로 평가하고, 공공신학은 교회만을 위한 신학이 아니며, 교회 밖의 사람들에게 기독교의 신앙을 설명하며 그들을 설득하고 사회적 변혁을 위해 영향력을 갖는 신학이기에 한국교회 갱신을 위한 공공신학의 활용을 주장했다.72) 남아공화국 스텔렌보쉬 대학교(Stellenbosch University)의 조직신학 교수인 니코 쿠프만(Nico Koopman)은 공공신학의 세계화 진행 속에서 서로에게 겸손하게 배워야 한다고 강조한다.73) 19세기 독일의 염세주의 철학자 쇼펜하우어(Arthur Schopenhauer, 1788-1860)는 자신만을 위해, 또는 타인만을 위해 사는 삶은 어리석은 삶이며 괴로운 인생길로 가는 지름길이라고 하였다.74) 그러나 기독교 신앙은 여전히 배타적인 삶을 살라고 강조한다. 휘튼 대학의 기독교 윤리적용 센터의 감독이자 신학과 교수인 빈센트 베코테(Vincent E. Bacote)는 공공 영역에서 신앙의 영성이 드러날 것을 강조한다.75)

4. 한국교회의 공공성 방향

한국에서 공공성에 대한 복음주의 신학적 논의는 2007년부터 기독교윤리실천운동본부가 주축이 되어 교회의 사회적 역할과 책임에 대한 신학적 토대를 정립하려는 의도에서 전문가 집담회 형식으로 시작되었다. 이 논의는 한국개신교의 게토(ghetto)화를 극복하고, 세상과 소통하면서 교회의 사회적 책임과 역할을 신학적으로 뒷받침하는 신학적 담론으로 구상되었다.[76] 그 이후 지속적으로 교회와 신학의 공공적 위기가 초래되던 중, 2014년 11월 한국복음주의윤리학회가 '한국교회와 신앙의 공공성'을 주제로 세미나를 개최하면서 신앙의 공공성에 대한 이해와 관심이 증진되었다. 종교가 제 기능을 하지 못하는 것은 그 사회가 망하고 있다는 증거다. 한국 종교의 위기는 곧 한국사회의 위기다. 한국교회의 위기도 예외는 아니다. 한국교회는 벼랑 끝에 서 있다.[77] 불행 중 다행인 것은 자신들의 위기를 직감하고 이를 고치려고 하는 사람들이 있다는 것이다. 성경은 지속적으로 가난한 자들을 위한 교회를 이야기 했지만 한국교회는 부자를 위한 교회를 지향하고 있는 것이 아닌가? 가난한 이를 돌보는 것은 도덕적인 의무일 뿐만 아니라 교회가 추구해야 할 공동선의 일부이다.[78]

교회가 직면한 가장 심각한 문제는 교회가 교회되지 못했다는 데 있다. 한국교회는 틀을 짜면서 대기업의 구조와 가치를 받아들였다.[79] 한국교회의 위기를 지적하는 용어 가운데 하나가 세속화이다. 세속화가 만들어 낸 결과 중의 하나가 종교의 사사화(privatization)인데, 종교가 사회의 공공 영역에서 중요성을 가졌던 것에서 이제 사회의 사적 영역에 위치해 있다는 것이다. 종교가 객관성이 결여된 사사로운 실체로 변형이 되었고, 공공의 영역에서 보이지 않는 존재가 되어버렸다. 이러한 상황은 공공성을 강조하지 않고 개인 신앙의 사적 측면에 대한 강조를 강화한 것과 깊은 연관이 있다.[80] 한국사회의 경우 기독교와 사회의 관계는 매우 부정적인 갈등의 관계로 나아간다. 이를 극복하기 위해서는 기독교의 공공성을 강조하므로 사회와의 연대감이 강조되어야 한다. 개인의 권리와 물질적 충족만을 강조하는 사회가 아닌 타인과 공공성에 대한 책임이 있는 사회를 만들어 가야 한다.[81] 한국교회가 본질에 충실한 교회가 되어 사회의 희망이 되기 위해서는 교회가 함께 잇대어 있는 사회와 공공성에 대한 담론이 반드시 논의되어야만 한다. 그리스도인으로서 받은 부르심이 사회에 성실하게 참여하는 것과 어떤 연관이 있는지를 바르게 인식해야만 한다. 이웃과 사회에 공공성을 위한 봉사는 개인적인 이익을 추구하는 것보다 더 보람 있고 값지다는 확신이 있어야 한다. 자신의 집단 안에 매몰된 사람은 더 넓은 사회의 지평을 바라볼 수 없기 때문이다.[82]

신학은 영적 문제를 다루는 동시에 세상과 소통하고 변화를 이끌어 갈 수 있는 공공의 담론이다.[83] 그러기에 기독교의 공공성은 섬김의 실천을 통해 분명히 드러나야 한다. 고통과 상처로 얼룩진 사람들의 삶 속으로 뛰어들어 그들과 함께 해야 한다. 선한 사마리아인의 비유를 통해 우리에게 가르치는 메시지를 분명히 알고 실천해야 한다. 교회 안과 밖에서 삶의 현장인 공적인 영역에서 신앙을 실천해 나가야 한다.[84] 지역사회의 복지, 소외된 자들에 대한 인적, 물적 투자, 동성애, 통일, 인권, 다원주의 등 사회적 이슈에 대한 입장 표명 등 섬김의 모델을 확장하고 신앙의 공공성에 관심을 갖고 현실성 있게 풀어내야 한다. 십자가는 신약의 최대 사건이다. 하나님의 낮아지심은 종의 모습으로 인간의 역사 속에 들어오신 것이다. 세상의 역사는 권력자들에게 초점을 두지만 성경은 가진 것 없고, 상처 받기 쉬운 자들과 함께 하고, 고난 받는 종으로서 희생하는 모습을 철저히 가르치고 있다.[85] 예수 그리스도의 삶과 죽음이라는 방식을 외면하고 다른 방식을 선택한다는 것은 그리스도를 거부하는 것이다. 사도들의 일관된 메시지 역시 자신을 내주는 사랑과 희생에 따라 하나님 사랑의 깊이가 결정된다는 것이다. 복음은 가난한 자를 향한 복음이 되어야 한다.[86]

스택하우스(Stackhouse)는 모든 성도들이 예언자직, 제사장직, 만인 정치적 직위에 대한 소명을 인식하고 그 직무들을 수행할 수 있도록 능력을 구비할 것을 제안했다. 그것은 이웃에 대한 공정과 정의의 사역, 돌봄의 목회 그리고 제도적 삶의 모든 영역에서의 소명을 실현하는 삶이다.[87] 미국 복음주의 진영에서 날카로운 비판의 목소리를 내는 대표적인 지성인 가운데 하나이며 소저너스 공동체(Sojourners Fellowship) 대표인 짐 월리스(Jim Wallis)는 기독교의 복음은 다름 아닌 공동선의 추구라며 공적 활동 영역에서의 신학의 적용과 신앙을 강조하였다.[88] 공동선에 대한 그의 외침보다 더 긴급한 메시지는 없다. 궁극적으로 공동선은 우리 모두에게 최선임을 알아야 한다. 풀러신학교의 마크 래버튼(Mark Labberton) 총장은 복음의 정수는 하나님의 사랑을 보여주고 실천하는 데 있다고 주장한다. 복음을 삶에서 함께 실천하고 나누는 공동체야말로 복음이 삶에 뿌리내리고 있다는 증거가 된다.[89]

앞에서 언급했듯이 하버마스는 토론문화의 장을 구축하여 합리적 사회건설에 대한 철학적 기초를 제공해 주었고, 공공성의 형성에 기독교의 역할을 무시하지 않았다. 이러한 하버마스의 공론장 개념을 통해 우리는 다원화된 사회 속에서 가치의 대립이 아닌 기독교적 가치관을 지니고 상생과 화합의 공동체를 만들어 가야만 한다. 세상과의 바른 소통을 통해서만이 우리는 더불어 살아갈 수 있다. 그리고 세 명의 걸출한 신학자인 폴 틸리히, 니버, 본회퍼가 신학과 신앙의 공공성을 주장하고 있는 내용을 볼 때 한국교회는 하나님 뜻인 공공성의 실천을 잊어서는 안 된다. 이를 통해 우리는 신학 함에 있어 신앙의 윤리적인 차원들을 결코 무시하지 않고 오히려 적극적으로 발전시켜 나가야 한다. 신학은 사회·정치적인 결과들을 도외시하는 신학적인 추상으로서 머물러서는 안 된다. 신학은 그리스도인들로 하여금 사회적인 책임을 적극적으로 감당하도록 촉구하며, 이 세상 삶의 전 영역으로 그리스도인들을 불러내야 한다. 교회와 그리스도인들의 사회적 책임과 공공성의 윤리가 강조되고, 신학은 그리스도인의 공적인 행동 동기의 이론적인 근거가 되어야 한다. 이 세 명의 신학자들은 당시대 속에서 현실을 외면하지 않고, 당시의 신학적 방법론과는 다른 방법론을 제시하며 타자를 위한 존재로서의 교회의 본질적인 모습과 기독교인의 사명에 대해 제시함으로써 우리에게 시사하는 바가 매우 크다고 본다.

위기에 처한 오늘의 한국교회를 개혁해야 한다는 문제의식은 목회자의 각성에서 출발해 교회의 사회적 공공성과 높은 윤리의식 회복이 필요하다. 그러나 문제제기와 대안제시가 추상적이고 당위적 구호에 머무르지 않으려면, 개혁 대상에 대한 정확한 고발과 이에 대한 구체적이고 담대한 대안 제시가 따라야 한다. 오늘날 한국교회는 예수 그리스도의 십자가로 구원을 얻은 진리를 외면하고 자신들만의 종교적 성을 쌓아왔다. 그러므로 한국교회는 두렵고 떨리는 마음으로 하나님 앞에 서서 공공성의 실현을 위해 사람들을 섬겨야 한다. 한국교회의 공공성은 이론이나 교육만으로는 불가능하고, 오직 녹아지는 선행만을 통해 가능하다. 행함이 선행되지 않은 외침이나 가르침은 스스로를 속이고 사람들에게 짐만 지워주는 것이다. 교회 공동체 본연의 모습만 회복되어진다면 그래도 교회가 희망이 될 수 있다.[90] 풀러신학교 전 총장 리처드 마우(Richard Mouw) 박사는 최근 중요하게 회자되고 있는 것 중 '공공성 담론'이 있는데, 공적 혹은 공공(public)이라는 기본적인 의미는 다수의 사람에게 개방되어 있으며 접근 가능하고 열려 있는 상태와 가치를 의미하는 것이라고 말했다. 공공(public)과 반대되는 개념인 사적(private)이라는 개념인데, '사적'이란 '공적인 것이 빠져 있는' 것을 의미한다. 예수 그리스도의 삶은 공적이었다. 예수 그리스도는 모든 사람에게 다가가셨으며, 이 세상의 어떤 사람도 예수 그리스도에게 다가가는데 장애가 없기 때문이다. 예수 그리스도의 삶은 인류를 위해 철저하게 공공성의 가치를 분명하게 드러내고 보여주고 있다. 그러기에 교회는 그리스도의 공공성이 드러나야 한다. 그러므로 기독교인은 두 가지 태도를 훈련해야 한다. 첫째는 공존과 대화를 위한 관용이며, 둘째는 더 올바른 개인과 사회를 위해 더불어 살아가는 공동체성이다. 리처드 마우 박사는 그리스도인은 공적 의의 대리자가 되도록 부름 받았으며, 공적 의에 대해 관심과 존중하는 자세를 견지해야 한다고 주장한다.[91]

기독교의 공공성은 사회적 약자들에 관심을 갖고 그들을 위한 공적 자리를 만들어 함께 하는 것이다. 그리스도를 주로 고백한 구원받은 성도, 교회라면 사회를 하나님의 영광을 드러낼 삶의 무대로 여기며 자신의 신앙을 공공 영역에서 실천하므로 구체적인 공공성이 실현되어야 한다. 특히 지도자들이 공공성 개념이 없거나 훈련되지 않는다면 사회와 교회는 더욱 불행해 질 것이 자명하다. 복음이 세속화되어 특정 계급의 전유물로 왜곡해 온 교회와 세상을 향해, 그리고 평안이 아닌 편안함을 추구하며 현실의 고난과 비극에 무감각해진 그리스도인들에게 우리는 침례요한처럼 절규하며 교회의 본질을 회복하고, 공공성을 실천해야 한다. 탈성장 시대의 교회 패러다임도 바뀌어야 한다. 그것은 교회가 오늘날 영성공동체가 되어 지역사회를 살리고, 신학적, 신앙적으로 공공성 확장을 위한 적극적인 활동을 해야 한다. 이는 세상을 섬기고 나누는 행위를 통해 가능하다. 공적 영역에 대한 진지한 관심을 가짐으로 교회가 사회에 대한 이해와 사랑을 잃지 않고 있음을 보여야 한다. 이럴 때 교회는 사회의 공공성에 기여하는 주체가 될 수 있고, 한국사회의 새로운 희망이 될 수 있다고 본다. 성경은 이 점을 과거나 현재나 미래에게 동일한 말씀으로 권면하고 있다. 현대교회에서 드러나는 불신, 격멸, 분쟁, 돈사랑 등 모든 문제들은 초대교회의 모습을 잃어버렸기 때문이다. 초대교회는 부스러기를 적선하는 것이 아닌 가진 것을 나누어주는 '유무상통'의 삶이었다. 오늘 한국교회가 이 '유무상통'의 공공성을 실천할 때만이 위기를 기회로 만들어 갈 수 있다.

"모든 사람이 다 함께 있어 모든 물건을 서로 통용하고 또 재산과 소유를 팔아 각 사람의 필요에 따라 나눠주며 날마다 마음을 같이하여 성전에 모이기를 힘쓰고 집에서 떡을 떼며 기쁨과 순전한 마음으로 음식을 먹고 하나님을 찬미하며 또 온 백성에게 칭송을 받으니 주께서 구원받는 사람을 날마다 더하게 하시니라"(행 2:44-7)

1) 김승호, 「10년 후 한국교회」 (서울: 에큐메니칼연구소 2005), 159-61.
2) 장신근, "한국교회의 변혁과 공공신학," 「복음과 상황」 (2007년 12월): 54.
3) 공공(public)의 의미는 첫째, 공동체나 국가를 구성하고 있는 사람들을 의미한다. 둘째, 사회를 위하여 일하는 의미가 있다. 셋째, 누구나 보고 듣고 할 수 있는 의미이다.
4) 박정택, 「일상적 공공철학하기 1」 (서울: 한국학술정보, 2007), 7.
5) Walter Lippmann, The Public Philosophy (Boston: Little, Brown & Co, 1955). 이 책을 보면 종교적인 것과 상관없이 공동의 선을 설명하고자 하는 노력이 분명히 드러난다.
6) Martin E. Marty, The Public Church (New York: Crossroad, 1981), 159.
7) 신앙의 공공성에 대한 최근의 연구들은 다음의 책들을 참고하면 좋다. 새세대교회윤리연구소 편, 「공공신학이란 무엇인가?」 (서울: 북코리아, 2007); 「공공신학, 어떻게 실천할 것인가?」 (서울: 북코리아, 2008).
8) 이상훈, "신학해제: 스택하우스의 공공신학에 관한 이해," 「공공신학이란 무엇인가?」, 새세대 교회윤리연구소 편 (서울: 북코리아, 2007), 30.
9) 문시영, "공공신학 실천을 위하여: 公-私의 이분법을 넘어서," 「공공신학, 어떻게 실천할 것인가?」, 새세대 교회윤리연구소 편 (서울: 북코리아, 2008), 46.
10) 위르겐 하버마스(Jürgen Harbermas)는 오늘날 대표적인 사회비판 해석학의 이론가로서 가장 중요하고 영향력 있는 인물이다. 1964년부터 프랑크푸르트 대학에서 철학 및 사회학 교수로 있다. 대표적 작품으로는 「이론과 실천」(Theory and Practice), 「인식과 관심」(Knowledge and Human Interests), 「의사소통행위 이론」(The Theory of Communication Action) 등이 있다. 비판이론은 왜곡되지 않은 의사소통, 공동체의 판단 등을 강조하는 비판철학의 영향을 받아들여 근본적인 인간의 자율성의 관점을 중요시한다. 호르크하이머, 아도르노, 마르쿠제, 하버마스 등이 프랑크푸르트 대학을 중심으로 활동하였기에 '프랑크푸르트 학파'라고 불리운다.
11) 최경환, "하버마스의 공론장 개념과 공공신학," 「기독교철학」, 19호 (2014): 195.
12) Max. L. Stackhouse, 「세계화와 은총: 글로벌시대의 공공신학」, 이상훈 역 (서울: 북코리아, 2013), 157.
13) 임창호, 「공공성을 회복하라」 (서울: 쿰란출판사, 2000), 35.
14) Jürgen Harbermas, 「공론장의 구조변동」, 한승완 역 (파주: 나남출판, 2001), 58.
15) 손규태, 「하나님 나라와 공공성」 (서울: 대한기독교서회, 2010), 161.
16) 박정택, 「일상적 공공철학하기 1」, 64.
17) 오문환, 「동학의 정치철학」 (서울: 모시는 사람들, 2003), 276.
18) 최경환, "하버마스의 공론장 개념과 공공신학," 198.
19) Jürgen Harbermas, 「공론장의 구조변동」, 171.
20) 김재현, 「하버마스의 사상」 (서울: 나눔, 1996), 26.

21) 기독교윤리실천운동 엮음, 「공공신학」 (서울: 예영, 2009), 25.
22) Jürgen Harbermas, 「공론장의 구조변동」, 62.
23) 김만권, 「세상을 보는 열입곱개의 시선」 (서울: 개마고원, 2012), 281.
24) Jürgen Harbermas, 「공론장의 구조변동」, 39.
25) Saito Juichi, 「민주적 공공성」, 윤대석 외 옮김 (서울: 도서출판 이음, 2014), 48.
26) James K. A. Smith, 「해석의 타락」, 임형권 옮김 (서울: 대장간, 2015), 122.
27) David Tracy, "Theology as Public Discourse," Christian Century, vol 92 (1974): 283.
28) 오승성, "하버마스의 공론장과 기독교신앙," 「신학사상」, 162집 (2013년 가을): 106.
29) 박정택, 「일상적 공공철학하기 2」, 58.
30) Jürgen Harbermas, 「공론장의 구조변동」, 325.
31) Samuel P. Huntington, 「문명의 충돌」, 이희재 옮김 (서울: 김영사, 1997), 81.
32) Anthony C. Thiselton, 「해석의 새로운 지평」, 최승락 역 (서울: SFC, 2015), 35. 하버마스의 비판이론은 두 가지 과제를 지닌다. 첫째, 철학적 과제는 합리성에 대한 규범적 이론을 개발하는 것이다. 둘째, 사회과학적 과제는 서구적 사회 합리화의 과정과 관련시켜 현대(modernity)를 경험적으로 분석하는 것이다.
33) 윗글, 515.
34) 박정택, 「일상적 공공철학하기 1」, 98. 하버마스의 주요 문헌 가운데 하나인 Knowledge and Interests (Boston: Beacon Press, 1968)를 참조할 것.
35) Paul Schumaker, 「진보와 보수의 12가지 이념」, 조효제 옮김 (서울: 후마니타스, 2014), 690.
36) Gordon Kaufman, 「신학방법론」, 기독교통합학문연구소 옮김 (서울: 한들출판사, 1999), 86; David Tracy, Blessed Rage for Order: The New Pluralism in Theology (San Francisco: Harper & Row, 1988), 33; Stanley Hauerwas, 「교회됨」, 문시영 옮김 (서울: 북코리아, 2011), 80.
37) 손규태, 「하나님 나라와 공공성」, 165.
38) Yamawaki Naoshi, 「공공철학이란 무엇인가」, 성현창 옮김 (서울: 이학사, 2011), 60.
39) Martin Marty & Dean G. Peerman, 「현대신학자 핸드북」, 신경수 역 (서울: 크리스챤다이제스트, 2000), 513.
40) Paul Tillich, Love, Power and Justice (London: Oxford University Press, 1976), 72.
41) 노영상, "폴 틸리히의 기독교윤리 사상에서의 도덕적 명령법의 문제," 「현대신학과 기독교윤리」, 장로회신학대학교 교회와사회연구부 엮음 (서울: 예영커뮤니케이션, 2003), 101-2; Paul Tillich, Systematic Theology, vol III (Chicago: The University of Chicago Press, 1963), 39.
42) Paul Tillich, Systematic Theology, vol I (Chicago: The University of Chicago Press, 1963), 67.
43) 조성노, 「현대신학 개관」 (서울: 현대신학연구소, 1994), 276.
44) Paul Tillich, Biblical Religion and the Search for Ultimate Reality (Chicago: The University of

Chicago Press, 2010), 2.
45) Paul Tillich, Systematic Theology, vol I, 72-3.
46) 노영상, "폴 틸리히의 기독교윤리 사상에서의 도덕적 명령법의 문제," 129-30.
47) 이장형, "라인홀드 니버의 현실주의와 사회윤리," 「현대신학과 기독교윤리」, 장로회신학대학교 교회와사회연구부 엮음 (서울: 예영커뮤니케이션, 2003), 256.
48) R. Niebuhr, The Nature and Destiny of Man I (New York: Charles Scriber's Sons, 1953), 167.
49) 윗글, 168-9.
50) 윗글, 24.
51) 김균진, 「현대신학 사상」 (서울: 새물결플러스, 2014), 649.
52) Stanley J. Grenz & Roger E. Olson, 「20세기 신학」, 신재구 옮김 (서울: IVP, 1997), 158.
53) Michael Novak, The Spirit of Democratic Capitalism (New York: A Touchstone Book, 1992), 314; Dennis P. McCann, Christian Realism & Liberation Theology (Eugene: Wipf and Stock Publishers, 2001), 200.
54) 손규태교수정년퇴임 기념논문집 편, 「공공성의 윤리와 평화」 (서울: 한국신학연구소, 2005), 338.
55) 손규태, 「하나님 나라와 공공성」, 203.
56) Dietrich Bonhoeffer, The Cost of Discipleship (New York: Touchstone, 1995), 113.
57) 윗글, 38.
58) Martin Marty & Dean G. Peerman, 「현대신학자 핸드북」, 480.
59) Dietrich Bonhoeffer, Letters and Papers from Prison (New York: Touchstone, 2011), 202-3.
60) 윗글, 19.
61) 김동건, 「현대신학의 흐름」 (서울: 대한기독교서회, 2008), 347.
62) 디트리히 본회퍼, 「저항과 복종」, 손규태 옮김 (서울: 대한기독교서회, 2010), 560.
63) 독일 신학자 볼프하르트 판넨베르그(Wolfhart Pannenberg, 1948-2014)는 1948년 독일 발트해 연안인 스테틴(Stettin)에서 세관원의 아들로 출생하여, 동베를린의 훔볼트 대학교와 괴팅겐 대학교에서 철학과 신학을 공부하고, 1950년 바젤에 내려가 당시 신학계를 주도한 칼 바르트 밑에서 교회교의학을 공부했다. 그는 1955년에 교수자격을 얻어 1958년부터 3년간 부퍼탈 대학교에서 몰트만과 함께 교수로 일했고, 마인츠 대학교에서 7년간(1961-1968) 가르쳤다. 1968년부터는 뮌헨 대학교로 자리를 옮겨 1994년 퇴임할 때까지 조직신학을 가르쳤다.
64) Wolfhart Pannenberg, The Apostle's Creed in the light of Today's Questions (London: SCM, 2012), 152-5.
65) Eneida Jacobsen, "Models of Public Theology," International Journal of Public Theology, vol 6 (2012): 7-8.

66) 최경환, "공공신학의 기원, 특징, 최근이슈들," 「복음과 윤리」, 12권 (2015년): 16-7.
67) Jim Wallis, 「부러진 십자가」, 강봉재 옮김 (서울: 아바서원, 2012), 151.
68) Robert R. Wuthnow, Producing the Sacred (Chicago: University of Illinois Press, 1994), 37.
69) Max. L. Stackhouse, Public Theology and Political Economy (Lanham: University Press of America, 1991), xi.
70) 최경환, "하버마스의 공론장 개념과 공공신학," 207.
71) 문시영, "공공신학의 교회, 교회윤리의 교회," 「한국기독교신학논총」, 88집 (2013년): 212.
72) 김병권, "한국교회 갱신의 관점에서 본 공공신학 논의," 「복음과 윤리」, 12권 (2015): 126, 132-6.
73) Nico Koopman, "Contemporary Public Theology in the United States and South Africa," in, Freedom's Distant Shores: American Protestants and Post-Colonial Alliances with Africa, ed. R. Drew Smith (Waco: Baylor University Press, 2006), 221.
74) Arthur Schopenhauer, 「세상을 보는 방법」, 권기천 옮김 (서울: 동서문화사, 2012), 514.
75) Vincent E. Bacote, The Spirit in Public Theology: Appropriating the Legacy of Abraham Kuyper (Grand Rapids: Baker Academic, 2010), 25.
76) 채수일, 「신학의 공공성」 (오산: 한신대학교출판부, 2010), 248.
77) 최현식, 「20202040 한국교회 미래지도」 (서울: 생명의말씀사, 2013), 39-41.
78) Jim Wallis, 「가치란 무엇인가」, 박세혁 옮김 (서울: IVP, 2011), 43.
79) Jim Wallis, 「부러진 십자가」, 173-4.
80) Robert R. Wuthnow, Christianity and Civil Society: The Contemporary Debate (Pennsylvania: Trinity Press International, 1994), 45.
81) Paul Schumaker, 「진보와 보수의 12가지 이념」, 301.
82) 강영안 외, 「한국교회, 개혁의 길을 묻다」 (서울: 새물결플러스, 2014), 347.
83) 정윤재, 「세계화시대의 기독교신학」 (서울: 이화여자대학교출판부, 2011), 6.
84) 새세대교회윤리연구소 편, 「공공신학이란 무엇인가?」, 7.
85) 섬김의 힘을 드러내는 대표적인 성경은 다음과 같다. "너희 안에 이 마음을 품으라 곧 그리스도 예수의 마음이니 그는 근본 하나님의 본체시나 하나님과 동등 됨을 취할 것으로 여기지 아니하시고 오히려 자기를 비워 종의 형체를 가지사 사람들과 같이 되셨고 사람의 모양으로 나타나사 자기를 낮추시고 죽기까지 복종하셨으니 곧 십자가에 죽으심이라"(빌 2:5-8); "예수께서 제자들을 불러다가 이르시되 이방인의 집권자들이 그들을 임의로 주관하고 그 고관들이 그들에게 권세를 부리는 줄을 너희가 알거니와 너희 중에는 그렇지 않아야 하나니 너희 중에 누구든지 크고자 하는 자는 너희를 섬기는 자가 되고 너희 중에 누구든지 으뜸이 되고자 하는 자는 너희의 종이 되어야 하리라 인자가 온 것은 섬김을 받으려함이 아니라 고리어 섬기려 하고 자기 목숨을 많은 사람의 대속물로 주려 함이니라"(마 20:25-8)

86) Howard A. Snyder, 「교회」, 최형근 옮김 (서울: IVP, 2007), 30.
87) 새세대교회윤리연구소 편, 「공공신학이란 무엇인가?」, 26.
88) Jim Wallis, 「하나님 편에 서라」, 박세혁 옮김 (서울: IVP, 2014)의 책을 보면 공동선에 대한 그의 주장이 분명히 드러나 있다.
89) Mark Labberton, 「제일소명」, 하보영 옮김 (서울: IVP, 2014), 81.
90) 최현식, 「20202040 한국교회 미래지도2」 (서울: 생명의말씀사, 2015), 271-3.
91) Richard J. Mouw, 「무례한 기독교」, 홍병룡 옮김 (서울: IVP, 2013), 43-6.

18. 한국교회의 반성

1. 들어가는 글

한국교회는 철저한 회개와 각성이 한국 기독교에 절실하다는 인식을 갖고, 한국교회와 사회 전반을 새롭게 만들기 위한 실천이 절대적으로 필요하다. 이미 역사가들이 언급한대로 대한민국 근현대사에서 한국교회는 정치, 경제, 문화, 학문, 관습에 이르기까지 한국의 모든 부분에 큰 영향을 미쳤다. 일제시대에는 독립운동을 주도하였고, 임시정부 수반과 초대대통령 외에도 다수의 국회의원, 국무위원들이 그리스도인들이었다.[1] 사회적으로는 봉건주의를 타파하는 개혁을 주도하여 주초와 축첩, 도박과 해로운 풍습 등을 금지하고 교육을 장려하여 빈곤을 몰아내고 경제발전에 기여하였다. 그런데 불과 수십 년 사이에 수세기 동안의 문화와 사회에 급격한 구조적인 변화가 일어났다. 세계관, 가치관, 진리관, 학문, 예술, 생산과 소비 형태에 이르기까지 인간 삶 전반에 근본적인 변화가 일어나고 있다. 특히 기독교 안에 포스트모던 신학, 종교다원주의, 혼합주의, 상대주의, 기독교의 본질 왜곡, 신적권위와 절대적 진리를 부정함으로써 교회는 갈팡질팡 방향을 잃고, 영향력이 상실되어가고 있다. 또한 세속화, 개인주의, 지식정보화, 과학화, 생명공학 등 급격한 사회적 환경변화에 대처하지 못한 문제들로 인하여 교회의 본질이 심각하게 훼손되고 있다. 교회의 가파른 외형성장에 따르지 못한 미성숙, 교회부흥을 위한 수단과 방법의 부작용, 실용주의, 교역자와 평신도 사역의 불균형, 리더십, 비전, 도덕성, 사회봉사 등에도 문제가 있다. 교회에 물질만능주의가 팽배해있으며 교회는 기업화되었다. 오늘날 한국교회는 한마디로 타락해 있다. '개독교,' '샤머니즘,' '먹사,' '예수는 사라지고 목사만 남았다' 등의 말이 이를 반증하고 있다.

기독교윤리실천운동에서 한국교회에 대한 국민들의 신뢰도를 조사한 '2020년 한국교회의 사회적 신뢰도'에 따르면 한국교회에 대한 불신률은 63.9%로 나타났다. 우리 국민 10명 중 6명 이상은 한국교회를 신뢰하지 않는다는 것이다. 이는 3년 전인 2017년 기윤실 여론조사 때의 불신률 51.2%보다 12.7%나 증가한 수치며, 2013년의 44.6%보다는 20% 가까운 높은 수치다. 특히 자신의 종교에 높은 점수를 줬을 종교인을 제외한 무종교인의 경우는 참담하다. 불신률이 무려 78.2%로, 우리 국민 10명 중 8명은 한국교회를 신뢰하지 않는 것으로 나타났다. 역시 자신의 종교에 높은 점수를 줬을 종교인을 제외한 무종교인의 경우는 가톨릭 33.0%, 불교 23.8%, 개신교 6.1%의 응답률을 기록했다. 전체 응답률 가톨릭 30.0%, 불교 26.2%, 개신교 18.9%인 것과 비교하면 유독 개신교의 편차가 심한 것을 알 수 있다. 이에 응답자들은 한국교회가 신뢰도 제고를 위해 개선해야 할 사항으로 '불투명한 재정 사용,'(25.9%) '교회 지도자들의 삶,'(22.8%) '타종교에 대한 태도'(19.9%)를 지적했다. 나아가 이들은 한국교회가 더욱 신뢰받기 위해 해야 할 사회적 활동으로 절반 가까운 49.8%가 '윤리와 도덕 실천운동'이라고 답했고 '봉사 및 구제활동,'(27/9%) '환

경, 인권 등 사회운동'(8.4%)이 그 뒤를 이었다.[2)]

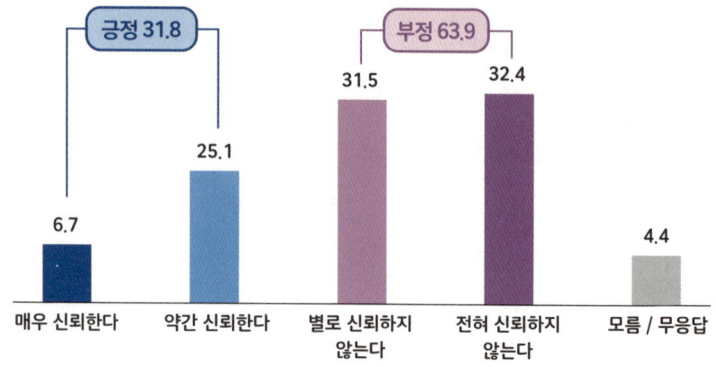

한국교회가 문제가 된 것은 아프지 않기 때문이다. 이게 바로 우리를 죽음에 이르게 하는 병임을 자각할 필요가 있다. 암이 죽음에 이르는 병인 것처럼 도덕적 병이 한국사회와 한국교회를 죽음에 이르게 하는 것이다. 한국교회는 한마디로 절체절명의 위기 가운데 있다. 한마디로 표현하면 '생사기로의 한국교회'라는 말로 표현할 수 있다. 오늘날 교회의 위기를 극복할 수 있는 확실한 대안은 '교회갱신'이라고 본다. 침체된 교회의 가장 종합적이고 확실한 대안은 역사 속에서 증명되었듯이 '교회갱신'을 통하여 초대교회의 순수한 모습으로 교회의 본질이 회복되어야 한다.

2. 교회갱신의 의미

(1) 교회갱신의 정의

'갱신'이란 '다시 고침, 이미 있던 것을 고쳐 새롭게 함'이라는 의미로, '교회갱신'이란 '이미 있던 교회를 고쳐 새롭게 하는 것'이다. 교회갱신은 낡고 퇴락한 교회를 신앙적으로 새롭게 재생시켜서 다시 헌신하게 한다는 의미가 있다. 즉 교회갱신의 개념은 교회의 근원적인 것을 되찾아 현실상황에 적용하여 초대교회의 본래의 모습과 초대교회의 본질을 회복하는 의미로 사용된다.

(2) 교회갱신의 성경적 의미

교회갱신의 성경적 의미는 무너진 교회를 다시 세우는(Rebuilding) 것으로, 역사 속에서 변질되고 오염된 부분들을 제거하고 다시 새롭게 초대교회의 본질을 회복하여 현재보다 더 좋은 상태로 완벽하게 변화된 교회를 지향함에 그 목적을 둔다. 사도행전 2장 42-47절에서 나타나는 초대교회의 모습을 그 근간으로 둔다.

(3) 교회갱신의 필요성

교회는 항상 본래의 모습과 교회의 본질을 회복하는 갱신이 필요하다. 교회갱신은 내적인 갱신과 외적인 갱신 두 가지로 나눌 수 있다. 교회 '내적 갱신'의 필요성은 ① 성도의 미성숙과 사역의 불균형 ② 리더십과 제도적인 결함 ③ 제도화된 교회와 교회경영의 세속화 ④ 교회의 정체 및 침체 ⑤ 교회 본질의 훼손 등이 있다. 한편 교회 '외적 갱신'의 필요성으로는 ① 현대사회 변화에 따른 문제 ② 개인주의와 개교회주의 ③ 정보화사회에서의 교회위치 ④ 다원화사회 속의 교회 등이 있다.

3. 한국교회의 현실

위기 가운데 있는 한국교회의 현실을 여러 각도에서 분석할 수 있지만 내부적인 것과 외부적인 것으로 구분해서 살펴보기로 하겠다.

(1) 내부적 문제

내부적인 요인으로는 다음의 3가지가 있다.

1) 목회자의 문제

이원규 교수가 조사한 '기독교인이 교회를 나가지 않는 이유' 조사 결과에 따르면 '목회자들에 대해 좋지 않은 이미지가 있어서,'(19.6%) '교인들이 배타적이고 이기적이어서,'(17.7%) '헌금을 강요해서,'(17.6%) '시간이 없어서,'(15.8%) '건강이 좋지 않아서'(11.6%) 순이었다.[3] 이러한 통계는 자신을 기독교인이라고 하면서도 교회에 나가지 않는 이유가 주로 목회자와 교인들 때문이라는 것은 매우 충격적인 결과이다. 결국 교회가 교회답지 못하다는 것으로 이에 대한 반성과 변혁이 필요하다. 이와 같이 목회자의 문제가 발생하는 데에는 몇 가지 이유를 들 수 있다. ①신학생 과대 배출, 소명의 변질 등 목회자의 자질의 부족에서 오는 문제가 있다. 군소교단들은 정규신학대학이 없어 신학교가 난립하고 있고, 기존의 교단들은 신학생들이 과다 배출되는 데서 목회자 자질 문제의 원인을 찾을 수 있을 것이다. 체계적인 커리큘럼을 갖춘 신학교가 부족할 뿐만 아니라, 무인가 신학교도 많은 현실에서 제대로 된 교육을 받지 못하고 검증도 거치지 않는 목회자가 양산되고 있다. 이로 인해 목회자 간 질적인 차이가 발생한다는 것이다. 또한 소명이 아닌 생계유지를 목적으로 목회자 직을 수행하는 경우가 많다는 것도 문제의 요인이다. 마치 좋은 일자리를 찾아다니는 것처럼, 재정자립이 되고 도시 지역에 위치한 큰 교회를 선호하고, 사역하기 어렵고 살기 힘든 지역의 소규모 교회에는 가려 하지 않으려 하는 현실을 우리 주위에서도 심심치 않게 볼 수 있을 정도이다. ②목회자의 부도덕성에서 오는 문제가 있다. 교회분쟁과 관련해서는 목회자의 부도덕성이 한국교회에 악영향을 미치고 있다. 교회분쟁은 교인 수가 많은 대형교단에서 주로 발생하며 규모와 상관없이 발생하는 특징을 보인다. 교회분쟁 유형별 상담사례는 '담임목사에 의한 재정관련 문제,' '교회 세습 및 목회자 청빙 관련 문제,' '담임목사에 의한 독단적 운영,' '담임목사의 성문제,' '이단 매도' 등이다. 분쟁을 겪는 교회들은 대부분 공동의회나 제직회의에서 교인과 목회자 간 토론이 제대로 이뤄지지 않는 경우가 많고, 항의하고 문제제기하는 교인들을 은혜롭지 못하거나 덕스럽지 않게 여기는 교회 내 풍토가 있는 경우가 많다. 결국 폐쇄적인 의사소통 구조에서 목회자에 대한 불신이 점점 커지고, 그리고 그 불신이 교회 재정과 연관된 경우 교회분쟁이 시작과 나아가 한국교회의 이미지를 실추하는 요인이 되고 있다.

2) 세속화: 물질주의와 성장주의

세상 속의 교회가 아니라 교회 속의 세상이 되어버려 세속화된 교회의 현실이 너무 가슴 아프게 한다. 한국 교회는 성경에서 가르치는 '교회다운 교회' 되기를 너무 일찍 포기해 버린 것 같다. 성경이 '낮아짐'을 이야기하고 있다면, 한국 교회는 철저히 '높아짐'을 추구하고 있기 때문이다. 그나마 괜찮다는 교회들도 돈을 모아 가난한 이웃에게 조금씩 가져다주기만 할 뿐, 가난한 이웃을 교회 안으로 받아들이지는 못하고 있다. '세상 속의 교회'로 끝없이 낮아지고 이웃을 섬기며 소금과 빛이 되어야 할 공동체가 오히려 세속화된 금권주의, 물질과 명예욕 등의 상향성 논리에 매몰되어 '교회 속의 세상'에 주도권을 내어주게 된 것이다.[4] 세상을 구원해야 하는 교회가 그저 세상으로 편입돼 그 일부가 돼 버리고 말았다. 세속화는 교회의 본질적 사명을 상실하고 초월적이며 영적인 복음의 특성을 놓친다는 점이다. 서구사회에서 '세속화'라는 말은 주로 탈(脫)기독교화를 뜻한다. 사람들이 더 이상 교회에 출석하지 않고 기독교 신앙을 가지지 않는 현상이다. 하지만 한국교회에서 세속화는 다른 의미로 사용돼 왔다. 바로 교회가 세상을 닮아가는 현상을 가리켜 왔다. 소금이 그 맛을 잃어 가는 과정을 세속화라고 부르는 것이다. "너희는 세상의 소금이니 소금이 만일 그 맛을 잃으면 무엇으로 짜게 하리요 후에는 아무 쓸데 없어 다만 밖에 버려져 사람에게 밟힐 뿐이니라."(마 5:13) 성경은 교회의 역할을 분명하게 말하고 있다. 하지만 안타깝게도 수십 년 동안 한국교회는 세속화로 말미암아 시름시름 약해져 왔다. 물질주의와 외형주의, 성장주의, 이기주의로 병든 교회는 점차 앓아눕는 지경에 이르렀다.[5] 물질주의와 성장주의로 물든 세상의 가치가 교회 안으로 들어와 목회를 비지니스로 생각하고 설교 가운데 물질 축복과 교회 성장의 메시지가 선포되고 있는 문제가 교회의 세속화를 부추겼다. 복음을 통해서 물질주의의 흐름을 거스르는 것이 아니라, 오히려 복음을 물질적 축복과 교회 성장의 수단으로 사용하는 풍조가 만연하는 것이 많은 현 교회 현장의 실정이다. 이는 교회가 선한 일을 해도 사회가 인정해 주지 않는 현상의 원인이며, 목적이 교회 성장에 있는 선한 일은 사회에서도 환영받지 못한다는 것을 반증하는 것이다. 복음의 본질을 상실한 교회는 그 끝에 이르러서는 전적으로 세상과 동화돼 버린다. 세속화의 처방은 한가지뿐이다. 신앙의 본질을 회복하는 것이다. "하나님의 나라는 먹는 것과 마시는 것이 아니요 오직 성령 안에 있는 의와 평강과 희락이라."(롬 14:17) 하나님 나라의 주요 특징은 성령 안에서 그리스도께서 주시는 의와 평강과 희락이라는 말씀이다. 그러므로 성령 안에서 예수 그리스도를 다시 닮아가야 한다. 그때 교회는 진정으로 세상에 영향을 미치는 공동체가 될 것이다.

3) 개교회주의

세속화와 더불어 한국교회를 건강하지 못하게 하는 요인 중 하나가 개

교회주의이다. 개교회주의란 하나님의 교회로서 보편성과 통일성, 그리고 우주적인 참된 교회를 추구하지 않고 오직 자기 교회의 외형적 성장만을 목표로 두는 것을 말한다. 자신의 교회만의 독립과 성장이 지상명령이나 되듯이 지나치게 타교회를 부정적으로 보게 하는 것이 개교회주의이다. 즉, 개교회주의라 함은 자기 교회에만 관심을 집중시키는 것을 말한다. 안명준 교수는 "자신이 속한 교단과 교회만을 강조하는 교파의식에서 비롯된 개교회주의는 지나친 경쟁의식으로 기독교의 공동체 의식을 사라지게 했다"고 지적한다. 개교회주의 문제는 그 원인이 성장제일주의와 무자격 목회자의 과잉배출, 교회의 기업화와 상업주의 속의 교회론 부재에서 오는 세속화라는 것이 신학자들의 지적이다.[6] 개교회주의의 특징은 첫째, 폐쇄적인 것으로 교회의 역량을 자기 교회에만 한정시키어 외부와의 관계를 원만히 형성하는 것보다 인적, 물적 자원을 오직 자기 교회의 프로그램을 위해서만 활용한다. 둘째, 이기적인 것으로써 다른 사람의 유익보다 자기의 이익에만 집착한다. 셋째, 사회봉사나 선교사업을 하더라도 자기 교회의 명성을 얻으려 하고 범교단적 및 초교파적인 활동에는 소극적이 되어 비사회성을 가지고 있다. 개교회주의는 대부분의 재정을 교회 관리 유지에 투입하기 때문에, 정작 사회봉사나 선교, 이웃의 가난한 교회 및 개척교회 등을 돌보지 아니하고, 소외된 이웃에 대한 구제 등의 기본적인 사회적 역할을 감당하기에 역부족인 현실이다. 성령으로 인도하는 교회는 어떤 차별도 없다. 그리스도의 죽으심으로 우리를 갈라놓은 그 모든 반목의 장벽을 허무셔서 우리로 모두 하나님께 한 몸 안에서 화해하셨기 때문이다. 우리는 그리스도 안에서는 우월적인 교회도 목사도 교인도 없다는 사실을 잊어서는 안 된다.

(2) 외부적 문제

외부적인 요인으로는 다음의 2가지가 있다.

1) 교회를 바라보는 사회적 인식의 변화

한국교회는 교회에 대한 악의적인 일부 언론, 안티 기독교인의 증가, 교회의 가르침에 대한 사회의 지적 도전, 교회를 기득권층으로 규정하는 이념적 도전, 성도들을 교회 밖 세상으로 유도하려는 엔터테인먼트 산업의 도전 등에 직면해 있다. 가장 최근의 현상으로는 각종 영화 산업과 음악 산업현장 가운데 반기독교적 사상을 내포한 매체들과 상품들의 영향력 또한 한국 교회를 바라보는 사회적 인식의 변화에 큰 부분을 담당하고 있다. 이제 한국교회는 한국 근대사회를 통해 교회에 대한 긍정적 인식이 급변하여 부정적 인식으로 바뀌어진 사실을 깊이 반성하고 묵도하며 교회가 새로운 변혁과 갱신을 통해 변화해야만 한다. 만약 그렇지 못하면 교회는 더 이상 어떤 영향력도 사회에 줄 수 없고 소멸될 것이라는 사실이다. 교회는 세상과 구별되어 세상의 대안으로 만들어진 공동체라는 사실을 잊어서는 안 된다. 예수님이 하나님의 나라의 증시로 남겨 두고 가신 조직은 교회뿐이다. 교회다운 교회는 그 존재만으로 충분히 세상을 바꿀 힘이 있다.

2) 사회 변화에 대한 둔감함

한국교회는 커진 몸집과 경직된 의사소통구조로 사회 변화에 둔감하다. 과거 한국 교회는 대중의 문화를 선도하는 위치에서 선한 교회 문화의 영향력을 행사하였다. 하지만 현대의 세대에서는 교회보다 세상에서 누릴 수 있는 것들이 많고, 교회가 사회의 변화에 빠르게 대처하지 못하고 있는 것 또한 한국교회가 갱신해 나가야 할 문제이다. 한국사회가 하루가 다르게 급변하고 있다는 사실은 모두가 주지하고 있다. 오늘의 세대는 교회 안에서 일어나는 각종 문제들과 갈등의 요인들의 원인을 이해하지 못한다. 교단과 교파가 왜 나뉘어져야만 하는지, 목사와 장로가 왜 갈등을 해야만 하는지 그리고 교회는 왜 시대의 변화에 그렇게도 둔감한지를 이해하지 못한다. 그러면서도 그들은 그런 모습들이 진정한 신앙의 모습이 아니라는 것은 분명히 알고 있다. 그런데 변화의 속도와 영역은 우리가 생각하는 그 이상이다. '내 교회는 괜찮겠지'하는 안일한 사고에 갇혀 미래를 준비하지 않는다면 심각한 문제에 직면할 수 있다는 사실을 간과해서는 안 된다. 앞으로 우리사회가 더 무서운 기세로 변화의 물결을 일으킬 것이 분명하다. 또 자기혁신의 요구도 더 거세어질 것이다. 바로 이 변화하는 시대를 재빨리 읽고 그 변화에 능동적으로 대처하고 오히려 그 변화를 가장 바람직한 방향으로 이끌어나가야 한국교회는 소망이 있다.

4. 한국교회의 위기에 대한 분석과 제안

은준관 박사는 릴리 케이스(Riley Case)의 저서 「The end of Christianity in the West」의 내용을 인용해 세계교회의 3가지 흐름을 분석했다. 첫째, '소멸'이다. 오스트레일리아 · 오스트리아 · 체코 등이 해당된다. 은 박사는 '구라파의 기독교 왕국이 뿌리째 뽑혀서 소멸로 가고 있다'며 '뿌리조차 없어졌기에 이제 개혁이나 재생의 여지조차도 없는 상황'이라고 했다. 둘째, '세속화'다. 영국 · 독일 · 프랑스 등이 해당되는데, 은 박사는 '교회가 하나님 없이 왕국화되어 신앙의 역동성을 잃어버리고 무신론적인 문화로 가고 있다'며 '아직 뿌리는 조금 남아 있지만 방향을 상실했다'

고 했다. 셋째, '뜨고 있는'곳으로, 케냐·남아프리카·중국 등이 해당된다. 남아프리카 지역 성공회 주일예배 인원이 전 세계 성공회 교인 수보다도 많고, 중국 내 기독교인 수가 유럽 전체의 기독교인 수보다 많을 정도다. 은 박사는 '교회가 할 일은 가진 자와 갖지 못한 자를 나누는 이데올로기가 아니라, 오직 예수 그리스도의 부활 신앙을 회복해 그것으로 역사를 변혁시키는 치유 공동체가 되는 것이다. 이런 교회만이 역사를 바꿀 수 있다'며 "한국교회에 그런 기대를 했었는데, 유감스럽게도 한국교회는 '뜨고 있는' 교회로 갈 뻔했다가 거꾸로 세속화를 거쳐, 구라파가 걸었던 멸망의 길을 가고 있다"고 안타까워했다.

미국의 상징적 두 교회를 보면 우리가 교훈을 얻을 수 있다. 하나는 로버트 슐러(Robert Harold Schuller, 1926-2015) 목사가 설립한 수정교회로, 크고 아름다운 예배당과 기존의 형식을 깬 열린 예배, 슐러 목사의 탁월한 설교와 경영기법, 세계적 영향력을 갖고 있던 TV 방송 등으로 유명했다.[7] 하지만 교회 내 갈등과 그로 인한 교인과 재정 감소로 파산한 데 이어 2012년 가톨릭 측에 교회 건물이 매각되는 굴욕을 겪었다. 다른 하나는 「래디컬」(Radical)이라는 저서로 유명한 데이비드 플랫(David Platt) 목사의 브룩힐즈교회(The Church at Brook Hills)다.[8] 플랫 목사는 기독교가 박해당하는 지역 지하교회를 방문한 뒤, 화려한 예배당에서 편하게 예배를 드리는 자신의 교회에 회의를 느낀다. 그래서 더운 날씨에도 불구하고 에어컨 등 모든 편의시설을 제거하고 지하에서 촛불을 켠 채 성경공부를 하는 등 '급진적' 시도들을 시작했는데, 그 때부터 그의 교회에 성령의 불이 붙기 시작했다[9].

이 두 교회가 한국교회 전반에 주는 중요한 메시지가 있다. 순수한 신앙에서 출발해 역사를 변혁시키려는 의식 없이 기독교왕국화 되면 그 교회는 죽는다는 사실이다. 그러나 거대한 조직이더라도 끊임없이 신앙으로 자신을 변혁하고, 그것을 바탕으로 세계를 변화시키는 교회는 살 수 있다. 이미 수많은 사람들이 지적한대로 목회자들의 탐욕으로 지금 교회를 멍들게 하고 있다.

그러므로 필자는 '목회자들부터 다시 출발해야 한다'고 강조하고 싶다. 미래학자들은 이대로 가면 2050년경 한국교회 신자 수가 300-400만으로, 교회학교 학생 수가 40만으로 줄어들고, 베이비 붐 세대가 은퇴하는 2028년경 교회 재정이 현재의 50%로 줄어든다고 예측한다. 우리는 이것이 무엇을 의미하는지 교회는 대답해야 한다. 한국교회의 위기를 이야기할 때 그 중 하나가 세속화다. 릴리 케이스(Riley Case)의 분석을 따르면 '세속화'에 있는 한국교회를 일시적인 현상으로 오판하면 전혀 재생내지 개혁할 여지도 없는 '소멸'의 상황이 될 수도 있다.

필자는 한국교회 갱신을 위해 몇 가지 제안하고자 한다. 첫째, 목회에 대한 비전 리빌딩(rebuilding)이다. 미래 목회를 위해서는 방향을 설정하는 중요한 열쇠인 비전을 세워야 한다. 시대가 변해도 하나님 나라의 완성이라는 사명의 원리는 절대로 변하지 않는다. 하지만 복음의 적용과 형태는 시대에 따라 최적화하고 재정립하고 개축해야 한다. 현재 한국교회의 이상과 목표는 대형교회 지향이다. 이 지향을 '소형과 나눠주는 교회'로 방향을 전환해야 한다. 맹목적인 교회성장주의에 대한 회의론이 확산되면서 작지만 영향력 있는 강한 교회, 즉 '소형과 나눠주는 교회'가 미래 목회의 대안으로 생각한다. 목회 전반에 대한 교회 비전 리빌딩(rebuilding) 작업을 통해 패러다임 전환을 시도하는 노력이 절대적으로 필요한 시기이다. 아울러 우린 하나님의 방법으로 현재와 미래를 통찰할 수 있는 능력을 길러야 한다. 성도 개개인이 자신의 비전과 소명에 맞추어 스스로 교회 안팎에서 사역할 수 있도록 하는 것에만 집중해야 하며, '교인들이 사역'하는 역동적인 새로운 목회패러다임을 만들어야 한다. 둘째, 복음전파와 제자양육이다. 한국 교회의 미래를 위해서 하나님이 가치 있게 여기는 것이 무엇인지 깨달아야 한다. "오직 성령이 너희에게 임하시면....내 증인이 되리라"(행 1:8) "너는 말씀을 전파하라 때를 얻든지 못 얻든지 항상 힘쓰라"(딤후 4:2) 예수께서 이 땅에서 제자들에게 남겨주신 가장 마지막 명령은 바로 복음의 '증인'이 되라는 것이었다. 예수님의 이 명령이 그가 승천하시던 자리에 있었던 제자들만이 아니라 오늘날 사도의 사역과 가르침을 계승한 교회 공동체 전체에게 주어진 명령이라는 사실을 간과해서는 안 된다. 즉, 교회 공동체에 속한 모든 그리스도인들은 복음의 증인이 되어야 한다. 그러므로 바로 한 영혼을 귀하게 여기고 제대로 양육하는 길로 돌아가야 한다. 그들이 주님의 온전한 제자가 될 수 있도록 훈련시켜야 한다. 셋째, 말씀중심으로 회복되어야 한다. 필자는 교회 개혁에 대한 답을 종교개혁자들의 구호 가운데 하나였던 '오직 말씀으로'에서 찾아보려고 한다. 역사를 보면 개혁자들은 '오직 말씀'으로 그 시대에 주시는 하나님의 메시지를 떨리는 마음으로 듣고 실천함으로 개혁을 이끌었다는 사실이다. 그러므로 위기 가운데 있는 교회 갱신을 위해 오늘 우리도 역시 '오직 말씀으로' 주시는 주님의 음성을 듣고 삶을 개혁해 나아가야 할 책임이 있다. 교회는 그 중심을 무엇에 두느냐가 매우 중요하다. '말씀중심의 교회'는 하나님의 말씀을 듣고 해석된 말씀을 실천하며 살아내려고 애쓰는 공동체이다. 말씀 중심의 공동체는 말씀으로 자신들의 삶을 개혁했을 뿐만 아니라 그 공동체의 기반인 사회를 개혁하고 시대적으로 새로운 지평을 열어갔던 것을 잊어서는 안 된다. 한국교회는 경건이 상실된 예배와 감성중심의 모임, 기복신앙의 예배, 타종교로 물든 예배들이 방종하고 있다. 목회자들은 막연한 낙관주의로 심판과 복음의 위기감을 잃어버렸다. 그러다보니 말씀(text) 중심의 목회가 배경(context) 중심으로 바뀌어졌다. 이제 하나님의 눈으로 교회를 보고, 다시 말씀 중심의 패러다임의 목회로 나아가야 한다.

　현대의 교회는 대형화, 기관화, 제도화되면서 교회의 생명력이 약화되었다. 전통적인 교회가 아닌 창의적인 교회만이 위기의 한국교회를 살릴 수 있다는 사실을 직시해야 한다. 성장의 한계의 늪에 빠진 한국교회가 새로운 부흥의 파도를 타기 위해서는 말씀과 기도를 통한 영성의 수준을 높이고, 목회자의 자질을 높여 복음의 가치를 회복시켜야 한다. 이제부터는 교회건축과 같은 하드웨어에 몰입하지 말고, 사람과 소프트웨어에 집중함으로 성장의 한계를 돌파하는 새로운 길을 열어야 한다는 사실을 간과해서는 안될 것이다. 교회는 끊임없이 스스로 성찰하고 교회의 본질로 돌아가 본래 받은 유산들을 고찰하고 교회본질과 관련이 없는 것들이나 본질을 해치는 것들을 바로 갱신하여야 한다. 교회가 본질을 회복하기 위하여, 사명을 감당하기 위하여, 교회의 침체와 문제를 해결하기 위하여, 복잡하고 다양한 사회적 상황에 앞서서 거룩한 영향력 행사로 영혼구원을 위하여, 모든 족속으로 제자를 삼아 땅 끝까지 복음을 전하기 위하여 '교회갱신'은 반드시 필요하다. 비전을 리빌딩(rebuilding)하고, 복음전파와 제자 양육에 초점을 맞추어 훈련하고, 말씀 중심으로 회복되는 한국교회 갱신이 위기를 기회로 만들 수 있는 첩경이다. 필자는 한국교회가 시대의 징조를 정확히 읽는 눈을 키우고, 신자를 하나님의 백성으로 만드는 데 모든 초점을 맞추며, 대형교회를 모방하지 말고 말씀이 있는 색깔 있는 교회를 만들어야 한국교회에 희망이 있다는 것을 재차 강조하고 싶다.

1) 기독교인들이 3·1운동의 전면에 나선 배경에는 1907년 평양대부흥운동과 1909년 백만인 구령운동이 있었다. 이덕주 전 감리교신학대 교수는 "1900년대 초반부터 늘기 시작한 기독교인들이 3·1운동의 불쏘시개가 됐다. 이들은 희생을 두려워하지 않았다"고 밝혔다. "3·1운동 100주년과 한국교회,"〔온라인자료〕https://blog.naver.com/kjd721/221434031197, 2020년 3월 10일 접속.
2) "한국교회 신뢰도 지속 하락,"〔온라인자료〕http://www.dangdangnews.com/news/articleView.html?idxno=33265, 2020년 2월 10일 접속.
3) "교회나쁜 이미지 보고 교회 안가,"〔온라인자료〕http://usaamen.net/bbs/board.php?bo_table=john&wr_id=257&page=4, 2020년 3월 5일 접속.
4) 법학자인 김두식 교수는 이 문제를 자신의 저술을 통해 통쾌하고도 명확하게 분석하고 있다. 김두식, 「교회 속의 세상 세상 속의 교회」(서울: 홍성사, 2010)을 참조할 것.
5) "한국교회의 새로운 세속화,"〔온라인자료〕http://m.kmib.co.kr/view.asp?arcid=0923961579, 2020년 3월 5일 접속.
6) "개교회주의, 교회론 부재의 산물,"〔온라인자료〕http://www.newsnjoy.or.kr/news/articleView.html?idxno=5678, 2020년 3월 5일 접속.
7) 로버트 슐러 목사는 전통적인 교회를 탈피하고 1950년 대 중반 당시 유행하던 커다란 야외 자동차 극장을 빌어 예배를 드리는 신개념 교회를 시작했다. 슐러 목사의 아이디어는 적중하여 많은 사람들이 최첨단 문화인 야외 자동차 교회로 모여 들었다. 이후부터 슐러 목사는 늘 새로운 아이디어를 내어 놓았고 그때마다 그는 기존 패러다임을 뛰어넘는 히트를 쳤다. 1970년 그는 최초로 방송설교를 시작했고 1977년 바닥을 제외한 전면을 10,664장의 유리로 덮은 수정교회당을 건축했다. 천문학적인 큰돈이 들어간다는 것은 당시 미국인들로서는 큰 문제가 아니었다. 그것이 세계 최고이고 최첨단으로 미국인의 콧대를 높이는 것이라면 도전하고 성취했던 시대였다.
8) 미국 앨라배마 버밍햄의 브룩힐스 교회(The Church at Brook Hills)는 4300명의 교인이 출석하고 있는 메가 처치로서, 교회는 2006년 8월에 28살의 데이비드 플랫(David Platt)을 새 담임목사로 추대했다. 그는 2011년 브룩힐즈교회에서 급진적인 제자도를 실험했고 이를 담은 책 '래디컬'(Radical)로 주목받았다. '래디컬'은 미국과 한국에서 100만부 이상 팔렸다. 플랫 목사는 2014년 미국 남침례회(SBC) 국제선교이사회(International Mission Board · IMB) 회장이 됐다. 전 세계에서 수많은 집회 요청이 잇따랐고 그의 이름 앞에는 '최연소 대형교회 목사'나 '미국의 차세대 교계 지도자' 같은 타이틀이 따라다녔다. 현재는 버지니아 맥클린에 위치한 초대형교회 맥클린 바이블 교회(Mclean Bible Church)의 담임목사이다.
9) "생사기로의 한국교회,"〔온라인자료〕http://kr.christianitydaily.com/articles/77713/20140310, 2020년 3월 3일 접속.

19. 자유주의와 복음주의 교회

1. 들어가는 글

보수와 진보를 아우르는 신학이 과연 가능할까? 언제, 어디서나, 모두에게 받아들여지는 신학이 있을 수 있을까? 불가능하다. 보수신학이 '위로부터 아래로'의 신학이라면, 진보신학은 '아래로부터 위로'의 신학이라 표현할 수 있는데, 보수와 진보를 섞어서 내려오면서 동시에 올라간다고 할 수 없기 때문이다. 한국에 복음이 전파된 지 136년이란 시간이 흘렀고, 한국교회의 양적 성장은 세계 기독교사에 길이 남을만한 기록이 되었다. 하지만 양적 성장과 더불어 교회의 사회에 대한 영향력을 본다면 어느 누구도 긍정적 평가를 내리기가 어려울 것 같다. 교회의 본질은 하나님을 섬기는 일과 이웃을 섬기는 일이다.[1] 그럼에도 불구하고 세상을 향해 하나님의 사랑을 실천하고 이웃을 섬기는 책임 영역에 있어서는 깊은 반성과 회개가 있어야 한다고 본다. 오늘날 교회가 교회답지 못하고 성도가 성도답지 못해 오히려 사회의 비판을 받는 이유가 무엇일까? 필자는 이에 대한 원인으로 기독교의 정체성에 대한 이해 부족 및 편견, 기독교의 자기중심적인 경향과 영성훈련의 부족이라고 본다. 이는 결국 신학에 대한 정확한 이해의 결여로 인한 지도자의 목회철학 부재이다. 기독교 교리와 복음의 불가분의 관계를 어떻게 볼 것인가 하는, 신학에 대한 시각의 차이는 너무나도 중요하다. 그러기에 현대 교회가 직면한 가장 심각한 문제는 신학의 변질이다. 신학은 하나님의 진리에 대해 체계적으로 공식화된 지식이다. 대다수의 현대 신학들은 교회가 오랫동안 논쟁과 검증을 거쳐 전통적으로 믿고 고백해 온 하나님의 진리들을 팽개쳐 버리고 표류하고 있다. 우리는 그것들을 통틀어 자유주의 신학이라고 부른다.[2] 자유주의 신학은 인간의 이성, 감정, 경험, 도덕적인 능력, 역사적인 낙관론, 문화 창조 능력을 강조하고 교회의 신학, 교리, 전통을 소홀히 했다. 대부분의 기독교 자유주의 신학자들은 진보주의, 인간중심주의를 따랐으며, 성경에 나오는 기적들을 과학, 심리학 등으로 해명하려고 하였다. 자유주의 신학은 현대 교회가 직면한 가장 무서운 사상이다. 오늘날 한국교회 대부분이 이미 스스로의 자정 능력과 사회에 대한 거룩한 영향력을 잃은 것은 자유주의 신학에 입각한 교회의 현상이라고 생각한다. 그럼에도 불구하고 오늘날 많은 신학대학교들은 이런 자유주의 신학 사상들을 포용하거나 자유주의 신학자들이 팽배해 있는 실정이다. 현대 교회는 자유주의 신학을 포용하며 낙태와 동성애를 공식적으로 인정할 뿐만 아니라 종교 다원주의적 경향 등 여러 가지 심각한 문제들을 안고 있다.[3]

그러기에 현대 교회의 이러한 심각한 문제들을 직시하고 교회를 올바르게 세우려는 노력이 어느 때보다도 필요하다고 본다. 예수께서는 아시아의 교회들에게 편지하게 하시면서 교회들의 문제(계 2-3장)들을 지적하셨다. 건강하고 올바른 교회의 건립은 예수께서 원하셨던 것이다. 사도 바울은 예수께서 우리를 "이는 곧 물로 씻어 말씀으로 깨끗하게 하사 거룩하게 하시고 자기 앞에 영광스러운 교회로 세우사 티나 주름 잡힌 것이나 이런 것들이 없이 거룩하고 흠이 없게 하려 하심이라"(엡 5:26-27)고 증거 하였다.

19세기 자유주의 신학을 태동으로 하여 오늘날 다원주의 시대를 맞아 급속하게 변모하는 기독교를 영국 국교회 주교인 존 셸비 스퐁(John Shelby Spong)은 '새로운 기독교'(A New Christianity)라 부르고, 미국의 신약 신학자 마커스 보그(Marcus J. Borg)는 이를 '새로 등장하는 기독교'(A Newly Emerging Christianity)라고 일컫는다.4) 프린스턴 신학교가 자유주의 신학 사조에 밀려 1920년대 침몰하자 1929년 미국 웨스트민스터 신학교를 세운 그레샴 메이천(J. Gresham Machen, 1881-1937)은 '자유주의 신학은 기독교와 다른 하나의 종교'라고 부르짖었다.5) 미국 필라델피아에서 목회했던 장로교 목사 클라렌스 메카트니(Clarence Edward Noble Macartney, 1879 - 1957)는 '자유주의와 기독교는 화합할 수 없는 서로 다른 종교'라고 확신하며 서로 충돌하는 것은 불가피하다고 생각했다.6) 그러나 자유주의 신학을 기독교 전통 안에 있는 여러 가지 신학 유형 가운데 하나로 이해하여 그것이 역사적 기독교(Historic Christianity)와 구분되는 '새로운 종교'라는 사실을 인식하지 않고 있다. 역사적 기독교와 자유주의 기독교는 하나님, 성자, 성령, 십자가, 부활, 교회, 구원, 종말 등 신학상징들과 용어들을 공유하지만 전혀 다른 개념, 패러다임, 뿌리를 가지고 있다. '자유주의 기독교'(Liberal Christianity)라는 표현이 이 '새로운 기독교'의 개념을 잘 드러내는 것으로 생각된다. 자유주의 신학에 기반을 둔 '새로운 기독교'는 통일된 규칙이나 정연한 신념체계를 가지고 있지 않고, 자유롭게 생각하고 말하고 믿는 신학 흐름에 바탕을 두고 있다.7)

만약 신학자 중 '자유주의는 이단'이라고 말한다면 웃음거리가 될 것이다. 학회에 가서 자유주의 신학자들이 잘못되었다고 비판하면 여기저기서 무식하다고 반박할 것이다. 그런데 다 그렇지는 않다하더라도 자유주의 신학자들이 장차 목회할 일군들을 가르치고 있다.[8] 오늘날 교회의 문제는 목회자의 문제이고, 목회자의 문제는 신학교 교수들의 문제이며, 신학교 교수들의 문제는 신학의 문제라고 본다. 국내의 보수적인 신학대학들도 사상 논쟁에 몸살을 앓고 있는 현실을 감안해 보면 한국교회의 미래를 짐작할 수 있다. 그렇다면 자유주의 신학이 팽배한 현실 속에서 어떻게 교회의 본질을 회복하고 새로운 미래를 준비할 수 있을까? 그것은 이미 사회에 대한 거룩한 영향력과 자정 능력을 잃은 교회가 자유주의 신학에 대한 바른 이해와 비판을 통해 복음주의 신학을 추구하는 것이 바른 태도라고 본다.

이런 맥락에서 필자는 2장에서 자유주의 신학에 대한 이해를 위해 자유주의 신학의 사상적 배경을 알아보고자 한다. 3장에서는 그에 따른 자유주의 신학의 흐름과 특징을 살펴보고, 4장에서 한국교회가 지향해야 할 복음주의 교회에 대해 제시하고자 한다. 결론에서는 학문과 경건의 균형 잡힌 통합의 복음주의 신학 융성을 재차 강조하고자 한다.

2. 자유주의 신학의 사상적 배경

어떤 사상 체계를 절대시하거나 그것에 제한을 받지 않는다는 자유주의가 19세기에 들어와서 과학, 철학, 경제, 정치, 종교 등에 영향을 끼치자 기독교는 위기를 맞게 된다. 이에 과학적이며 합리적인 시대정신에 근거해 기독교 신앙을 새롭게 해석함으로써 기독교를 변호하려는 응답으로 나온 것이 자유주의 신학이다.[9] 그것은 현대에서 기독교가 존재하는 것이 가능한가 하는 본질적인 문제였다. 자유주의 신학은 어느 특정 신앙 고백이나 신조에 종속하지 않고 종교개혁 신앙을 그 시대에 적절하고 타당하게 만들려는 시도였다. 그러나 신학의 중심을 하나님의 말씀이 아닌 인간의 경험이나 정황에 둠으로써 인간 중심적 신학이 되었다. 이러한 자유주의 신학이 태동하게 된 사상적 배경으로는 계몽주의, 경건주의, 낭만주의가 바탕이 되었다. 계몽주의는 이성의 승리를 통하여 성경연구에 역사적 비평적 방법을 자유주의 신학에 제공하였고, 경건주의와 낭만주의는 윤리적이며 감정적인 측면으로 자유주의 신학에 영향을 주었다. 따라서 이 세 가지 사상적 조류를 알아야 자유주의 신학을 이해할 수 있다.

(1) 계몽주의

18세기 이후 과학과 기술의 발달로 과학만능주의가 확산됨에 따라 자유주의 신학은 계몽주의와 조화하여 기독교를 새롭게 해석하려는 움직임이 일어났다. 계몽주의는 하나님의 빛을 버리고 이성의 빛을 추구한 사상이다. 즉 사상의 중심에 인간의 자아를 올려놓은 것이다.[10] 최고의 무신론자이자 악마라는 비난을 받은 영국의 사상가 토마스 홉스(Thomas Hobbes, 1588-1679)는 영혼불멸, 기적, 환상을 거짓이라고 믿었다.[11] 영국의 계몽주의 사상가이자 자유주의 이론가인 존 로크(John Locke, 1632-1704)는 성경의 원죄 개념을 부정했다. 프랑스의 계몽주의 철학자이자 사회학자인 장 자크 루소(Jean-Jacques Rousseau, 1712-1778)는 '이성으로 진리를 찾을 수 있다'고 믿었으며, 프랑스의 작가이며 사상가인 볼테르(Voltaire, 1694-1778)는 기독교적 맹신을 비판했다. 이들은 인간의 이성만이 진리를 밝히고 증명할 수 있는 도구라고 보았다.[12] 이러한 계몽주의 영향 하에 기독교는 더 이상 개인과 사회의 안내자가 되지 못했으며, 신에 대한 믿음이 아니라 이성에 의한 삶의 조명을 추구하게 되는 물결이 거세게 불게 되었다. 결국 기독교는 합리적이면서도 이성적인 가치판단을 중요시하는 계몽사상으로 종합되게 되었다.

침례교 신학자이자 변증가인 버나드 램(Bernard Ramm, 1916-1992)은 계몽주의가 신학에 미친 영향을 역사주의, 과학주의, 비평주의, 합리주의, 관용주의, 낙관주의, 칸트주의로 지적했다.13) 역사주의는 객관적인 역사적 사실만을 진리로 인정하려는 사상이다. 과학주의는 과학적 탐구방법을 신뢰하여 성경과 종교연구에 사용하는 것이다. 성경의 기록과 과학이 충돌할 때 성경보다 과학을 선호하는 사상이다. 비평주의는 모든 사실과 자료들의 확실성을 의심, 검토해 보아야 한다는 사상이다. 합리주의는 이성의 완전한 능력을 강조하여 이성을 진리의 척도로 간주하는 사상이다. 관용주의는 절대적 진리를 주장하지 않고 계속성의 원리를 강조하는 사상으로 기독교를 다른 종교 가운데 하나로 취급하도록 했다. 낙관주의는 인간과 인간의 미래를 신뢰하여 세계가 지속적으로 좋아지고 있다고 믿는 사상이다. 계몽철학의 선구자인 칸트(Immanuel Kant, 1724-1804)는 초자연적인 종교의 가능성에 대해 의심하여 이성의 한계 내에서 가능한 종교만을 취급함으로 종교를 도덕화했다.14) 이러한 칸트의 철학은 자유주의 신학의 아버지로 불리는 개신교 신학자 슐라이에르마허(Friedrich Schleiermacher, 1768-1834), 루터교 신학자 알브레히트 리츨(Albrecht Ritschl, 1822-1889), 독일의 자유주의 신학자 트뢸취(Ernst Troeltsch, 1865-1923) 등에 영향을 미쳤다.15) 이러한 계몽주의는 정통적인 기독교 신앙에 있어서 성경에 대한 역사 비평적 연구방법을 용인하므로 성경의 권위에 의문을 가지게 되었다. 그리고 기적을 자연 질서의 규칙성에 대한 과학적 발견에 근거하여 기적의 가능성을 부인하게 되었으며, 정통주의를 반대하는 합리주의적 자연종교의 발전에 영향을 주게 되어 계시나 복음에 대한 기독교적 이해를 상실하게 되었다. 성경은 더 이상 교회의 권위적인 가르침에 의해 무비판적으로 받아들여지지 않고 새로운 관점에서 읽혀지기 시작했다.16)

(2) 경건주의

19세기 초기의 개신교 신학은 18세기의 사상운동에 대한 반작용으로 발전하게 되는데 그 중 가장 중요한 것으로 경건주의를 들 수 있다. 경건주의를 서술하기 전에 경건에 대한 개념 규정이 필요한데, 경건은 신앙의 실천과 연관되어 있다. 경건을 지칭하는 라틴어 'pietas'는 '독실한 믿음'을 나타내지만 구체적으로는 '하나님께 대한 인간의 내적인 태도와 구체적인 삶'을 의미한다.[17] 경건주의 배경에는 종교개혁이 있고, 1600년경 경건성의 위기와 30년 전쟁(1618-1648) 후의 총체적 타락 속에서 발생했다.[18] 1517년 루터의 종교개혁 이후 150년이 지난 유럽의 교회는 새로운 갈망 속에 경건주의가 태동된다. 당시는 르네 데카르트(René Descartes, 1596-1650) 철학에 기초한 이성주의 사고가 팽배해 있었고, 교회와 신학이 이론과 논리에 치우쳐 실천적 삶을 도외시 하였다. 정통주의 개신교는 생명력 있는 종교 개혁적 신앙을 상실하고 형식화되었다. 이러한 시대에 종교개혁의 신앙과 신학 위에 성도의 삶을 실천하는 운동이 경건주의 운동이다.[19] 이 경건주의 운동은 종교개혁 이후 가장 의미 있는 교회갱신운동이다. 독일 보쿰(Bochum)대학의 요한네스 발만(Johaness Wallmann) 교수는 경건주의를 '영국의 청교도주의 다음으로 중요한 개신교의 경건운동'으로 이해하였고, 독일의 역사신학자 마틴 융(Martin H. Jung)은 경건주의를 '사회변화를 가져다 준 하나의 사회적 운동'으로 평가하였다.[20] 즉 경건주의는 1670년 경 독일에서 일어난 개신교 갱신운동으로 당시의 교회와 사회를 새롭게 하려는 운동이었다. 경건주의의 특징을 정리하면, 첫째, 종교적 경험을 강조했다. 의인, 중생, 성화를 실제적으로 체험해야 한다고 강조했다. 둘째, 행위에 의한 구원을 강조한다고 비판받을 정도로 윤리적인 면을 강조했다. 셋째, 개인주의에 기초하여 기독교의 세계화가 아니라 종교의 개인화를 목표로 삼았다. 넷째, 세상으로부터 은둔하여 함께 더불어 사는 특수공동체를 실현하고자 친밀한 친교의 원리를 강조했다. 따라서 자유주의 신학이 주관적이고 경험적이며 윤리적인 성격을 지니게 된 것은 경건주의의 영향이라고 볼 수 있다.[21] 이러한 독일 경건주의는 독일 경건주의의 창시자 필립 스패너(Philip Jakob Spener, 1635-1705)와 아우구스트 프랑케(August Hermann Franke, 1633-1727), 니콜라우스 진젤도르프(Nicholaus Zinzendorf, 1700-1760) 등의 영향 아래 발전하게 된다.[22]

(3) 낭만주의

19세기를 눈앞에 두고 1780년부터 1830년 사이를 지칭하는 시대를 낭만주의라 부르는데 이 시기에 수많은 예술가와 사상가들이 나타났다. 낭만주의자들은 고전주의자들과는 달리 메마른 이성주의를 감성이 풍부하고 아름다운 것으로 만들어 주는 모습을 지니고 있었다. 인간을 행복하게 하는 것은 단지 분석하고 이해하는 일차원적인 이성의 활동이 아니라 그것은 느낌, 상상, 통찰력의 기능이 더욱 삶의 깊이를 있게 한다는 생각을 지닌 자들이었다. 낭만주의자들은 개별성과 다양성을 강조하면서 자연을 같은 의미에서 음미하게 된다. 자연과 인간은 근본적으로 하나고, 이러한 유기적 통일성에 대한 경험은 이성적이 아닌 통찰력으로 느껴진다고 보았다. 이러한 추세는 신학에도 영향을 미쳐 전통과 신앙에 대한 새로운 표현을 가져왔다.[23] 영국의 시인이며 문학비평가이자 철학자인 콜리지(Samuel Taylor Coleridge, 1772-1834)는 전통주의와 이성주의로부터 영국신학에 영향을 주어 낭만주의 신학을 탄생시킨다. 콜리지는 상상력의 기능을 사용하여 이성의 창조적인 활동을 증명하면서 기계적이고 감각론적인 철학을 비판한다. 콜리지는 성경을 문학작품처럼 상상력과 감동을 지니고 볼 때 영적 진리와 힘이 발견된다고 보았다. 믿음으로 신앙적 진리를 보는 것이 아니라 상상력과 통찰력으로 신앙적 진리를 보려고 했다.24) 칼빈주의자인 헤론(Alasdair Heron, 1915-2009)에 의하면 낭만주의는 합리성보다 경험과 감정을 강조하고, 외적이며 형식적인 것보다 내적이며 상상적인 것을 강조하는 경향이 있다고 보았다.25) 역사신학자인 웰취(Claude Raymond Welch, 1922-2009)에 의하면 낭만주의란 자유와 역동주의의 이름으로 감정의 직접성을 강조하는 것이 특징이라고 보았다.26) 이러한 낭만주의는 헤겔(Friedrich Hegel, 1770-1831), 쉘링(Friedrich Wilhelm Joseph von Schelling, 1775-1854) 같은 철학자들과 슐라이에르마허(Friedrich Schleiermacher, 1768-1834), 뉴우맨(John Henry Newman, 18091-1890) 같은 신학자들에게 영향을 주었다.27)

3. 자유주의 신학의 흐름과 특징

이러한 사상적 배경 가운데 자유주의 신학은 신학의 중심을 하나님의 말씀이 아닌 인간의 경험이나 정황에 둠으로써 인간 중심적 신학이 되었다. 이 자유주의 신학 전통은 신학사적으로 보면 세 가지 흐름으로 나눌 수 있다. 첫째, 낭만주의와 경건주의의 영향을 받은 슐라이에르마허로 대변되는 '내재적 초월경험'의 감정신학이다. 둘째, 헤겔 철학에 기반을 둔 역사 비평적 신학 또는 헤겔학파의 신학이다. 철학에 대한 헤겔의 공헌은 역사 철학에서 발견되는데, 헤겔은 역사는 그 자체 의미를 지니고 있으며 변증법적으로 진보적 과정을 통해 발전한다고 주장했다. 이러한 헤겔의 사상을 도입해 성서와 기독교의 본질 연구에 역사 비평적 방법을 신학자들이 사용했다.28) 셋째, 칸트 철학에 기반을 둔 알브레히트 리츨(Albrecht Ritschl, 1822-1889)학파의 신학과 에른스트 트뢸취(Ernst Troeltsch, 1865-1923)의 종교사학파 신학이다. 리츨의 신학은 그리스도인의 의식이 아닌 역사적 계시에 기초한다는 것이다. 리츨은 복음이 로마 가톨릭, 신비주의, 경건주의, 낭만주의 등으로 인해 변형되었다고 보고 그것을 종교 개혁적인 이해로 재해석하는 것을 자신의 과제로 삼았다. 그의 목적은 종교 개혁자의 길을 통해 신약성서로 돌아가는 것이었다. 이러한 리츨의 사상은 리츨학파를 형성하게 되어 헤르만(Wilhelm Hermann, 1846-1922), 하르낙(Adolf von Harnack, 1852-1930) 등에 의해 계승되었다.29) 한편 트뢸취(Ernst Troeltsch)의 종교사학파는 세계 모든 종교를 역사의 발전 과정에서 이해한다. 역시 기독교의 발전 과정을 역사적 지리적 환경에 비추어 연구했고, 복음서에 나타난 초자연적인 요소를 고대 근동의 신비 종교로부터 들어온 것이라 하여 제거해 버렸다. 종교사학파의 인물로는 궁켈(Hermann Gunkel, 1862-1931), 브레데(Wilhelm Wrede, 1859-1906), 바이스(Johannes Weiss, 1863-1918) 등이 있다.30)

장로교 신학자인 존 리스(John H. Leith, 1919-2002)는 복음주의가 어떻게 분열되어 있는가를 연구하면서 "슐라이에르마허 이래 현대 신학자들은 기독교신조를 바탕으로 계몽주의를 이해하기 보다는 계몽주의적 신조를 가지고 기독교 신앙을 이해한다"고 지적했다.31) 그렇다면 이러한 여러 갈래로 전개된 자유주의 신학은 어떤 특징을 지니고 있는가? 첫째, 성경을 신학의 출발점이나 궁극적 규범으로 삼지 않고, 신학의 토대를 인간의 경험에 두므로 인간중심적이며 주관주의적인 경향을 띠게 되었다. 성경의 신빙성과 신적 권위를 부정하는 것이다. 둘째, 예수의 인간성을 강조했다. 역사상의 예수를 신앙의 그리스도와 구분하므로 자유주의 신학은 그리스도의 선재성, 동정녀 탄생, 예수 그리스도의 성육신, 예수 그리스도의 형벌적 대속, 부활의 역사성, 승천 및 재림에 관한 전통적인 교리를 거부했다. 셋째, 자유주의 신학은 세계 내에서의 하나님의 임재와 활동을 강조함으로써 하나님과 인간, 하나님과 세계, 신앙과 이성 사이의 연속성을 강조했고, 뿐만 아니라 기독교와 타종교간에 연속성이 있다하여 종교적 관용의 태도를 취했다. 넷째, 낙관주의적 인간관을 주장하여, 타락과 원죄 교리를 거부했다. 다섯째, 성경이 윤리적 규범임을 부정하고, 기독교의 사회적 의미를 강조했다.[32]

1968년 1월 시카고에서 자유주의 신학의 단면을 극명하게 보여주는 토론이 있었다. 복음주의자인 프랜시스 쉐퍼(Francis Schaeffer, 1912-1984) 박사와 자유주의자로 이름 높은 제임스 파이크(James Pike, 1913-1969) 박사의 공개토론에서 파이크 박사는 다음과 같이 자신의 견해를 밝혔다.[33]

> "신에게 가는 길은 반드시 그리스도를 통해서 만은 아니다. 유대인들은 신을 만날 수 있었다. 예수는 오직 생의 모범으로서 길이요, 진리요, 생명일 뿐이다. 우리는 서로 돕기 위하여 태어났다. 모든 사람은 이 봉사를 위하여 부름 받은 것이며 예수를 믿는다는 것은 그 이상의 아무것도 아니다"

결국 자유주의자들은 교회가 더 이상 종교적 메시지를 전하려는 신화적 사고에서 해방되어 세속화되어야 한다고 주장한다.[34] 자유주의 신학이 교회와 신학에 끼친 영향은 결국 교회를 교회답지 못하게 만들었고, 변질된 신학으로 복음을 오염시켰다. 현대의 교회와 기독교 신학은 심각한 위기에 처해 있으며, 앞으로 어떤 상황이 전개될지 예측하기 어렵다.[35] 오늘날 우리가 당면한 숱한 위기가 어디서 시작되었는가? 필자는 변질된 자유주의 신학에 잘 대처하지 못하고, 침묵했기 때문이라고 생각한다. 미국의 복음주의 운동가 프랜시스 쉐퍼(Francis Schaeffer)박사는 '이 시대의 신학은 세상 지식의 메아리일 뿐이다'라고 표현했다.[36] 지금은 교회와 신학이 또다시 시행착오를 거쳐도 될 만큼 여유를 부릴 상황이 되지 못한다. 신학과 교회가 동시대에 의미를 주지 못하고 신뢰를 상실하거나, 또 다시 이 시대에 살아있는 성경의 의미를 보여주지 못한다면 기독교는 돌이킬 수 없는 상황을 맞이할 것이라고 본다.

4. 한국교회의 방향: 복음주의 교회

이미 우리가 인식하는 바와 같이 한국교회는 벼랑 끝에 서 있고, 한국교회의 비상은 목회자에게 달렸다. 결국 목회자의 신학이 문제이다. 앞서 살펴본 것처럼 자유주의신학은 인간의 이성을 지극히 강조한 일종의 극단적 신학이다. 그것은 성경에 나타난 기적까지 합리적으로 해석하려 했다. 그러나 복음주의신학은 무엇보다 성경의 권위를 인정하고 체험신앙을 강조하며 선교와 전도를 외치는 것이다. 그리고 복음주의의 대표적인 특징은 부흥운동이다.[37] 복음주의라는 말이 신학적으로 기독교의 전통을 이어간다는 점에서는 좋지만, 복음주의 운동을 시대에 뒤떨어진 운동으로 이해하는 것은 역사적으로 잘못 본 것이다.[38] 복음주의를 단지 교리적인 보수주의로만 보아서는 안되고 새로운 시대에 적응하는 운동으로 보고 발전시켜 나가야 한다. 노틀담 대학교의 마크 놀(Mark A. Noll) 교수는 복음주의자들은 청교도의 후예들로서 청교도들에게서 발견할 수 있는 가장 소중한 것이 기독교적 지성에 의한 열매라고 말한다. 그러나 현대 복음주의자들은 청교도들이 누렸던 하나님 아래서의 포괄적인 사고, 즉 삶의 모든 영역에 형성된 기독교적 지성을 누리지 못하고 있다.[39] 그러기에 한국의 복음주의자들은 성경과 관련되어 무엇을 믿고 있는지를 보다 선명하게 해야 한다. 아울러 한국사회를 이해하고 해석하려는 연구와 토론을 통해 상황에 대한 통합적 인식이 필요하다. 모더니즘과 포스트모더니즘이 뒤섞인 현대사회에서 절대적이며 유일한 진리인 예수와 그의 복음을 어떻게 설명하고 살아내서 사람들이 회심할 수 있도록 도울 것인가가 복음주의 교회의 과제이다. 그러므로 복음주의 교회는 첫째, 하나님 나라 복음을 교회의 성도들이 살아내도록 돕는 일에 최선을 다해야 한다. 근본주의가 갖는 교회와 세상을 나누는 이원론적 영성이 아니라 세상 속에서 어떻게 자신들이 믿는 바를 살아낼 것인지, 구체적인 삶의 정황 속에서 성경의 내용을 녹여낼 것인지 탐구와 토론이 이루어지고 실천되어야 한다. 오늘날 교회가 구체적인 삶의 정황 가운데 하나님의 말씀을 실현하지 못하기에 오히려 사회의 비판대상으로 전락해 버린 것이다. 교회가 세상을 변화시켜야 하는데 세상이 교회를 변화시키므로 교회는 사회의 웃음거리가 되었고, 교회의 주인은 하나님이 아니라 인간이 되었다. 둘째, 복음주의 교회는 총체적인 복음이 한국적인 상황에서 어떻게 총체적 선교를 가져올 수밖에 없는지 대안을 만들고 실천해야 한다. 교회가 사회 속에서 공동체로서 어떠한 삶을 살 것인지에 대한 고민과 대안이 필요하다. 이타적인 조직인 교회가 다른 이익집단처럼 이기적인 조직으로 전락해 버린다면 교회는 더 이상 미래가 없기 때문이다.[40] 교회가 하나님을 섬기는 것이 아니라 돈과 성공 그리고 나라는 우상을 섬긴다면 더 이상 존재 의미가 없음을 인식해야 한다.

영국의 신학자인 존 라일(Jone C. Ryle, 1816-1900)은 복음주의의 특징을 첫째, 절대적 초월성으로 말한다. 이것은 신앙과 실천의 유일한 법칙이자 유일한 진리이다. 말씀에 쓰이지 않은 것, 혹은 그 말씀에 의해 입증되지 않는 것은 믿을 필요가 없다는 것이다. 둘째, 인간의 죄악 됨과 타락에 대해 그것이 부여하는 깊고도 탁월한 의미를 강조한다. 이 이론은 아담의 타락의 결과로 모든 인간은 본래의 의로부터 가장 멀리 떨어져 나가게 되었다는 사실이다. 셋째, 예수 그리스도의 사역에 대하여 최고의 중요성을 부과한다. 하나님의 아들, 즉 예수 그리스도께서 우리를 대신하여 사시고 죽으시고 부활하심으로써 죄인들을 위한 완전한 구원이 있게 되었다. 그러므로 그를 믿는 모든 사람들은 모든 것으로부터 의롭게 되며, 그리스도와 그의 모든 은혜들과 관계가 있게 되었다는 것을 말하는 것이다. 넷째, 사람의 마음 안에서의 성령의 내적인 사역에 높은 중요성을 부여한다. 성령의 내적인 사역은 인간의 구원에 필수적 일이며 인간은 또한 이를 내적으로 느껴야만 한다. 다섯째, 성도의 생활에 있어서의 성령의 외적이며 가시적인 사역에 대해 중요성을 부과한다. 열매야말로 한 사람의 영적인 상태에 대한 유일하고도 확실한 증거다. 성령의 은혜가 있는 곳에는 언제든지 꼭 성령의 열매들이 있다는 사실이다.[41]

복음주의는 그동안 역사 속에서 다양한 신학적 전통들을 창조적으로 수용해 오며 논쟁해 왔다. 하지만 복음주의를 어떻게 정의하고, 어느 시대로 국한하든 복음주의 교회는 자신의 시대적 상황 안에서 총체적 복음을 살려내려 애썼던 교회들을 지칭한다. 미래에 책임을 질 수 있고, 건강하고, 다음 세대에 물려주고 싶은 복음주의 한국교회가 많지 않은 것은 분명하다. 이는 한국교회가 130여 년이란 짧은 역사 속에서 급속도로 이룬 성장의 부작용이라고 볼 수 있다. 그러나 우리에겐 예수가 전해주신 복음이 있고, 적지만 그 복음을 살아내기 위해 애쓰고 수고한 교회들이 있기에 아직 희망이 있다.[42] 때론 복음에 경도되어 상황에 무지했고, 때론 상황에 집중하여 복음을 희석시킨 불균형이 발견되지만 이제는 좀 더 균형 있게 복음을 상황 속에서 살아내는 복음주의자와 복음주의 교회가 한국교회 저변에서 드러나야 한다.

5. 나가는 글

이 시대는 변질된 신학이 정통인 것처럼 판을 치고 있다. 자유주의 신학자들의 영향을 받은 목회자들이 교회의 강단에서 변질된 메시지를 쏟아내고 있다.[43] 특히 젊은이들은 서서히 그들의 메시지에 따라서 초월적이고 신비적인 하나님을 의심하며 멀어져 가고 있다.[44] 오늘의 현실은 교회가 진리에서 떠난다는 것이다. 신학자들도, 신학교 교수들도, 목회자들도, 교인도 모두 성경적인 진리를 싫어한다. 그래서 교회에서는 사람들이 '듣기 좋은 말'만 전하고, '사람들을 끌어 모으기 위한' 목적으로 여러 가지 비성경적인 일들을 서슴없이 자행하고 있다.[45] 교회는 망하지 않지만, 강풍으로 일시적인 피해를 입고 있다는 사실을 인지해야 한다. 그 강풍은 다름 아닌 최고의 학문으로 포장된 자유주의 신학이다. 뛰어난 자유주의 신학자들의 영향력이 생각보다 커서 교회를 무너뜨리고 황폐화하고 있다. 자유주의 신학과 그 아류의 신학들로 교회들은 하나님을 향한 열정이 식게 되었고, 변질된 신학은 교회침탈을 가져왔다. 결국 우리는 변질된 복음과 새로운 기독교의 모습으로 교회의 본질과 사명을 망각한 자유주의 신학을 정확히 이해함과 아울러 복음주의 신학적 전통 위에 성경적 교회의 모습을 회복해야만 한다. 이 땅에 빛과 소금의 역할을 감당하지 못하는 교회는 존재의미가 없다. 그것은 하나님 사랑과 이웃 사랑의 실천이다. 이것저것을 복음과 섞은 유사 복음이 아니라 진짜 복음을 전해야 한다. 복음의 능력과 가치를 상실한 교회는 험난한 포스트모던 사회에서 살아남을 수 없다. 결국 도태되고 만다.

특히 그리스도의 유일성과 복음 전파의 사명은 기독교의 본질에 속한다. 타종교에도 구원이 있다고 하면서 복음전파를 포기하자고 주장하는

일부 자유적인 종교다원주의자들의 입장은 성경적 가르침에 근거한 것이 아니다.[46]

"다른 이로써는 구원을 받을 수 없나니 천하사람 중에 구원을 받을 만한 다른 이름을 우리에게 주신 일이 없음이라(행 4:12).

"너는 말씀을 전파하라 때를 얻든지 못 얻든지 항상 힘쓰라"
(딤후 4:2)

초대교회의 모습 속에서도 '변질된 복음'이 있었다. 바울은 갈라디아 지역의 교회들이 율법주의자들의 잘못된 다른 복음에 빠져 들어가는 것에 대해 강력하게 권면하고 가르쳤다. 바울은 우리에게 이렇게 교훈하고 있다.

"그리스도의 은혜로 너희를 부르신 이를 이같이 속히 떠나 다른 복음을 따르는 것을 내가 이상하게 여기노라 다른 복음은 없나니 다만 어떤 사람들이 너희를 교란하여 그리스도의 복음을 변하게 하려 함이라 그러나 우리나 혹은 하늘로부터 온 천사라도 우리가 너희에게 전할 복음 외에 다른 복음을 전하면 저주를 받을 지어다 우리가 전에 말하였거니와 내가 지금 다시 말하노니 만일 누구든지 너희가 받은 것 외에 다른 복음을 전하면 저주를 받을 지어다 이제 내가 사람들에게 좋게 하랴 하나님께 좋게 하랴 사람들에게 기쁨을 구하랴 내가 지금까지 사람들의 기쁨을 구하였다면 그리스도의 종이 아니니라"
(갈 1:6-10)

교회의 위기는 어느 시대, 어느 환경 속에서도 있었다. 다만 중요한 것은 그 위기를 위기만으로 보지 않고 갱신과 성숙을 위한 기회로 삼는 태도이다. 현대교회가 이전보다 심각하게 세상으로부터 질타를 받고 있고 내적인 토대가 크게 흔들리고 있는 위기 상황에 처해 있지만, '그럼에도 불구하고' 교회가 세상의 희망이다. 사람과 사회를 변화시키는 엄청난 잠재력이 예수 그리스도의 복음에 있고, 그 생명 복음을 세상에 선포하도록 하나님이 친히 세우신 곳이 교회이기 때문이다. 이제는 이전의 구태를 벗어던지고 인습적 지혜와 세속적 가치를 복음적 가치와 희생과 섬김의 정신으로 전복하여 하나님의 뜻을 이 땅에서 이루어나가는 생명 공동체가 되어야 한다. 그럴 때만이 위기의 교회가 그 위기를 넘어 희망과 생명을 세상에 분여하는 공동체가 될 수 있기 때문이다. 필자는 한국교회가 새롭게 갱신되고 다가오는 미래사회의 대안이 되기 위해서는 복음주의 신학으로 무장해야 한다고 본다.[47] 바른 복음주의는 전통신학에서 이원론적으로 갈라놓았던 것을 복음 안에서 통합하는 신학이다. 즉, 복음전도와 사회참여가 균형 잡힌 통합을 이루는 것이다. 신학적 이론과 목회적 실천이 균형 잡힌 통합이다. 교회 내에서의 섬김과 세상 속에서의 봉사가 균형 잡힌 통합이다. 교리에 대한 강조와 윤리에 대한 강조가 균형 잡힌 통합을 이루는 것이다. 예수님의 성육신, 십자가, 부활 중 어느 하나만이 강조되는 것이 아니라 모두가 균형을 이루는 것이다. 학문과 경건의 균형 잡힌 통합이다. 이러한 균형과 통합의 복음주의 신학이 성숙한 신앙을 낳을 수 있다. 그러므로 한국 교회의 밝은 미래는 복음주의 신학의 융성에 달려 있다고 본다.

1) 교회의 본질은 교회가 그리스도의 몸이며, 구원받은 신자들의 믿음의 공동체라는 데서 찾아야 한다. 그러기에 교회의 본질은 하나님 나라를 위해 하나님 백성의 공동체로서 이 땅에서 사랑을 실천하는 것이다. 이것이 야고보가 말한 참된 경건(약 1:19-27)이며, 실천적 영성이다.
2) 자유주의 신학(liberal theology)이란 용어는 할레대학교의 신학교수 제믈러(Johann S. Semler, 1725-1791)에 의해 처음으로 사용되었다. 제믈러는 기존의 전통적인 교의학에서 해방하여 자유롭게 역사 비평적인 입장에서 성경 연구를 시도하기 때문에 자유주의라는 이름을 붙였다. 자유주의라는 말은 개인의 자유를 보호하고 확대하는 사상과 운동을 말한다. 김균진, 「기독교신학 I」(서울: 연세대학교출판부, 2009), 166.
3) 교인들이 주로 게이와 레즈비언으로 이루어진 메트로폴리탄 커뮤니티 교회(http://mccchurch.org)의 목사 캐롤린 모블리(Carolyn Mobley)나 또 게이와 레즈비언의 동성 간의 관계를 축복해 주는 대표적인 주교 존 쉘비 스퐁(John Shelby Spong) 등은 동성애가 자연스러운 것이기에 죄가 될 수 없다고 강변하고 있다(http://johnshelbyspong.com/존 쉘비 스퐁의 홈페이지 참조). 존 쉘비 스퐁, 「성경과 폭력」, 김준년 이계준 옮김 (서울: 한국기독교연구소, 2007), 166-72. 스퐁의 대표적인 작품들은 다음과 같다. 「기독교 변하지 않으면 죽는다」, 김준우 옮김 (서울: 한국기독교연구소, 2001); 「성경을 해방시켜라」, 한성수 옮김 (서울: 한국기독교연구소, 2002); 「새 시대를 위한 새 기독교」, 최종수 옮김 (서울: 한국기독교연구소, 2005); 「그리스도교 신앙의 뿌리와 날개」, 김준우 옮김 (서울: 한국기독교연구소, 2003).
4) 마커스 보그(Marcus J. Borg)는 오레곤 주립대학교의 종교와 문화 명예교수이며 포틀랜드의 트리니티 성공회 대성당의 신학자이다. 그는 「기독교의 심장」, 「새로 만난 하나님」, 「예수」 등 여러 권의 베스트셀러를 집필 했다. 또 다른 저서 「그리스도교 신앙을 말하다」에서 오늘날 기독교의 문제는 언어의 문제라고 주장한다. 기독교인들이 일상적으로 사용하고 있는 낱말들이 성서적 출현의 맥락을 떠나 표류하고 있는 데에 기독교의 근본 위기가 있다고 보고 문자주의의 지배를 넘어선 성서 언어의 은유적 차원 회복을 모색한다. Marcus J. Borg, 「그리스도교 신앙을 말하다」, 김태현 옮김 (서울: 비아, 2013), 8-10.
5) "자유주의 신학은 기독교와 다른 종교," 「현대종교」, 331호 (2002년 3월); 51: 김기홍, 「이야기 교회사」 (서울: 두란노, 2010), 537: Gresham Machen, 「기독교와 자유주의」 (경기: 크리스챤 출판사, 2003), 3.
6) 최덕성, 「에큐메니칼 운동과 다원주의」 (서울: 본문과 현장사이, 2005), 293.
7) 윗글, 361-2.
8) 김기홍, 「이야기 현대신학」 (서울: 베다니출판사, 2004), 19.
9) 목창균, 「현대신학 논쟁」 (서울: 두란노, 2003), 15-6.
10) Stanley Grenz, 「포스트모더니즘의 이해」, 김운용 옮김 (서울: 예배와 설교 아카데미, 2010), 28.
11) 박태양, 「눈먼 기독교」 (서울: 국제제자훈련원, 2013), 21-2.

12) Iain Murry, 「분열된 복음주의」, 김석원 역 (서울: 부흥과 개혁사, 2009), 23.
13) Bernard Ramm, "The Fortunes of Theology from Schleiermacher to Barth and Bultmann," Tensions in Contemporary Theology, ed. Standley N. Gundry and Alan F. Johnson (Chicago: Moody Press, 1976), 16-8. 합리주의자들은 기독교와 자연종교를 본질적으로 동일한 것으로 보았다. 이런 견해의 대표적 주장가로는 영국의 철학자 틴달(Matthew Tindal, 1656-1734)이 있다. 또한 보다 철저한 합리주의자들의 주장으로는 영국의 역사가인 에드워드 기본(Edward Gibbon, 1737-1794)을 들 수 있는데 그는 기독교를 합리적인 종교의 타락으로 보고 박멸해야 하는 악으로 보았다. 독일의 사상가 레싱(Gotthold Lessing, 1729-1781)은 기독교를 완전하고 보편적인 종교로 나아가는 역사적 단계로 인식했다. 한성기, 「현대신학사조」,(서울: 도서출판 잠언, 2010), 22-3.
14) Kant, 「이성의 한계 안에서의 종교」, 백종현 옮김 (서울: 아카넷, 2011)을 참조할 것.
15) 목창균, 「현대신학 논쟁」, 17-9.
16) Alasdair Heron, 「20세기 신학사상」, 한숭흥 역 (서울: 성지출판사, 1997), 13.
17) Carter Lindberg, 「경건주의 신학과 신학자들」, 이은재 옮김 (서울: 기독교문서선교회, 2009), 47.
18) 김영선, 「경건주의 이해」 (서울: 대한기독교서회, 2013), 14-6.
19) 경건주의는 교리보다 삶을 강조한다. 즉 정통교리(Orthodox)보다 정통실천(Orthopraxis) 또는 경건실천(Praxispietatis)이 더 중요하다. 지형, 「경건주의 연구: 갱신-시대의 요청」 (서울: 도서출판 한들, 2003), 31.
20) 김영선, 「경건주의 이해」, 21. 마틴 융(Martin H. Jung)의 대표적 작품으로는 Pietismus (2005), Die Reformation(2008), Philipp Melanchthon und seine Zeit(2010), Kirchengeschichte(2010) 등이 있다. 요한네스 발만(Johaness Wallmann)의 대표적 작품으로는 Der Pietismus(2005), Kirchengeschichte Deutschlands seit der Reformation(2000) Pietismus und Orthodoxie: Gesammelte Aufsätze III(2010) 등이 있다.
21) 목창균, 「현대신학 논쟁」, 20-1.
22) 한성기, 「현대신학사조」, 10. 18세기 경건주의는 지리적으로는 다르지만 영국에서는 존 웨슬리(John Wesley, 1703-1791)의 감리교 부흥운동으로, 미국에서는 대 각성운동(Great Awakening)으로 나타났다.
23) 김기홍, 「이야기 교회사」 (서울: 두란노, 2010), 498-500.
24) 위의 책, 504.
25) Alasdair Heron, A Century of Protestant Theology (London: Lutterworth Press, 1980), 12.
26) Claude Welch, Protestant Thought in the Nineteenth Century (New Haven: Yale University Press, 1972), 52.
27) 목창균, 「현대신학 논쟁」, 21.
28) 역사 비평적 방법을 사용한 학자들로는 스트라우스(David Friedrich Strauss, 1808-1874), 바우

르(Ferdinand Christian Baur, 1792-1860), 바이세(Christian Hermann Weisse, 1801-1866), 비더만 (A.E. Biedermann, 1819-1885), 벨하우젠(Julius Wellhausen, 1844-1918) 등이 있다.
29) 하르낙은 리츨의 제자로서 1901년 출간된 「기독교는 무엇인가?」(What is Christianity?)라는 책을 통해 리츨의 사상을 대중화시켰다. 그는 예수님이 스스로 신성(神性)을 주장하신 적이 없다고 가르쳤으며, 기적들을 부인하였다.
30) 목창균, 「현대신학 논쟁」, 24-6.
31) John H. Leith, Crisis in the Church: The Plight of Theological Education (Louisville: Westminster John Knox Press, 1977), 36.
32) 목창균, 「현대신학 논쟁」, 28-9.
33) 김의환, 「도전받는 보수신학」 (서울: 생명의 말씀사, 1996), 192.
34) 김영한, 「21세기와 개혁신학 I」 (서울: 장로교출판사, 1998), 181.
35) 김동건, 「현대신학의 흐름」 (서울: 대한기독교서회, 2008), 66.
36) Francis Schaeffer, 「개혁과 부흥」, 이선봉 역 (서울: 생명의 말씀사, 1995), 38.
37) 트리니티 대학 총장을 역임한 케네드 칸쩌(Kenneth Kantzer)는 복음주의자라는 용어가 운동으로 처음 기술 된 것은 종교개혁 직후에 생겨난 것으로 1520년에 루터가 '대담하게 자신들을 복음주의자'라고 불렀던 사람들에 언급했다. 루터는 '복음주의가 기독교'라고 선언했다. Kenneth Kantzer, 「현대신학의 동향」, 횃불성경연구소 옮김 (서울: 도서출판 횃불, 1997), 43-5.
38) 박명수. "복음주의 운동은 평신도 부흥운동입니다." 「목회와 신학」(2011, 4): 177-81; 박종현 외9인, 「변화하는 한국교회와 복음주의 운동」(서울: 두란노아카데미, 2011)을 참조할 것.
39) Mark A. Noll, 「복음주의 지성의 스캔들」, 이승학 옮김 (서울: 엠마오, 1996), 67.
40) "한국적 복음주의 교회의 근본적 필연적 사명." 「목회와 신학」(2012, 5): 193-4.
41) Jone C. Ryle, 「오직 한길」, 박영호 옮김 (서울: CLC, 2013), 25-33. 존 C. 라일(Jone C. Ryle, 1816-1900)은 1816년 5월 10일 영국에서 태어났다. 1834년 Eton College를 졸업하고 옥스퍼드의 Christ Church College에서 신학공부를 하였다. 1842년 윈체스터에 있는 성 토마스 교회 교구 사제가 되었고, 1847년 서퍽 주로 옮겨서 36년 동안 사역했다. 1861년 스트래드브로크 교구로 사역지를 옮겼고, 1872년 노퍽 주 노리치의 명예 사제가 되었다. 1880년 전 영국 수상 벤자민 디즈레일리의 추천을 받아 리버플 주의 첫 주교가 되었다. 1900년 6월 세상을 떠났다.
42) 미국의 복음주의를 대표하는 보수적인 침례교 신학자 칼 헨리(Carl F. H. Henry)는 복음주의 신자가 어떻게 살아가야 되는지를 보여주는 신학적 대변인이다. 박찬호, 「칼 헨리: 복음주의 신학의 대변자」 (서울: 살림, 2006)을 참고할 것.
43) 미국의 미시간 그랜드빌(Grandville)에 있는 마스 힐 바이블 교회(Mars Hill Bible Church) 창립목사이자 담임목사이던 랍 벨(Robert Holmes Bell)목사는 저서 「사랑이 이긴다」(Love Wins)에서 '하나님은 모두를 사랑하시기에 아무도 지옥으로 보내지 않는다'는 주장을 담았다. 이 책은 뉴욕 타임

스 베스트셀러에 오르며 세간의 큰 화제를 모았는데, 랍 벨이 사실상 '지옥이 없음'을 선언한 것이다. 이 사건으로 결국 1,000여 명의 교인이 교회를 떠났으며, 2012년 벨 목사는 담임목사직을 사임했다. 벨 목사는 기독교의 기본적 교리를 전면 부정한 자유주의자이다. Rob Bell, 「사랑이 이긴다」, 양혜원 역 (서울: 포이에마, 2011)을 참조할 것.

44) 김재성, 「교회를 허무는 두 대적」 (서울: 킹덤 북스, 2013), 252.

45) [온라인자료] http://dc.koreatimes.com/article/862331, 2014년 7월 17일 접속. 미국 장로교(PCUSA)는 2011년 동성애자 목사를 인정하고, 2014년 6월 미시간 주 디트로이트에서 열린 총회에서 표결을 통해 동성결혼을 인정하기로 했다. 결혼을 '남녀 간에 이뤄지는 것'에서 '두 사람 간 이뤄지는 것'으로 새로 정의했다. 그렇다면 복음주의 교회들이 동성애에 대해 충격적일 만큼 수용적인 관점에 있는 청년들을 전도하기 위해서 동성애에 대한 반대 입장을 완화하거나 철회해야 하는 것일까? 결코 그렇지 않다. 남침례교(SBC) 윤리와 종교자유위원장 러셀 무어(Russell Moore) 박사는 '이미 여러 주류 개신교회들이 이러한 시도를 했지만 교세 증가라는 결과를 낳지는 못했다'고 지적하며, 복음주의 지도자인 에릭 팃셀(Eric Teetsel) 역시 '동성애를 포용한 교회들이 많이 있지만 이들 교회들이 더 많은 청년들을 전도했다는 어떤 증거도 없다'고 밝혔다. 미국의 교계지도자이자 신학자인 존 파이퍼(John Stephen Piper) 박사는 동성결혼을 '성경 속에 존재하지 않는 문화 속의 신기루일 뿐'이라고 일축했다.

46) 대표적인 종교다원주의자들의 주장들은 다음과 같다. 서로 다른 방향에서 산을 등정(登頂)하듯 각각의 종교를 거쳐 모든 인간이 동일한 구원에 이른다는 김경재 교수의 '등정로 이론,' 예수는 그리스도이지만 그리스도는 예수만이 아니라는 로마가톨릭 신학자 칼 라너(Karl Rahner, 1904-1984)의 '익명의 그리스도론(Anonymous Christology),' 각 종교가 동일한 보편적 가치를 지니고 있다는 가톨릭 사제 라이문도 파니카(Raimundo Panikkar, 1918-2010)의 '보편적 그리스도론,'(Universal Christology) 기독교 신앙이 배타적인 예수 중심에서 보편적인 신(神) 중심으로 패러다임을 전환해야 한다는 클레아몬트 신학교 존 힉(John Hick, 1922-2012)교수의 '신 중심주의 신학,' 예수를 인류가 보편적으로 갖는 신 개념에 바탕을 둔 신 중심 신앙의 현현(顯現)으로 보는 미국 오하이오 주 하비에르 대학교(Xavier University) 명예 신학 교수인 폴 니터(Paul F. Knitter) 의 '신중심주의 그리스도론' 등이다.

47) 복음주의 신학에 대해서는 김종걸, "포스트모더니즘에서의 복음주의 신학의 과제" 「복음과 실천」, 46집 (2010년 가을)을 참조할 것.